春天的约会

全国政协常委朱永新两会手记

朱永新 著

团结出版社

图书在版编目（CIP）数据

春天的约会：全国政协常委朱永新两会手记 / 朱永新著. -- 北京：团结出版社，2020.3
ISBN 978-7-5126-7699-2

Ⅰ. ①春… Ⅱ. ①朱… Ⅲ. ①中国人民政治协商会议－工作－文集 Ⅳ. ①D627-53

中国版本图书馆CIP数据核字(2019)第288647号

出　　版：	团结出版社
	（北京市东城区东皇城根南街84号　邮编：100006）
电　　话：	(010) 65228880　65244790　（出版社）
	(010) 65238766　85113874　65133603（发行部）
	(010) 65133603（邮购）
网　　址：	http://www.tjpress.com
E-mail：	zb65244790@vip.163.com
	fx65133603@163.com（发行部邮购）
经　　销：	全国新华书店
印　　装：	三河市东方印刷有限公司

开　　本：	160mm×230mm　　16开
印　　张：	27
字　　数：	402千字
版　　次：	2020年3月　第1版
印　　次：	2020年3月　第1次印刷

书　　号：978-7-5126-7699-2
定　　价：68.00元

（版权所属，盗版必究）

2013年3月8日,全国政协十二届一次会议第三次全体会议,朱永新委员代表民进中央作《县区义务教育均衡发展是促进教育公平的当务之急》的发言

2013年5月16日,朱永新委员在四川调研

2014年3月24日,朱永新委员在河南调研,品尝水质

2014年4月24日,朱永新委员参加全国政协在山东的调研

2014年5月8日,朱永新委员带队在天津调研职业教育发展问题

2015年1月21日,朱永新委员在新京报"教之道"论坛演讲

2015年3月2日,朱永新委员参加新华网"两会会客厅"

2015年3月19日,朱永新委员在人民网"强国论坛"录制节目

2015年5月18日,朱永新委员陪同全国政协罗富和副主席在江苏就传统行业转型升级问题进行调研

2015年9月14日,朱永新委员在贵州调研留守儿童问题

2016年2月18日，朱永新委员在国家图书馆拍摄《提案故事》，给孩子们讲绘本

2016年3月30日，朱永新委员在河南新乡调研特殊教育

2016年4月9日,朱永新委员陪同全国人大常委会副委员长严隽琪在湖南调研脱贫攻坚工作

2016年4月23日,朱永新委员在美国哈佛大学"中国教育论坛"上演讲

2017年3月3日,朱永新委员接受两会小记者采访

2017年8月14日,朱永新委员在湖南茶陵调研脱贫攻坚工作

目 录

序 言　　1

2013 年

一　人大是所大学　　3
二　同心同行当委员　　7
三　习总书记话学习　　11
四　"角色意识"不可缺　　16
五　"你不称职，意味着 67 万人缺席。"　　20
六　反复推敲定提案　　25
七　继往开来话民生　　31
八　儿童不强国难强　　36
九　谏言掌声表民意　　42
十　梦寐以求的好教育　　47
十一　乐为阅读鼓与呼　　56
十二　机构改革迈新步　　63
十三　肝胆相照勉力行　　69
十四　履职没有闭会时　　73

2014年

一	紧锣密鼓备两会	79
二	媒体为镜见民心	84
三	提案背后的故事	88
四	协商民主谱新篇	93
五	"打老虎"与"拍苍蝇"	98
六	新总理首秀成绩单	105
七	委员议政热情高	111
八	立德树人是根本	118
九	莫让决策成笑谈	126
十	不要"空心"孩子，不做"空壳"民族	131
十一	"三严三实"与司法公开	141
十二	依法治国新征程	148
十三	牢记使命再出发	154

2015年

一	两会读秒倒计时	161
二	关注港澳话家国	163
三	准备提案上两会	166
四	阅读莫忘"小大人"	169
五	网络议政论教育	172
六	政协离你并不远	176
七	协商民主千斤担	180
八	见证总理商国是	185

九　喜听总理说书香	191
十　民进心系"中国梦"	197
十一　"强国论坛"话教育	203
十二　书香三八研书目	212
十三　立法协商呼声高	217
十四　八次掌声见心声	224
十五　你好，中国才会好	230
十六　"两高"报告有亮点	235
十七　帷幕刚落又启程	239

2016年

一　"政治春节"奏序曲	245
二　学习充电好履职	248
三　问计专家扶贫策	252
四　进入两会倒计时	256
五　"扩音器"与"共鸣箱"	260
六　"教育投入不减少！"	264
七　心声掌声为民生	270
八　提案背后有故事	276
九　会风悄然变化中	286
十　一份提案一考卷	292
十一　媒体也是风景线	296
十二　善行天下须有法	301
十三　人心是最大政治	309
十四　"七分钟"释放正能量	317

十五　"两高"工作创新高　　　　　326
十六　埋首耕耘再出发　　　　　　329

2017 年

一　专委会功夫在诗外　　　　　　335
二　在政协这所大学里　　　　　　338
三　参政议政需要"集智聚力"　　341
四　媒体朋友是一扇扇窗口　　　　344
五　民主监督的新发展　　　　　　348
六　创新就是创造未来　　　　　　352
七　为民生而行　　　　　　　　　356
八　委员的执着与坚持　　　　　　365
九　如何把中国的钱用好？　　　　377
十　委员激烈抢话筒为农民代言　　387
十一　用数字说话才有力量　　　　391
十二　会"把脉"，更要会"开药方"　　396
十三　两位藏族委员的发言为什么感动人？　　401
十四　信息化让"两高"工作更"智慧"　　407
十五　"一届政协委员，一生政协情缘"　　411

序　言

每年3月的两会，都是一场盛大的"春天的约会"，也是中国人的"政治春节"。

人民大会堂，是约会的现场。全国人大代表和全国政协委员，是约会的嘉宾。发出邀约的，是我们的共和国。

这是一场思想的盛宴。各种思想，通过批评、建议、意见，通过议案、提案、信息表达，通过媒体传播，将弱者的声音放大，把智者的声音远播。共识，在这里形成。

这是一次才华的展示。不同的区域，不同的党派，不同的界别，把他们一年的思与行，把他们对未来的期待，带到这里分享，宛如一部辉煌的交响乐曲。

作为全国政协委员，我清楚地知道：约会，不能空着手来。

提案，就是给共和国的礼物。礼物不分大小轻重，都是委员精心制作的，承载着委员的思想与情感，更承载着百姓的期待与梦想。

提案，也是给人民的考卷。敷衍了事的提案，不切实际的提案，假大空的"雷人"提案，都无法得到满意的分数。

你的礼物精彩，共和国就出彩。你的考卷优秀，人民就满意。

约会，不仅不能空手而来，也不能只当观众和听众。

两会的舞台是众声和鸣，是多声部的交响曲。

每个委员代表的声音，都是一个声部。

每个委员代表的声音，都采自民间。

每个委员代表的声音，都会被关注，都会被放大，都会被传播。

在共和国最盛大的舞台上，这是最响亮的声音。在一年一度的"春天的约会"上，这是最精彩的共鸣。

必须用一年的时间精心去采集，用心去编创，用心去言说，才能让自己的声音在这个舞台上，改善更多民生。

在两会上，媒体也是一道亮丽的风景线。

媒体者，桥梁也。媒体架起了委员与百姓的桥梁，委员在想什么，委员说了什么，通过媒体让更多的人知晓。

媒体也架起了委员与政府的桥梁，媒体的聚焦，媒体的关注，让委员的意见被政府部门知晓。

媒体还架起了委员与委员的桥梁，别人在做什么、想什么，联手去做，一起来说，1+1＞2的效应就会产生。

因为媒体的参与，"春天的约会"才成为14亿人共同瞩目的节日。因为媒体的关注，智慧的声音才成为政府行为的源泉之一。

"春天的约会"，这是中国特色社会主义民主政治的一道风景。

我用笔记录了2013年—2017年五年中国人民政治协商会议的一个侧面，如同小小一滴水珠。通过这本小书，大家可以了解，中国人是怎样开两会的，中国民主党派是如何参与中国政治生活的，中国共产党领导的多党合作与政治协商制度是如何运行的。

了解才能理解，这道春天里的民主政治风景，才能在秋天里结出丰硕的民生果实。

朱永新

2018年1月25日，写于北京滴石斋

2013 年

每个春天里，总有希望的种子播撒。

两会，既是播撒种子，也是进行第一次耕耘。所以，每到两会总是格外忙碌。

但无论如何忙碌，还是坚持写这些手记。

用朴素真实的文字，记录着春天，记录着过程，记录着行动，反思着自我。

若有收获，就留给岁月去收割，留给后人去品尝吧。

在春天，只问耕耘。

一　人大是所大学

2月27日，星期三，晴

两会总是伴随着春天的脚步如期而至。每年的这个时候，北京属于两会。无论是人们谈论的话题，还是媒体关注的问题，都离不开两会。

上午9点，在人民大会堂参加十一届全国人大常委会第三十一次会议。会议表决通过了全国人大常委会代表资格审查委员会关于十二届全国人大代表的代表资格的审查报告，确认2987名十二届全国人大代表的代表资格全部有效。会议原则通过了全国人大常委会工作报告稿；表决通过了十二届全国人大一次会议议程草案；通过了十二届全国人大一次会议主席团和秘书长名单草案，决定提请十二届全国人大一次会议预备会议选举；会议还通过了其他人事任免案等。吴邦国委员长做了讲话，他感谢全国人大代表、常委会组成人员和专门委员会组成人员五年来恪尽职守、不辱使命，为坚持和完善人民代表大会制度、做好新形势下的人大工作作出的重要贡献，感谢人大机关工作人员兢兢业业、努力工作，为全国人大及其常委会、各专门委员会依法履职付出的辛勤劳动。

常委会结束以后，委员长和全体常委、专门委员会委员合影留念。五年的时间，定格在快门按下的那个瞬间。

走出人民大会堂的时候，突然意识到：我五年的人大生活已经画上了句号。

人大在发挥最高国家权力机关职能，推进中国的民主政治过程中发挥了非常重要的作用，为全面推进中国特色社会主义事业作出了重要贡献。昨天下午分组审议的时候,国防大学原政委赵可铭让我们每一个人写一句话,我写的是"人大是一所大学"。这是我五年人大工作最深的体会。

是啊,五年的人大工作等于上了五年大学,每次常委会会议我感觉就是在大学上课,每次会议材料就是教材,我们每个人都是学生,必须对教材认真研读,并在课后收集大量资料,才能在这个课堂里发言,讲出水平,讲出道理。而且,这所大学的专业非常复杂,每次议题都不一样,社会、法律、人口、环境、资源、教育、文化等,比任何一所大学内容更宽泛、丰富,要做好这个学生,非常不容易。人大讨论的许多问题,无论是预算审议还是法律制定,专业性都很强。每次会议都要就一些法律的问题去发表意见,这也是人大立法的特点所在。如果没有常委会委员们认真研究准备,对我们立法质量会有很大影响。这五年人大立法通过的法律、法律解释和法律问题的决定有86件,每年都有十多件,其中修改法律44件,制定法律19件,做出法律问题的决定19件,应该说是相当丰富的。我们也见证了中国特色社会主义法律体系形成的这样一个关键时刻。

非常感谢这五年的工作经历,它让我在人大这所大学里学习到了很多。这五年除了参加常委会会议以外,我还参加了人大的很多活动,先后参加了食品卫生法的执法检查、文物保护法执法检查、义务教育法执法检查等,可以说这些法律的实施和执行都是牵涉民生的最重要的问题。我也参加了多次专题询问,每次专题询问选择的题目都是老百姓关注的一些重要问题,如关于住房问题、医疗改革问题、食品安全问题、农业问题等。

在离开人大常委会之际,我在分组审议时也提了两条建议。

第一,人大应该进一步加强对预决算的审查。目前,预算和决算基本上没有在大会上报告,每次讨论的时候也都比较匆忙,一带而过。我们知道,任何一个国家权力机构对于一个国家的预算的讨论都是一件非常严肃的事情,讨论纳税人的钱怎么花是非常重要的事情。一些国外的议会讨论预算会连续讨论一个多月。我觉得认真、深入、细致地审查预决算,既是人大代表的权力,更是人大代表的责任。每次两会的时候,用于审议预决算的时间太少,常委会会议也没有时间比较深入地讨论。建议在今后要尽可能加强预决算的审议，在人大大会上预算要有口头报告，要有充分的讨论。常委会也应该把审议预决算作为最重要的议程，专门委员会本身也要进行比较充分的研究和论证，尽可能把预算做得透明公开。很多问题是和透明公开联系在一起的，预算卡住了，很多事情就卡住了。预算、决算的问题解决了，"跑部钱进""三公经费"等问题就能够迎刃而解。

第二，加强对社会事业的立法。这届人大我在教科文卫委员会。作为一个教育工作者，我对五年期间没有通过一部教育法律，感到多少有些遗憾。我认为，教育立法工作对于中国教育改革与发展非常重要，目前很多教育问题的出现是因为没有法。我们没有学校法，没有学前教育法，而高等教育法、民办教育促进法又非常陈旧，严重制约了整个教育的发展。这次国家中长期教育改革和发展规划纲要提出了"六修五立"11部法律，而且需要在2020年以前完成，如果下一届人大不在这方面加强的话，是很难完成的。这一届人大，文化方面的立法有两部，卫生方面通过了一个《精神卫生法》。相对经济领域和其他领域，文卫领域显得比较薄弱。总的来说，在社会事业立法方面我们做得还不够，比如电影没有电影法，图书馆没有公共图书馆法，等等。

而社会领域立法怎样加强？首先，要摆脱部门立法。现在教育立法要教育部提出草案，文化立法要文化部提出草案。他们拿不出草案，人大就无法立法。我们一直等着部门立法不行，而且部门立法容易把部门利益悄悄地藏在里面，凡是对部门不利的不愿意往里面写，对部门有利的就会悄悄地加进去。从长远来看，我认为应该摆脱部门立法，使立法更加中立。摆脱部门后怎么办？常委会的专职人员也不多，那么，能不能搞立法基地呢？例如，能否在中国政法大学、北京大学等法律人才比较集中的地方，委托他们在立法前拿出法律文本初稿？也就是说，立法既可以请部门做，也可以请研究机构做，委托立法。这样可以大大加快立法进程，摆脱对部门的依赖。所以，我建议通过立法基地委托法律起草等多种形式加大社会事业立法的力度，让人大立法工作不要瘸腿，不要重经济、轻社会。

人大的活动结束了。政协的活动开始了。相隔五年，我再次回到政协当委员。老面孔，新委员，根据要求参加新任代表委员的培训，因此，下午4点再次来到人民大会堂，参加新任全国人大代表和全国政协委员学习活动的开班式。

中共中央组织部沈跃跃常务副部长主持会议，中央政治局委员、书记处书记、中组部部长赵乐际作了题为《坚定不移走中国特色社会主义政治发展道路》的讲话。他提出，中国特色的社会主义政治发展道路是历史的选择、人民的选择，有鲜明的中国特色和巨大的政治优势，坚持和完善人民代表大会制度，积极推进社会主义协商民主，全面落实依法治国基本方略，巩固和发展最广泛的爱国统一战线，是走中国特色社会主义政治发展道路的重点任务。

赵乐际说，全国人大代表和政协委员肩负着全国人民、海内外中华儿女的重托，是荣誉、信任，更是责任、使命。希望大家在会上要"讲实话、出实招、求实效"，同时不断提高能力素质，认真履行职责，积极参政议政，努力成为中国特色社会主义政治发展道路的坚定维护者、忠实实践者、有力推动者。

告别人大到政协，一天两次进人民大会堂。我突然想：政协也是一所大学校呢。人生的路，边走边学，要想脚步坚实，沿途都是学校。这才是活到老、学到老。今后五年，我就继续在政协里学习吧，争取做一个好学生，好好学习，天天向上，不问收获，只管耕耘，向政协、向两会、向人民交出我的答卷。

二　同心同行当委员

2月28日，星期四，大雾转晴

早晨5点不到就醒了。每到两会，总是特别忙碌和兴奋，因此也总是睡不安稳。提案，报刊约稿，采访，应接不暇。

上网发"新父母晨诵""教师喜欢的教育名言""两会手记"等。完成《人民日报》海外版的两会约稿。一个充实的早晨就这样过去了。

8点去人民大会堂，继续参加新任代表委员的培训。上午的培训由中共中央组织部副部长王京清主持，中央党校常务副校长李景田就认真学习贯彻党的十八大精神作专题报告。他从十八大的主要成果，报告起草过程、主题，关于过去五年的工作和十年的总结，科学发展观，夺取中国特色社会主义新胜利，全面建成小康社会的目标，经济建设、政治建设、文化建设、社会建设、生态文明建设的主要任务，全面提高党的建设科学化水平，党章的修改等十个方面，全面介绍了十八大的主要精神。同时他结合实际谈了自己个人的四点体会。第一，既要自信，又要清醒，中国特色社会主义道路才会越来越宽阔。他用秦朝灭亡后出现了汉朝的"文景之治"，隋朝灭亡后出现了唐朝的"贞观之治"，明朝灭亡后出现了清朝的"康乾盛世"，来说明"清醒谦虚就兴旺发达，盲目骄傲就招致失败"。第二，既要坚持，又要发展，是中国共产党人对待马克思主义的基本态度。实践发展永无止境，认识真理永无止境，理论创新永无止境。第三，既要坚持发展，又要实现公正，才能体现社会主义的本质。第四，一切为了群众，一切依靠群众，是中国共产党人的核心立场。其中有两个故事，令人印象很深刻。第一个故事是西柏坡解说员讲的当时的民谣:"最后一碗米,拿去交公粮;最后一块布,送去做军装;最后一件老棉袄,盖到伤员的担架上;最后一个亲人,送到共产党的队伍上。"有这样的群众支持,是中国共产党成功的法宝。第二个故事是苏联解体前《西伯利亚报》曾经以"苏共代表谁"为题在群众中调查,结果认为苏共代表官僚和干部的竟占85%,认为代表劳动群众的只占7%。得不到人民群众的拥护,苏共垮台就是必然的了。

下午人大代表与政协委员分开培训,新任政协委员在全国政协礼堂听关于人民政协的专题报告。会议由全国政协副秘书长仝广成主持,全国政协副主席王刚出席会议并讲话。王刚副主席脱稿即兴发言,他从会场开始讲起。别看政协礼堂现在很简陋,当时可是全北京最好的建筑之一,1956年党的八大就是在这个礼堂召开的。毛泽东那句著名的"谦虚使人进步,骄傲使人落后"的论断,就是在这个礼堂提出来的。他讲了人民政协人才荟萃的特点,讲了改革开放以来经济社会发展的情况,数据烂熟于心,情况娓娓道来,幽默风趣,思维敏捷,一点也不像一位七十多岁的老人。

在新任全国人大代表和全国政协委员的学习活动开班式上,赵乐际同志希望大家能够不断提高能力素质,认真履行职责,积极参政议政,努力成为中国特色社会主义政治发展道路的坚定维护者、忠实实践者、有力推动者。

两天的培训让我更深刻地体会到,政协委员是荣誉、信任,更是使命、责任。我曾经担任过一届政协委员,在这寸草春晖的季节,我有幸再次成为一名全国政协委员。虽然有了上一个五年的工作经验,对政协工作比较熟悉。但是,时代变了,社会变了,矛盾与问题也发生了许多新的变化。即将走进两会的会场,肩上是沉甸甸的。

我一直在思考,如何不负重托,当好政协委员?如何发挥自己的党派优势、专业优势,在政协的平台上发挥作用,积极地履行参政议政、民主监督职责?如何为中国特色社会主义政治发展道路,为多党合作和政治协商制度作出自己的贡献?问题很多,解决的办法依然是:我必须继续以学生心态来参政议政、建言谋策、民主监督。

作为新当选的全国政协委员,我准备从三个方面做起。

一是立足专业背景，将学术研究、本职工作和参政议政结合起来，以学术研究促进本职工作，从本职工作中挖掘提案，参政议政。大部分政协委员有自己的专业背景，发挥自己的专业优势报效国家，是每个政协委员义不容辞的责任。

二是立足中国国情，将报国情怀、民主监督、建言谋策统一起来。中国是一个幅员辽阔、人口众多的国家，必须坚持走自己的道路。有西方学者曾经说："如果中国这个拥有13亿人口的国家，搞所谓西方民主，它所产生的混乱就可能是130个布隆迪、卢旺达的混乱。"所以，任何时候，都要从国情出发，加强调查研究。

三是立足民间社会，将国家大事、百姓生活、网络民声整合起来，不能高高在上，脱离群众，走马观花。现在已经是网络时代了，如何利用网络参政议政，对于代表委员是一个新挑战。我已经在人民网、新浪网和腾讯网开通了个人微博，不仅在两会期间我会利用微博传达两会的信息，也会利用这个平台了解民间的声音。

具体来说，我要努力发挥好我三个角色的特色作用。作为一名中国民主促进会的成员，作为一名民主党派的全国政协委员，我会与中国共产党思想上同心同德，目标上同心同向，行动上同心同行。如此，就要肝胆相照，就要敢说真话，就要反映实情，就要利用各种机会和平台提建议、出主意、讲真言。

作为一名教育学者，作为具有一定学术背景的知识分子型政协委员，我会努力利用自己的学术优势，关注教育问题，为中国的教育改革和发展作贡献。我会继续为教育公平鼓与呼，今年两会，我会就县区内的义务教育均衡发展、解决农村学校的艺术教师紧缺问题、加强学校体育和实验课程等问题提出建议。

作为一名阅读推广者，作为国家新闻出版总署聘请的国家全民阅读形象代言人，作为一名关心阅读的政协委员，我要为阅读呐喊，继续呼吁设立国家阅读节，建立国家层面的全民阅读推广委员会等。一个人的精神发育史就是他的阅读史，一个民族的精神境界取决于这个民族的阅读水平。借十八大提出加强全民阅读的东风，借两会的重要平台，借转变领导作风的契机，我相信，建成"书香中国"绝不是梦想。

总之，在接下来的五年政协委员任期中，不断学习与奋力担当，将是我的两个重要主题。在工作中学习，在行动中成长，向人民、向生活学习，在岁月里不断成长。我深感重任在肩，唯有鞠躬尽瘁，以期不辱使命。

关于春天，前人有"一夜好风吹，新花一万枝"的诗句。今天，北京也有风，却是面临着大风、雾霾、沙尘暴的三重袭击。我想，就像今天最终大雾转晴一样，只要全国上下同心同行，一切困难终将克服，我们的国家也将迎来"新花一万枝"的春天。晚餐的时候，与几位民进的委员交流，大家都对即将开始的两会充满着期待，对作为一名新任政协委员履行好职责充满了信心。

三 习总书记话学习

3月1日，星期五，晴

  昨天晚上从政协驻地赶到中央党校。从今天开始，将在党校学习三个月，参加"中国特色社会主义理论体系"高级研修班。

  按照惯例，差不多每年3月1日都是中央党校的春季班开学日。连续五年，作为党校校长的习近平总书记在开学典礼上都作了重要讲话，有关于读书的，有关于调查研究的，有关于学习历史的，每次都切合实际，围绕一个主题展开。

  今年是中共中央党校建校80周年。班主任焦老师告诉我们，今年的春季学期开学典礼将和庆祝建校80周年大会结合起来。我们暗自思忖，党校这样的庆祝大会，一定是高朋满座、热闹非常吧？！

  没有想到，这是一次简单得不能够再简单的庆祝大会。没有鲜花，没有标语，没有锣鼓声声，没有鞭炮鸣响，更没有美味佳肴、盛宴款待。主席台就座的是习近平、刘云山、赵乐际、栗战书、赵洪祝和党校的新老校长们。庆典和开学典礼由现任校长刘云山主持，常务副校长宣读对部分长期为中央党校工作和作出贡献的人员授予荣誉奖的决定，领导颁奖，习近平总书记讲话。整个过程不到50分钟。

  这是我见到过的所有庆典中最简单朴素的庆典，但也是我见过的最难忘最有意义的庆典。物质的俭朴，更反衬出精神的丰厚。聆听习近平同志关于在全党大兴学习之风的重要讲话，相当于见证了当代"劝学篇"的产生过程。

  习近平说，党的十八大之后他不再兼任中央党校校长，但他对中央党校很有感情。建校80周年是件大事，无论是从党的事业还是个人感情来说，都很高兴同大家一起庆祝。他回顾了中央党校1933年创办以来的历程，肯定了80年来中央党校为我国革命、建设、改革事业培养了大批领导干部，在坚持党的思想路线、推进党的理论创新中作出了重要贡献，为推动党和人民事业发展特别是推进改革开放发挥了重要作用。希望中央党校发扬党校的光荣传统，为加强干部教育培训、推进党的理论建设，为坚持和发展中国特色社会主义作出新的更大的贡献。

习近平说，关于中央党校的工作，他任校长期间讲过多次，去年也作过全面系统的讲话，所以今天专门讲学习问题。虽然这个问题过去也讲过多次，但是现在仍然特别需要强调。因为事业的发展没有止境，学习就没有止境。

习近平说，中国共产党历来重视抓全党特别是领导干部的学习，这是推动党和人民事业发展的一条成功经验。在每个重大的转折时期，面对新形势新任务，党总是号召干部加强学习。而每次这样的学习，也总是能够推动事业的大发展、大进步。

习近平认为，目前全党面临的一个重要课题，就是如何正确认识和妥善处理我国发展起来后不断出现的新情况新问题。这些问题有些是长期存在的老问题，有些是发展起来以后遇到的新问题，有些是改变了形式的老问题。对于这些问题，经常会感到"新办法不会用，老办法不管用，硬办法不敢用，软办法不顶用"。所以，要认识好、解决好各种问题，唯一的途径就是增强我们自己的本领。增强本领就要加强学习，既把学到的知识运用于实践，又在实践中增长解决问题的新本领。同过去相比，我们今天学习的任务不是轻了，而是更重了。领导干部都担负着党和人民交付的职责，要不断提高自己、丰富自己，兢兢业业做好工作，不断提高工作水平和质量。

习近平特别谈到了"本领恐慌"问题。他说，延安时期，党就注意到本领恐慌问题。过去学的本领本来就不多，今天用一点，明天用一点，渐渐就告罄了。今天我们也面临这样的状态，许多领导同志虽然有热情有干劲，但没有本领，不懂规律，不懂门道，蛮干、盲干，干得很辛苦，但是结果却不理想。所以，全党要有本领不够的危机感，要一刻不停地增强本领，只有本领不断增强了，"两个一百年"的奋斗目标才能实现，中华民族伟大复兴的"中国梦"才能梦想成真。

习近平用大量数据和资料回顾了人类知识发展的历程。他说，18世纪以前，人类知识更新速度大概90年翻一番；20世纪90年代以来，知识更新加速到大概三至五年翻一番；近50年人类创造的知识比过去3000年总和还要多。所以，在农耕时代一个人读几年书可以用一辈子，在工业时代读十几年书可以管一辈子，而在知识经济时代，必须学习一辈子才能够跟上时代的脚步。如果不主动学习，就无法赢得主动，赢得优势，赢得未来。

习近平引用了荀子的名言"学者非必为仕，而仕者必为学"，来强调领导干部学习的重要性。因为领导干部学习不学习，已经不仅是他个人的小事，而是关系国家的大事，"盲人骑瞎马，夜半临深池"，不学习的领导不仅不能够打开局面，而且有迷失方向的危险。

习近平指出，我们正在从事的中国特色社会主义事业是伟大而波澜壮阔的，是前人没有做过的。因此，我们的学习应该是全面的、系统的、富有探索精神的，既要抓住学习重点，也要注意拓展学习领域；既要向书本学习，也要向实践学习；既要向人民群众学习，向专家学者学习，也要向国外有益经验学习。认真学习马克思主义理论，这是我们做好一切工作的看家本领，也是领导干部必须普遍掌握的工作制胜的看家本领。学习党的路线方针政策和国家法律法规，这是领导干部开展工作要做的基本准备，也是很重要的政治素养。要认真学习党史、国史，知史爱党，知史爱国。经济、政治、历史、文化、社会、科技、军事、外交等方面的知识，要结合工作需要来学习，不断提高自己的知识化、专业化水平。要坚持干什么学什么、缺什么补什么，有针对性地学习掌握做好领导工作、履行岗位职责所必备的各种知识，努力使自己真正成为行家里手、内行领导。

习近平特别强调，学习的目的全在于运用。领导干部加强学习，根本目的是增强工作本领、提高解决实际问题的水平。"空谈误国，实干兴邦"，学习一定要防止"空对空"。要发扬理论联系实际的马克思主义学风，带着问题学，拜人民为师，做到干中学、学中干，学以致用，用以促学，学用相长。

习近平批评了"学风不浓，玩风太盛"的现象，严肃地指出，"以其昏昏，使人昭昭"是不行的！他要求领导干部应该把学习作为一种追求、一种爱好、一种健康的生活方式，做到好学乐学，如饥似渴地学习，哪怕一天挤半小时，坚持一天读几页书，只要坚持下去，必定会积少成多、积沙成塔、积跬步以至千里。

习近平说，好学才能上进。中国共产党人依靠学习走到今天，也必然要依靠学习走向未来。我们的干部要上进，我们的党要上进，我们的国家要上进，我们的民族要上进，就必须大兴学习之风，坚持学习、学习、再学习，坚持实践、实践、再实践。全党同志特别是各级领导干部都要有加强学习的紧迫感，都要一刻不停地增强本领。

最后，习近平祝愿大家不断取得新的学习成果。刘云山指出，习近平总书记的讲话，是对全党大兴学习之风的有力动员，对于提高全党学习水平、提升领导干部素养、促进党和国家事业发展具有重要指导意义，要深入学习领会、很好贯彻落实。希望各级领导干部要努力把学习作为一种政治责任、作为一种生活方式，自觉做认真学习实践的表率。

下午2点15分，参加中央党校进修部的迎新会，徐伟新副校长就党性锻炼问题发表讲话。她提出，党校的任务，主要就是要解决执政信念、执政能力、执政立场和执政底线的问题。坚定信念，才能够提高忠诚度；提高能力，才能够提高执政水平；以人为本，才能够坚持人民立场；廉洁奉公，才能够确保执政安全。她要求学员把党性锻炼与理论学习、理论武装结合起来，把党性锻炼与"冷思考""踱方步"结合起来，把党性锻炼与三个转变、遵守纪律结合起来。希望大家利用在党校学习的机会，对自己、对工作作一个总结，对自己的精神世界作一次整理，因为人的精神世界就像我们的房屋一样，也是需要经常整理、经常打扫的。

迎新会以后，又举行了支部（班级）见面会和小组讨论。我们这个班，有的来自各省市自治区，有的来自中央各部委，有的来自国有企业，有院士，有作家，有专家。所以，这次学习，不仅是理论上的一次提高，同学之间的互相学习也令人期待。

接下来的十多天里，我先在两会的大学校学习，接着在党校学习，在生活中学习，在工作中学习。有人说，未来的文盲不再是不识字的人，而是没有学会学习的人。好学才能上进，学然后知不足，这是一个积极进取的美好循环。相信习近平总书记的"劝学篇"能够在全国兴起学习之风。愿书香飘溢中国，让学习振我华夏！

四 "角色意识"不可缺

3月2日，星期六，晴

"东风好作阳和使，逢草逢花报发生。"每年此刻，惹人注目的"阳和使"，就是在京参加两会的近6000名代表委员。

以人大代表的选举来看，每67万人才选出一人，很不容易；如果以13亿人计，差不多每25万人中，才能产生一位人大代表或政协委员。代表委员们来自大江南北，职业和专业千差万别，相同的是大家几乎都是本行业的佼佼者，有着一个共同的角色——人大代表或政协委员。

根据社会学的理论，在社会生活中，每个人都扮演着一种或多种角色，每种角色都有一定的言行规范和标准，人们往往根据相应的言行标准来衡量一个人是否胜任其角色。

作为十届政协委员和十一届人大代表，经历过十年的两会，我深切地感受到代表委员履职的幸福和不易，也能够明显感觉到代表委员在参与国家政治生活时态度与方式的不同。

一个代表委员，可以很小，也可以很大；可以碌碌无为，也可以大展宏图；可以积极履职，也可以敷衍了事；可以用心准备建议、提案，也可以不费脑筋交白卷；可以畅所欲言、建言谋策，也可以沉默寡言、高高挂起。而这个不同，就看有没有强烈的"角色意识"。

所谓"角色意识"，就是要自觉地以所属角色的言行规范来要求自己，并以所属角色群的优秀榜样作为自己的楷模。

角色是本分。一名代表委员的真正诞生，不是收到通知的那一刻，而是他真正地履行义务、行使手中神圣权力的那一刻。在其位，谋其政，这是最低要求。

角色是担当。代表委员，是荣誉，更是责任。若不能以天下为己任，为民生而呐喊，而是仅仅享受这份荣光，那空虚的光环会很快黯淡。

角色是成长。每种角色对人的要求都不尽相同，能够胜任一种新的角色，就是生命多了一次成长的体验。

坦率地说，我一直在以学生心态当代表委员。尽管已参加了十年的两会，可每次开会，都感到肩头沉甸甸的，如履薄冰。我愿把我的学习体会不揣冒昧地分享如下。

五年的全国政协委员生涯，我总结出三条体会：一是立足专业背景，将学术研究、本职工作和参政议政结合起来，以学术研究促进本职工作，从本职工作中挖掘提案参政议政。二是立足中国国情，将报国情怀、民主监督、建言谋策统一起来。三是立足民间社会，将国家大事、百姓生活、网络民声整合起来，不能高高在上，脱离群众，走马观花。

五年的全国人大代表生涯，又是全新启程：人大的工作内容非常丰富复杂，尤其是每次常委会都要审议大量的法律法规，代表仅熟悉本职和本专业显然远远不够。我越发要求自己主动学习：一是要阅读相关的著作、报刊资料，尽可能多地熟悉和了解更多相关背景。二是要向相关的专业人士请教。

亲身经历告诉我，多一点代表委员的角色意识，简单说，就是全身心参会：认真听取报告，认真参与讨论，认真阅读文献。也许，小组讨论时多你一个少你一个问题不大，但你的离开就意味着67万人民的缺席。也许，小组发言时你没有特别的意见建议，但用心聆听别人的发言就是一种学习。也许，多提一个提案、建议不会影响大局，但一个又一个脚印才会踩出坚实的路。那些想借两会好好休息的人，那些想借两会拜访亲友的人，那些想借两会"跑部钱进"的人，那些不动脑筋不发言的人，那些开小差溜号的人，应该问一下自己：我正在扮演着什么角色？

我们正在一艘希望的船上。如果每个人都有角色意识，都能牢记自己的角色，努力胜任各自的角色，这艘船势必能长风破浪，昂然远航！

以上是我应《人民日报》的约稿写的文字，也是参加十年两会的一点心得和参加今年两会的心情写照。今天的一天依然是忙碌的，五个会议，从上午一直忙到晚上。

早晨仍然是5点起床。上网发晨诵、教师喜欢的教育名言等，写两会手记，整理提案，一直忙到8点多去吃早餐。

上午9点到机关，接待几位专程赶来咨询教育问题的民进会员。9点半参加开明慈善基金会的理事会，罗富和理事长主持会议，审议基金会2012年工作总结和2013年的工作计划，研究基金本金的保值增值等问题。基金会虽然规模不大，但自成立以来，通过"同心彩虹行动计划"培训新疆和贵州的校长、教师，通过"光明行"计划帮助我国西部和非洲的眼疾患者重见光明，通过"教师水窖工程"帮助贵州安龙县的部分学校和教师家庭建了数百个水窖。积跬步以至千里，开明基金会将本着"开来而继往，明道不计其功"的原则，在发挥党派特色和民进界别优势开展慈善活动方面，继续作出自己的积极探索。

下午3点在人民大会堂参加中国人民政治协商会议第十二届全国委员会第一次会议预备会议。会议由十一届全国政协主席贾庆林主持，审议通过了政协十二届一次会议主席团、主席团会议主持人和秘书长名单，政协十二届一次会议议程和日程以及政协十二届一次会议提案审查委员会名单。俞正声当选为主席团主持人，杜青林为秘书长。我也忝列主席团成员和提案委员会委员名单之中。贾庆林在预备会议结束时发表讲话说：衷心祝愿全国政协十二届一次会议取得圆满成功，衷心祝愿新一届全国政协为全面建成小康社会、加快实现社会主义现代化的宏伟目标，为实现中华民族伟大复兴作出新的更大的贡献。至此，两位领导人亲切握手，政协的新老交接完成。

下午3点50分左右参加主席团第一次会议。俞正声主持会议，首先审议通过了政协十二届一次会议主席团常务主席名单，随后常务主席杜青林、韩启德、帕巴拉·格列朗杰、董建华、万钢、林文漪、罗富和、何厚铧等在主席台就座。接着通过了政协十二届一次会议各次全体会议执行主席和主持人名单、政协十二届一次会议分组办法和委员小组召集人名单、政协十二届一次会议副秘书长名单、政协十二届一次会议秘书处机构设置和工作任务等。本人忝列副秘书长名单之中。

晚上7点45分在全国政协参加秘书处视频工作会议。杜青林常务副主席兼大会秘书长主持会议，各有关工作组和驻地办事处负责同志简要汇报了相关工作，审议《政协十二届一次会议选举办法》等文件。最后杜青林要求大家切实抓好工作方案的落实、高度重视会议的细节、加强相互沟通协作、强化安全等工作，提起神，尽职责，全力以赴做好会议的服务与保障工作。

晚上8点45分赶到提案委员会的会场继续开会。提案委员会主任孙淦主持了第一次全体会议。提案委员会办公室副主任刘晓冰作了关于《政协第十二届全国委员会第一次会议提案工作方案（草案）》的说明，会议还书面审议了《全国政协第十二届第一次会议提案宣传工作方案（草案）》等。孙淦强调，提案委员会是政协的一个重要的工作机构，也是两会工作任务最重的机构之一，几千个提案要在会议期间审查完毕，需要投入大量的精力和时间，会议也比较多。

政协提案作为履行人民政协政治协商、民主监督、参政议政职能的重要方式，以方式灵活、内容丰富、程序规范、成效明显的特点和优势，在坚持和完善中国共产党领导的多党合作和政治协商制度，协助中国共产党和国家机关实现决策民主化、科学化方面发挥了重要作用。政协提案办理的过程，是党和国家通过人民政协密切联系群众、广泛进行协商、充分发扬民主的过程。做好政协的提案工作，对于扩大公民的有序政治参与，实现人民依法管理国家事务、管理经济和文化事业、管理社会事务的权利，推进社会主义民主政治建设，具有重要的意义。五年前，我曾经在《我在政协这五年》一书中谈过自己对政协提案的认识。的确，政协委员"不说白不说，说了也白说"的时代已经过去了。通过提案参与国家政治和社会事务，的确可以大有作为。

回到驻地，已经是晚上10点多了。一天五会，多少有些疲惫。抓紧时间，处理了十几封邮件，浏览了十几份今天的报纸。11点休息。

五 "你不称职,意味着67万人缺席。"

3月3日,星期日,晴

早晨依然是5点醒来。上网完成微博的必修课后,就继续案头工作,全力修改关于设立国家阅读节、海洋教育和发展"第三方"考试与评价机构等提案。到了中午,今年的15个提案经过多次修订,基本完成。明天开始,就要陆续递交这些提案。

今天出版的《人民日报》上发表了我的一篇题为《你不称职,意味着67万人缺席》的文章,没有想到,引起了强烈的反响。晚上东方卫视等几十家媒体播发评论。人民网报道说:朱永新委员的"67万人缺席"论引起了网友的热议。人民网还引用了许多网友的留言。

有网友说,每位代表身后平均都有67万颗人民的心和67万双人民的眼睛在期盼,一名人民代表的尽职、自律就意味着67万人民发出好声音!有网友呼吁,代表委员应提高议案提案水平,莫辜负人民群众的信任,勇于承担身上沉甸甸的责任!

网友"谁见过枫":你不称职,意味着67万人缺席,说得很好!人民代表代表的就是人民的利益,如果不称职,将会走到人民的对立面。

网友"梦笔生华1984":赞!不仅提醒新代表,对老代表同样也是鞭策!

网友"杉_子哒27度晴":期待今年有真正的民众好声音代表。

网友"BOBO土豆皮":说得对!不称职的代表也代表不了这67万人!

网友"孙祁中俄":代表就是代表民意,违背民意就不要去担任这个职务！

网友"李玫瑾"：赞同！人大代表应公布自己的联系方式。人大代表的议案应至少有上百人的支持。建议人大代表开专属微博，将议案放在微博上，可评估其议案的代表水平。

网友"齐鲁人在楚地"：每位代表身后平均都有67万颗人民的心和67万双人民的眼睛在期盼，由此可知内中的分量和重任，莫辜负，要勇担当！

网友"再见卢湾区"：建言献策的水平真的要大大提高，否则代表委员是完成了任务，而提案处理部门、落实回复的单位要应对一批跟风附和，甚至于重复媒体过期稿件内容的提案，成为一种新的消耗。请多一些有新意有亮点有智商的提案建议！

网友"号串串"：顶！这就是职责给了你话语权，你不能沉默！如果沉默就意味着弃权，那你就不该去参会！

网友"阿林哥有话说"：一个人民代表的自律，意味着67万人民发出好声音，传递正能量！

网友"信平之梅"：支持。代表或委员就应该积极参政、议政，而不应该炫耀荣誉、地位。

网友"吴亚099"：责任重于山！

网友"abc902376"：要讲真话、说实话才能对得起你身后支持你的人啊！

网友"杨锦麟"：责任重大！不期待你代言但希望你说话，千万别"莫言"。

网友"游远珠"：67万人的代表，肩负着神圣的使命与职责！

网友"船长在途"：人大代表当感责任重大，肩负67万人民的意志。

网友"阿凡促"：是啊，你代表的是人民，行使人民给你的权力，要学会好好利用。

网友"湖大余凯"：怎么才算认真履职的代表？少鼓掌多批评，少举手多斟酌，不拍马屁多提建议，不闭门造车多调查研究，不人云亦云多独立思考。

………

网友的评论，是鼓励，更是鞭策。两会，当然不仅是代表委员的两会，事实上是全国人民的两会。积极参与会议，认真建言谋策，反映社情民意，是我们的责任，也是我们的义务。以我所见，认真积极、用心履职的委员代表，是大多数。无论会上会下，随处可见热切地探讨交流提案建议的代表委员。在两会，能够看见委员代表如水滴般，正在努力反射人民与生活的光芒。

忙完提案，已经是中午时分。休息了一会儿，就去人民大会堂参加十二届政协的开幕会。

会议应到委员2237名，实际到会2208名，据说是近年来出席率最高的一次会议。会议在雄壮的国歌声中开始。俞正声主持会议，贾庆林作十一届全国政协常委会的工作报告。他首先回顾了过去五年十一届全国政协的主要工作，并从六个方面作了具体总结，这六个方面是：巩固共同思想政治基础，坚定不移走中国特色社会主义政治发展道路；紧紧围绕党和国家中心工作建言献策，推动经济平稳较快发展；积极参与社会建设和管理，努力推动文化改革和发展；深化同港澳同胞、台湾同胞和海外侨胞的团结联谊，不断增强中华民族的凝聚力和向心力；积极扩大对外友好交往，更好地服务国家总体外交；加强和改进自身建设，努力提高政协工作的成效和水平。

贾庆林用一连串的数据，为五年政协递交了一张成果丰硕的成绩单——"五年来共举办12次常委会专题学习讲座、11次在京委员学习报告会、37期全国政协委员学习研讨班和政协干部培训班"，"五年共开展各类协商活动420多场次"，"各民主党派中央、全国工商联五年共提出提案1347件，反映社情民意信息19992篇，提交大会发言310篇"，"召开11次专题议政性常委会议和专题协商会议，开展509次调研视察活动"，"接待港澳来访团组66个、2687人次，组团赴港澳48次，组织14次港澳委员考察活动"，"以全国政协委员代表团名义入岛交流20次"，"与139个国家的253个机构、14个国际性或地区性组织开展了友好交往"，"办复提案23892件"等。

贾庆林的报告还特别指出了工作中的不足，如"履行职能的规范化水平还不够高，政治协商的制度建设仍需大力推进，民主监督实效需要进一步增强，界别优势和作用发挥尚不充分，调研视察需要更加深入，重要会议活动的组织服务水平有待进一步提升，等等"。他希望这些能得到认真研究，在今后工作中切实加以改进、解决。

关于过去五年政协工作的主要经验，贾庆林用六个"必须"加以总结：一是必须始终坚持中国共产党的领导，确保人民政协事业发展的正确方向；二是必须高举爱国主义、社会主义旗帜，不断巩固团结奋斗的共同思想政治基础；三是必须牢牢把握团结和民主两大主题，巩固发展融洽和谐、生动活泼的良好局面；四是必须围绕中心、服务大局，自觉把人民政协工作放到党和国家全局工作中谋划和推进；五是必须坚持以人为本、履职为民，始终把维护和实现人民群众根本利益作为出发点和落脚点；六是必须充分认识人民政协的重要地位作用，不断增强推进人民政协事业发展的责任感和使命感。一句话，"人民政协来自人民，一切工作为了人民"，把人民群众的利益放在第一位置，把人民群众的呼声作为第一信号，把人民群众的满意作为第一追求。最后，贾庆林对今后五年政协工作提出了六点建议。

贾庆林用这篇报告，为他的政协主席生涯画了一个句号。委员们反映，报告比去年少了2000多字，节约了14分钟的时间，但是，内容更丰富了。其中"丰富协商形式""完善协商制度""拓宽社会各界有序政治参与的渠道和平台""积极培育协商文化"等，句句"言简而意丰"，有很大的空间。

接着是万钢副主席受政协十一届全国委员会常务委员会委托作关于提案工作情况的报告。他介绍说，十一届全国政协期间，政协委员、政协各参加单位和政协各专门委员会，围绕经济社会发展中的重大问题和涉及群众切身利益的实际问题，提出提案28930件，经审查，立案26699件。截至2013年2月20日，26583件提案已办复。提案中的许多意见和建议已被吸纳并落实到国家相关决策、发展规划或部门工作中，为保持经济平稳较快发展、促进民生改善和社会和谐、推进社会主义民主政治建设作出了积极贡献。

开幕会结束以后，又去人民大会堂东大厅参加了委员小组召集人会议。杜青林常务副主席兼大会秘书长讲话，传达了习近平总书记和俞正声同志关于会议组织工作的要求。他希望大家在会议期间认真做好召集人的工作，增强政治责任感和使命感，增强履职的自觉性和主动性，围绕事关国计民生的重大问题和会议主题提出真知灼见，更好地体现政协委员的智慧优长，体现人民政协的作用价值。

会议不像以往有警车开道，回饭店的路程用了很长的时间。我们的车在川流不息的车河里缓缓前行。这样前行，表面看是慢了，可能反倒快了——和人民群众用同样的时间走过同样的路程，应该会让我们对更多问题感同身受。

回到饭店，天色已黑。与罗富和常务副主席交流民进组的有关工作，察看会场，吃晚餐，跑步锻炼半小时，与几个媒体记者和教育界新朋友通电话，浏览今天的报刊，把海洋教育和发展"第三方"考试与评价机构的两份提案反复琢磨了一阵，不知不觉又到了晚上11点半，然后才休息。

六　反复推敲定提案

3月4日，星期一，晴

　　早晨5点起床。完成微博的必修课，处理邮件。写完《中国教育报》关于阅读的约稿。细读贾庆林主席的全国政协常委会工作报告和万钢副主席的提案工作报告，为上午的讨论发言做准备。

　　许多媒体的记者朋友早在等待我这次政协会议的提案。其实很早就开始广泛收集意见，并陆续完成了初稿。但这些代表民声的提案，不容轻慢，不敢草率。这几天一直在反复琢磨推敲，终于初步定稿，早晨又最后梳理了一遍，确定了14个提案。

　　一是《关于建立国家全民阅读指导委员会的提案》。阅读能力的高低直接影响到一个国家和民族的未来。联合国教科文组织从1995年起把每年的4月23日定为"世界图书与版权日"（又称"世界读书日"）。世界主要发达国家也都将阅读能力视为国家综合实力的核心要素之一，建立国家层面的阅读推广与指导机构，站在国家战略的高度推进国民阅读。

　　二是《关于设立"国家阅读节"的提案》。党的十八大报告明确提出"开展全民阅读活动"。在国家层面上设立"国家阅读节"，由国家领导人亲自推动和倡导全民阅读，唤醒全社会的阅读意识，调动社会力量最大可能地使"以读书为荣""以读书为乐"深入人心，营造良好的阅读环境和阅读氛围，是有效推动全民阅读最关键的做法。

　　三是《关于加大国有企业研发投入的提案》。世界500强用于研究与开发（R&D）的费用占全球R&D费用的65%以上，平均每个企业的技术开发费用占其销售额的10%—20%。而我国国有企业中的大中型工业企业的技术开发费用占产品销售收入的比重只有1.4%左右,应该激励国有企业加大研发投入、加强自主创新、培育核心竞争力。

四是《关于加强县级教师培训机构建设的提案》。面广量大的农村教师是中国教育的中坚力量。他们的素质和能力直接影响到我国基础教育的水平。县级教师培训机构的生存与发展危机,必须得到国家的高度重视,否则,1200多万中小学教师的专业发展就没有依托,这直接影响教育公平和质量,进而影响数以亿计儿童的受教育机会。

五是《关于加强中小学海洋教育的提案》。"建设海洋强国"就要全面提升国民的海洋意识,树立现代海洋观念,国民海洋意识增强的关键是开展面向全体国民的海洋教育,基础是加强中小学海洋教育。人类文明由大陆文化与海洋文化共同构成,海洋教育是国民教育的重要组成部分,也是爱国主义教育的重要内容,具有十分重要的意义。要充分借鉴西方发达国家的经验,在中小学全面进行海洋意识教育,切实推进海洋知识"进学校、进教材、进课堂"。

六是《关于发展"第三方"教育考试与评价体系的提案》。长期以来,我国的教育评价主要来自教育行政部门系统内部,教育行政部门既当"运动员"又当"裁判员",考试评价主体不明,其科学性、公正性自然大打折扣;我们的考试与评价体系,还停留在几十年前的水平上,与素质教育严重脱节,改革我国考试评价的体制、机制及技术发展的重要思路,应借鉴世界先进国家的做法,发展独立于政府、招生机构之外的"第三方"考试与评价体系。

七是《关于建立国家教育资源库,应对网络教育新挑战的提案》。《国家中长期教育改革与发展规划纲要》明确提出了建立国家教育资源库的要求。但是,从目前的情况来看,我们离理想的国家教育资源库距离仍然十分遥远,对于建立开放灵活的教育资源公共服务平台仍然缺乏清晰的思路,尤其是对如何应对以网络教育2.0为标志的新教育革命缺乏思想准备。要尽快建立国家级的网络教育协调机构,全面系统规划国家网络教育的内容、方法、途径,制定国家教育资源平台的战略规划,避免中央和地方多头投资、重复建设的教训,注重顶层设计,同时要把现有教育资源库的课程从静态变为动态。

八是《关于建设国家教育基础信息数据库的提案》。在中国，我们作教育科学研究的人，往往苦于没有翔实、准确、可靠的数据支持。教育行政部门在作教育决策时，往往也缺少具体数据支撑。教育信息的不透明、不真实，是制约我们国家教育改革与发展的重要瓶颈之一。应该尽快建设高水平的全国联网的国家教育基础信息库。

九是《关于建立驻校作家、驻校艺术家制度的提案》。驻校作家和驻校艺术家制度，有助于大学吸引一流人才。如果人才都在大学之外，大学里缺乏引领社会前进的人才，就难以产生有震撼力的思想，也就不可能建成一流大学。而只有让大学成为吸纳社会优秀人才最重要的基地，使大学真正成为学术的中心，建设理想大学的目标才会有实现的可能性。

十是《关于打击盗版，繁荣网络文学的提案》。近年来，网络文学异军突起，成为中国文学产业中的一大亮点。网络文学产业属于文化产业的组成部分，严厉打击盗版，为网络文学创造良好的发展环境，消灭威胁其生存发展的盗版产业链势在必行。我们期待中国出现更多的诺贝尔文学奖获得者，我们也期待中国出现可与《哈利·波特》《指环王》作者相比肩的畅销书作者。

十一是《关于规范劳务派遣用工模式，促进劳动力市场有序发展的提案》。政府部门应当鼓励劳务派遣机构、用人单位遵守并履行劳务派遣行业的企业社会责任标准。如果劳务派遣机构、用人单位普遍具有强烈的企业社会责任意识，并能自发维护劳动者的合法权益，那么侵犯劳务派遣工合法权益的现象就不会出现，劳动力市场也必然会得到有序发展。

十二是《关于多渠道解决农村艺术教师短缺问题的提案》。目前农村中小学的艺术教育举步维艰，大多数来自农村的学生在中小学没上过艺术课程。各地教育行政部门要加强区域内中小学艺术教师的统筹管理和合理配置，利用当地各种社会艺术资源，建立激励机制，采取"走教""支教""定点联系""对口辅导"等多种形式，解决农村学校艺术教师短缺、教学质量亟待提高的矛盾。

十三是《关于进一步加强学校体育的提案》。体质不强，谈何栋梁。体育不兴，体质难强。我们虽然是一个奥林匹克运动会的获奖大国，但并不是一个体育强国。要树立科学的教育观、人才观和健康观。开足、上好体育课，保证每天一小时体育活动。完善农村学校补充体育教师的机制，鼓励社会体育运动爱好者和各种体育俱乐部到学校兼课带队伍，鼓励退休体育教师返聘工作，支持退役优秀运动员从事学校体育工作。

十四是《关于高度重视软件安全，大力发展我国软件产业的提案》。软件产业是信息产业的核心和灵魂，是国家竞争力的重要组成部分。软件产业的发展，已经成为国民经济增长的新的制高点，直接关系到产业结构调整的成败，甚至关乎国家政治、经济和军事安全。发展软件产业，扶持国产软件，意义深远。希望政府带头大规模使用国产软件。加强产业政策支撑，快速做强做大中国软件产业。

本来还有关于加强农村中小学实验教学、加强学校图书馆和社区图书馆建设、给海外华侨身份证等问题的提案，由于数据不足或者考虑未成熟，暂时没有提交。忙完提案，"涌"出一首打油诗："代表委员有不同，建议提案一样重。平日留心多思考，两会期间更用功。"

上午9点参加民进组讨论。会议由蔡达峰副主席主持，发言非常热烈、精彩，胡卫、郑福田、陈贵云、卫小春、张帆、左定超、蔡秀军、李和平、史贻云、张震宇、牛汝极、栗甲等先后发言。

我在发言中提出了贾主席报告的三大特点。

一是言简意赅。整个报告用时47分钟，比去年全国政协十一届五次会议用时61分钟减少了14分钟；总结五年报告和去年工作，字数比去年少了2000多字。

二是用数字说话。如"召开11次专题议政性常委会议和专题协商会议，开展509次调研视察活动"，"接待港澳来访团组66个、2687人次，组团赴港澳48次，组织14次港澳委员考察活动"，"以全国政协委员代表团等名义入岛交流20次"，"邀请台湾民意代表交流参访团来访"，"邀请来自43个国家的180位侨胞列席政协全体会议，组织他们参观考察我国改革开放和现代化建设成就"；政协委员、政协各参加单位和政协各专门委员会，围绕经济社会发展中的重大问题和涉及群众切身利益的实际问题，提出提案28930件，其中立案

26699件。截至2013年2月20日，提案已办复26583件。

三是理论创新。报告中对于五年工作的总结、五年工作的经验和今后五年的计划等作了非常有特点的阐述，其中关于"必须坚持以人为本、履职为民，始终把维护和实现人民群众根本利益作为出发点和落脚点"的论述，具有鲜明的特点。报告明确提出"人民政协来自人民，一切工作都是为了人民。要把群众利益放在第一位置，把群众呼声作为第一信号，把群众满意作为第一追求"，提出"团结才有力量，民主才有活力"等，都非常有穿透力。在报告的建议部分，提到协商民主的完善，还缺乏协商的进一步程序，虽着墨不多，但要真正做好的话完全会大有作为，大有空间。

最后，罗富和常务副主席讲话，他表示，完全赞成常委会工作报告和提案工作报告。他说，结合民进这五年的工作，我们确实看到政协发挥了非常积极的作用。作为民主党派，我们在政协平台上以民进中央的名义提了100多件提案，数量不是很多，占的比例很小，但这些提案都发挥了巨大作用，民进的十一大报告中为此总结提出了八大系列参政议政的成果。比如校车校船事故，本质上是因为农村学校撤并太多，大部分希望小学已经空置，我们从给政协报送信息开始，基层会员提，中央也提，全国政协再反映到教育部，教育部对此非常重视，教育部基础教育司邀请提案人起草教育布局调整的规划，总理对此也很重视。民进在政协这个平台上确实发挥了很大的作用。报告对今后五年提的建议中，最重要的就是协商民主的制度化。我觉得最关键的是，要建立起这样一种协商的文化、创新的文化、民主的文化。

下午2点30分去中央党校上课。贾建芳教授介绍了"中国特色社会主义理论体系"高级研修班的研究专题及教学说明。然后，由各位学员交流"两带来"问题，即带来群众关注的热点问题和本人希望解决的理论问题。这是中央党校的重要教学特色：理论联系实际，解决学员感到困惑的问题，使教学更加具有针对性。

我提出的热点问题是教育公平问题：现在城乡之间、东西部之间、学校之间、不同群体之间受教育的差异太大，择校热、异地高考、教师向城市流动等问题非常突出，这些大问题如何有效解决？我提出的理论问题是：如何理解关于中国共产党领导的多党合作和政治协商制度？协商民主是否应该包括党际协商？希望在党校的学习，能够帮助我解决这些理论上的困惑。

重返学校当学子，我对接下来的党校学习充满了期待。古人云，学海无涯苦作舟。越来越觉得这句话有待商榷。以学为苦，是没能发现知识的魅力所在。肉体固然不免疲惫，可精神的满足、充实与快乐，是无可比拟的。看来，真正有效的学习，应如孔子所说，"学而时习之，不亦乐乎"。

生活处处皆学问。明天参加两会，又要换一个课堂，于是晚上从党校赶回政协驻地。浏览今天的报刊，接受《长江日报》等媒体采访。晚上11点半休息。

七　继往开来话民生

3月5日，星期二，多云转晴

昔日闻鸡起舞，如今"开机"起舞。清晨5点醒来，打开电脑完成例行工作：在微博上发布新父母晨诵、教师教育名言，以及今年准备的所有提案的摘要。

忙碌中，很快到了7点48分，集体乘车至人民大会堂，参加上午9点召开的第十二届全国人民代表大会第一次会议。这些年，无数次进入人民大会堂，但在两会期间看到这幢熟悉的建筑，依然觉得分外肃穆庄严。

上午的会议由主席团常务主席张德江主持，按照惯例首先是温家宝总理作政府工作报告。"现在，我代表国务院，向大会报告过去五年的政府工作，并对今年工作提出建议，请各位代表审议，并请全国政协委员提出意见。"温家宝总理以低缓的语速、简洁的开场语，迅速进入主题。

温家宝在报告中指出，过去的五年是中国发展进程中极不平凡的五年。他回顾了北京奥运会、国际金融危机、汶川地震等近五年来的喜事、大事、难事，总结了这五年的成绩。

这五年，中国有效应对了国际金融危机的严重冲击，GDP跃升至世界第二位，公共财政收入从5.1万亿元增加到11.7万亿元；这五年，累计新增城镇就业人口5870万，城镇居民人均可支配收入和农村居民人均纯收入年均分别增长8.8%、9.9%；这五年，粮食产量实现"九连增"；这五年，载人航天、探月工程、载人深潜、北斗卫星导航系统、超级计算机、高速铁路等实现重大突破，创新型国家建设取得新成就；这五年，成功举办了北京奥运会、残奥会和上海世博会；这五年，取得了抗击汶川特大地震、玉树强烈地震、舟曲特大山洪泥石流等严重自然灾害和灾后恢复重建的重大胜利。

这五年，教育方面的工作也是可圈可点。这五年，制定实施了国家中长期教育改革和发展规划纲要、国家中长期人才发展规划纲要和国家知识产权战略，推动科技、教育、文化事业全面发展，为国家长远发展奠定了坚实基础；这五年，国家财政性教育经费支出累计7.79万亿元，年均增长21.58%，2012年占国内生产总值比例达到4%；这五年，全面实现城乡九年免费义务教育，惠及1.6亿学生；这五年，实施学前教育三年行动计划，"入园难"问题有所缓解；这五年，中等职业教育免学费、惠及3000多万农村义务教育阶段学生的营养改善计划、中小学校舍安全工程、职业教育基础能力和特殊教育基础设施建设、义务教育学校实施绩效工资、师范生免费教育等政策陆续出台；这五年，高等教育毛入学率提高到30%，15岁以上人口平均受教育年限达到9年以上。

尤其值得注意的是：教育经费支出在2012年达到GDP的4%。其实，早在1993年即已颁布的《中国教育改革和发展纲要》就曾提出，20世纪末要实现这一目标。因为种种原因，该目标至今才真正实现，令人激动与感慨。教育大国向教育强国迈进，终于有了经济基础的保障。但是，世界银行的统计数据表明，早在2001年，澳大利亚、日本、英国和美国等发达国家，此项支出的平均值已经达到4.8%，而哥伦比亚、古巴等中低收入国家，此项支出的平均值达到了5.6%。因此，既要正确处理教育发展与经济增长的关系，逐步提高教育经费支出，又要针对教育中的各种问题，切实有效地把这笔钱用到刀刃上，才能早日实现我们的教育强国之梦。

与以往的政府工作报告相比，今年的篇幅少了3000余字，但是，对于存在问题的分析却更加具体翔实：一是发展中不平衡、不协调、不可持续问题依然突出；二是经济增长下行压力和产能相对过剩的矛盾有所加剧；三是企业生产经营成本上升和创新能力不足问题并存；四是财政收入增速放缓和政府刚性支出增加的矛盾凸显；五是金融领域存在潜在风险；六是产业结构不合理，农业基础依然薄弱；七是经济发展与资源环境的矛盾日趋尖锐；八是城乡、区域发展差距和居民收入分配差距较大；九是社会矛盾明显增多，教育、就业、社会保障、医疗、住房、生态环境、食品药品安全、安全生产、社会治安等关系群众切身利益的问题不少，部分群众生活困难；十是制约科学发展的体制机制障碍较多；十一是政府职能转变不到位，一些领域腐败现象易发多发。这些问题，有些是长期积累的，有些是经济社会发展过程中出现的，有些是政府工作中的缺点和不足造成的。总理表示，一定要以对国家和人民高度负责的精神，更加努力做好工作，加快解决这些问题，决不辜负人民的期望！

在今年的预期目标、宏观经济政策和具体工作建议上，也有着一串激动人心的具体数字，点亮了人民群众的希望：国内生产总值增长7.5%左右，发展的协调性进一步增强；居民消费价格涨幅3.5%左右；城镇新增就业人数达到900万人以上，城镇登记失业率低于4.6%；城乡居民人均收入实际增长与经济增长同步，劳动报酬增长和劳动生产率提高同步。其中谈到："下决心解决好关系群众切身利益的大气、水、土壤等突出环境污染问题，改善环境质量，维护人民健康，用实际行动让人民看到希望"；"发展海洋经济，提高海洋资源开发能力，保护海洋生态环境，维护国家海洋权益"；"把解决好'三农'问题作为全部工作的重中之重，严守18亿亩耕地红线"；"有效解决收入分配领域存在的问题，缩小收入分配差距，使发展成果更多更公平地惠及全体人民"；"让人民监督权力，让权力在阳光下运行"。在谈到上述这些问题时，代表委员都报以热烈掌声。在谈到维护国家主权、安全、领土完整，在同心实现中华民族伟大复兴进程中完成祖国统一大业时，会场上更是掌声雷鸣。

掌声反映民声，民声关注民生。总理报告中响起了二十多次掌声，正因为它呈现出了丰富立体的"民生"二字。是的，过去的五年，的确是"我国发展进程中极不平凡的五年"。中国不仅是中国，而且是"地球村"里的一员。在世界政治经济文化大潮中，中国这艘大船迎风破浪的这五年，一路收获着，也成长着。接下来的路，依然是攻坚克难的征程。但我们坚信，办法总比问题多。只要真抓实干，众志成城，美好的明天就一定能成为幸福的今天。

这是本届政府的最后一次工作报告，也是温家宝总理的最后一次政府工作报告。我第十次聆听他的报告，见证了他的"民生"情怀。近两个小时的报告完毕，他面向大会主席团，一鞠躬；面向全体代表，三鞠躬。这位就任十年来，从未与家人度过一个完整春节的总理，以此告别了自己的总理生涯；回答他的，是经久不息的掌声。

中午返回宾馆，用十几分钟解决了午餐，抓紧时间上网处理几件紧急的工作。刚刚躺下想休息一会儿，驻地新闻组的一个电话把我从床上叫了起来——中央电视台采访。记者见面就问：今天是什么日子？我说，是全国人大开幕的日子，也是学雷锋的日子。记者问：如何学雷锋？我回答：雷锋是人不是神。学雷锋的关键是认真做事，老实做人。认真做事，就是要有螺丝钉精神，用心做好每一件事情；老实做人，就是要有人文的情怀。去年今日有媒体采访，今年央视又突击发问，看来与雷锋有点缘。

下午3点，各界别小组在驻地讨论政府工作报告。按照分工，我主持民进组今天的讨论。罗富和常务副主席第一个发言。在高度评价总理的报告和五年工作以后，他对报告中关于教育的问题提出了两条意见：一是认为教育公平还做得不够，二是希望加上"加快发展民办教育"。接着，蔡达峰、蔡秀军、陈贵云、杨建德、朱晓进、张妹芝、杜婕、岳崇、黄震、臧永清、胡卫、张帆、王康、尚勋武等委员先后发言，他们所在省市的媒体也纷纷到我们组记录他们发言的风采。

蔡达峰、胡卫等认为，报告内容非常好，但有些地方写得"满"了，自信不等于自满。如"经济稳定，充满活力"，其实用"富有活力"就不错了。充满，意味着足够了。再如关于"实践证明这些决策部署是完全正确的"，"完全"也满了。既然是"完全"就不需要调整，其实，还是有不少决策是有缺陷的，需要在实践中完善。"完全"两字完全可以拿掉。

蔡秀军、黄震等委员就科技创新等问题发表了意见，认为现行科研体制对于创新驱动的国家战略有不利影响，考核时过于重视论文，对是否转化为生产力关注不够；科研经费为"学阀"瓜分，年轻人很难得到研究课题，只能够从"学阀"那里"分包"；知识产权保护不够，创新环境有待完善。

朱晓进、张妹芝等委员就文化惠民工程、文化队伍建设等发表了意见，希望能够充分考虑群众的内在文化需求，加强对政府文化工作效能的评价。

杨建德、杜婕等委员就住房政策、货币政策等发表了意见，主张对二手房的流通适当放宽政策。

张帆委员等就社会的道德风气发表了意见。他认为，现在有人跌倒了没有人愿意扶，这个问题的严重性不亚于PM2.5超标，这个问题不是一年两年形成的事，因此要修复，也是一个长期的过程。

王康、尚勋武等委员就教育经费、农村教育等问题也发表了意见。王康委员说，现在教育经费分配的随意性比较大，往往是"媒体跟着社会热点走，领导跟着媒体关注走，经费跟着领导的批示走"。如何科学用好教育经费需要有一个制度安排。尚勋武介绍了甘肃农村寄宿制学校的供暖问题，政府盖了房子，但是用于房子里面的钱没有了，没有取暖设施，晚上孩子们只能够七八个人抱团取暖。甘肃寄宿制学校有供暖的只占36%左右，大部分学校没有供暖，他呼唤农村寄宿制学校的"温暖工程"。

整整一个下午，代表们争先恐后地发言，中间也没有休息。从中，我看到了大家参政议政的热情，看到了建言谋策的智慧，看到了忧国忧民的情怀。

会议结束后，中央电视台、《光明日报》《中国政协报》《检察日报》等媒体早已在门口守候，不得已，只能临时搞一个"联合采访"。从农村教育、撤点并校、异地高考，到全民阅读、参政经历、政协提案，十几个问题连珠炮发来，我一一回答。

一天忙完，回到房间推窗眺望，已是暮色四合。

新的五年开始了。新的起点，新的教育。人民的幸福是政府的最高追求，教育是最大的民生。是的，幸福不是梦想，"过一种幸福完整的教育生活"也不是梦想。幸福必须由我们的双手去建设、去创造，当我们正在行动时，幸福就在我们手中。

八　儿童不强国难强

3月6日，星期三，阴天

有朋友笑我每天生活得像个机器人。那么，睡眠就是上足发条，起床就是启动开关：5点起床，处理网事，阅读会议文件，跑步半小时。

这两天，一个失踪的小男孩揪住了中国人的心。让人难过的是，亿万民众的热切苦盼，却得到一个惨痛冰冷的结果。据媒体报道："寻车、寻孩，万名警察连夜上路排查，亿万网民微博互动寻找线索，最终还是等来坏消息，犯罪嫌疑人周喜军盗车后将婴儿掐死埋于雪中！"愿善良国人的痛悼，能告慰无辜孩子的在天之灵！在我们会里会外的讨论中，小男孩也成为关注的焦点。

上午9点参加民进组讨论。讨论前，政协委员、刚刚从国外风尘仆仆赶回来参加会议的清华大学罗永章教授表演了快速识别真假蜂蜜的绝活。他一直关心食品安全和健康问题。

接着，陶凯元、赵光育、蔡秀军、牛汝极、陈自力、郑福田、汤建人、黄震、胡卫等委员先后发言，就加大研发投入与知识产权保护、重视0岁—3岁儿童的早期教育、医卫人才的培养与使用、边疆少数民族地区人才外流、义务教育均衡发展、合理使用教育经费、政府依法行政等问题发表意见。

其中，浙江省邵逸夫医院副院长蔡秀军委员对医卫专业大学生到基层工作提出了不同意见。他认为，现在医生的来源越来越少，医务人员的子女大部分不愿意学医从医。刚刚毕业的大学生又实践经验不足，到基层工作会产生许多问题，只会给基层添麻烦，应该让他们学到真本领以后再下去。

新疆师范大学副校长牛汝极委员对少数民族地区人才流失的问题非常关注。他说，要出台好的政策留住西部边陲的优秀人才。现在不仅"孔雀"东南飞，其他各层次和类型的人员也东南飞。

内蒙古师范大学副校长郑福田委员对教育经费的合理使用提出了建议。他说，现在国家有钱了，教育有钱了，但是如何花好纳税人的钱很重要。有钱以后的思考、有钱以后的境界更重要。一个理性的、成熟的、稳健的政府，应该是一个善于思考的政府。从人均水平来看，我们其实还是一个穷国家，人口多，人均收入少，欠债多，不能够大手大脚，需要认真谋划。

我就政府工作报告关于教育问题的思路发表了意见，重点谈了促进教育公平、应对网络技术新挑战、发展民办教育等问题。就我的发言，黄震、胡卫等委员接着或呼应，或补充。在大家的踊跃发言、热烈讨论中，一个上午不知不觉就度过了。

今天继续有不少媒体关注我的提案与对教育问题的看法。《新京报》发表了我撰写的关于加强学校体育的文章，《人民政协报》报道了我关于发展"第三方"考试与评价机构的观点。

中午12点从驻地出发，下午1点做客人民网。从2003年起，我每年两会都会应邀做客人民网"强国论坛"，与网友交流对政府工作报告的解读、对教育问题的看法、对网络参政的心得。去年因为时间冲突停了一年，人民网的朋友们一直惦记着，今年早早预约，彼此排好了时间。

时隔一年，再次到人民网和各位新老朋友见面，有如《小王子》里那个约好相见而彼此驯养的狐狸和小王子，心情有些激动。这次讨论交流的主题是"促进教育资源均衡发展、深化基础教育改革成果"，由于事先作了预告，一开始网上就已经有几十位网友提问题了。

有个网名叫"一天一地一广仔"的网友，我记得他连续几年每次都会向我提出问题，于是我选择了第一个回答他的问题，对今年的政府工作报告的教育表述进行解读。

在介绍了政府工作报告对五年教育工作的总结和对今年工作的思路后，我谈了对政府工作报告关于教育问题的修改意见。第一，从逻辑顺序来说，现在报告把"促进教育公平"放在最后一句来说，其实应该放在第一句，因为目前中国教育的当务之急是解决教育公平的问题。其次，关于应对教育信息化带来的革命，报告里面没有提到，对于发展民办教育，报告里面也说得不够，这是两个关键性的问题。今年关于教育问题的思路还可以进一步理清，让教育能够做得更好。

网友"雨后有惊喜"问：怎么理解"教育公平是社会公平的基础"？如何从制度和政策上让基础教育更加接近公平？

我回答说，教育公平是整个社会公平的基础，教育不仅可以改变一个人的知识结构，同时也会改变社会的分层。比如一个农民的孩子，接受教育以后到了城市工作与生活，他就改变了祖祖辈辈继续做农民的命运，教育是改变社会分层的一个非常重要的渠道。所以，如果我们教育公平了，所有的人得到的都是比较好的、均等的教育，所有人就能够站在一个新的起点上。为什么我们说要缩小城市和农村的教育差别，甚至城市各个学校之间的差别？现在相对来说，某些阶层更容易进好学校，他们得到的教育比别人好，他们发展的可能性就比别人大。如果所有人都进差不多的学校，所有人的起点相对就是公平的。教育公平是重新建立社会分层，重新根据一个人的智力、根据一个人的能力，重新调整一个人的社会地位的非常重要的手段。农村的也好，弱势人群家庭也好，为什么要给他们特别的关心、特别的关照？就是希望通过教育能够改变他们的命运，教育的确是改变命运的一个非常重要的渠道。所以，它是整个社会公平的基础。

教育公平有起点的公平、过程的公平和结果的公平。我们首先要做到起点的公平，也就是给所有人同样的起点，不应该有重点学校和一般学校之分。过去我们往往比较多的是锦上添花式的做法，把钱砸在好学校身上，这就造成了学校和学校之间差距越来越大，教育公平也受到很大的影响。所以，从这个角度来说，办好每一所学校，教好每一个孩子，是教育公平的最重要的起点。当然最终要实现的是结果的公平。所谓结果的公平不是所有的孩子都考一样的分数，而是每一个人都能够把他的能力、智力发挥到极致，使每一个人能够成为他自己。但是从总体上来说，城市和农村、学校和学校之间，最后的学业水平也差不多。我觉得这是一个很重要的政策措施。

网友"教育熊"提出，说到基础教育，似乎都归结为学校的事情，家庭教育在基础教育中完全不见提及。请问，家庭教育属于基础教育范畴吗？促进教育公平是否也应包括对为人父母者的家庭教育指导？

我回答说：基础教育公平的问题当然不仅仅关乎学校，因为家庭教育缺失的教育是不完整的教育。家庭教育是贯穿人的一生的，在基础教育阶段，更是整个教育的基础，因为在这个时期，人绝大部分时间是在家庭，和他的父母亲、监护人一起生活。所以，严格意义上来说，教育公平当然也包括让父母亲能够得到比较好的家庭教育的指导。我们期待着父母亲能够更多地参与到学校的事务中来，期待着父母亲能够和孩子亲子共读，期待父母亲和孩子一起成长。好的教育是学校、家庭、社会努力方向完全一致、齐心协力的教育。好的教育也是教师、父母和孩子一起成长的教育。

此外，在一个小时的交流中，我还先后回答了网友"大辽"就阅读书目推荐，网友"老豆腐"就基层学校人才流失，网友"一篓蟹"就保障民办教师权益，网友"孙亚非"就提高教育经费，网友"一楼拜强坛"就考试制度改革，网友"贾胜国"就少数教师体罚、虐待学生，网友"叹世界"就把环保及高科技的培养列入教科书，网友"教育熊"就教育投入与人才培养的关系，网友"岁月是个美人"就两会代表委员的社会责任问题等提出的问题。由于时间的关系，更多的问题根本来不及回答，只好和他们相约在博客、微博等渠道进一步交流。

做完访谈赶回驻地，继续参加下午的小组讨论。赵丽宏、潘碧灵、唐瑾、史贻云、汤素兰、杨建德、卫小春等委员继续发言。

上海市作家协会副主席、《上海文学》杂志主编赵丽宏对这几天网上报道的杀婴事件义愤填膺，讲了道德建设的紧迫性。他还特别提出，中国应该设立自己的"世界文学奖"，从中国人的角度评价世界文学。赵丽宏说，莫言获得2012年诺贝尔文学奖，让世界文学界有了"中国好声音"。中国文学界与世界文学界的交流很多，但一直处于"不对等"状态，中国对世界文学很了解，翻译和介绍很多，而世界对中国文学了解不多。莫言获奖，让世界文学开始重视"中国故事"。应该改变单方面从世界角度评价中国文学的状况，中国人也可以评价世界文学。他说，虽然自己的建议遭到不少网民的误解甚至批评，但是他相信做这件事的价值和意义。

对儿童的关爱引起了大家的共鸣。著名儿童文学作家、湖南师范大学教授汤素兰也对未成年人保护发表了看法。她认为，现行的《未成年人保护法》虽明文规定对未成年人有家庭保护、学校保护、社会保护、司法保护等四重保护，但责任主体不明确，只是用了"有关人员""有关部门"等笼统叙述。如果一个孩子的权益受损发生在家庭内，父母作为监护人，不可能自己起诉自己，那么究竟谁来负责？她建议，国家应该尽快重修《未成年人保护法》，建立社会保护型儿童福利制度。可以参照国外经验，建立由政府主导、多方协调联动的社会保护型儿童福利体系，设立未成年人保护委员会，省、市、县分别设立未成年人保护中心，开通类似110、120的未成年人保护热线，在特殊情况下可充当未成年人的监护人，代表未成年人提起诉讼。

晚上9点，赶到中国教育电视台，与来自湖北的人大代表谭老师、江苏的人大代表朱老师在两会专题节目《我的中国梦》中谈留守儿童的教育问题。

其实，一个社会的文明水平，在很大程度上取决于如何对待儿童。在相当长的时间里，我们没有确立起儿童主体的权利。其实，留守儿童的问题也是如此。在西方，父母如果让未成年的孩子单独留在家中，是要受到法律制裁的，甚至要被剥夺监护人的权利。所以，在访谈中，我提出了解决留守儿童问题的具体建议：第一，全面摸清家底，及时了解留守儿童的基本数据，并且根据这些基本数据制定解决方案；第二，确保留守儿童的安全，底线是保证留守儿童的活动在监护人的视野中，防止孩子们出现各种意外事故；第三，尽可能避免父母双双出门打工，尽可能有母亲或者父亲一方在家中，对于由于无法外出打工而造成经济困难的家庭，政府财政应该给予补助；第四，通过各种公益组织帮助留守儿童与父母亲建立正常的定期联系，如提供视频、爱心列车、通信、电话等；第五，建立起家庭、学校、政府、社会组织四位一体的网络，分工合作，确保留守儿童得到亲情的关爱和社会的温暖。

一百多年之前梁启超就以少年喻中国，发出"少年智则国智，少年富则国富,少年强则国强,少年独立则国独立,少年自由则国自由,少年进步则国进步"的呐喊。今天的儿童就是明天的少年。儿童不强,未来难强,中国难强。

今天,新教育萤火虫亲子共读公益项目还发起了一个"萤火虫全国小小笔友会"的专题活动:为生活局限于小圈子、因电子通信忘却书写乐趣的独生子女们跨省征集笔友。是的,网络时代不忘书写,现代社会不丢传统。我们可以创造更多机会,在城乡的物质差距短时间里无法彻底消弭之时,尽可能帮助城市与乡村的孩子缩短心灵的距离。

晚上10点多,腾讯新闻中心副主编陈进专门赶到中国教育电视台采访。我就两会代表委员与网友联动、网上网下同参政的问题,谈了一些想法。

从早到晚地忙碌一天,差不多到夜里12点才上床休息。抓紧时间继续上发条,明天又是新的一天。

九　谏言掌声表民意

3月7日，星期四，晴

　　昨天晚上去中国教育电视台录制节目，手记没有完成，晚上一直睡不踏实。早晨4点50分醒来，立即起床，做完微博功课，马上补写昨天的日记。

　　上午9点在驻地举行民进界别组的小组讨论。按照国务院有关部门列席界别联组讨论的安排，中共中央委员、中央财经办副主任兼国务院发展中心书记刘鹤，教育部副部长刘利民，国家外国专家局副局长陆明等领导列席了民进组讨论会。

　　汤建人、张震宇、卢天锡、陈贵云、黄震、罗黎辉、王康、栗甲、郑福田、左定超、胡卫、姚爱兴等委员先后发言，就爱心文化营造、农村教师补充、改革公共政治课教学、发展"第三方"考试评价、关心残疾人、发展民办教育、加强素质教育、建立教育数据库、基础教育中男女教师比例失调、规划区域性高水平大学、改变城乡二元分立的教育体制、普及免费高中教育和职业教育等热点难点问题发表了意见，提出了建议。

　　委员们抓住与部委领导面对面的难得机会，直言不讳地把深入思考的意见建议和盘托出，讨论氛围异常热烈，短短两个小时内共提出了36项建议。我也抓住机会，就如何推进教育公平、提高教育质量等问题发表了意见。

　　刘鹤书记和刘利民副部长对民进组委员关于教育、改革等问题的关心和所贡献的睿智之策表示感谢。他们表示，委员们意见非常中肯，质量很高，都是认真调研后以十分负责的态度提出来的，会议结束后会向所在部委作汇报，梳理大家的意见建议，不仅要有回复，还要有对这些意见建议的采纳和对策，希望民进组政协委员们一如既往地给予支持。

下午3点，在人民大会堂参加第二次全体会议，听取大会发言。每年的大会发言，都是委员们期待的重头戏，大会堂里，总是响起会心的笑声和喝彩的掌声。今天的大会发言由董建华主持，他的普通话似乎比以前流畅了许多。其实，这几年，不仅是他，香港同胞的普通话水平普遍有了明显的进步。

今年全国政协会议压缩了两天会期，大会发言也从三场压缩为两场。每场16位委员，每人8分钟发言。迟福林、刘凡、钱克明、何维、丁时勇、徐辉、崔郁、梅兴保、黄小祥、刘树成、段敦厚、周汉民、刘公勤、苏如春、宋海、潘碧灵等委员先后就以政府改革带动全面改革、稳步推进城镇化健康发展、完善现代农业政策支持体系、净化祖国天空、完善分配管理制度、重视民众金融资产保值增值、促进家政服务业健康发展、防范金融系统性风险、激发民间资本活力、不可低估居民人均收入翻番的难度、提高职工素质、把收费权力关进制度笼子、促进专业服务业发展、民营企业要当反腐倡廉促进派、加快六盘山连片特困地区脱贫致富、建设美丽中国靠实干等问题作大会发言。

中国（海南）改革发展研究院执行院长迟福林委员首先作了题为《以政府改革带动全面改革的突破》的发言。他非常坦率地说，"改革与危机赛跑"不是危言耸听。党的十八大后，改革再次成为全社会关注的热点问题，以改革红利释放发展潜力的氛围和趋势正在形成。能不能抓住当前政府换届的改革时间窗口，以政府改革为切入点实现全面改革的突破，全社会有着很大的期待。对此，他提出了四点建议：一是以改变"增长主义"政府倾向为重点理顺政府与市场关系。二是以政府向社会放权为重点深化社会体制改革。三是把优化权力结构作为行政体制的重点，建立以大部门制为重点的行政决策系统，法定化、专业化的行政执行系统和具有权威性的行政监督系统。四是把全面推进政务公开作为政府自身建设的重大任务，"把权力关进制度的笼子里"。迟福林委员的发言对于改革的思路设计，非常清晰深刻。

何维代表农工党中央所作的题为《应对灰霾污染，净化祖国天空，维护人民健康权益》的发言赢得了会场多次热烈的掌声。他指出，今年以来，我国中东部地区发生了持续大规模灰霾污染事件，污染范围覆盖近270万平方公里，波及17个省、市、自治区的40余个重点城市，影响人口近6亿。这次灰霾污染持续时间之长、覆盖范围之广、污染程度之重、影响人群之多均属史无前例，引起国内外广泛关注。"重霾之下，人民健康受到严重威胁，谈何健康中国！重霾之下，天空被灰霾所笼罩，谈何美丽中国！重霾之下，连呼吸都不畅通，谈何幸福中国！"几个排比句，引起了大家的强烈共鸣。在提出五点建议之后，他呼吁：再也不能以牺牲环境、牺牲人民身体健康、牺牲民族长远利益的沉重代价来换取GDP一时的增长，应该为我们自己，也为我们的子孙留下一片可以成为美丽中国标志的蔚蓝天空！

民建中央副主席周汉民委员的发言颇具特点。他一开始就提出四个问题：目前，全国有多少收费项目？收费总额是多少？收费主体是谁？收费用途是什么？自然，这是一笔糊涂账。接着，他用数据说话：全国一年仅公路罚款就达3000亿元，很大一部分是不合理收费，有的车辆的公路罚款和其他开支之比可以达到1∶1。有企业说，小企业的营业税是3%—5%，而小微文化企业缴纳文化基金一项收费就是3%。至于像房地产这样的行业，收费项目更是多达数十项。国家一直在整顿乱收费，但乱收费现象并未根本改观。究其原因，根源在于有授权、无监督。具体表现为收费欲望被放纵、收费范围被不恰当放宽、收费时间被延长、收费用途被改变、收费监督被漠视、收费权限被外包。

为此，他建议，对收费要严格限制，短期要限量、限责、限权、限用、限时；中长期要建立公开、公平、透明、完善的收费法规制度体系；《行政收费法》也亟待出台。乱收费的现象比较普遍，许多人有切身体验，周汉民的发言也引起了大家的强烈共鸣，每一条建议，都赢得了掌声。1500字不到的发言，共赢得9次掌声。

甘肃省工商联副主席、西部中大建设集团有限公司董事长苏如春的发言《民营企业要当反腐倡廉促进派》也受到委员们的好评。他从"一个老板绊倒一群官员"的现象开始说起，对权钱交易现象作了深入的分析。他指出，一些当官的把手中的权力作为自己捞钱的工具，而企业看重的则是他们手里掌握的"生杀大权"。为何工程建设、征地拆迁诸多领域频发贪污大案？根源就在于官员手里的权力太大，他的一句话可能让你一夜暴富，一个工程做下来可以赚得盆满钵满。所以老板们也就无所不用其极，千方百计投其所好，送金钱、送美女，可谓只有我们不敢想的，没有他们不敢做的。

最后，他呼吁民营企业家要深刻认识商业贿赂的危害性，增强反贿赂的自觉性。从自身做起，以质量为本，凭实力竞争。正大光明地靠自身的实力来参与竞争，而不是挖空心思去行贿、去送礼、拉关系，把精力都用在如何提高自身的实力上，把精力都用在如何回报社会、践行自己的社会责任上！

民进湖南省委副主委、湖南省环保厅副厅长潘碧灵就生态文明建设问题作了发言。他提出，入冬以来，我国中东部地区持续出现肆虐百万平方公里国土的雾霾，给我们的环境问题敲响了警钟，国外媒体甚至宣称这是对中国高能耗增长模式的"死刑宣判"。人民群众对环境恶化也越来越难以忍受。"雾霾飘在天上，根子却在地上"，这是高能耗生产、超承载力排放、低水平防治给人类、给地球的报复。

他用一连串的数字说明了环境恶化的事实：2010年，我国二氧化硫、氮氧化物排放总量世界第一，工业烟粉尘排放量1446万吨，远远超出环境承载能力；2011年，我国煤炭消耗量35亿吨；2012年，我国汽车保有量超过1亿辆，传统的煤烟型污染尚未解决，机动车、重化工业造成的PM2.5、臭氧污染又接踵而至。按《环境空气质量新标准》评价，全国330多个地级以上城市中，有2/3以上城市达不到二级标准。更为堪忧的是，曾经被视为净土的农村主要污染物排放量已占到全国污染物排放的"半壁江山"，而目前整治村庄数量只占全国60万个行政村的4.3%。

为此，他提出了加快依法建设治理步伐、强化政府主导责任、硬化企业社会责任、推进公众监督和参与及加大资金投入等五条建议。

应该说，16位委员聚焦政治、经济、社会改革多方面的发言，个个精彩纷呈。代表们发言的内容和重点虽然不同，但一颗赤子之心是相同的，建言谋策的热情是相同的，与人民群众血脉相连的感情是相同的。我想，无论是时常响起的掌声，还是委员们坦率真诚的发言，都是民意的一种表现。真话不一定就是真理,但真话一定是距离真理最近的表达。语言求真,行动求实,那么目的地再遥远,也一定能逐渐接近。

晚上,与一位文化企业的董事长和几位政协委员朋友茶叙,谈"中国声音"问题。中国在评选自己的好声音,代表委员争相发出代表民意的好声音,而中国又如何在世界的舞台上发出好声音?如何真正地让世界了解中国?如何让世界看到一个真实的中国?我们需要一个世界级的媒体,更客观、更准确、更及时地报道中国的声音,讲述中国的故事。而中国的故事,正由我们这十几亿人的行动在书写着啊。

在两会这个大学堂里,忙忙碌碌学完一天的功课,又是夜里12点了。休息。

十　梦寐以求的好教育

3月8日，星期五，阴天

休息与工作，争相抢占我的时间。连续几天睡眠太少，今天睡到近6点才醒。很不安。赶紧上网做例行的微博功课。

今天是国际妇女节，在今天发布的"新父母晨诵"里，我特别祝福了新教育萤火虫项目中那些以"点亮自己，照亮他人"的精神生活着、劳作着的母亲。一位母亲抚育自己的孩子，千万个母亲抚育着一个民族的未来，家庭教育是教育中不可或缺的重要组成部分，推动摇篮的手也在推动世界。

上午9点，在人民大会堂参加全国政协十二届一次会议的第三次全体会议，会议主席罗富和首先向全体女委员、女同志致以节日的祝贺和美好的祝愿。中共中央政治局委员、国务委员刘延东，中共中央政治局委员、中央书记处书记、中宣部部长刘奇葆，以及中共中央、国务院有关部门负责人到会听取发言。

与昨天下午一样，今天仍然是16位委员发言。唐一军、王长江、付志方、贺军科、赖明、薄绍晔、马大龙、蔡玲、朱晓进、吴春梅、许荣茂、孙贵宝、连介德、周新生、张恩迪和我，先后就充分发挥人民政协作为协商民主重要渠道作用、超越部门眼界部门利益加强和推进顶层设计、尽快解决县区内义务教育的均衡发展问题、加强政府诚信建设、重视社会教育促进青少年健康全面成长、深化行政审批制度改革、让所有残疾人分享经济社会发展带来的成果、合理配置科技资源、如何避免"八项规定"一阵风、建议切实提高文化惠民工程实效、重视帮扶新底层群体、借鉴香港经验建设"幸福社区"、防止中央政策法规出现"空转"现象、推动两岸文化交流合作机制化、尽量让国人不求人少求人、用国际化视野引进海外人才等问题发表了意见和建议。

中央党校王长江委员的发言从三个典型的案例开始。土地肥沃的大粮仓去招商引资搞低水平的工业，水土流失的黄土高原却用来种庄稼等，一些地方屡屡发生这种破坏生态、违背规律的事情，缺乏更高层面的统筹是其中一个最主要的原因。他建议，应当用更加市场化的机制来解决问题，应当让更多的国家财力在耕地保护中发挥作用，应该对上下级党委、政府关系进行合理调整，不应使用简单的、过于整齐划一的政绩考核指标，否则一定会出现适得其反的尴尬事。他的发言，多次赢得委员的掌声。

河北省政协主席付志方的发言强烈呼吁政府诚信。他指出，近些年来，社会诚信缺失成为人们普遍关注的焦点。不仅在食品中添加三聚氰胺、苏丹红、硫黄白、孔雀绿等企业违规违法违背职业道德的事情屡屡发生，一些地方政府急功近利、决策失误、朝令夕改的情况也时常见诸报端。此外，各地发生的多起错判命案、安全事故瞒报事件，以及一些地方政府在处理具体问题过程中表态的前后矛盾、遮遮掩掩，也大大降低了群众对政府的信任度。而政府又恰恰担负着引导、示范、监督和管理社会信用的职责，这就决定了政府诚信是社会信用体系建立和维护的必要条件，是社会信用的"定盘星"。对政府来说，信用是一种基础性执政资源，必须倍加珍视而绝不能虚耗透支。一旦群众对政府失去信任，政府就会寸步难行。

他建议，政府诚信首先应从转变工作作风做起。过去领导干部到基层调研，工作人员要事先踩点，当地政府要提前排练，规定什么东西能看、什么东西不能看，什么话能讲、什么话不能讲，领导和与会人员交流基本都念稿子。在这种情况下，上级难以了解基层实情，群众也无法反映实际问题。其次，要切实提高决策的科学水平。前不久颁布的新交规中"闯黄灯扣分"一项就引发民众强烈不满。如果该规定发布前能多作一些调研、多了解一些民意，经过科学的论证和广泛征求驾驶员意见，就可以避免不合实际的规则出台，相关部门也就能够避免被动和受质疑。三是，要勇于有过即改。出差错是难免的，只要一心为公,即使出现失误,群众也能理解。群众最反感的是自以为是、有错不改、一意孤行。四是倡导诚信施政文化。他批评了一些公务员只求官位,不讲官德,不诚信不守诺;一些官员台上大讲理想信念,台下却贪污腐败,既哄骗组织,又哄骗人民,如此何来施政诚信?五是建立完善诚信监督机制。他的发言掌声四起,反映了委员们对于政府诚信的期盼。

九三学社中央副主席赖明的发言从一段顺口溜开始:"门难进,脸难看,盖个图章跑半年;话难听,事难办,批个项目腿跑断。"然后他用两个案例讲行政审批问题:投资一个项目竟要过53个处、室、中心、站,经历100个审批环节,盖108个章,全程需799个工作日;甚至老百姓办个"准生证",还需经过10多个单位盖章、签字40多个,耗时两个月。这些问题的背后,其实就是政府管得太多太细、权责定位不清、决策不透明,该交给市场和社会的权力紧握不放,甚至使之沦为个人逐利的手段,扼杀了市场和社会的活力。他建议下决心将深化行政审批制度改革作为建设服务政府、责任政府、法治政府、廉洁政府的当务之急和重要抓手,破除既得利益群体阻碍,理顺政府与市场、社会的关系。

赢得掌声最多最热烈的是民建中央蔡玲委员的发言。她开宗明义地说,中央的"八项规定"深得人心,但大家最担心的是"八项规定"会不会又是一阵风。因为,从上世纪60年代开始,中央发了几百个文件,也没有管住"一张嘴"。所以,她建议各级领导率先垂范,带头改进工作作风,带头密切联系群众,带头深入基层调查研究,带头解决实际问题。党风政风民风,就看"一把手"吹啥风。加强制度保障建设。将"八项规定"写入党纪、法规,公布违纪违规处理条例。出台配套考核措施、公务接待管理实施细则,用制度约束权力运行全过程。同时,应该把长期监督落在实处,完善干部选拔激励机制,以好学风带动好作风等。

蔡玲的发言用了大量老百姓耳熟能详的民间顺口溜,如"中央强调抓一下,强调过后放一下,出了问题紧一下,形势好了松一下","上级监督太远,同级监督太软,下级监督太难","能喝半斤喝八两,这样的干部要培养","读书读个皮儿,看报看个题儿"等,既恰到好处，又倍感亲切。

另一个赢得热烈掌声的是同为民建界别委员的周新生。他同样是用讲故事开头：一位司局级老领导说起女儿在他的极力反对下仍入外籍并嫁给外国人，是女儿劝他的一句话，最终让他接受了女儿的做法。这句话是"爸爸您将来再不用为您的外孙在国内上幼儿园、小学、中学求人了"。接着他列举了生活中事事求人的现象——生孩子，要求人；病了，想治得好要求人；死了，想烧得好、埋得好要求人；上好学校要求人；找工作要求人，调动工作要求人；异地迁徙取得户籍要求人；参军要求人；职务职称晋升要求人，不一而足。求人者求人，被求者也求人，求人者也是被求者，相互交织构成了一幅"壮观"的求人图卷。求人现象破坏了公平、公正，恶化了社会风气。在提出了六项建议以后，他希望能够乘着十八大后中共中央整治社会风气及反腐败举措实施的东风，重点促进良好人际关系的形成，为国人精神减负，让国民活得轻松一些、快乐一些。

我代表民进中央发言，题目是《县区义务教育均衡发展是促进教育公平的当务之急》。我在发言中介绍，经过几届政府和全社会25年的不懈努力，到2011年全国所有县级行政单位已全面普及九年制义务教育。这是穷国办大教育取得的巨大成就，对于提高全民素质、改善民生、缩小城乡差距等，具有十分深远的意义。

但是，长期以来在"效率优先、重点建设"的政策导向和错误政绩观的影响下，我国义务教育的发展在东西部之间、城乡之间、学校之间还存在严重的不均衡。据调查，有相当一部分县区的乡镇和农村学生学业成绩达标比例在20%—40%。而大多数县区内学生成绩的校间差异，甚至比发达国家全国范围内的校间差异更大。

义务教育资源的不均衡，在城市，导致小学、初中择校热"高烧不退"，重点校、"大班额"和"超大学校"随处可见；在农村，导致基层学校生源减少、教师流失，父母进城陪读成风；同时导致出现升学竞争恶性化、职业教育边缘化、出国留学低龄化等教育怪相和乱象。

义务教育资源的不均衡，关键是政府教育资源配置不公平。以经费投入为例，一些县城的重点中学教育经费竟然占到全县的二分之一。农村小学体育、音乐、美术、科学等科目的教师严重不足，配齐这些学科的师资的学校分别只占24.1%、16.6%、14.7%、28.1%，绝大部分学校不能按照国家课程标准开齐开足这些课程。大约40%的农村学生从来没有做过物理实验，60%多的农村学生从来没有做过生物实验。

教育公平是社会公平的基石，义务教育的不均衡，已经成为人民群众强烈意见的聚焦点，成为影响社会稳定和制约教育健康发展的瓶颈。中共十八大明确提出"大力促进教育公平，合理配置教育资源"，"均衡发展九年义务教育"。教育部也把"大力促进教育公平，让每个孩子都能成为有用之才"列为2013年六大工作要点之一，并将"加快发展农村教育"摆在首要位置。

如何更好地促进教育公平，我们认为当务之急是尽快解决县区内义务教育的均衡发展问题，首先让同一个地区的孩子尽可能接受均等的教育，再逐步在省市和全国范围推进义务教育的均衡发展。为此，我们提出了如下建议：

第一，转变教育政绩观，把推动县区范围内义务教育均衡发展和基本公共教育服务均等化作为保障社会公平的重大举措。党政部门和各级领导必须从科学发展观的战略高度认识义务教育均衡发展的意义，努力办好区域内每一所学校，让每个孩子都能成为有用之才。要加快出台地方政府教育政绩考核办法，对地方党政领导的教育政绩考核首先看学校的差距有多大，实行义务教育均衡发展的"一票否决制度"。同时，党政领导要带头执行"孩子就近进入义务教育学校"的政策，将"不批、不转择校的条子"与"反对舌尖上的浪费"一起作为对干部的纪律要求。

第二，建立国家义务教育质量标准。从缩小县区范围内校际差异入手，推进义务教育均衡发展。在国家教育投入优先向西部地区、边远农村倾斜的同时，省级政府应该大力缩小县区内的城乡差异、校际差异。按照相同标准配置所有学校的师资、基础设施、教学设备、图书资料、生均公用教育经费，其中教师是关键。所有学校必须达到国家规定的办学标准，所有学生必须达到基本的质量标准。

第三，强化省级统筹，深化教育及相关领域综合改革，为义务教育均衡发展创造条件。尽快实行义务教育"省统筹、县为主"体制，明确省级政府统筹义务教育发展的责任，多一些"雪中送炭"，少一些"锦上添花"。实行县区内校长和教师定期交流，建立区域内优质校和薄弱校之间的合并、托管等学校共同体，努力拉长"教育木桶"中最短的那块板，增加农村和城市贫困家庭学生就读优质高中学校的机会。

好教育，强国梦。教育公平是我们必须实现的理想。我们希望，老百姓的孩子可以就近在家门口的学校安心入学；我们希望，学校之间只有特色的不同而没有品质和等级的差距；我们希望，同一片蓝天下的孩子们都能够接受一样的好教育；我们相信，中国会因好教育而更美好！

我的发言，也得到了大家的好评。的确，好教育是大家梦寐以求的理想。掌声，反映的是委员们对于好教育的热切期待。

会议结束后，回到宾馆准备下午新华网的访谈。午饭也没有来得及吃，就匆匆出发了。到新华网的时候，总编荆克和新华出版社的徐光主任早已经在门口等候。

和人民网的直接回答网友提问不同，新华网是由主持人提问的视频录播。主持人是两次采访温家宝总理的刘燕，前年我做客新华网时，她就给我留下了深刻印象。对话从单刀直入地询问什么是"好教育"开始，我在解释了自己心中的好教育标准后，回答了教育不公平会给国家带来的危害、教育公平包括的内容、如何促进教育公平、真正的教育公平距离老百姓有多远、好教育的品质体现在哪里、我国教育品质上存在的问题、父母如何配合教育孩子、对高考改革的建议等问题，并解答了我这次关于加强学校体育、加强海洋教育以及建立驻校作家、艺术家制度等提案建议的内容。

最后，刘燕问我："现在'中国梦'是网友们热议的话题，您的梦想是什么？"我说，拥有一个好教育是一个国家最好的事情，拥有一个好教育才能拥有更加公平的社会，所以我的梦想首先就是希望更公平——我希望所有的老百姓都能够让自己的孩子在家门口读书，不用花精力去找更好的学校。其次，我希望农村的孩子能够和城里的孩子一起上好的学校，城市的学校和农村的学校差距小一点，尽可能差不多，甚至农村学校老师的待遇能更高一些。从资源配置的角度来说，希望政府多一点雪中送炭，尽可能地提供相对均等的公共服务系统，让所有的孩子能够得到基本均等、优质的教育。第三，我希望教育品质更高一些，更加人性化一些，更加个性化一些，让学生们学得更加主动、生动、活泼一些。另外，我希望教育，尤其是大学教育，应该满足整个国家的发展，应该能够和世界一流大学比拼，更加注重创新能力的培养。我希望，我们国家的教育既可以为个人的成长提供最坚实的基础，也可以为一个民族的发展和竞争提供更好的支撑。

访谈中，刘燕说我的一些有关教育的观点和建议得到了网民的高度认可，被评价为两会"好声音"。其实，每个人的言论都会受到个人视野、能力的局限。如果说我真是两会"好声音"，那么这个声音的真正发出者，是人民。我是委员，只是代言人，是民进中央的代言人，是我身后67万人民的代言人。只有用心倾听、认真学习、思考归纳、实话实说，才能不辱代言之使命。

下午3点，在全国政协礼堂三楼参加政协十二届一次会议的第二场提案办理协商会，大会主席团常务主席罗富和与提出提案的有关民主党派中央代表、提案委员代表，以及国家发展改革委、工业和信息化部、财政部、国土资源部、环境保护部、住房和城乡建设部、水利部、商务部等提案承办单位负责人，围绕"加强城乡污染防治，改善城乡人居环境"主题展开讨论。巧合的是，天气预报说雾霾将在今夜卷土重来。大家对环境问题都有了切肤之痛。

徐辉、何维、庄聪生和我分别代表民盟中央、农工党中央、全国工商联和民进中央先后发言，介绍了各民主党派关于环境与生态文明方面的提案与建议。徐辉在发言中指出："虽然一直在讲不该走先污染后治理的道路，但很多地方还是在走这条路，甚至污染后还没有治理。"庄聪生在发言中发问："前段时间，有的人为了对付食品安全问题，自己种了粮食蔬菜；为了不喝被污染的水，家里安装了净水机；当雾霾天气袭来时，我们总不能24小时背着空气净化器活着吧？"

我就农村垃圾处理问题介绍了民进中央的提案。目前我国城市生活垃圾年产生量约1.7亿吨，农村生活垃圾年产生量约1.9亿吨，高于城市垃圾产生量。更重要的是，现在城市垃圾往农村转移的情况非常普遍，在许多城乡接合部，垃圾成堆的情况非常严重。随着村镇居民生活消费水平的提高，以及各种现代工业生产的日用消费品的普及，农村必然产生大量的生活垃圾。这些垃圾被无序丢弃或露天堆放，造成了对于地表水、地下水、土壤、空气的污染，恶化了水系，侵占了农田，增加了疾病传播机会，影响了农村可持续发展和村民的基本生活。因此，在推进城乡统筹发展、加速城乡一体化进程中，必须高度关注农村垃圾处理，必须将城乡垃圾处理一体化。

接着，温香彩、刘晓庄、秦大河、黄巧云等委员先后发言。中国气象局原局长秦大河在会场上拿着一份《中国气候变化检测公报》，严肃地指出："这份公报的第十八页就谈到了雾霾问题：英国治理雾霾用了几十年时间。我们必须汲取历史教训，治理污染。"

委员们发言结束后，相关部门负责人积极回应并与在座的委员代表展开了交流。工业和信息化部副部长苏波表示，不断上升的能源需求是产生污染的主要原因。工信部会加快出台促进工业绿色发展的指导意见，尽快推出重型柴油车"国四标准"，同时也将加快研究出台第五阶段车用汽油标准。环保部副部长李干杰说，大气污染是城乡污染防治的重中之重，急需开出治理"药方"和"路线图"。水利部副部长李国英显然是做了功课，对委员们的提案胸有成竹。他表示："政协提案关于水污染的建议可以总结成六条，即摸清家底、完善立法、环境监管、严格执法、专项治理、污染修复，水利部将全部予以采纳。"住建部副部长仇保兴和发改委副秘书长赵家荣也就大气污染、环境治理等问题回答了委员的提问。

整整一个下午，大家慷慨陈词、积极提问、深入交流，气氛非常热烈。提案委员会主任孙淦对会议的成果表示满意。值得一提的是，今天下午的提案办理协商会上，民进的委员非常出彩。在提问的环节，民进浙江省委副主委赵光育和民进湖南省委副主委潘碧灵先后提问。最后总结讲话的大会常务主席罗富和也是民进中央的常务副主席。他强调指出，环境问题是人民群众最关注的民生问题，在5000多件提案中，500多件提案与环境问题有关。环境问题的解决，应该依靠群众，应该进一步动员人民群众参与美丽中国的建设，而人民政协的委员也应该充分发挥自己的影响力，积极宣传和动员人民群众治理环境。他还特别指出，应该做深入细致的工作，有预警前瞻，防止环保事件演变成公共事件。

由于晚上要继续在政协参加提案委员会的工作会议，怕来回路上太费时间，就在政协食堂用晚餐。

晚上8点，提案委员会兵分两路，听取提案审查情况的汇报。我们小组听取了提案组副组长陈根旺代表业务三组、四组对于非经济方面提案的初审情况汇报。截至3月7日下午2时，委员共提交提案5641件，为历届政协第一次会议新高，而且质量普遍较高，多数提案经过深入调查研究，选题准确，有情况，有分析，建议有较强的针对性和可操作性。

会议结束以后回到驻地，已经是晚上10点多了。与驻地简报组的领导和工作人员交流了有关工作事宜，回房处理邮件，浏览十几份当日报刊，写两会手记。

晚上11点45分休息。躺在床上，回顾一天中的所学所思，想到这令国人魂牵梦绕的好教育之盼，很是感慨。我知道，没有希望是不行的，仅有希望是不够的。仅仅有希望，而没有行动，最后收获的就是绝望。令人高兴的是，教育问题不仅越来越成为全社会关注的问题，也逐渐成为全社会的行动之举。尽管努力的结果与人民的需要、我们的梦想还有一段距离，但只要行动，就有收获，只有坚持，才有奇迹。我相信，好教育，绝不仅仅是梦想。

十一　乐为阅读鼓与呼

3月9日，星期六，灰霾

早晨4点15分醒来。强制自己再睡一会儿，竟然没有睡意。4点50分起床工作。继续整理昨天的工作手记，一发不可收拾，写了7000余字。上网完成必修课程："新父母晨诵""教师喜欢的教育名言"等。

今天的《光明日报》两会特刊发表了记者吴娜采写的整版文章《全民阅读，我们期待的国家战略》，为两会带来了浓浓书香。接受采访的嘉宾分别是新闻出版总署副署长邬书林委员、韬奋基金会理事长（中国出版集团原总裁）聂震宁委员、中央编译局原局长韦建桦委员和我。

两会期间，《中国教育报》的记者采访我，问我为什么如此执着地为阅读鼓与呼。这真是一个让人心潮澎湃的问题。

对于我来说，"阅读"两个字是如此辽阔、如此庄严、如此神圣。自觉不自觉地，我似乎已经把自己的生命交付给了阅读。因为，从我的个人成长来说，我的生命、我的精神，得益于阅读的不断滋养；从我发起的新教育实验来说，阅读是所有实验项目的基石，是重中之重。

新教育诞生的直接起因，就是一颗心被阅读逐渐点燃：1999年底，《管理大师德鲁克》一书中的那句"仅仅凭自己的著作流芳百世是不够的，除非你能够改变和影响人们的生活"，深深震撼了我。在那之后，我开始走出书斋，不仅走到了基础教育第一线，也逐渐走到了阅读推广的第一线。

2002年，新教育实验在苏州昆山玉峰实验学校正式启航。这个实验一开始就推出了"六大行动"，位于六大行动之首的是：营造书香校园。我对我的新教育同人说，即使新教育其他事情什么都没有做，能够真正地把阅读做好，能够通过学校的阅读来撬动中国全社会的阅读，它的贡献也就非常了不起了。

2003年，"第一届新教育实验研讨会"正式举行，第一批新教育实验学校也正式挂牌。这一年，我当选为全国政协委员。在这一年的两会上，我正式提出了设立"国家阅读节"的提案。同时，我提出了新教育关于阅读的几个主要主张——一个人的精神发育史就是他的阅读史，一个民族的精神境界取决于这个民族的阅读水平，一个没有阅读的学校永远也不可能有真正的教育，一个书香充盈的城市才能成为真正的家园。

从2003年开始，无论担任全国政协常委还是担任全国人大常委，我从未放弃过对阅读的呼吁，我们的新教育团队也从未放弃对阅读的研究、实践与推广。

2005年，我们推出了《新世纪教育文库》，公布了小学生、中学生、大学生、教师的书目各100种。

2007年，我们在山西运城召开了"第七届新教育实验研讨会"，会议的主题是"共读、共写、共同生活"。以"毛虫与蝴蝶"儿童阶梯阅读和"晨诵、午读、暮省"的儿童生活方式为基础的新教育儿童课程在会议上正式亮相，第一批以推广儿童阅读为特色的新教育榜样教师在会议上述说了他们的成长故事。阅读的效用，童书的神奇，在老师、孩子身上展现得淋漓尽致，许多参会者感动得泪流满面。

2010年9月，我直接推动设立的"新阅读研究所"在北京成立，先后推出的"中国小学生基础阅读书目"和"中国幼儿基础阅读书目"受到媒体和专家的广泛赞誉，曹文轩教授等称之为"中国最好的儿童阅读书目"。此外，中学生、大学生、企业家、教师、父母等书目研制工作也已启动，并将陆续发布。新阅读研究所先后荣获了由《中国新闻出版报》、腾讯网等颁布的2011年、2012年全国阅读推广机构大奖和年度致敬阅读推广机构。

2011年11月，"新教育亲子共读中心"在北京成立，后更名为

"新父母研究所"。以推广亲子共读为主要任务的新父母研究所在成立后的一年多时间里,在全国30多个城市建立了"萤火虫工作站",直接汇聚着近两万名父母;在全国各地开展了200多场关于阅读的公益讲座和活动,直接参与者近9万人次;发布了近500则"新父母晨诵",读者3000余万人次……以"点亮自己,照亮他人"为宗旨的萤火虫精神,帮助千万父母、孩子点亮了阅读的心灯。在推动阅读中至关重要却长期缺位,甚至因为错误的教育理念而成为儿童阅读阻力的父母群体,就此深度参与到阅读之中、教育之中。

2012年1月,《人民日报》用难得的大篇幅发表我的长文《改变,从阅读开始》,与此同时,整合我多年思考的《我的阅读观》一书由中国人民大学出版社正式出版。这一年,我被国家新闻出版总署聘任为国家全民阅读形象大使,柳斌杰署长亲自为我颁发了聘书。比这些更让我激动与自豪的是:这一年,中央电视台举行全国十大读书少年评选,海选产生的30个候选人中新教育的孩子有17名,最后获奖的十大少年中,新教育的孩子有6名。阅读,让这些孩子的生命变得美好;孩子,将让我们的世界变得美好!这就是热爱阅读的魔力,这才是精神生命的传承,绵延不绝,生生不息!

从2003年两会开始,一直到今年,我连续十一年在全国人大和全国政协呼吁设立"国家阅读节",把全民阅读作为国家战略,建立国家阅读基金,成立国家阅读推广委员会,加强社区图书馆建设,把农家书屋建在村小,给实体书店免税,国家领导人带头做阅读的模范,打击盗版、繁荣网络文学……几十个关于阅读的提案建议,记录着我这些年为阅读所作的鼓与呼。

十年过去了,虽然国家阅读节的提案没有成为现实,但时光从不辜负任何真诚的努力。我与新教育同人、与诸多阅读推广的行动者一起欣慰地看到,阅读的理念已经被更多的人接受,全民阅读的氛围越来越浓厚,阅读率连续下降的趋势也得到遏制。据不完全统计,全国已有400多个城市设立了城市读书节,如苏州、深圳等地的读书节已经发展成为城市的重要文化活动。许多城市和学校根据我们的提议,把每年的9月28日孔子诞辰日作为自己的阅读节、阅读日。

在阅读推广的路上,我们并不孤独。这条路上,不仅有越来越多的朋友共同前行，我们的努力也一直受到媒体朋友的高度关注。每年我们为阅读鼓与呼的声音，经过媒体的热情帮助，被不断向着更大更远的领域传播。比如，自2005年《中国教育报》评选我为推动阅读的十大人物后，新教育的老师们也因其持续的行动、感人的事迹，不断获此殊荣——许新海、常丽华、陈东强、王林、窦桂梅、管建刚、刘畅、时朝莉、李庆明、高万祥等，几乎每年都有新教育的老师入选榜单。

2012年底，《中国新闻出版报》评选了四个推动阅读的年度机构和年度人物。我担任名誉所长的新阅读研究所和我本人都榜上有名。其中，给我的致敬词是这样写的："从央视全民阅读晚会现场到全民阅读形象代言人，到以一己之力推动新阅读的朱永新怀着激情、循着理想行走在新教育实验和阅读推广的道路上。通过倡导'晨诵、午读、暮省'的阅读生活方式，他使中国教育充满活力。毋庸置疑的是，在过去的十年里，朱永新一直站立在中国阅读推广的精神之巅。"

报社没有搞任何形式的颁奖活动，甚至也没有通知我本人。我是在事后多天偶然翻到那张12月28日的报纸，才看到这个消息。对于他们的鼓励，我心存感激。但是，说我以"一己之力"或者说我个人"站立在中国阅读推广的精神之巅"，是不符合实情的。因为，如果没有新教育同人的共同努力，没有政府、媒体和同行者的共同努力，任何个人都难有真正的作为。其中，《中国教育报》的《读书周刊》，就是我们的同行者。

今年，利用春节长假，我修订完成了一本小书《书香，也醉人》。在该书后记中，我写道：生活节奏越是匆促，越需要保持从容的心境，精神世界污染越重，越需要浸染一份醉人的香氛。传统的纸质图书飘溢着纸和墨的香味，随着电子书的普及，纸质图书的命运已经受到了很大的挑战。如今的电子书尽力在模仿纸质书的所有细节与功能，包括翻页的声音、墨汁的痕迹，或许在将来，也能模拟出纸和墨的香味。我相信，改变的永远是形式，而实质的内容，精神的书香，永远不会消失。

是的，书香醉人，不忍释卷，阅读推广，余香满怀。而今更加令人高兴的是,党的十八大提出了"推进全民阅读"的号召,全民阅读第一次被写进了党的工作报告。这一次的两会,又有这么多的代表委员关注阅读,接下去的全民阅读行动,会有着怎样的精彩,让人满怀期待。

两会期间,与阅读、与书籍相关的故事还真不少。

第一次参加全国两会的邬书林委员提出的《关于制定实施国家全民阅读战略的提案》,由教育部副部长李卫红委员,国家行政学院副院长周文彰委员,中国新闻出版研究院院长郝振省委员等联署,同时得到了115名委员的联合签名,涉及新闻出版、文艺、教育、社科、经济等多个界别,成为本届大会联名人数最多的提案之一。

看到这么多委员关注阅读问题,我感到特别开心。更开心的是,该提案的内容,如成立国家全民阅读指导委员会、设立国家阅读节、进行全民阅读立法、制定全民阅读规划、建立国家阅读基金等,也是我十多年来作为人大代表和政协委员一直在呼吁和建议的。今年两会,我也带来了相关的提案,真是有种"提案之中遇知音"的幸福。

有一天下午,大会结束以后,我去西单的图书大厦买书,没想到偶遇民进云南省委主委罗黎辉委员。第二天,他送给我《社会转型期民族农村地区教师压力研究——以云南省寻甸回族彝族自治县六哨乡为个案》《冲突与变革——社会转型期云南少数民族地区家庭教育研究》两本书。这两本带着泥土芬芳的书由罗黎辉兄担任总主编,承载着他对于自己家乡的深深的感情。他告诉我,这是从书店买了送我的。

昨天下午讨论结束后,赵丽宏先生到我房间小坐,也聊起阅读问题。五年前,我们也在一个委员小组,每次阅读的提案,他总是第一个联署签名,而且帮助我找了许多著名作家签名。担任人大代表以后,每年两会我也会看望老朋友,谈论的主题也总是离不开阅读。每年,我们也总是互相赠送自己的作品。今年他送我的新书是《锦城觅诗魂》。一查我的微博,竟然去年今日也是与丽宏见面的日子。

儿童文学作家汤素兰在会议期间也送了三本著作给我:《爱的童话》《感恩的心》《阁楼精灵》。汤素兰告诉我,她现在做的事情很多,她是大学教授,要给大学生上课,要做学术研究;她是民进湖南省委副主委,要参政议政,建言谋策;但她最重要的角色还是儿童文学作家，是写作，她想给所有的孩子造一个童话世界，"与他们在一起，在这个世界尽情地做童年的梦"。

民进中央主席严隽琪给民进组政协委员的礼物是她的三卷本文集《民进路上　且学且行》。这是她担任民进中央主席期间思考和探索的心得，她一直要求大家有思有行、集智聚力，为我们树立了一个榜样。

更加有趣的是，在昨天新华网采访的时候，新华出版社的徐光主任送我一本《米歇尔·奥巴马——一位真实的美国第一夫人》，说是给我的三八节礼物。

就在昨天，整合我多年来对阅读"且学且行"的《我的阅读观》第二版正式出版。年前与朗朗书房的呼延华先生、高鸿鹏董事长聊天时，谈到这本即将改版重出的作品，他们希望赠送给部分两会代表委员，为全民阅读助力。这次会议期间，我也把他们的这份美意和这本小书一起，与部分代表委员朋友分享。

今天一天参加了四个会议。上午8点20分出发去全国政协，9点列席政协第十二届全国委员会第一次会议主席团常务主席会议第一次会议。会议由俞正声主持，审议了政协第十二届全国委员会第一次会议选举办法（草案），政协第十二届全国委员会主席、副主席、秘书长、常务委员建议人选名单（草案），政协第十二届全国委员会第一次会议关于常务委员会工作报告的决议（草案），政协第十二届全国委员会第一次会议政治决议（草案）。会议决定将上述草案提请政协十二届一次会议主席团第二次会议审议。

上午10点，在常委会议厅继续参加政协第十二届全国委员会第一次会议主席团第二次会议。会议仍然由俞正声主持，审议并原则通过了常务主席会议提出的各项草案和人事名单，决定将上述草案和名单提交全体委员讨论和酝酿协商。下午3点，参加民进组讨论，审议上述草案和名单。

晚上8点参加提案审查委员会的工作会议，听取了《中国人民政治协商会议全国委员会提案审查委员会关于政协十二届一次会议提案审查情况的报告（草案）》及有关说明。在短短几天的会议期间，审查完5641件提案，的确非常辛苦。一项工作的顺利完成，离不开每个人、每个环节的兢兢业业、紧密配合。我为提案审查委员会工作人员的工作精神而感动。

会议结束返回宾馆途中，接到了国家新闻出版总署邬书林副署长的电话。他问我有没有看到今天的《光明日报》，语气中透出几分幸福。我告诉他，中午第一时间就读到了这篇整版访谈，在两会期间把如此大的版面给了阅读，真不容易。他说，永新，你十年为阅读鼓与呼不容易，现在我也是政协委员了，我们一起为阅读鼓与呼！

听着书林副署长的话，我热泪盈眶。有这样的同伴，有这么多同伴，我深信，书香中国绝不是梦！为推动阅读而鼓与呼，我愿永远在这条芬芳的山路上，不断登攀！

十二　机构改革迈新步

3月10日，星期日，晴

　　昨天晚上11点强迫自己休息，睡足了六个半小时。早晨5点半起来，神清气爽。写手记，发微博，读文件，效率颇高。睡眠，是最好的休养，最好的补品。

　　上午7点58分发车去大会堂，列席人大会议。前几年作为代表在楼下听报告，今年则是作为委员在楼上旁听会议。今年除了"两高"报告外，还有国务院关于机构改革方案的说明。所以，拿到文件，就迫不及待地翻阅起来。

　　9点，会议准时开始。陈昌智主持会议，曹建明、马凯等先后作最高人民法院工作报告、最高人民检察院工作报告和关于机构改革方案的说明。

　　对数字一直不太敏感的我，今天却对最高法工作报告中数字的变化产生了浓厚的兴趣。五年来，最高人民法院受理案件50773件，审结49863件，分别比前五年上升174%和191%，审限内结案率82.4%；地方各级人民法院受理案件5610.5万件，审结、执结5525.9万件，结案标的额8.17万亿元，同比分别上升29.3%、29.8%和47.1%，审限内结案率98.8%。五年来，各级人民法院审结一审刑事案件414.1万件，判处罪犯523.5万人，同比分别上升22.3%和25.5%。审结一审商事案件1630.7万件，同比上升42.6%。审结一审知识产权案件27.8万件，同比上升284.2%。审结一审民事案件1474.9万件，同比上升37.8%。注重依法保障民生，审结人身损害、劳动就业、社会保险、教育、医疗、住房、消费、物业服务等案件232.9万件，同比上升104.2%。这些上升的数据，不仅说明法院工作量的加大，也反映了他们工作力度的加强，如审结的知识产权案件是增加幅度最大的。

在上述数字呈现较大幅度上升的同时，另一些数据也呈现出下降的变化。如涉诉信访状况趋于好转，2012年共接待群众来访60.1万人次，比2007年下降75.5%。坚持依法纠错，五年来共提起再审29.8万件，同比下降13.7%。人民群众对法院干警违纪违法行为的举报投诉呈逐年下降趋势。

数字的一升一降，反映了最高法工作的卓有成效。在报告中也具体谈到人民法院工作存在的问题和困难，如确保人民法院依法独立公正行使审判权的体制还不够健全，司法体制改革有待进一步深化，极少数法官徇私舞弊、贪赃枉法，严重损害人民法院形象和司法公信力等。最后，报告表示要大力加强司法公信和司法队伍建设，深化司法体制改革，自觉接受监督，为经济社会发展提供有力的司法保障，为全面推进依法治国、全面建成小康社会作出新贡献。

如果说立法是种子，司法就是土地。没有土地，再好的种子也无法扎根萌芽。真正有效地贯彻执行，法律才能成长为庇护人民群众的绿荫，才能成长为维护公平与正义的防风林。尤其在这个变革剧烈的时代中，各类矛盾层出不穷，其复杂与繁多，都非昔日可比。在两千余年的封建专制、人治的背景下，人们的法治意识刚刚苏醒，尚不成熟。此时的司法保障，是推进法治进程的关键。最高法工作报告中的一串数字，是这一进程中踩出的一行脚印。行路不比制图，脚印线难免弯曲，存在各种不足。我们每个人可以批评指责，更可以真诚建议，但我想，最关键的，还是满怀希望并身体力行，协助推动法治文化的传播，最终促使法治社会建成。

检察长曹建明的报告，从保障经济持续健康发展、维护人民群众合法权益、维护社会和谐稳定、促进反腐倡廉建设、维护社会公平正义、保障检察权依法正确行使、提高检察队伍整体素质能力等七方面回顾了最高检的五年工作。

整个报告给我印象最深的是两个关键词——民生与反腐。他特别介绍了最高检在校园安全、食品安全、个人信息安全等热点民生问题方面所做的工作。如积极参与校园周边地区集中整治，坚决惩治侵害幼儿园儿童和学校师生的犯罪，严惩危害人民群众生命健康的犯罪。起诉制售假药劣药、有毒有害食品犯罪嫌疑人11251人，立案侦查问题奶粉、瘦肉精、地沟油、毒胶囊等事件背后涉嫌渎职犯罪的国家机关工作人员465人。起诉非法出售、提供、获取公民个人信息的犯罪嫌疑人640人等。在反腐方面，成绩单也不俗——五年来立案侦查各类职务犯罪案件165787件、218639人，其中厅局级950人，省部级以上30人；立案侦查渎职侵权犯罪案件37054件、50796人，其中重特大案件17745件。

在分析了检察工作存在的四方面的问题之后，曹建明表示，检察机关将深入贯彻依法治国基本方略，检察强化法律监督，维护社会公平正义，努力推动科学发展，促进社会和谐；同时，检察机关将着力保障经济持续健康发展，积极推进平安中国建设，积极推进法治中国建设，积极推进反腐倡廉建设，积极推进过硬队伍建设，为全面建成小康社会营造良好的法治环境。

国务委员兼国务院秘书长马凯就国务院机构改革和职能转变方案作了说明。他指出，虽然国务院机构经过了六轮改革，但是仍然存在职能越位与缺位并存、职责交叉、权责脱节、机构重叠、人浮于事等弊端，不作为乱作为、以权谋私、贪污腐败等现象未得到有效遏制。所以，改革势在必行。

按照这次的改革方案，将新组建国家卫生和计划生育委员会，不再保留卫生部、国家人口和计划生育委员会，此外还将组建国家食品药品监督管理总局、国家新闻出版广播电影电视总局、国家铁路局，重新组建国家海洋局、国家能源局，撤销铁道部，成立中国国家铁路集团公司。最后马凯强调，各部门都要在一定期限内完成职能转变各项任务，该取消的必须取消，该下放的必须下放，该整合的必须整合，该加强的切实加强，确保职能转变取得实质性进展。

下午3点，主持民进组讨论，委员们在审议了关于常委会工作报告的决议（草案）和政治决议（草案）后，就两院报告和机构改革方案发表了意见。杜婕、臧永清、陈贵云、左定超、王康、俞金尧、陶凯元、罗永章、胡卫等委员先后发言。

俞金尧委员提出，铁道部政企分开非常好，不希望改革以后又多了一个垄断企业，应该为铁路的市场化改革留下空间。陶凯元委员认为，这个方案把机构改革与职能转变结合起来的方向非常好，遗憾的是在知识产权方面还有一些问题没有解决，如专利、商标、版权的合一是国际惯例，95%的国家是采取三者合一的管理体制，等了五年未见突破，有些失望。郑福田委员介绍了他刚刚收到的他的一位在铁路系统工作的学生的来信，希望在铁路转企的过程中能够充分考虑到铁路职工的利益。不能像有人说的那样，要牺牲三代铁路人的利益实现跨越式的发展。

最后，罗富和常务主席发言。他对两院的报告表示赞成，但是希望最高法和最高检在政协讨论两院报告时也派人来听取意见，现在只去人大是不够的，不能够忽视政协的监督作用。对于机构改革的方案，他也表示赞同，认为关键还是职能的转变。

会议结束以后，接受《人民日报》记者董阳就机构改革问题的采访。我认为这次改革的力度不像许多人期待的那样大，但新政府履新马上大动干戈可能会引起暂时的动荡，小步快走可能更为稳妥。改革抓住了群众反映最强烈、社会问题最集中的政企不分、食品安全等要害，符合百姓利益，强调职能转变和处理好政府与市场、社会的关系。采访结束后交换名片，才发现他是文艺评论部的副主任。他说，两会人手紧张，就大家一起上啦。

关于机构改革，的确是一个牵一发而动全身的大问题。长期以来，中国是一个强政府、大政府，从三公经费膨胀，到政企不分，中国的许多问题都与政府的权力过大有关，与机构职能不清、缺少监督有关。

对于新一届政府来说，稳步推进改革的思路和策略是对的。尤其是关于机构职能转变的六条原则，包括发挥市场在资源配置中的基础作用和社会力量在管理社会事务中的作用，发挥中央和地方两个积极性，优化职能配置，加强宏观管理和制度建设等，都抓住了机构改革的要害问题。

马凯的报告也明确提出，国务院机构改革是一个过程，今后随着实践的发展还将不断推进。这就给我们留下了足够的想象空间。我们可以就这些问题进一步建言谋策。如教育部与国家体育总局能否合并？现在的体育竞赛锦标化，奥运金牌拿了不少，学生身体素质却非常糟糕，这与体育和教育的分离是有关的。教育部与科技部能否合并？现在教育之中有科技，科技之中有教育，大家都确定研究课题、分配科研经费，都培养学生，都搞产学研合作，研究人员一题多报等现象，与机构分割当然密切相关。新成立的国家新闻出版广电总局，能否合并到文化部，组建真正的大文化部？如果不合并，文化部其实是一个文艺部。文化部有图书馆司，出版管理部门难道就为出版而出版，不管图书市场的流通和图书馆的配置？

更为艰巨的是事业单位的改革。我在这次两会上提出了建立驻校作家、驻校艺术家制度的提案，希望进一步将作家协会和政府画院这样的官办机构民间化。其实，我国的行业性协会、学术性学会，甚至商会，都有非常强的官方背景，大部分是政府领导退居二线以后的"安排"。其实就是"二政府"，从经费划拨到人事安排，都是分管部委定夺。行业协会，应该完全脱离政府机构，成为独立运行的行业自治组织，政府可以通过购买公共服务的方式给予支持；行业协会和学会，都应该遵守法律法规，而不是听从主管部门的意见，唯他们马首是瞻。

我的这些想法，本来准备在下午的讨论中与大家一起讨论，因为委员们发言非常踊跃，时间紧张，只能够在这里与大家分享了。作为民主党派的成员，作为政协委员，积极参政议政，为国家的发展出谋划策，既是义务，更是责任。作为上传下达的一个通道，作为民众的嘴巴、政府的眼睛，帮政府观察，为民众发声，义不容辞。好在，新政府的改革帷幕才刚刚拉开，对接下去的执行与推进，我们满怀期待。

晚上5点半，民进的两会代表和委员从各代表团驻地来到政协民进组的会议地点，一杯清水，交流心得。严隽琪主席说，每一届人大代表政协委员在第一年见面座谈，是多年的传统，对于大家彼此熟悉，新老朋友见面交流，增强会员意识，更好履行职责，具有重要的作用。吴正宪、李和平、陈振楼、朱明兰等代表委员先后交流了自己的参政议政体会。全体照了一张"合家欢"。

晚上7点，按照惯例，两会期间召开一次常委会。严隽琪主席主持民进十三届中央常委会第二次会议，学习全国人大全国政协十二一次会议精神，审议通过《民进中央关于学习贯彻十二届全国人大一次会议、全国政协十二届一次会议精神的通知》。最后严主席讲话，要求大家聚精会神开好两会，全力以赴做好工作。

今天一天的活动相对较少，晚上从容地重温白天的会议记录与资料，为写手记做准备。9点50分去酒店的健身房锻炼了半小时，大汗淋漓，十分畅快，不由得又想起今年我提交的《关于进一步加强学校体育》的提案。体育是教育之基。本应生龙活虎、充满朝气的孩子，却长成了"豆芽菜"，这是全社会的悲哀，更是国家民族的不幸。文明其精神并野蛮其体魄，这样的教育才幸福、才完整。

晚上11点15分休息。

十三　肝胆相照勉力行

3月11日，星期一，小雨

早晨5点起床，完成微博功课的"新父母晨诵""教师喜欢的教育名言"后，开始写手记。长年早起工作，习惯了比城市醒得更早。安静的环境，更容易心静，工作效率也特别高。出门前，从容地完成了4000多字的两会手记。

周一，担心路上堵车，7点50分出发去全国政协。果然路上拥堵，行走缓慢，差不多掐点到达会议地点。9点列席政协第十二届全国委员会第一次会议主席团常务主席会议第二次会议，会议由俞正声主持，听取了关于政协第十二届全国委员会主席、副主席、秘书长、常务委员候选人名单（草案）讨论情况的说明，关于政协第十二届全国委员会第一次会议小组讨论情况的综合汇报，审议了提案审查委员会主任孙淦关于政协第十二届全国委员会第一次会议提案审查委员会关于提案审查情况的报告（草案）。

上午10点，在政协常委会议室参加主席团第三次会议。会议通过了经全体委员酝酿讨论的政协第十二届全国委员会主席、副主席、秘书长、常务委员候选人名单，决定将名单提交下午举行的全体会议进行投票选举。会议还通过了政协第十二届全国委员会第一次会议选举办法，审议通过了58名监票人名单、关于常务委员会工作报告的决议（草案）、提案审查委员会关于政协十二届一次会议提案审查情况的报告（草案）、会议政治决议（草案）等，决定将上述草案提请闭幕会表决通过。

下午3时，在人民大会堂举行政协第十二届全国委员会第一次会议第四次全体会议,选举出政协第十二届全国委员会主席、副主席、秘书长、常务委员。俞正声当选为全国政协主席;杜青林、韩启德、帕巴拉·格列朗杰、董建华、万钢、林文漪、罗富和、何厚铧、张庆黎、李海峰、陈元、周小川、王家瑞、王正伟、马飚、齐续春、陈晓光、马培华、刘晓峰、王钦敏等当选为全国政协副主席;张庆黎当选为秘书长;同时选出299名常务委员,我忝列其中。

这一次当选,少了十年前当选全国政协常委时的激动兴奋,心中的使命感却越来越强。这十年,在两会的大学堂里学习、成长,越来越深切地感受到,在我们肩上寄托着2100多名委员的期许,寄托着亿万民众的厚望,这是一份荣耀,更是一份责任。消息很快传出,祝贺的短信也不断传来,有来自会场的政协委员的,也有来自各地的亲朋好友的。我知道,每一个祝福后面都是一份期待、一声叮咛。肝胆相照勉力行,且将祝贺当叮咛;尽心尽责做常委,参政议政赤子情。

晚上9点,去位于东花市大街的静思书轩与台湾慈济慈善基金会的林碧玉执行长见面。静思书轩是慈济功德会创建的,以现代人文精神为指导,以流通人文与励志书籍、天然食品、环保餐具及衣物为媒介,是熔书香、茶香、咖啡香及语香、心香为一炉,淬炼道风德香的书店。无论是环境还是人,都在质朴中透出精细与典雅。

2007年,大陆第一家静思书轩在苏州开业时我曾经躬逢其盛。据说,"静思"二字,原本是证严上人出家前为自己取的名字,意思是静心思考人生方向。也可以拆字解释为"青山本无争,福田用心耕"。书轩的负责人王明萌告诉我,他的父亲在寸土寸金的北京租房办静思书轩,就是想为繁忙喧嚣的都市人提供一个静思的空间,潜移默化中启迪人们的性灵,反思生命的本质,调整人生的走向。林碧玉执行长告诉我,现在全球已经拥有60多家静思书轩,希望未来在全世界的更多社区都能设立这样净化人心的"社区客厅",为社会注入一股股清流。

到达静思书轩时,林碧玉正在和北京的慈济志工分享她的心得。我在后排找了一个位置,悄悄地坐了下来,聆听她的话语。

十多年前,我第一次见到林碧玉时,是因为大陆第一例骨髓移植。那时两岸还没有直航,她和台湾的一批志工,手捧着清晨从台湾志愿者身上取下的骨髓，不断转机换车、长途跋涉来到苏州市第一人民医院，成功救助了一个名叫陈霞的姑娘。她和志工们青衣素装，温文尔雅，给我留下了非常深刻的印象。当时，我就祈望，未来某一天，大陆，苏州，也会有这样的志愿者。

后来，慈济落户苏州。我做了一点微不足道的小事，与慈济也就结下了缘分，每年与林碧玉执行长都要见几次面。40年前，她关掉自己的会计师事务所，卖掉自己的豪宅，从台北到花莲，追随证严法师。40年来，她没有领过一分钱的薪水，每次来大陆的费用，也都是自己负担。正是她和一群慈济志工，把一个弱女子的梦想变成了现实，筑造了一个慈善的"帝国"。慈善、医疗、教育、人文四大志业，骨髓捐赠、环境保护、居住小区志工、国际赈灾四大事业，慈济已经成为世界慈善事业的一个地标。

林碧玉曾经讲过志工与义工的区别。她说，有心就能当志工。义工就是一个义务的工作者，可做可不做。志工却不同。"志"，它是一个士者的心，那就是自己的志向，自己立定这个方向要去付出，所以，它是自己的使命、自己的责任，或者说是自己对自己的一份祈希，就是希望自己的生命丰富，自己的生命多延，所以志工不是有钱人的权利。

她曾经给我讲过慈济人在汶川地震中的故事。汶川地震，慈济人是第一批到达现场的人，也是到现在仍然没有离开现场的人。四年多的时间，台湾的慈济人还会每个月来一批人，每次要工作36天，他们要向自己的工作单位请假，到慈济工作不仅没有工资，来回路费和在四川的生活费，都要自掏腰包。先后有近六万人次到地震灾区服务，折算成劳务价值大概超过了一亿元人民币，但是他们没有人拿一分钱薪水。至今，慈济在四川救灾投入了五亿元，这还不包括人力的折算。我曾经去看过他们在四川灾区建的学校，无论是理念还是品质，都是第一流的。其中有几所学校，已经加入了新教育实验学校的行列。

与林碧玉结识十多年，看到岁月的风霜已经明显写在她的身上，刻在她的脸上。看着她慈祥的笑容，听她和志工们讲"用心"，真的很感动。她已是近七十岁的老人，上午从台湾风尘仆仆到北京，下午就到通州处理事务，晚上赶回来与北京的慈济志工分享心得，还约了三批客人谈工作。我是第一批，还有国家数字图书馆的专家在等待。她的行动，其实早已无声地注释了"用心"二字。我曾经问过她，究竟是什么力量在支持着她几十年如一日做慈善事业。她用一个书名回答了我——《靠近爱》。这是她写的一本书，一本充满爱的纪事志。

近11点回宾馆。身体有些疲乏，精神仍然振奋，索性抓紧时间上网处理完邮件，11点半躺在床上，脑海里一直在回放着慈济人的故事。靠近爱，靠近美好，人就会有无限的力量。我知道，此时此刻，全国各地的新教育人中，尤其那些一线的榜样教师，也都醒着。白天在教室忙碌一天、晚上回家拼命学习，是新教育榜样教师们长年累月的生活模式。对于孩子们来说，这样的教师，就是好教育，就是爱，就是美好，就是无限力量的源泉啊！其实，我们每个普通人都能成为爱与美好本身，通过自己的行动，把这强大的力量，传递给身边更多的人。

十四　履职没有闭会时

3月12日，星期二，阴雨

今天，是中国人民政治协商会议第十二届全国委员会第一次会议闭幕的日子。早晨5点起来，推窗远眺，阴雨绵绵。春雨贵如油，这场雨对于城市来说只是洗掉尘埃，对于农村的广阔土地来说，应该是润万物于无声的滋养吧。据说不远的张家口已经是白雪皑皑。往年的两会期间，总有几次寒潮，今年则相对暖和。

抓紧时间完成每天的必修课，与网友分享"新父母晨诵""教师喜欢的教育名言"等。整理两会手记，最后洗漱整理内务。忙忙碌碌中，不知不觉到了上车出发的时候。

香港《文汇报》的凯雷先生和王晓雪小姐，去年两会期间曾经对我作了一个整版专访。今年他们专门增加了一个"人民政协"的栏目，对民主党派如何参政议政履行职能特别关注。所以，又相约在人民大会堂见面，就参政议政问题进行采访。

8点28分到达人民大会堂，按照短信约定在四川厅门口见面采访。凯雷主编和晓雪记者轮番"进攻"，就撤点并校、异地高考、代课教师等提案与建议的形成过程，以及与教育部门的沟通情况全面提出问题。我告诉他们，这些问题的最后解决，是一个"合力"，两会代表委员的呼吁，媒体的连续关注，领导的批示指示，部门的用心办理等，都发挥了重要的作用。采访完毕，已经是8点55分，入场的铃声已经响过两次。

上午9点，中国人民政治协商会议第十二届全国委员会第一次会议举行闭幕式。俞正声主席主持，新当选的副主席在主席台前排就座。按照惯例，党和国家领导人胡锦涛、习近平等都参加了闭幕式。会议通过了政协第十二届全国委员会第一次会议关于常务委员会工作报告的决议、政协第十二届全国委员会第一次会议提案审查委员会关于政协第十二届全国委员会第一次会议提案审查情况的报告、政协第十二届全国委员会第一次会议政治决议。

俞正声在讲话中高度评价了这次会议，认为在会议期间，委员们积极议政建言，提出了许多真知灼见，生动践行了社会主义协商民主，充分体现了人民政协的独特优势和作用，会议开得很成功，达到了预期目的。他希望努力把人民政协建设成为团结之家、民主之家，永葆人民政协的蓬勃生机与活力；要把人民政协协商民主纳入社会主义民主政治建设的总体布局中去谋划、推进，切实增强协商实效，深入拓展协商民主的形式，努力构建多层次、全方位协商格局。他希望委员们遵守章程、认真履职，坚持真理、勇于直言，拒绝冷漠和懈怠；善于学习、勤于思考，深入实际、实事求是，力求客观公正，拒绝浮躁和脱离国情的极端主张；遵纪守法、克己奉公，厉行节约、勤俭办事，拒绝奢靡和一切利用权力或影响谋取私利的行为；用恪尽职守来诠释责任，用奋发有为来回应期望，不断把人民政协事业推向前进。

闭幕会后，党和国家领导人与出席会议的全体政协委员合影留念。合影期间有许多有趣的花絮。如姚明一个人站在最边上，占了几个人的位置，颇为醒目。如等待的时间稍微长了一些，大家迫不及待地用掌声呼唤领导入场等。而我的位置恰好在两位新老总书记的后面第二排，有机会与常委们一一握手。

下午4点30分，新当选的常委们在政协常委会议厅参加政协第十二届全国委员会常务委员会第一次会议，俞正声主席主持会议。会议审议通过了政协第十二届全国委员会常务委员会第一次会议的议程，听取了关于政协第十二届全国委员会常务委员会设置专门委员会的决定（草案）的说明，关于政协第十二届全国委员会各专门委员会主任、副主任名单（草案）的说明。全国政协副主席兼秘书长张庆黎就有关草案作了说明。程序性的会议，不到20分钟结束。

晚上，与两会几位教育界的代表委员见面，交流会议期间大家关注的教育热点问题。回到家，已经近10点。惦记着《人民教育》关于

"美丽中国，教育梦想"的约稿。约稿如债，早还早轻松。于是用一个半小时完成了初稿。这些天，忙于写作，疏于阅读，心中恐慌。两会期间，虽然每天阅读十几种报刊，也翻阅了好几本代表委员赠送的著作，但毕竟只是浏览，不是实实在在的阅读，总觉得生活中缺少了一些什么。人们常说，人是铁饭是钢，我看，精神是铁阅读是钢。该好好读书了。

今天在《人民政协报》读到李红梅的一篇文章《履职没有闭会日》，很有同感。文章说，两会期间，委员们承载着荣誉，肩负着使命，为国是建言，为发展献策，为民生鼓呼，精彩的场面不断闪现，喝彩的掌声此起彼伏。但曲终人散以后，委员们如何履职？如果只是一年来开一次会议，意义就不大。因为，委员不是"年"委员，不能够满足于一年握一次手，一年开一次会。

李红梅提出，"履职没有闭会日"，除了在本职岗位上建功立业外，委员应该在三个方面进行日常的履职活动。一是参与政协组织的活动。围绕关系国计民生的重大问题，通过视察和调研，形成提案、发言和建议案，推动决策的科学化和民主化。二是联系所在界别的群众。委员应该主动与本界别的群众加强联系，听取他们的意见建议，反映他们的诉求和呼声，引导他们有序地政治参与。三是广接地气深探民情。改革已进入深水区，矛盾集中、利益多元。散落在田间地头的意见、飘浮在工厂车间的呼声，是委员发言、提案的活水源头。政协建言是否具有真知灼见，是否代表民意汇集民智，反映了委员了解情况的广度、研究问题的深度。有见解的发言、高质量的提案背后是群众的智慧和委员的提炼。

我说过，人大、政协都是学堂，那么，每年的两会，就像考试，是对平日工作的考查，也是对精力体力的考验。体力不足还可以关键时刻熬一熬，工作却在于平日积累，临时抱佛脚也没用，尤其是教育。

"美丽中国"的口号已经提出，"中国梦"已经成为中国人的梦，我们的教育如何才能更美丽？诚然，教育已有一些普遍规律可循，他山之石我们可以大胆借鉴，但具体到操作的细节之中，在这片广袤的国土之上，就有南橘北枳的可能。十几亿人的国家，再小的教育问题一旦普遍存在，就都是无法回避的大问题，有如片片雪花一旦积聚，就可能演变为一场雪崩。网络时代的新闻效应，又容易以偏概全事件的偶发……凡此种种，让本身就存在相当不足、正摸索着探索着的当下教育，更是举步维艰，令人忧心忡忡。

可是，中国教育已经到了当下的时刻，我们正走到了这条路上。教育强国。教育是确保我们的国人更幸福、确保我们的国家更强大的基石。舍此别无他法。无论局长、校长等教育管理者，还是教师、父母等教育操作者，都需要行动起来。

这个夜晚，我想起了我曾发过的一则微博，那是多恩的一段文字："没有人是与世隔绝的孤岛；每个人都是大地的一部分；如果海流冲走一团泥土，大陆就失去了一块，如同失去一个海岬，如同朋友或自己失去家园；任何人的死都让我受损，因为我与人类息息相关；因此，别去打听丧钟为谁而鸣，它为你而鸣。"

雾霾让人恐惧，因为没有人能够不呼吸。同样，精神的雾霾也要予以足够重视，因为一个人作为真正的人活着，必须有一点精神。教育就是精神的环保，同样关系到每一个人。所以，当我们呐喊着政府积极推动、呼吁全社会众志成城之时，我们教育人自己更得全力以赴。

李红梅的文章引起我的强烈共鸣，偶得打油诗一首：

> 履职没有闭会时，参政功夫在平常。
> 协商民主谏真言，联系群众做桥梁。
> 老兵新传从头越，肝胆相照记心上。
> 同心同行更同向，道路自信不彷徨。

诗情欠缺，可以"打油"，本职工作却得踏实，不能"打酱油"。写诗容易，说空话更容易，工作不容易，把工作做好更不容易。新的五年，立足于教育专业，我得深入教育的田间地头，和新教育人一起，以行动为中国这艘大船的远航尽上我的微薄之力。在政协这个平台上，我会认真履行一名政协委员的职责，不仅要努力做一名称职的政协委员，还要取法其上，广泛学习、不断进取，努力去做一名优秀的政协委员。

2014 年

两会是人民之会，是民生之会。

有史以来，生活一直大于理论，更不用说在这信息时代，瞬息万变的信息，通过不断聚合、传播，昼夜不停地影响甚至改变人们的生活，丰富而繁杂的信息，让人无从把握。

要想真正了解人民所需、民生所系，需要见微知著的慧眼。而锻炼出这样的洞察力，不仅需要智慧，更需要在思考中日积月累的坚持。

我习惯于用手记的方式，记录两会中的感受，记录自己的观察与思考。与其说是记录，不如说是学习。

向他人学习，向生活学习，以行动铭记。

一　紧锣密鼓备两会

2月28日，星期五，晴

按照惯例，每年两会前夕，人大和政协都要举行常委会，通过两会的议程、日程、常委会工作报告、大会秘书处名单等，把两会的准备工作进行最后的落实。常委会结束，两会的帷幕就正式拉开，常委们也就直接奔赴驻地了。

2月26日至28日，参加了三天的政协第十二届全国委员会常务委员会第四次会议。在26日的开幕式上，杜青林副主席传达了习近平总书记关于政协工作和开好两会的讲话精神。有一些新要求新精神。如希望代表委员"张开建言的嘴，堵住吃喝的嘴"，"加强情况通报，帮助代表委员知情明政"，"两袖清风来，集中精力开好会"等。

常委会的小组讨论也非常热烈。在27日上午的讨论中，民进甘肃省委主委尚勋武说，希望两会不要像春晚，不要追明星赶时髦。十一世班禅额尔德尼·确吉杰布说，应该提高提案的质量，加强调查研究。中国道教协会的任法融会长等提出，政协也要高度重视自然界的问题，尤其对雾霾问题要高度关注。原北京市副市长刘敬民认为，雾霾是庞大的城市工业化规模和热岛效应造成的，与用煤有直接的关系，现在我们全年用煤36亿吨，占全世界1/2，与几年前的6亿吨相比，翻了好几番。原民进中央潘贵玉副主席说，在政协，说了永远不会白说，区别只是立竿见影还是后续作用，所以还是应该鼓励畅所欲言，大胆建言。

一个有意思的花絮，特别值得一提。在委员们大讲雾霾问题时，全国政协副主席、民进中央常务副主席罗富和说，环境问题，雾霾问题，其实我们每个人都有责任。我们的会议室、办公室、公共场所，能不能少开一些灯？少开一些灯，就可以少用一些煤，少一些污染。他的话音刚落，委员们就要求服务员关掉了会场的射灯，拉开窗帘。我们的会场关掉了一半以上的灯后，对会议没有任何影响，开会效果仍然非常好。其实，罗主席自己就是厉行节约的实践者。他的办公室只开一盏小台灯。

28日上午，大会举行闭幕式。通过了政协第十二届全国委员会第二次会议的议程和日程，以及将提交二次会议审议的常务委员会工作报告和提案工作报告。通过了政协第十二届全国委员会第二次会议秘书长、副秘书长名单，增补了胡四一、马大龙、张世平、甄砚、杜鹰为有关委员会的副主任，追认了常委会和主席会作出的撤销黄峰平、杨刚、李崇禧、刘迎霞政协委员资格的决定。俞正声主席作了一个非常精彩的闭幕讲话。

俞主席的讲话脱开讲稿，娓娓道来。他高度肯定了本届政协开局之年的工作，要求大家集中精力开好即将举行的两会。他介绍说，中央已经批准了2014年政协协商的工作计划，在协商的议题中，除了经济社会的问题之外，增加了反腐败等政治性的议题。他希望所有委员加强对于改革中的热点、难点和敏感问题的研究，坚持"不打棍子、不扣帽子、不抓辫子"的方针，鼓励不同意见的交流、交锋、交融，创造"热烈而不对立，尖锐而不极端"的氛围。他特别希望大家注意研究小问题。他说，小问题也能够做大事，大问题是由一个个小问题构成的，关键性的小问题往往能够起大作用。现在大问题研究的人很多，但大问题往往卡在小问题上。

这次常委会撤销了黄峰平等人的全国政协委员资格。俞正声语重心长地指出，决不能容忍犯罪分子藏身政协，决不允许一些人打着委员的旗号干违法乱纪的勾当。政协委员不能只要荣誉和光环，不讲责任和奉献。

一年之计在于春，一年工作之计在"两会"。俞正声强调，政协大会是人民政协发扬民主的重要形式和制度化协商平台，要聚焦全面深化改革、认真议政建言，为改革"出实招、谋良策、增共识"；要坚持充分发扬民主，把民主协商、求同存异的原则贯彻到大会的各方面和全过程；要进一步改进会风，把大会开成一个"隆重简朴、务实高效、风清气正"的会议；要切实搞好会议组织服务工作，新闻宣传要突出政协特色，突出委员主体，把镜头、话筒和笔端更多地对准委员。

常委会议闭幕后，举行了第三次学习讲座。商务部部长高虎城应邀作了题为《贯彻落实三中全会精神，加快完善现代市场体系》的报告。

"金猴奋起千钧棒，玉宇澄清万里埃。"今天的北京蓝天白云，晴空万里，一扫前些天的雾霾。中午在国家大剧院参加了魔幻舞台剧《西游记》落户澳门金沙中心的启动仪式。这个项目历时两年谈判，终于登上澳门舞台，是北京华严集团参与国际文化市场竞争的硕果。该剧的总制片人、华严集团董事局主席徐锋曾经多次讲述他们主创的《西游记》如何击败全球众多知名企业和知名品牌，最终赢得世界五百强美国金沙集团的橄榄枝、在招标竞争中胜出的故事。这个故事，本身就是另一个文化《西游记》的故事，中国文化如何"走出去"的故事。

徐锋在致辞中深情地说：为了把《西游记》搬上澳门舞台，他们和金沙的这场跨国"恋爱"谈了整整两年。在一个以"闪婚"为时尚的年代，两年已是马拉松了。但就是在这两年中，他们从以爱德华·卓思先生为领袖的金沙中国管理团队身上学到了很多东西——职业操守，敬业精神，专业水平。

徐锋很自豪地对赶来参加启动仪式的爱德华·卓思先生及其金沙团队说：在全球众多企业和剧目中选华严和《西游记》，也是金沙的荣幸！因为《西游记》的主创，从艺术总监、导演到作曲、舞美、灯光、剧本，甚至包括销售，都是当代中国他们所处专业的领军者，是这个领域真正意义上的中国"国家队"。他们参与创作的大型实景演出《印象·刘三姐》《禅宗少林·音乐大典》《井冈山》《太行山》，歌剧《图兰朵》，芭蕾舞剧《大红灯笼高高挂》和无锡梵宫《觉悟之路》等，都是当今中国舞台艺术的经典。徐锋自信地预言，实践会证明，"你们聚焦中国，钟情中国文化，对金沙未来在中国乃至全球的发展都有举足轻重的意义"。

徐锋热情地向媒体朋友介绍了华严版《西游记》：是一部从内容到形式集中体现中华文明和东方智慧的作品，同时又是一部在全球演艺市场具有里程碑意义的，前卫的、时尚的、充满魔幻和浪漫色彩的作品。完全有理由相信，在不远的将来，金沙城中心的《西游记》不仅会成为澳门的文化地标，也会成为全球商演市场继拉斯维加斯的《O》秀、《Ka》秀和巴黎的《红磨坊》之后，一个新的来自东方的艺术经典。

最后，徐锋和大家相约：2015年初夏，在澳门特区的区花——代表东方最高智慧的莲花盛开的季节，我们在澳门相聚，在金沙城中心为《西游记》揭幕！

著名导演、《西游记》艺术总监李前宽在启动仪式上介绍了《西游记》的艺术构思。这台魔幻剧将通过三只巨手——一只佛手和两只魔手构建整个剧院360度的视觉空间，再由这三只手幻化出神猴出世、龙宫取宝、大闹天宫以及盘丝洞、火焰山、女儿国和西天极乐世界等奇妙景象，将极大地颠覆人们的视觉感受。

近些年来，对文化问题尤其是中华优秀传统文化及其在教育中如何更好发挥效用等问题，我一直在思考。中华传统文化积淀丰厚，是一片沃土。立足于这样一片沃土之上，如何把握先祖的精魂，运用今人的智慧，创新地传承，既是个难题，也是时代赋予我们的任务。在此之前，类似《花木兰》被迪士尼改编的事件一再提醒我们，此次文化《西游记》的上演，我们不能视为一个孤立的案例，而应该从中反思总结，为更多的本土文化企业参与国际同类竞争提供宝贵经验。

在启动仪式上，遇见了法兰西艺术院士、新加坡著名书画家陈瑞献先生。两年前，他将自己的珍贵画作《柿红》慷慨捐赠给新教育，希望新教育在中国大地上能够如画中的果园一般，结出累累硕果。两年过去，和他交流新教育的发展近况，非常开心。新教育一路走来，就这样一直得到大家的鼓励与帮助，相信这一锅教育的"石头汤"，味道会越来越鲜美。

下午回到民进中央处理事务。两会在即，大会发言、联组讨论、提案准备等工作比较繁忙，作为分管参政议政的民进副主席，自然需要格外用心。

期间与学生讨论了《艺术有什么用》《一管笔》等书籍中的观点，以及《新教育年度主报告》的修订出版事宜。

晚上回家继续准备今年政协的提案。前两天雾霾黄色预警，一直未能跑步，9点跑步50分钟。然后继续工作，把两个提案进行了第二次修改。11点半休息。

二 媒体为镜见民心

3月1日，星期六，晴

  两会还没有召开，各路媒体已经纷纷开始行动了。

  对于媒体，我曾经在一篇文章里写过："古人云，以史为镜，可以知兴替，以人为镜，可以明得失。我想，以媒体为镜，可以近真相，以媒体记者为镜，可以见民心。"这些年，和许多媒体记者的碰撞交流，已经成为激发我思考的一种有效方式。所以，2011年出版社把我历年关于新教育的访问记录汇编出书时，我坚持把书名定为《新教育对话录》而不是《新教育访谈录》，就是认为，相对而言"对话"比"访谈"更平等，更能准确体现我在与记者朋友交流中的所思所学。

  两会是和媒体朋友见面最为集中的一段时间。上周人民网、凤凰网就两会提案等问题进行访谈，前天中央电视台就优秀传统文化教育问题进行采访，今天《光明日报》记者罗旭到民进中央就创新人才如何脱颖而出等问题进行交流。

  媒体虽然不同，但关注的焦点有相似之处，有一些共同的话题。如：最近教育部颁布"新政"，要求小学生百分之百就近入学。就近入学这事说了好多年了，但一直没能彻底实施，原因何在？如何看待教育部这一次的"新政"？

  我认为，最大的问题还是学校之间差距比较大。就近入学的前提就是尽可能缩小学校之间的剪刀差，让不同学校之间的硬件、软件条件尽可能均等，尤其是教师的配备，要尽可能均衡。学校之间的差距小了，择校的矛盾就容易化解。所以推进教育均衡是"治本"的做法，就近入学是"治标"的办法。当然，就近入学政策做比不做要好，多少有助于缓解择校压力，从根本上也会有助于缩小学校之间的差距。

再如，关于"推动高考改革，扩大高校招生自主权"的问题，他们特别关心如何避免高校自主招生可能带来的"寻租"以及对于高考改革的具体措施。

对此，我的回答是：高考招生自主权是高考改革的重要方向，不能因为少数高校发生招生涉腐问题就完全否定自主招生的方向。把录取学生的自主权交给大学，就是要强化大学的价值观、人才观，强化大学在选拔人才中的主导作用。如果大学不能自主选拔人才，还谈何自主办学？如果大学不能自主选拔人才，那种优异的奇才、怪才、创造型人才怎么能够脱颖而出？当然，大学自主招生的同时，还要尊重考生的自主选择，如果学生不能自由地选择大学，不能够同时收到几所大学的通知书，这样的自主招生也是不完全的。要避免寻租的问题，关键就是公开、阳光、透明。权力在阳光下，就会受到监督，腐败在阳光下，就会受到遏制，所以让大学的招生更加公正、公开、透明、阳光，是高考改革必须要坚持的方向。

他们纷纷询问我对朱清时离任的想法，他们认为是"他的探索已经失败"的象征。

对此，我觉得不能轻易地说朱清时的改革失败了。朱清时在中国高等教育改革历史上是一个重要的符号，他的一些理念、思想、探索有其合理的价值。虽然他有些梦想没有完全实现，但行动过程已有收获，并不能说他的探索已经失败。事实上，在朱清时之前和朱清时之后，中国高等教育改革的探索从来没有中断过。上海中欧管理学院一开始也没有得到教育行政部门的认可，最终他们还是靠自己的质量征服了世界，如果南方科技大学不要高考的许可、不要文凭的许可，自主地进行探索，也许他们会走出另外一条道路。

教育去行政化不是一件简单的事情，需要整个社会行政体制的改革。现在大学的行政人员级别和社会上是对应的，人才是可以相互流动的，如果简单地取消行政级别，首先要建立自由流动的机制，现在很多待遇是和行政级别挂钩的，要先梳理好这些外部的环境因素。另外，我觉得去行政化最关键的问题是要在行政权力和学术权力之间筑起一道"防火墙"，不允许用行政权力去瓜分学术权力，用行政资源去垄断学术资源，所以一方面要教育去行政化，一方面也要行政人员适当地去学术化，大学的行政管理人员原则上不要去拿项目、不要去评职称，等等。

他们对我今年两会带哪些提案上会非常感兴趣。因为提案还没有最后定稿，我只能够告诉他们一些主要的选题，如继续呼吁把9月28日设为"国家阅读节"，加强中小学图书馆建设，做好公共图书馆基础书目的研制和配备工作，大力发展公益性民办幼儿园，建立义务教育学校标准化建设的预警机制，加强中小学校长和教师交流轮岗，完善中华优秀传统文化教育等。

《光明日报》的记者罗旭是十年前就认识的老朋友。刚认识的时候，她还是刚工作不久的年轻人，现在已经是业务骨干了。关于创新型人才培养问题，我觉得从发现、培养到使用各个环节都存在许多问题。只有提供机会和舞台，才能够让优秀人才脱颖而出。试想一下，如果没有"最强大脑""中国好声音""中国好歌曲"等各种选秀类节目，许多优秀的人才现在还不会被发现。现在，电视的舞台不再属于明星，更多的奇才怪才也有崭露头角的机会了。

从教育的角度而言，我们的学校教育在培养创新人才方面也有许多问题。我们对学校很少进行真正的分类管理，过去是"锦上添花"，形成了一批"超强学校"。现在强调"教育均衡"，又开始校长、教师一刀切地轮岗，甚至搞"削峰填谷"。能不能把最好的公办学校改制成为培养特殊人才的"天才学校"，让这些"超强学校"变成只认才华的特殊人才养成学校？

这些记者朋友，有的思想敏锐、视野开阔，与他们交流，往往会激发你许多新的思想。有的准备充分，对你的经历、故事等了如指掌，不需要你不断重复自己的故事。遇到这些真正"懂你"的媒体记者，会特别提神，思想的火花不断迸发，创造性的灵感不断涌现，往往聊得格外开心，双方都觉得大有收获。其实，从事任何职业，有的人会视之为糊口谋生方式，因此敷衍了事；有的人会视之为实现人生价值的方式，因此全心投入。关键还是看自己。

下午3点，在民进中央参加开明慈善基金会一届五次理事会。基金会理事长、民进中央常务副主席罗富和主持会议。2013年，开明基金会支持了新疆少数民族校长的暑期培训班、贵州金沙183名教师培训和安龙县195口水窖建设等"同心·彩虹"项目。今年，在配合民进中央继续做好贵州毕节、安龙的对口支持和新疆教师培训项目的基础上，开明慈善基金会将在微公益、光明行等方面进行新的探索。

晚上回家修订"关于建立国家翻译院"的提案。我一直认为，从文化的角度来说，一个国家的强大，一方面取决于她能否及时了解和吸收最新的世界先进科学与文化成果，另一方面取决于她能否及时地把自己的思想、价值观和最新的自然科学与人文科学成果传播出去。所以，自觉地走出去与引进来同样重要，需要从国家层面上研究成立翻译院的价值与路径。

9点50分下楼，跑步40分钟，回来后继续准备提案。虽然提案主体内容的准备，是从上一次两会结束以后就开始启动，但两会之前进行文字上、表述上的打磨，仍然是不可或缺需要冲刺的工作。

今天的《人民日报》发表了我的一篇8000余字的长文《教育改革与发展的思考与实践——读〈温家宝论教育〉》。晚上11点50分，休息。

三　提案背后的故事

3月2日，星期日，晴

　　尽管是星期天，尽管昨天休息得比较晚，仍然是不到6点起床。完成每天微博的功课，继续修订今年的提案。提案是人民政协履行职能的重要方式，是反映社情民意的重要渠道。在去年的两会上，我一共提交了14份个人提案，如《关于设立"国家阅读节"的提案》《关于加紧推进中小学生海洋意识教育的提案》《关于建设国家教育基础信息数据库的提案》《关于进一步加强学校体育的提案》《关于建立驻校作家、驻校艺术家制度的提案》《关于发展"第三方"教育考试与评价体系的提案》《关于加大国有企业研发投入的提案》《关于打击盗版、繁荣网络文学的提案》等。

　　这些提案，有些是我长期关注、坚持不懈呼吁的。如关于设立"国家阅读节"的提案，从2003年起，我就在全国两会呼吁，坚持了十年。

　　有些提案是在国家部委和有关部门听取相关情况介绍时发现的线索。如关于国有企业研发投入的提案，是陪同严隽琪主席走访国资委时，就国有企业的利润处理和自主创新等问题交换意见时出现的想法。加强海洋教育问题的提案，是陪同罗富和常务副主席走访国家海洋局时，就国家海洋战略和国民海洋意识交换意见时产生的共鸣。关于农村学校体育与艺术教育问题的提案，是在与教育部体卫艺司王登峰司长交流时，听他反映相关的情况与数据后的思考。

　　有些提案是在与学生、民进会员交流过程中发现的线索，如我的博士生邵爱国在研究人力资源市场时，发现劳务派遣行业存在的问题亟待规范；民进会员、盛大文学总裁侯小强向我反映网络文学盗版猖獗等，在他们反映情况的基础上，我结合相关调查研究材料撰写了提案。

有些提案是阅读了有关学者的研究文章受到启发，结合相关调查撰写的。如关于国家教育数据库建设，就参考了美国马萨诸塞州大学教育领导学系主任严文蕃教授提供的资料和华中师范大学左明章教授等人的相关研究成果。关于应对网络教学挑战问题，则参考了国务院参事汤敏的相关论文。

去年两会结束后，就开始为今年两会准备提案了。我对自己的要求是每个提案都尽可能有调查研究作为基础，都尽可能结合自己的专业领域学术背景，都尽可能反映群众最关心的社情民意。

设立"国家阅读节"，是我长期呼吁的一个建议。国家每新添一个节日，总会引起我的关注。前不久，全国人大常委会通过了设立"抗日战争胜利纪念日"和"南京大屠杀死难者国家公祭日"的决定。如果我还在人大，一定也会投一张赞成票。同时我也仍然坚持，应该把9月28日设为"国家阅读节"。第一，节日有着特殊的意义与作用。阅读以节日的方式推动，更符合公众对阅读的理解与期待，是一种公众更为喜闻乐见的方式。第二，阅读节的设立，彰显国家的决心，会对"阅读"这一理念的推动，起到不可估量的作用。就某种意义而言，节日反映着人类对世界认知的不断进步。也正是由于这个原因，法国、德国、加拿大、以色列、美国、英国、日本等国家，早已通过设立阅读节、阅读年等方式来推动阅读。第三，在全国的阅读推广工作百花齐放的当下，"国家阅读节"的设立，可以成为整合资源的抓手，从而引领相关工作更有力度地深入推进。第四，设立"国家阅读节"，借助这个表达个体心灵体验的仪式，搭建起全国范围内的沟通交流平台，有助于推动共读活动的落实，从而更快更好地传承优秀中华文明，逐步重建价值观，增强国家民族的凝聚力。所以，今年我第十一次继续提出设立"国家阅读节"的提案。

去年两会后，我走访了几十所中小学，发现中小学图书馆藏书质量非常差。在一所小学的图书馆看到了《这样做生意会赚钱》《玩转广告》《赢在营销》《开公司经商必读》《普通百姓的致富之路》《如何练就赚钱的本事》《小资本赚钱100招》《成功商人是怎样炼成的》《狼性商鉴》《蒙牛管理模式》等许多明显不适合小学生阅读的书。在调查中发现，有一些出版机构把自己长期积压的库存书籍送到学校；有些机构和个人则更关注书籍的数量和码洋，采购图书时往往重数量轻质量。而教育部门与不法书商在招标时联手作弊，也是让不良图书流向学校的原因。我认为，身处这样一个存在食品安全危机的时代，不能再让孩子们的精神食品产生安全危机。应该把住中小学图书馆和公共图书馆的选书配书关，把住精神与文化的最后防线。今天，将关于加强中小学图书馆建设和公共图书馆基础书目研制与配置的两个提案最后定稿，准备在今年两会上正式提交。

与阅读相关的一个重要问题是建立国家翻译院的提案。我一直认为，翻译引进的研究成果，在我国三十多年的迅猛发展中居功至伟，在今后中国进一步强大、发展的过程中，翻译上的"文化输入"将会起到更多更大的作用。与此同时，越是强大的国家民族，越是注重对世界的奉献与影响，越是乐于输出自己的文化、价值观。站在国家战略的高度，将中国最新的学术成果传播出去，不仅关乎中国的国际形象，还能提高我国在世界上的影响力，增进外界对我国历史和现状的深入了解，从而消除西方主流话语中存在的误会甚至敌视的声音。在传播中国科学文化、促进中外交流方面，翻译上的"文化输出"任重道远，意义重大。然而，三个因素严重制约了我国翻译事业的进一步发展：第一，我国尚无以翻译的"文化输出"和"文化输入"为使命的国家级机构。虽然国家高度重视翻译，也成立有诸如中央编译局这样的机构，但其主要任务是编译和研究马克思主义经典著作，翻译党和国家重要文献和领导人的著作。第二，目前我国的翻译态势主要以市场为导向。从"输入"来说，在引进上主要以国外流行的热点为翻译依据，有时候忽略了在科学技术、社会科学以及人文学科领域中成果的经典性与当代价值。从"输出"来说，在中国文化传播上虽然进行了一些努力，但十分零散，后继乏力。比如这些年国家社科基金设立了中华学术外译项目，支持力度也很大，可是无论从规模、整体思路以及推荐内容的选择上，都还未能发挥重要作用，而且受到研究课题的形式局限，在未来也较难发挥更大作用。第三，全社会对翻译事业的宣传不多，理解不够，重视不足。在我国，由于"重原创、轻翻译",致使翻译地位较低,翻译稿费与翻译付出的劳动相比微不足道,导致翻译家难以获得独立的生存能力,因此,除了以翻译流行作品为主的翻译家外,像已故的傅雷那样高水平的专职翻译家已近乎绝迹。由此造成的翻译需求上的空缺,是由很多水平不高的翻译人员来填补的,导致翻译质量下降,粗制滥造的翻译在中外文化交流中,可谓屡见不鲜。中国制造的产品输出全球,文化与价值观的输出始终不尽人意,原因固然是多方面的,但和翻译事业的日益凋敝不无关系。所以,我建议尽快成立国家翻译院,组建翻译的国家队。

与以往一样,在准备提案的过程中,我会阅读许多专家的研究成果,并且尽可能把这些优秀的成果转化成提案。如《关于依法限制中小学巨型学校的提案》和《关于农村小规模学校标准化建设的提案》,是根据杨东平教授主持的相关研究所取得的成果撰写的。21世纪教育发展研究院对农村学校的规模问题进行了长时间的深入研究,专门召开了寻找"美丽乡村教育"研讨会,发表了专题研究报告。我阅读之后,觉得这两个问题值得各级政府和教育行政部门关注,在东平老师提供材料的基础上完成了提案。另外两个提案,即《关于加快推进义务教育学校标准化建设的提案》和《关于建立县域内义务教育学校教师、校长交流轮岗制度的提案》,则是根据李玲教授主持的教育部哲学社会科学研究2010年度重大课题攻关项目《构建城乡一体化的教育体制机制研究》等相关研究成果提出的。去年10月,我们在成都召开了新教育国际论坛,李玲教授专程参加会议,并送了一批她的研究成果,从中我提炼出这两个比较关键而迫切的问题作为提案初稿。

有一些提案,是来自自己切身的感受或者朋友直接的遭遇。如《关于加强中华传统优秀文化教育的提案》,就是来自我最直接的感受。纵观当下生活,我们忧心忡忡地发现,传统文化,特别是中华优秀传统道德的缺失,已将孩子们领进了一个片面和异己的地带。外来文化从精神到躯体,已经渗透到生活的方方面面。孩子们过的是圣诞节、愚人节,吃的是肯德基、比萨饼,穿的是耐克、阿迪达斯,看的是米老鼠、奥特曼,崇拜的明星是乔布斯、科比,一心一意想着出国留学、海外定居。我们的传统节日、传统饮食、传统服装,我们的民族神话、历史记忆,却距离生活越来越远,更难以引发孩子们生命的共鸣,甚至有人无端反感、蔑视传统文化。它有如心灵的雾霾,而且破坏力更强,造成孩子们精神世界的浮躁、迷失、荒芜甚至幽暗。源远才能流长,根深才会叶茂。缺乏民族之根滋养的孩子,纵然能够自诩为"世界公民",由于他们精神上的这种肤浅片面,既难奉献独特价值,也难真正走远。民族文化之根断绝的孩子,是"空心"的孩子;若只有这样的孩子,未来就会有一个"空壳"的民族!如果再不重视我们自己的文化,后果不堪设想。于是有了这篇提案。再如关于期刊收取"版面费"的问题。由于医生、护士、教师等各种专业技术人员职称评审都需要发表相关论文,期刊容量相对有限,僧多粥少,严重的供不应求催生了论文发表的利益链。刊载论文向作者动辄收取每篇数百元、上千元乃至上万元版面费,已经成了不少期刊的经营之道。而其中又产生了许多欺诈行为。我的一位大学同学将他自己的遭遇以及他的思考发给我,就有了这个提案的初稿。

还有一些提案,有些是在工作中发现的问题,如关于加强教育立法的提案,是在看到全国人大五年立法规划时想到的;有些是在推进新教育实验时想到的,如关于加强中小学生命教育的提案。总之,每个提案后面都有一个故事。每个提案都不仅是张开建言的嘴说出,也是迈开建言的腿得来,看着这些提案,就像看着过去一年留下的脚印。

一整天的时间,几乎全部用于提案的修订整理。近二十个提案,凝聚了一年的心力,凝聚着许多研究者的心血。

修订提案的过程,既忙碌又充实,和农民收获庄稼时的心情一样。不过我知道,提案的提出,不是终点,而是新的起点。在提案与政策、政策与行动、行动与实效之间,还有漫长的路。突然想起前两天常委会上民进中央原副主席潘贵玉说的,在政协说了永远不会白说,区别只是立竿见影还是今后起作用。我想,谁都不希望幸福姗姗来迟,人民群众当然希望越来越多的立竿见影。我要继续关注,继续努力。

晚上8点半到北京会议中心报到。10点出去跑步,感觉空气明显不如前两天,于是到大堂继续跑。民进的同志告诉我,今天PM2.5指数已经到了200左右!大气与水质,最根本的民生,需要密切关注!

四　协商民主谱新篇

3月3日，星期一，晴

　　早晨5点刚过就醒了。其实需要准备的材料都已经基本完成，尤其是提案，修订次数最少的都已经进行过第二次了。但是在大会发言和提案最后截止前，总想打磨得更好一些。

　　两会前，就有许多媒体约好采访。今天上午时间相对比较充裕，就约了《光明日报》的靳晓燕、新华社的浦奕安、《中国社会科学报》的孙彦川等在北京会议中心见面交流。没有想到，《中国青年报》的袁春琳、中央人民广播电台央广网的邹佳琪、《北京青年报》的岳菲菲、中央人民广播电台中国之声的郭淼、《华商报》的任娇、搜狐网的唐悦芝、中国教育电视台的弥晓平、中国网的舒珺、西部网—陕西新闻网的敬泽昊、《南方都市报》的孙天明、《华西都市报》的席秦岭等媒体朋友都来了，十几人从9点不到一直谈到12点半。

　　采访的问题主要围绕着教育，他们知道，我一般只谈自己相对熟悉的教育问题。而南科大和朱清时，仍然是他们关心的热点，好几位记者让我对于朱清时今年9月任期届满将要卸任的消息发表评论。我认为，朱清时是非常优秀的校长和优秀的教育家，他的卸任不意味着南科大改革就失败了，在现行规定下，朱清时的卸任是很正常的现象。但是，令人可惜的是，南科大还是采用了传统思维方式、传统管理模式，让朱清时的很多想法很多理想没有得到实现，这是比较遗憾的。"又想改革创新，又想得到体制认可，就会陷入困境。"教育一定要多元化，如果用一个标准、一个模式、一张文凭，教育就没法做了。而对于南科大改革选择的路径，这是愿者上钩，你要参加教育部的"游戏"，就得服从"游戏规则"。如果一开始就打出旗号，什么都不要，只要一所理想中的大学，按自己的标准选拔人才发放文凭，就不是现在这样。

还有记者让我对高校领导年满60岁要退出领导岗位的问题发表看法。我的观点是，虽然此规定是"一刀切"，但目前来看，还没有比"一刀切"更好的办法，因为真正具有国际视野、具有教育家情怀的校长还是比较少的，如果有这样的校长，也不必担心，他们会找到合适的学校和土壤。而且，这个规定对民办学校可能是好事，如果懂得欣赏，优秀校长一定会有继续服务的平台。

采访结束后匆匆吃午餐，1点40分乘车去人民大会堂。2点20分到达大会堂西门，又被中央电视台新闻频道的记者代钦夫"拦截"，就去年一年提案办理等问题接受采访。

下午3时全国政协十二届二次会议准时开幕。主持人杜青林报告出席人数为2172人，比应到人数2229人只少了57人，应该是少有的高出席率了。党和国家领导人习近平、李克强、张德江、俞正声、刘云山、王岐山、张高丽出席了开幕会。在雄壮的国歌结束以后，全体与会人员为在3月1日晚云南昆明火车站发生的严重暴力恐怖事件中遇难的群众默哀。

尽管此前民进中央和许多委员提出这个建议，而且我已经从政协秘书处领导处得到消息，开幕会上将会为昆明事件中被砍杀的死难者默哀，下午的默哀仪式还是让我心生感动、感慨。因为这毕竟是全国政协大会第一次为普通民众默哀，彰显了对生命的尊重和对暴徒的声讨。全国政协开幕会上第一次举行默哀仪式是在1997年，当时举行的八届五次会议为去世不久的邓小平同志默哀。

紧接着，俞正声主席代表政协第十二届全国委员会常务委员会作工作报告。

俞正声从八个方面回顾了2013年工作：深入学习贯彻中共十八大及十八届二中、三中全会精神和习近平同志系列重要讲话精神，不断夯实团结奋斗的共同思想政治基础；紧紧围绕全面深化改革议政建言，积极发挥决策咨询作用；切实加强经济领域重大问题调查研究，为促进经济持续健康发展献计献策；高度重视改善民生和创新社会治理，维护社会和谐稳定；深化同港澳同胞、台湾同胞和海外同胞的团结联谊，广泛凝心聚力；积极开展对外友好交往，营造良好外部环境；深入开展协商民主理论研究和实践探索，推进人民政协协商民主建设；以开展党的群众路线教育实践活动为契机，切实加强自身建设。

之后，俞正声从六个方面部署了2014年工作：进一步加强中国特色社会主义理论体系学习；紧紧围绕重大改革举措的出台和贯彻实施献计出力；努力促进经济持续健康发展和社会和谐稳定；充分发挥人民政协作为协商民主重要渠道作用；进一步巩固和加强海内外中华儿女大团结；不断深化人民政协对外友好交往。

对围绕全面深化改革总目标如何以改革创新精神加强履职能力建设的问题，俞正声指出，要牢牢把握团结和民主两大主题；积极搭建协商民主平台；着力提升议政建言的质量；充分发挥委员主体作用；切实推进履行职能制度化、规范化、程序化。

俞正声的报告不长，不过，无论是强调搭建好平台，让委员们愿讲话、敢讲话、讲实话；还是申明平台很必要，宽松和谐的环境更重要，始终坚持不打棍子、不扣帽子、不抓辫子；还是提倡热烈而不对立的讨论，开展真诚而不敷衍的交流，鼓励尖锐而不极端的批评，这些具有导向性的发言，不仅给人耳目一新的感觉，更让人为之振奋。

新的，其实远不止俞正声的报告，还有过去一年的实事。

在刚刚过去的2013年，政协委员的参政议政形式上又多了一种双周协商座谈会。从2013年10月开始，连续召开了六次，赢得广泛关注与好评。双周协商座谈会最早可以追溯到1950年4月的第一届全国政协双周座谈会。那时由全国各民主党派、无党派民主人士联合发起，截至1966年7月，一共举行了114次，为群策群力推动发展，作出了不可磨灭的贡献。

我则亲身参与了2013年7月16日的专题协商会。在那次题为"积极稳妥推进城镇化，着力提高城镇化质量"的会议上，我作为代表赴福建常委视察团作了题为《推进小城镇建设必须正确处理好六个关系》的发言，围绕着城与人（不是造城运动，要以人为中心）、城与地（不是摊大饼，要节约土地）、城与乡（就地城镇化）、点与面

（从强镇试点推广）、大与小（对大镇推动撤镇建市，对小镇鼓励小而精、小而特、小而美）、城镇化与资源环境（坚持节约集约，提高利用效率）等方面，谈了我的想法。那是十二届全国政协召开的第一次专题协商会，会上共有18位委员先后发言，汪洋副总理和中共中央办公厅、国务院办公厅以及有关部门负责人到会听取意见，不少意见建议都吸收到了《国家新型城镇化规划》中。

无论是双周协商、专题协商还是提案办理协商，殊途同归的是推动"协商民主"进程，建构中国特色的民主政治制度。中国正走在一条前所未有的路上，需要不断创新。

记得新教育常常被人问起"新教育新在哪里"，我们曾经为此总结了新（传承创新）、心（心灵）、行（行动）、幸（幸福）、星（星星之火）、信（信念）六个字来回答。

什么是传承创新呢？我们认为："当一些理念渐被遗忘，复又提起的时候，它是新的；当一些理念只被人说，今被人做的时候，它是新的；当一些理念由模糊走向清晰，由贫乏走向丰富的时候，它是新的；当一些理念由旧时的背景运用到现在的背景去续承、去发扬、去创新的时候，它是新的。"时隔47年，双周协商座谈会这一民主协商的重要形式重新开始，就是这样一种传承与创新。

俞正声的报告，还有近三分之一的内容围绕着政协委员提升议政能力展开。的确，国家需要搭建这一类沟通碰撞的协商平台，委员需要全力以赴地建言献策，只有凝心聚力，才可能把明天建设得更美好。

开幕式结束以后，各小组召集人移师东大厅参加政协第十二届全国委员会第二次会议委员小组召集人会议。张庆黎副主席兼秘书长主持会议并通报了大会的主要活动安排和有关注意事项。中共中央政治局委员、书记处书记，全国政协副主席杜青林在讲话中要求大家围绕会议主题发挥智慧优长，努力提升议政建言水平；以高度的政治责任感认真履行好职责，圆满完成会议的各项任务。

今天的《人民日报》发表了我的一篇文章《你会用多久讨论问题》。这篇文章记录的是我在2011年8月的一段经历，一位记者向我提出了一个貌似无厘头的问题：我想知道每位委员讨论刑事诉讼法修正案草案的时间有几秒。我把这位记者的问题转告给了与会的人大常委和列席的代表们,也和大家进行了讨论。这句话一直留在我脑海里,不断提醒着我,代表委员该怎么履约。

我认为,人大和政协的会议,不是秀场,更不是商场,而应是"战场"。在这里打响的,是民生之战,为国家觅巧计,向百姓求良方。这里的一行字、几句话,或许就会左右许多人的生活,甚至彻底改变许多人的命运。在这个两会的战场上,最大的敌人是懒惰,是无语,是草率,是无所用心,是得过且过,是不负责任。

我认为,对代表委员来说,履约的功夫更应在日常,更多的调研、沟通甚至碰撞,也常在两会之外。一位代表委员,会用多长时间参与讨论?每位代表委员都得用行动回答这个问题。学习,思考,研究,呐喊,行走,用我们的腿脚,走出一条新的大路。约定,可以轻若鸿毛,也可以重如泰山。履约,可以变成虚伪的敷衍,也可以成为生命存在的价值和意义。向人民履约,应是后者。

晚上回到宾馆,和民进的同志讨论会务工作到10点,然后继续修改明天的联组发言稿《打虎莫忘拍蝇,铲除身边腐败》。从2月28日接到任务开始与参政议政部研究,到今天晚上一直在打磨,严隽琪主席、罗富和常务副主席,以及原主席许嘉璐先生都亲自关心指导发言稿的撰写,来信来电指导帮助。

曾经看过一个故事,有人很赞赏美国第28任总统伍德罗·威尔逊的一次简短演讲,问他演讲会花多长时间准备。威尔逊回答,如果讲十分钟的话,要准备两星期,讲十五分钟要准备一周,讲半小时要准备三天,讲一小时不用准备可以马上就讲。

这个故事不知是真是假,不过,把同样的观点在越短的时间内表达,的确越需要语言特别精练,自然就是越大的挑战。我的这份发言稿,从2400字到2000字,再到1600字,到了晚上12点左右,改到第五稿,终于最后杀青。睡觉。

五 "打老虎"与"拍苍蝇"

3月4日,星期二,晴

早晨5点10分醒来。昨天休息得较晚,想继续睡一会儿,但似乎还是拗不过生物钟。于是在床上读北京大学出版社高秀芹送我的《梁启超和他的儿女们》一书。

这是一本毛边书。这种印刷装订之后"三面任其本然,不施刀削"的书,已经越来越少了。裁开的书页,摸着毛茸茸的,别有一番趣味。作者吴荔明是梁启超的外孙女,她以自己的切身感受,揭开了梁启超这位近代伟大的思想家、政治家、文学家、史学家、教育家的家教秘诀。

梁启超的成就众所周知,光遗留下来的著作就有1400多万字。还不太为人所知的是他对教育尤其是家庭教育的重视,仅他的子女中就出了三个科学院院士!长子梁思成是建筑学家,次子梁思永是考古学家,梁思礼则是火箭控制系统专家……他的家庭教育观即便放在现在也不过时,也对当下的父母有着重要的启示作用。如早在1923年11月5日,他在给梁思顺的信中写道:"我常说天下事业无所谓大小,士大夫救济天下和农夫善治其十亩之田所成就一样。只要在自己责任内,尽自己力量去做,便是第一等人物……便是天地间堂堂的一个人。"

一大早读着这样的文字,让人心潮澎湃。新教育实验提倡"过一种幸福完整的教育生活",就是希望培养出幸福完整的人,也正是这样堂堂立足于天地间的人啊!如果每位父母都能拥有梁启超这样的教育智慧,又何愁国家不强民族不兴!

读书到近6点，起床上网，发微博，写手记。清晨的时间做事特别有效率，也过得特别快。转眼一个早晨就过去了。

上午9点参加民进组讨论，张震宇、胡卫、左定超、俞金尧、张帆、陈贵云、罗黎辉、牛汝极、陈自力、郑福田、朱晓进等先后发言。

新疆主委牛汝极在谴责制造云南昆明事件的暴徒时，提出了自己的分析，他认为没有共同的语言就没有共同的国家。所以，他提出了"三个超越"与"三个免于"的建议。"三个超越"，一是超越民族，重塑公民；二是超越宗教，重塑精神；三是超越文化，重建文明。

下午3点，中共中央政治局常委、中纪委书记王岐山参加民进与民盟的联组讨论。民盟组的郑惠强、田刚、张道宏、赵振铣、刘晓庄、谢卫、李成贵以及民进组的尚勋武、蔡达峰、陈贵云、郑福田、李和平、张妹芝和我先后发言。

郑惠强是我的母校同济大学的副校长，也是民盟中央副主席和上海主委，他重点对大学治理结构的创新问题提出自己的意见。他认为，大学的问题，不在资金，不在土地，更不在规模，而在治理结构，千人一面，缺乏个性，学术权力与行政权力关系严重扭曲。所以，他提出要给学校更大的自主权，广泛吸收社会资源参与学校管理等。

民盟的田刚委员发言的题目是《全面深化高校招生改革，培养科技创新人才》。他去年受中国科协青少年科技中心的邀请，担任了中学生英才计划数学学科工作委员会的主任，在与各地中学师生直接接触和交流调研后，对科技创新人才培养提出了三点建议：第一，科技创新的根本在于人才，而培养人才的根本在于培养兴趣。第二，建立高校与中学互动的培养模式。第三，拔尖人才培养要注意因材施教。

民盟的张道宏委员发言的题目是《以更大的勇气更大的决心积极推进环保工作》。他说，一方面我们要看到我国在环保上的进步，如初步建立了能源资源节约、生态环境保护的制度框架和政策体系，节能减排、循环经济和环境保护工作取得了明显成效，全社会环保意识明显增强等，但另一方面老的环境问题尚未得到解决，新的环境问题日益显现。甚至在农村有些地方还处于"垃圾靠风刮、污水靠蒸发"

的状态。他有三点建议：第一，建议进一步深化环保领域改革，完善环境保护法规体系，推进环境管理战略转型，加强环境管理和环境执法，改善环境公共治理结构。第二，建议加强正确舆论引导，动员全社会参与。让人们一方面积极行动起来，不再走以牺牲生态环境换取经济增长的老路，不再做环境污染的"围观者"；另一方面要引导公众以理性平和的眼光对待环境问题，使大家知晓环保工作不可能一蹴而就，更不会一劳永逸。第三，建议提高处理突发环境事件的能力。

民盟的赵振铣委员作了题为《关于加快反腐倡廉制度建设的建议》的发言，他对反腐倡廉的新局面下如何进一步创新反腐败体制机制提出以下建议：一是加强反腐败制度的顶层设计，其中要完善官员财产申报的配套制度，强化各级纪检监察机关的监督权威，强化对制度执行的责任追究。二是充分发挥市场机制在遏制腐败中的作用，其中第一要加快完善现代市场体系，第二要推进政府职能转变、最大限度地简政放权，第三要进一步加大政府信息公开力度，第四要推进收入分配制度改革。三是注重用法治思维和法治方式反对腐败，其中第一应健全反腐倡廉的法律体系，第二应完善保障权力监督的法律体系，第三应运用法律手段来调整利益关系。四是通过推进协商民主来完善权力监督，减少因错误决策、独断专行带来的腐败问题，发挥人民政协、统一战线和民主党派在协商民主中的重要作用等。

民盟的刘晓庄委员作了题为《说说"裸官"这个话题》的发言。他说，平心而论，并不是所有的"裸官"都是贪官，但近些年来所发生的一桩桩"裸官"案件，给人的感觉总是"裸官"背后有猫腻，他们会"裸而又贪、先裸后逃"。因为"裸官"的人品欺骗公众，"裸官"的言行违背道德，"裸官"的问题败坏风气，"裸官"的现象丧失民心。对"裸官"不能仅仅止于"一律不得提拔"，而是要"一律不得任用"。建议对"裸官"采取严格的"三部曲"，即对"裸官"的行政职务一撸到底，对家庭资产一晒到底，对违法行为一查到底，这样对后来的"裸官"或"准裸官"们才会产生威慑作用。

民盟的谢卫委员作了题为《关于目前金融乱象分析及对策的建议》的发言。为了保证下一步金融改革走在正确的轨道上，他提出三个值得关注的现象：金融产品普遍约定收益率，刚性兑付成为惯例；

金融监管不到位，监管套利时有发生；民间金融日趋活跃，不断引发风险事件。在这种金融生态环境浮躁、跟风金融盛行的情形下，他提出了三条建议：第一，完善监管体系，强化监管责任；第二，积极应对创新，审慎管理预期；第三，加强风险教育，推动行业自律。

民进的同志也积极发言。其中民进甘肃省委会主委尚勋武委员提出，GDP崇拜是一种错误的政绩观，其危险性和隐蔽性在于它往往打着"以经济建设为中心""发展是硬道理""为官一任造福一方"的旗号，这种政绩观导致目前房价过高、产能过剩、债务过多等问题，所以建立科学的政绩观非常重要。

复旦大学副校长、民进上海市委会主委蔡达峰委员的发言题目为《深化改革，夯实社会建设的基础》，他对"深化社会体制改革"提出三点建议：第一，坚持党的群众路线，增强党委领导社会建设的能力；第二，完善基层群众自治制度；第三，完善民生保障和服务制度。

民进重庆市委主委陈贵云委员的发言题目为《减轻社区负担，还原居委会真正角色》，发言中指出：长期以来，我国的城市基层社会管理一直是社区居委会与社区工作站一套班子两块牌子，角色严重错位。街道办事处有事就布置给居委会，"衙门化"倾向严重。居委会本是基层群众性自治组织，却行政性事务繁重，自治功能严重弱化。社区行政性事务繁重，牌子多、考核多、报表多、检查多、活动多，窘境下，社区俨然成了集党委、居委会、工作站、妇联、工会、团支部等诸多职能于一身的"万能政府"，社区工作人员成了日理万机的"小巷总理"。"上面千条线，下面一根针"。上级政府及其部门将原本自身该做的事情分摊给社区，难怪有人说"这不是放权，而是滥用权力"。为此建议：一是明确权责，实现角色归位，让居委会从"政府配餐"转向"群众点菜"。二是推动基层行政体制改革，探索"市—区—社区"三级管理中的新型社区管理模式。三是提升社区公益性、福利性、社会性服务能力和水平。社区工作以民生为本，以服务为先，改革城市基层社会管理体制，需要我们更新社会管理观念，真正构建基层社会管理的新格局。

民进内蒙古自治区委员会主委、内蒙古师范大学副校长郑福田围绕培育"忠于职守、恪尽职守"的行政文化提出了相关建议。

民进安徽省委主委、省教育厅副厅长李和平委员的发言题目为《稳妥有序推进考试招生制度改革》。前年民进中央成立了高考改革研究的课题组，我担任课题组组长，形成了相关报告。李和平长期分管安徽省考试院，在高考问题上也是颇有心得。他认为，今天"上学难"的问题基本解决了，主要矛盾已变成"上好学"的问题，不能再走"以考定教、以考定学"的老路，要把高考的考试功能与基础教育水平的评价功能区分开来。他提出了几个观点：第一，考试招生制度既是教育制度，也是社会管理制度，稳妥有序地推进考试招生制度的改革，是国家治理体系和治理能力建设的重要内容。如何推进考试招生制度的改革，事关国家大局。第二，考试招生制度的改革必须应势而动、顺势而为。要顺应现行考试招生制度所承载的教育功能和社会功能的新变化和新要求，科学合理地界定教育功能，积极有效地回应社会关切。第三，聚焦现实问题，着眼长远发展，深入思考，系统谋划，最大限度地遵循教育规律和社会发展规律，把改革引向科学发展的轨道，应该解决一考定终身、基础教育的改革、高等教育内涵发展、区域发展的公平性等问题。第四，把握改革的进程和节奏，稳妥推进、有序改革，处理好理论与实践、理想与现实、目标与条件、当前与长远、局部与长远之间的关系。必须有完善的配套措施。必须高度关注民众呼声。

在联组会上，我也代表民进中央作了《打虎莫忘拍蝇，铲除身边腐败》的发言。

根据安排，得知我将在民盟民进界委员联组会议上进行廉政反腐方面的发言，时间已经比较紧张。但这是民进长期关注的问题，也是我在日常工作中与业余时间推动新教育实验深入生活的过程中感受深刻的问题，我请教有关领导，结合其他同志的意见，很快拿出了初稿，并且反复推敲修改。

我认为当下反腐败斗争形势依然严峻，应该乘打虎之风，抓紧拍苍蝇。老虎苍蝇虽有大小之别，但本质相同。和老虎相比，苍蝇的危害有独特之处：数目众多，防不胜防；危害直接，引发民怨；破坏环境，与虎共生；遇风即长，蝇能成虎。

第一，拍苍蝇是解决人民群众的切实需求。老虎是人民群众的心头大患，苍蝇是人民群众的切肤之痛。在腐败上，大和小都是相对的。领导眼里的苍蝇,就是群众面前的老虎。

第二,拍苍蝇是从源头上遏制老虎的产生。老虎不是凭空出现的,而是遇到歪风邪气,苍蝇长大成虎。拍死一只今天的苍蝇,就是杜绝一只明天的老虎。

第三,拍苍蝇是从生态环境入手斩断腐败生物链。老虎是苍蝇的保护伞,苍蝇是老虎的空降兵。苍蝇横飞影响政府形象还在其次,最重要的是它破坏了政治生态,形成了肮脏污秽的大染缸,让人闻之生厌又望之生畏。

我们建议要全面铲除人民群众身边的腐败,主要从三个方面着手:

一是完善制度。制度越具体,威力就越大。同时,要加大对违反制度的责任追究力度。

二是强化监督。一是自上而下的监督,二是自下而上的监督,让人民成为无时不在的"巡视组",把所有机构变成群众参与的"中纪委"。

三是道德建设。最可怕的不是身边有苍蝇甚至老虎,而是这样的氛围激活了我们每个人心目中本来沉睡着的苍蝇甚至老虎。必须加强人文重建和道德重建,让每个人铲除自己内心的苍蝇,最起码也为自己编织一张细密的网,把心里的苍蝇关在网里,这才是根治腐败之道。

打老虎要有魄力有勇气,拍苍蝇要有耐力能坚持。相信接下去的反腐工作会深入有效,取信于民。

原定会议上十位同志发言,每人八分钟。但事先民盟和我们都安排了七位代表准备发言,我与主持人徐辉商量,按照每人六分钟的时间准备,争取14位同志都讲。因为前面12位同志发言基本都控制在时间之内,所以民盟的李成贵委员和民进的张妹芝委员得以分别就农村村庄的"空心化"和城镇化建设中的古村落保护等问题作了发言。

在听取了大家的意见以后,王岐山作了一个多小时的即席讲话。他的讲话从五千年的中华文明开始说起。他认为中华文明有着独特的气质与传统,如讲人道不讲神道,重视孝悌忠信、礼义廉耻。这八个字是中国人的根,也是中国人不可能成为美国人的原因所在。

关于党风建设,他认为关键是巩固前一阶段八项规定等方面的成果,坚持与巩固是当务之急,不能够搞形式主义。

他语重心长地说，13亿人的一条船，容不得我们冒险。中国正处在一个爬坡的阶段，13亿人爬坡，每进一步对世界都是一个贡献。这就是为什么说稳定压倒一切的道理。作为负责任的中国共产党人，就要保持社会的稳定。

王岐山同志的讲话内容十分精彩，散会后大家交口称赞。

今天的《光明日报》发表了署名为任文香的《让阅读成为全民生存方式》一文，推介了我的新书《书香，也醉人》。作者在文章中指出，近年来，"中国阅读状况出现了诸如阅读环境虚拟化、阅读过程碎片化、阅读内容低俗化、阅读目标猎奇化等一些足以影响国民精神素养、思想水准乃至价值体系的不良现象。针对这一状况，一些有识之士在全国开展了一系列倡导经典阅读、建设书香社会等阅读推广活动。作为中国'全民阅读形象代言人'的朱永新，是近年来阅读推广活动的强力促进者。其新作《书香，也醉人》，是汇聚其关于阅读的基本主张和理论探讨的精品读物。……《书香，也醉人》首先传达的价值阐释是，人的精神世界会因阅读而拓展，民族的精神高度会因阅读而提升；面对当下我国并不乐观的全民阅读状况，阅读经典应当成为个体乃至全民为实现'中国梦'而选择和坚持的一种生存方式。……把阅读问题从理论倡导提升到了路径描述和政策推进层面，从而显示了其特色和可操作性"。

这位作者任文香我并不认识，不过，天下读书人是一家，我非常赞同他说的，"相对于研制基础书目和创造阅读条件而言，唤醒懒惰、漠然的阅读个体，激起国民强烈的阅读愿望是阅读推广活动中更为重要、更为困难的工作。只有渴望与人类精神高峰对话的人，才会主动品味经典；只有不断提升自身境界的人，才会自觉徜徉于精神家园；只有真正感悟到经典魅力的人，才能沉浸于书海墨香"。正如我在今天发言里说的，要想真正清除老虎和苍蝇，最终其实要靠人文重建和道德重建。而阅读也正是有助于两个重建的重要工具乃至武器。所以，阅读推广，任重道远。

晚上浏览这两天的会议材料与报刊，撰写手记。11点半休息。

六　新总理首秀成绩单

3月5日，星期三，晴

早晨5点起床。发微博，写手记。一直忙到7点。抓紧洗漱、吃早餐。早晨7点43分乘车去人民大会堂。按照惯例今天上午列席全国人大开幕式。上午9点，会议准时开始。张德江委员长主持会议，与前天的议程相同，在唱国歌以后，谴责昆明事件的暴徒，为死难群众默哀。接着听李克强总理作政府工作报告。李克强总理的声音低沉有力，表情中透出坚毅与自信。

如总理所言，2013年作为本届政府履职的第一年，面对世界经济复苏艰难、国内经济下行压力加大、自然灾害频发、各种矛盾交织的复杂形势，交了一份优秀的成绩单——经济稳中向好；居民收入和经济效益持续提高；结构调整取得积极成效；社会事业蓬勃发展。

在对2013年工作的回顾中，总理说，过去一年，困难比预料的多，结果比预想的好。经济社会发展既有量的扩大，又有质的提升，为今后奠定了基础。这将鼓舞我们砥砺前行，不断创造新的辉煌。一年来，坚持稳中求进工作总基调，统筹稳增长、调结构、促改革，坚持宏观政策要稳、微观政策要活、社会政策要托底，创新宏观调控思路和方式，采取一系列既利当前、更惠长远的举措，稳中有为，稳中提质，稳中有进，各项工作实现了良好开局。

总理从五个方面总结了过去一年的成绩：一是着力深化改革开放，激发市场活力和内生动力。二是创新宏观调控思路和方式，确保经济运行处于合理区间。三是注重调整经济结构，提高发展质量和效益。四是切实保障和改善民生，促进社会公平正义。五是改进社会治理方式，保持社会和谐稳定。

总理也指出，对存在的问题，政府要先从自身找原因、想办法。民之所望是我们施政所向。要牢记责任使命，增强忧患意识，敢于担当，毫不懈怠，扎实有效解决问题，决不辜负人民的厚望。

围绕2014年工作总体部署，总理开门见山："我国面临的形势依然错综复杂，有利条件和不利因素并存。"在介绍了总体要求和主要预期目标后，他对经济增长和价格水平特别作了说明。

然后，总理从九个方面，谈了2014年重点工作：（一）推动重要领域改革取得新突破。（二）开创高水平对外开放新局面。（三）增强内需拉动经济的主引擎作用。（四）促进农业现代化和农村改革发展。（五）推进以人为核心的新型城镇化。（六）以创新支撑和引领经济结构优化升级。（七）加强教育、卫生、文化等社会建设。（八）统筹做好保障和改善民生工作。（九）努力建设生态文明的美好家园。

总理的报告对存在的问题不含糊不回避，一一分析，如大气、水、土壤污染严重，群众对住房、食品药品安全、医疗、养老、教育、收入分配、征地拆迁、社会治安等问题还不满意，安全生产事故时有发生，社会信用体系不健全，腐败问题易发多发，公职人员不廉不勤仍然存在等，总理表示要认真解决。

关于教育问题，总理的政府工作报告仍然是强调公平，继续加大教育资源向中西部地区和农村倾斜，推进教育均衡发展。提出贫困地区学生上重点高校人数要增长10%以上等具体指标，对改善农村义务教育薄弱学校办学条件、加强农村和边远地区的教师队伍建设、改善农村儿童营养状况等也提出了要求。

总理的报告赢得了四十余次掌声。这份报告，文风平实清新，大俗大雅，时常见到有力的短句，而且还有不少排比的警句，比如"就业是民生之本""收入是民生之源""社保是民生之基"等，读起来铿锵有力。

中午匆匆赶到人民网做客。今年的访谈和往年有点不同，不再是和网友互动，而是和主持人当面问答，有视频与文字两个版本。今年对话的主题是《政府工作报告与教育改革》。人民网主持人许博开头就问到总理报告亮点的问题。

我回答，在总理报告里，改革与民生是最大的亮点。因为它把十八届三中全会关于改革的一些具体决定，转化为今年政府的工作行动。报告明确地提出，通过改革要让全社会创造的潜力充分地释放，让公平正义能够得到充分彰显，让全体人民能够真正地共享改革开放的成果。从策略上又提出了几个很重要的措施，从群众最期盼的改革开始，从制约经济社会发展最特殊的问题开始，从全社会都能够达成共识的一些关键问题开始，既有远景的方向，又有具体的策略，再从九个大的方面作了全面的部署，这些部署的重点也紧紧围绕民生。

接着与主持人围绕着考试改革、教育公平以及今年的提案等问题进行沟通，结束后赶回驻地，下午3点在北京会议中心会议楼主持政协民进组讨论《政府工作报告》。

全国政协副主席罗富和第一个发言，他介绍了政府工作报告在起草修改过程中征求民主党派意见的情况，如"社会力量办学"在征求意见后改为"民办教育"等细节；他对2014年的工作计划，尤其是教育上用深化改革的思路推进高等教育的做法，深表赞同。

石爱中、史贻云、牛汝极、潘碧灵、汤建人、卢天锡、岳崇、尚勋武、赵光育、黄震、罗永章、王康等委员也先后发言。

石爱中委员从赵丽宏的一篇散文谈起，讲到一个塞尔维亚的老人，坐在轮椅上读着诗歌，不仅享受着诗歌带来的幸福快乐，还对未来有很多憧憬，希望各位委员也要以这样积极又从容的心态来参政议政。

来自海南的史贻云委员赞扬了报告中几个新亮出来的数据，包括污染物监测等，认为新一届政府有新的考量，有新的作为，做得很努力，在困难形势下交出这个成绩单实属不易。同时建议把地方的积极性和力量利用起来，加快海洋开发，增强维权力量；也建议加强"三农"工作，如规划农村建筑、进行城乡统筹、政府应该出面主导农村公共服务等。

牛汝极委员认为总理的报告朴实、平实、坚实，尤其是关于向贫困宣战、向污染宣战和向暴恐宣战的"三个宣战"，深得民心。感到今年的工作部署体现了"目标择高处立，措施就平处做，政策向宽处行"的特点。

　　来自湖南省环保厅的潘碧灵委员为报告第一次提出像对贫困一样对污染宣战感到高兴，同时认为2014年工作的措施和力度都要加强：一是政策法规制定要落实；二是投入严重不足，治理雾霾一年100亿根本解决不了；三是体制机制建设，如目前农村环境污染占到了半壁江山，在乡镇一级却没有环保队伍，监管缺失。

　　民进江西省委主委汤建人委员在发言中认为，总理报告具有"讲实效、负责任、有信心"的特点。他也对去年到乡下了解到的农村代课教师问题提出了自己的想法。

　　卢天锡委员对今年报告中提到的很多农业、农民的问题感到欣慰，特别欣慰于农业现代化和农民生活的改善和保障方面，有了一些新的举措、新的思路和新的要求。同时建议国家要在农村问题上关注两件事：一是农民的负担问题，税负改革后，农民似乎没有负担，实际上负担很重，有些地方还存在乱摊派乱收税的现象，侵害农民权益的情况时有发生，建议重视新时期农民的负担问题。二是涉及农村的电力供应和保障问题，建议国家在新农村建设中加大对农村电力的改造力度。

　　岳崇委员对报告中2014年主要工作提到的"促进农业和农村改革发展——把饭碗捧在自己手中"十分赞赏。他结合种粮大户，谈了如何加强相关工作的问题。

　　尚勋武委员对"政府的手伸到多远多长"的问题自问自答，结合自己熟悉的农业部门举例：政府不断出台了很多文件规定细节，市场的手被绑得死死的。比如国务院去年出了8号文件，今年又出了一个，两个文件冲突很大，包括种子公司的注册资本、占地、仪器多少件、检验员多少个都规定得很细，其实这些都不是政府的责任。这说明政府改革面临的困难还很多。另外他还就食品安全问题提出了如何治理的建议，包括构建统一的食品安全平台、加强标准制定、敦促企业进行管理、研究解决好机制问题等，使管理更有效。

　　赵光育委员提醒在生态文明、食品安全之外，政府和社会各界还应该高度重视土壤污染问题。大气和水大家很关注，土壤污染却是"隐形"的。实际上土壤污染影响全国，土壤中重金属超标，导致大米等粮食受污染，引起癌症高发，危害群众健康。

黄震委员提出，环境治理要靠市场的力量，应该充分估计环境资源的价值，要把治理雾霾等环境的外部成本内部化。他对雾霾治理比较乐观，很多专家说需要20年，他认为到2020年左右能见到成效。如何做到？第一是通过我们的政府发展理念的改变，第二是充分依托科技的进步，届时能看到显著变化。他指出，第三次科技革命最关键的就是能源革命，未来每一个建筑不但消耗能源，同样能产生能量。为此他介绍了上海交通大学正在建设的"正能量建筑"，在这个建筑中，光伏电池和太阳能产生的能量可以大于建筑内部消耗的总能量。

清华大学的罗永章委员认为，政府应该鼓励科研人员创办企业。他建议，加强国家新药审批的进度，现在排队等候的许多新药，有一些具有革命性的突破，能大大降低医疗成本，而我们的审批机构只有120人，根本无法满足需要。

四川省教育厅副厅长王康则讲了关于帮助老百姓认识和理性使用理财产品的问题。他说，改革要从群众最期盼的领域改起。总理谈到的政务公开，所有的财政经费特别是三公经费都要公开，让老百姓能看到、能监督，打造阳光财政。最后他还希望总理报告的用词更严谨，因为写在报告里就是立下了军令状，完不成很被动。比如全面改善贫困地区义务教育学校办学状况，光四川省的一些学校小校舍都还处于一级危房状态，要想改变绝非一年就能够完成得了的。

大家发言热烈而踊跃，一个接着一个，由于许多地方电视台来会场，我在安排发言人的时候，也尽可能配合地方电视台的需要，请该地的政协委员优先发言。整整两个小时一晃而过。

会议结束后，《人民法院报》的记者屠少萌前来采访。她在新浪微博上几次留言预约采访，由于时间太紧张，一直没有回复，但是她锲而不舍，一直跟踪到会场。我们就青少年心理健康和暴力犯罪等问题进行了深入的交流。

晚上在中国教育报社参加两会教育界部分代表委员座谈会。湖北省人大常委会副主任、全国人大代表周洪宇，江苏省教育厅厅长、全国政协委员沈健，安徽省教育厅副厅长、全国政协常委李和平，山东省教育厅厅长、全国人大代表张志勇，华东师范大学校长、全国政协委员陈群和我先后发言。

沈健提出外语和思品课是中小学投入产出比最低的课程；李和平提出教育问题要从教育外求解；张志勇提出改革要倾听老百姓呼声和教师心声，如老百姓最关心的是择校、师德和课业负担问题，教师最关心的是职称、绩效工资和合法权益保护问题等。六位发言者中有四位民进会员，"教育党"名不虚传。

我在发言中说，实际上很多教育问题的出现，就在于我们事实上把"魂"丢了。我们在相对而言的小问题上疲于奔命，却没能够看见大问题，就更不可能解决大问题。

比如，我一直在想，教育问题其实不仅仅是教育系统内部的问题，如果劳动分配制度、人事制度、干部制度不改变，教育很难真正改变。这实际上是一个社会大系统的问题。

比如，教育的全民共识问题。在教育改革中，例如到底什么是好教育这样的一些问题，根本没有形成全社会的共识。我一直呼吁进行一次全国教育大讨论，但一直没有真正地讨论。对于教育改革发展的一些意见，只是汇总，没有辩论，没有碰撞，形成不了真正的智慧。这些都是教育的大问题。还有很多教育的大问题，我们还没有发现。这些问题没有解决，我们的教育就是头痛医头、脚痛医脚。

其实，从《国家中长期教育改革与发展规划纲要》到十八届三中全会的决定，再到这次李总理的政府工作报告，关于教育改革的主题是一脉相承的。如果说《规划纲要》是一幅蓝图，那么，三中全会的决定就是一个施工的集结号。李总理的报告抓住了其中的改革的问题，落实到今年的工作上。想真正得到解决，还需要齐心协力的行动。

晚上10点回到驻地。继续修订提案，终于全部杀青。今年反复衡量取舍，把感觉思考还不够成熟的提案都放弃了，最后完成18份提案。这些提案，每一个都是一个群体的呼声，而不只是我案头的文字。

10点40分开始跑步35分钟。跑步中想到今天的两会手记有遗漏之处，回房后立即打开电脑修改。12点休息。

七　委员议政热情高

3月6日，星期四，晴

　　一觉醒来，已经是早晨5点5分。起床工作。依然是三件事：发微博，写手记，读书刊。这两天在微博上看见大家转播南怀瑾先生说早起的话："能控制早晨的人，方可控制人生。一个人如果连早起都做不到，你还指望他这一天能做些什么呢？古人云：一日之计在于晨，一年之计在于春。早上都抓不住，怎么能抓住当天。"是否能控制人生倒另当别论，但控制早晨的这项童子功，我倒一直在坚持，而且的确是让我获益匪浅的。

　　从早晨起床到上午小组讨论，有近四个小时。但是，要做的事情很多，时间就流逝得格外快。似乎一眨眼，就到了会议时间。

　　今天全天的议程是小组讨论政府工作报告。上午9点在会议楼第14会议室参加民进组的讨论。张帆副主席主持讨论，最高人民法院的副院长陶凯元开场。

　　陶凯元委员是民进广东省委主委，前不久履新最高法。她结合广东取消行政审批事项的案例，介绍改革之艰难，"革自己的命"之不易。去年广东在全国率先实现转变，取消很多审批权，当时他们的抵触情绪也是很大的，如果说要有三项放权，就希望三项放一项，最多放两项，就是不想全放。等到后来真的放下去了，回过头看，发现很多审批确实是没有必要的。她建议要深入推进行政体制改革，在行政审批事项取消很多以后，把监管事项跟上，特别要建立法治政府的考核指标和评价体系。

　　成都武侯区副区长杨建德委员说，总理的报告令人振奋，确实感觉到去年一年的工作是"困难比预料的多,结果比预想的好"。报告中明确提出落实带薪休假,是对几亿职工的关怀。我们有6.5亿的城镇人口,一半在职就有3亿多人,如果有带薪年休假,那每人连带动的家人消费按2000元算,就是6000多亿,将能极大促进消费,对刺激内需是很重要的手段。

吉林大学经济学院教授杜婕委员建议,国家要尽快推出环境会计。因为企业是破坏环境的主体,部门需要监管,希望财政部尽快安排环境会计,为征收环境税创造条件。用环境会计来测定一个企业一年有多少产值,制造了多少污染,污水排放量多少。如果企业每年环保能解决排放,就可以少征收,否则环境税就照收不误。她对政府债务问题也高度关注,现在有说10万亿的,也有说17万亿的,无论哪种说法,都说的是显性债务,实际上地方政府有很多融资平台、城投、基金、信托公司,隐形的地方债多了去了。这个问题一旦爆发就不可收拾,必须要消灭于萌芽之中,希望能引起有关部门的重视。

现代出版社社长臧永清委员表示,总理的报告关于文化的论述,让我们深感振奋,但压力也巨大。这次报告中把文化说成是民族的血脉,血是生命,脉是传承,这样的表述说明文化的地位明显提高。报告中把推进全民阅读提了出来,令人兴奋。他对文化走出去的形式主义进行了批评。他指出,现在在国外搞书展,有时候花了钱就完事了,不一定有实效。现在只要数字到位了,业绩就不管了。搭台唱戏,现在搭台了,戏没唱。

民进安徽省委主委、教育厅副厅长李和平委员的话题仍然离不开教育。他指出,报告说"优先发展教育"。但是在地方,重点支出同财政增幅一般不采取挂钩方式,很多省份4%的教育经费占比已经开始减少了,应该引起高度重视,否则就谈不上优先发展。

民进浙江省委副主委、杭州市政协副主席赵光育委员接着昨天土壤安全的话题,继续谈农业问题。他说,农业是安天下稳人心的产业,报告特别提到了粮食生产的重要性,谷物的生产自给,把饭碗捧在手里。他希望国家进一步明确粮食生产的总体要求。18亿亩耕地是红线,那么粮食总产量是不是应该有个确定的产量、具体的要求,以确保口粮安全?

儿童文学作家、民进湖南省委副主委汤素兰委员说，听总理的报告一个最大的感受，这是个非常真诚的报告，给我们的感受是脚踏实地、鼓舞人心，提出的目标也是能够实现的。教育经费占GDP的4%到2012年已经实现，但是不能够满足于4%，全世界教育的平均经费比例是4.9%，发展中国家的巴西和墨西哥分别是4.4%和5.3%。我们需要继续加大教育投入的力度。

民进内蒙古自治区委员会主委、内蒙古师范大学副校长郑福田委员认为，政府工作报告最有深意的就是改进社会治理方式，保持社会和谐稳定。

来自贵州的左定超委员提了许多支持贵州生态文明建设和经济社会发展的建议，如批准贵州省为生态文明先行示范区，加大对贵州省的生态补偿，支持贵州村村通工程，加大对乌蒙山片区的扶贫力度，支持贵州综合性改革试验区建设和石漠化治理等。

民进上海市委会副主委、上海民办教育研究院院长胡卫委员对择校热现象进行了分析，认为要化解择校热首先义务教育应均衡化。管民还要管官，教育部门条子生的比例太高。领导干部子女必须首先不择校，否则老百姓是没有办法不择校的。现在干部的小孩子，没有一个进入职业学校的。他认为教育的许多问题还是政府管得太多，"是政府闲不住的手，导致了教育的僵化和退化"。

著名作家赵丽宏委员对报告中提出的"公务员要廉洁奉公，当好公仆"深有感触。他讲述了自己在塞尔维亚举行新书首发式时的一个故事。他的诗集塞尔维亚语版的一位翻译者，原来任南斯拉夫驻澳大利亚大使，后成为塞尔维亚文化部长，现在的身份就是诗人、翻译家，退休了一点特权都没有，就是一个平民百姓，在她身上没有一点点的官气。当部长的时候有车，现在和老百姓一样。他建议中国的官员尤其是高官，退休后就应该过平民的生活。对官员要有制度的约束，有一些特权可以理解，但不能够过分，否则老百姓会感到很不满，对执政者也是很大的伤害。

下午3点继续小组讨论，依然非常热烈。民进广西壮族自治区委员会主委陈自力委员率先发言。他提出了三条建议：一是改革要做到立法有据；二是进一步完善重点高校面向贫困地区定向招收学生的政策；三是希望国家加快主体功能区建设。

民进河南省委会主委张震宇委员用"实""新""大"三个字评价克强总理的政府工作报告：一是实，实实在在；二是新，改革创新是主线；三是大，决心大，力度也大。他建议：有关文化发展的论述要有一些定量的东西，对解决小微企业和农村地区融资难要有具体举措。他认为约法三章，削减三公经费，停建楼堂馆所，财政人员只减不增的规定很好，但人员只减不增之外，还要优化结构。另外，对于老龄事业发展、优先发展公共交通、生态保护等问题，他也发表了看法。

民进湖北省委会副主委唐瑾委员一开始就讲述了她对北京城市建设的感受。她介绍说：昨天坐在车上看到北京一排排高楼大厦，感觉是种下去的，不是盖起来的，有千城一面的感觉，因为这房子没有顶。她身边的中央美术学院教授唐勇力委员对她说，房子的顶就像女人的发型，如果一个美女浓妆艳抹，但是个秃头，再美也美不到哪里去。以前湖北的屋檐宽，是因为雨水多，可以遮挡雨水；屋檐上翘，跟荆楚文化有关联。而现在全国所有房子都是一个模样。现在的城镇化和新农村建设，所有的房子都为一个颜色的瓦、一个颜色的墙，大小也差不多，没有个性，远离传统。

唐瑾委员提出文化走出去需要有中国文化的翻译的问题引起了我的强烈共鸣，因为今年我准备了这方面的提案。她说，中国文化走出去，必须要有翻译。翻译是民族之间交流的桥梁，没有翻译，就谈不上走出去，别的民族的优秀文化也无法引进来。莫言能得诺贝尔奖，就得益于汉学家的翻译。这么大一个民族，振兴文化事业，需要两条腿走路，一条腿靠汉学家，一条腿还是要依靠培养大批量的自己的翻译人才。

吉林大学经济学院教授杜婕委员在审议预算报告时发现：政府工作报告里面说专项资金减少了三分之一，为150个专项，而预算报告那里的专项资金却提高了16%，实在矛盾。另外，去年我们减少了那么多行政审批，但行政事业收费和罚没收费还在增长，很不合理，希望能得到解释。关于把机场建设费列入机场建设基金问题，她认为，既然机场建设费的用途在于给机场提供补贴，但现在机场是个运营部门，是经营性的，为什么白白养活他们？一边他们自己在收费，一边还得靠人养活，必须取消这个乱收费。如果不取消，把收上来的钱哪怕投入到治理污染都好，而不能是补贴他们。

财政与预算报告在政协的讨论往往是一带而过，因为大部分人看不明白这几大本的预算报告，虽然财政部和人大预算工委专门编写了导读手册，但在短短的半天时间里，一般人又有谁能够研读得发现问题、提出意见呢？幸亏有杜婕教授这样的专家，多少能够发现一些问题。也希望有更多的专家，主动关心预算问题。在国外，预算是议会讨论的最重要事项之一。

文学评论家、民进中央副主席、民进福建省委主委张帆委员建议，除了八项规定以外，应该对领导干部的有关事宜有更加明确具体的规定，有一个更可操作的方式。他兼任福建省社会科学院院长，但是他不清楚什么叫公车私用。比如春节前用车送一个领导到外地回家过年，春节后又接回来算不算公车私用？有领导生病了，用车送去医院，这算不算公车私用？张帆对加强文化建设问题也提出了意见。他说，我们的文化建设成绩要比经济建设少，无论顶层设计和具体设计，文化建设跟经济建设都相差很远，政府工作报告在这方面也很薄弱，短期内不会改变。希望今后的工作中，文化建设朝着更实在的方向发展。

重庆市政协副主席、民进重庆市委主委陈贵云委员对"克强经济学"非常欣赏，他介绍说，在去年第二季度经济"很恼火"的情况下，大家以为又来一个四万亿，但没有，"说明我们的政府确实有信心，有理性"。他还对就近入学、农村空心化、带薪休假、农家书屋等问题发表了自己的看法。他认为，就近入学，可以让每个孩子有公平的发展机会，但这实际上是做不到的。你要公平，先把资源公平了，现在是把学生先均匀地分布，而资源不公平，这根本不可能实现公平。

来自天津的经济学家邱立成教授是老委员了，他介绍说，自己做了十几年委员，感觉今年报告最用心，对措辞中很多用词很有感触。如让市场吃了定心丸、确保中国经济这艘巨轮行稳致远、让中国设备享誉全球、让13亿人的饭碗捧在手中、向贫困宣战、不让贫困代代相传、决不允许开历史倒车，听了之后确实很新鲜；也看过国外一些总统咨文，很少有这种写法。但他也感觉有些话不一定准确，如把过剩产能坚决压下去，决不再反弹，这就太绝对了。他认为，产能过剩是市场经济的必然产物，也是市场经济的必生痼疾，所以产能过剩这个词肯定不科学。现在招工都需要硕士了，真到那个程度了吗？该需要职业教育的还是要职业教育。幼儿园小学化过度教育，经济上过度增长，等等，"过度"二字是中国现有体制下方方面面领域存在的必然的问题。报告可以发出信号，不能喊口号。关于向贫困和污染宣战问题，邱委员认为这两个问题的主战场都在农村，去年消灭了1000万贫困人口，这是向贫困宣战的进步。但是农村的污染依然严重。对农村居民来讲，宁要污染也要脱贫。以前拿命换钱，现在有钱了，用钱换命，所以向贫困宣战，向污染宣战，确实必须先改变农村的环境生活状况，城市才能受益。

下午会议的主持人姚爱兴委员是民进中央副主席，也是民进宁夏回族自治区委员会主委、自治区副主席，他在最后总结发言时说，克强总理的报告是一个好报告，是近年来最富有改革创新精神的报告，也是依法行政的报告，展现了责任和担当。他建议报告中关注三北防护林的问题。三北防护林从整个黑龙江到新疆，长3000多公里，是一个规划八期的工程，目前实施到五期，现在不提了，有不了了之的意思。应该坚持做下去。

整整一天的讨论，中间没有休息，委员们议政的热情非常高涨。我竟然没有发言的机会。虽然听得津津有味，感觉这是一种很好的学习，但是为沉默的大多数发言，也是委员的义务啊。看来，明天必须"抢"话筒发言了。

下午5点45分，新阅读研究所所长、人民教育出版社编辑王林博士，中国人民大学出版社朗朗书房呼延华总编辑和刘晶副总经理来看望赵丽宏老师，丽宏要我一起见见老朋友。人民教育出版社刚刚出版了赵老师的一本散文集《与象共舞》，这是"人教版语文同步阅读·课文作家作品系列"的一本，王林是责任编辑。我近水楼台先得月，丽宏现场签送一本。呼延华正在编选一套丽宏的18卷文集，这个浩大的工程也是我牵针引线的结果。呼总说，他的女儿就是读丽宏的书长大的,他们两代人都喜欢读丽宏的文字。

晚上7点半,河南郑州师范学院副院长张建航教授一行来访,交流新教育书院的事宜。年初去河南参加毛梦溪先生的作品演唱会时,有幸考察郑州师范学院,向该校党委书记于向英教授介绍了我们正在探索的新教育书院,始料未及,于书记非常重视,在学校党委和行政班子会议上研究,决定在学校启动新教育书院的工作,特委派分管学生工作的张建航院长和统战部田部长带着学生处处长等工作人员专程到北京。明天,他们将专程去华夏管理学院现场考察新教育书院,与时海燕常务院长交流相关工作。

从2000年写出《我的教育理想》,描摹出我理想中的教育蓝图开始,这些年的所有业余时间,我都走在把蓝图变成现实的路上。看着新教育在一点一点地开拓,看着新教育人一步一个脚印地行走,越来越多的新教育蓝图逐渐变为现实,心中既欣慰、喜悦,又更感任重道远。这些年来,一方面新教育已经落地开花,的确取得不少扎扎实实的成绩,另一方面却又发现了更多未知,需要我们更加用心探索。我也越来越感觉到自己的无知,需要继续潜心学习,同时本职工作又得确保好好完成,真是恨不得一个人分成两半用了。

不断提醒自己:越是觉得时间紧张,就越要提高工作效率,就越是必须保证适当的运动。晚上写两会手记到9点40分,感觉有些疲惫,跑步45分钟。11点10分休息。

八　立德树人是根本

3月7日，星期五，晴

　　早晨4点50分起床。发微博，阅读、整理相关资料，写两会手记。今天早晨，《书香，也醉人》的主要观点连载结束。这是继《我的阅读观》之后，我出版的第二本关于阅读的专著。从去年10月开始的每天早晨，我都摘录一段书中的文字，进行我的"微博式阅读推广"。前天《光明日报》任文香先生的书评说："这本书首先传达的价值阐释是，人的精神世界会因阅读而拓展，民族的精神高度会因阅读而提升；面对当下我国并不乐观的全民阅读状况，阅读经典应当成为个体乃至全民为实现'中国梦'而选择和坚持的一种生存方式。"我想，阅读推广其实也是一种美好的生活方式，赠人玫瑰，手有余香，不亦乐乎！

　　上午9点，在北京会议中心会议楼第14会议室继续小组讨论政府工作报告。在主持人卫小春的安排下，委员们继续畅所欲言。

　　今天我终于"抢"到了话筒，把对今年政府工作报告的想法，一吐为快。

　　我和大家一样，都认为今年的政府工作报告是个非常好的报告。李总理深化改革、依法治国等一系列想法思考清晰，部署得力，赢得普遍赞誉，我们也盼望着总理对教育问题有更好的思考。

　　今年的报告我认为应该有三点重要的修改：一是关于立德树人的问题。第一句就应该讲立德树人。我们的教育纲要、三中全会决定和政府工作报告，应该是逻辑性递进的关系。三中全会决定的是最紧迫的需要落实的事情。三中全会里有三个大板块，第一个就是立德树人。但政府工作报告没讲,这是个根本问题。教育改革的思路到底应该是做什么?把人带到何方?立德树人,就是最根本性的目的。立德树人不仅仅要明确提出来,而且要作为下一轮教育改革的重点。之所以教育改革直到今天没有形成共识,任何改革措施都会引起争议,就是因为征求意见中没有全社会的讨论。所以,我们还需要在全社会掀起教育大讨论,共同探讨什么是好教育,以达成共识。

第二,现代教育技术的发展,是影响教育的重要走向,因此在工作报告里,应该加一句"积极应对网络时代教育技术的发展"。现在网络技术令未来人才培养模式、授课方式都出现了巨大的变化。在美国,有的企业在招聘过程中已经不需要应聘者有毕业证,只需要有几门不同高校课程证书。去年我曾经提交过《关于建立国家教育资源库,应对网络教育新挑战的提案》,建议建立中国教育资源平台,把世界的好课程放在我们的平台上,有计划地组织汉化。目前印度、巴基斯坦选修世界名校课程的学习者人数已经远远超过中国,如果印度以后选的全是世界名校的课程,我们选的还是落后的课程,这样培养出的人才,还怎么竞争?必须未雨绸缪。哈佛的一些教材都历经千锤百炼,我们要组织专家对课程进行认证,学生选修的课程直接拿学分,直接鼓励学生和国际教育挂钩。中国电大都可以组织一个开放的大学,开放文凭。还有微课程的问题。现在教育资源大量浪费,每个地方政府都在组织团队研发自己的课程,其实国家集中组织一批最好的专家做好的课程就够了。总之我们应该积极应对网络时代技术的新变革。

第三,应该在报告中深化教育改革前面加一句"完善教育立法"。首先要强调执法。现在教育到底怎么做,法律依据还是远远不够,我们现在已有的法律,没有一个判例。有法不依、违法不究的现象还存在,教育法没有得到很好的落实。同时要进一步加快立法。我看到在纲要里明确提出"四修五立",难度非常大。我做全国人大常委五年,五年里一部教育立法也没有通过,未来五年要通过这么多立法非常难。而且,纲要有立法的计划,那人大应该先更改立法计划,这样的程序才是合法的。我认为当下最要紧的,是从这三个方面把握教育改革的三个重大问题。

今天的小组讨论，仍然非常热烈。

潘碧灵委员结合报告谈了两个问题。第一个问题是洞庭湖生态经济区的建设应该特别关注水环境恶化的恶劣影响。他提出三点建议：希望把洞庭湖生态经济区战略上升为国家战略给予支持；希望运行调度的时候，以防洪环保优先；希望从三峡发电收益中提取一些资金支持上下游的发展。第二个问题是明年的中央一号文件能否锁定农村环保？现在时机已更加成熟，希望推动这个工作。

李和平委员围绕教育提出两点建议：一是从财力上来说最近已经感受到财政支出的弱化，教育投入千万不能弱化。希望教育部门重视教育格局的问题，进一步重视中西部地区的教育发展，前几年中西部教育发展的一些计划不知道能否坚持下去。二是高校应该围绕地方来开展服务，要从国家层面引导地方高校的转型发展，引导地方高校围绕地方经济发展来培养人才，使整个教育的生态系统更加完善，布局更加合理，众多高校能够找到自己的生存空间，培养出更多的人才，为社会服务。

左定超委员一口气讲了十条建议：第一条是关于生态文明建设的建议，应该尽快出台加快生态文明建设的指导意见，建议国务院批准贵州创立全国生态文明先行试验区。二是希望国家指导关于地方债的问题，建立债务信息公开、地方债务人大审核制度，编制地方债务政府负债表，减少政府举债的主体。三是关于房地产的开发，房价居高不下，存在的问题都很清楚，建议改变现行房地产开发模式，改变开发主体；允许合作建房；建立以提供代建服务为主的房屋中介中心。四是关于巩固农村广播电视的覆盖，现在已经实现了全覆盖，但后期管理和维护上存在着问题。第五是乌蒙山片区的扶贫开发工作，建议从国家层面建立一个乌蒙山开发联席会议制度。第六是建议从国家层面关心军民企业融合，促进发展。第七就是贵州石漠化治理，要加强对贵州和西部的重点倾斜。第八是医疗卫生工作，一定要加强医卫队伍建设。第九是守住生态红线，建立一个有效的机制予以落实。第十是继续西部大开发，只有实现"西部梦"才能实现"中国梦"。

朱晓进委员则从三个方面谈了自己的想法：一是社会保障。应该注意短板。二是城镇化问题。要以人为本，真正实现一个现代化的转型，在生产、生活、思维方式上做好农民向市民转变的大文章。还有一个大的问题，即教育公平和机遇公平。现在我们还没有彻底消灭学校资源配置不均等的状况，尤其是农村中小学亟待加大建设力度。

蔡秀军委员认为，医学教育的问题急需重视与解决。现在医学教育存在着三个问题：一是医学教育的课程设置不科学；二是医学教育是不完整的；三是学制不合理。

胡卫委员关注的也是教育问题。一是在教育与时俱进的过程中，要注意教育政策的连续性和稳定性，政策若多变就不好掌握。二是政策、法规、制度等，应该有权威性。三是教育的顶层设计太多。教育管理部门要善于眼睛向下，下面星光灿烂，应总结下面的经验。要放权。现在一抓就死一放就乱，现代教育制度没有建立。四是教育也不能"翻烧饼"。高考改革建议先在发达城市试点，条件成熟了再推广。

尚勋武委员说，关于深化农业体制改革，国务院2011年和2013年出台了两个意见，一个是8号文，一个是12号文。我们既然出台了2013年的意见，那就该废除8号文，因为二者有很多相抵触和矛盾的地方。

这两年来，我一直关注慕课这一大规模网络公开课程的进展情况。黄震委员的发言恰好就是慕课的问题。他说，应该重视应对教育资源的重新配置带来的挑战。他主要讲了四点：一是关于如何通过慕课来推动我们自己的公平教育。二是针对中小学教育慕课可以做成重点难点的微课程，摆脱沉重的教辅教材，促进缩小教育差距。三是针对大学教育可通过慕课实现学分和资源的共享。最后，希望通过慕课教育来建立"学分银行"，打造终身教育体系。

王康委员结合报告直言：教育的重点思路若只是停留在鼓励发展民办教育上的话，很空洞，应该有实实在在的政策和行动，因而提出一个关于重视支持民办教育健康发展的建议。他说，民办高校面临很多关键的问题：一是民办高校的领导班子有待加强，二是民办高校之间的平等待遇有待于进一步改进，三是民办高校的政治地位有待提高。建议一是加强民办高校领导班子建设，高度重视班子建设，创造条件为民办高校选配一批优秀的党外专家。二是加强政治建设，为民办高校代表人士参与政治拓展空间，让他们的代表在国家大政方针的制定中有一席之地。三是解决民办高校的待遇问题，要像重视和关心非公有制经济人士一样重视和关心民办高校人士，现在反映强烈的是不平等。

栗甲委员就弘扬传统文化谈了他的想法。一是传统文化蕴藏着丰富的思想精髓，是中华文化特有的基因，没有哪个国家有这样的传统文化长河。二是传统文化积淀了中华文化发展的巨大动力。建议：一是加强传统文化的教育性，力争产出一批符合时代发展的优秀文化成果，讲好中国的故事。二是在教育制度上保证传统文化的普及，让中华文化精神融入青少年的生活，融入公民心灵，影响社会观念。三是目前全世界孔子热经久不衰，正是文化走出去的大好时机，要让孔子学院在世界更多地传播中华文化。

杨建德委员提出，要严格执行带薪年休假制度。建议让国务院带头休假，克强总理带头休假。

陈贵云委员提的也是教育方面的建议，第一个是给克强总理的建议，就近入学太过理想化，建议以房产为依据。第二个是关于高等教育改革重点。第三个是农家书屋的建设和发展要与时俱进。

罗黎辉委员说：就说四句话，一是教育的本质是培养人，所以要摒弃功利。二是培养人的关键是人心，人心倒了，三代扶不起来，德育要放在非常重要的位置。三是政策制定过程中，不要老折腾。四是高考改革需要采用大数据技术进行颠覆性的思考，采用真实性评价和自然主义的评价，取代高考的高风险评价，这在大数据支持下是可以做到的，能够更好地选拔人才。

今天的小组讨论部委来了不少人，如国务院发展研究中心的韩俊副主任、国务院三峡办副主任胡保林、国家邮政局副局长赵晓光等。由于我们的界别是以文化教育为主，在我们的建议下，教育部和文化部派来的几位司局长也参加了我们的讨论。听到委员们的讨论，国务院发展研究中心副主任韩俊很感慨，他总结说，很多委员的发言非常动情；研究中心与民进联系密切，来往很多，委员们的建议非常有参考价值；作为智库，研究中心和全国政协、各党派都有密切的交流，每年从提案中也吸取了很丰富的营养，愿意今后跟大家多交流、多研究。

下午3点在人民大会堂举行第二次全体会议，进行了第一次大会发言。发言主题围绕经济建设和生态文明建设，先后由钱克明、王光谦、马蔚华、林毅夫、张基尧、索朗多吉、卢柯、李毅中、徐冠巨、蔡威、王文彪、张世平、吴江、刘振亚、刘明康、迟福林16位委员发言。

钱克明委员说，虽然粮食生产"十连增"，但远远不是"铁饭碗"。我国人均耕地、淡水拥有量仅为世界平均水平的40%和25%，南方部分水稻产区土壤重金属污染严重，华北平原地下水"漏斗区"不断扩大，东北黑土层加速流失，"三大粮仓"不堪重负。由于生产成本快速增长，从2010年起，我国所有粮食品种价格全都高于国际市场离岸价格。"入世"不久，我国大豆产业就全面失守，2013年食糖失守。预计十年内，水稻、小麦和玉米将相继步大豆和食糖的后尘，贸易的国门洞开，完全暴露在国际市场的冲击下。从生产看，国内资源环境要素绷得很紧，在"十连增"的基数上"高位护盘"难度很大。从需求看，消费者需求日趋多样化，同时满足"吃得饱、吃得好、吃得安全"的任务很重。从市场看，随着粮价上涨逼近"天花板"，稳定市场的形势严峻。他建议从树立新安全观、完善政策体系、健全长效机制上进一步推动工作，防止粮食产业全面失守，莫忘粮食安全！中国人的饭碗必须牢牢端在自己手上！

张基尧委员说，饮用水安全是保障人民生命安全的基础。目前，我国饮用水源安全与人民群众的健康要求还有很大差距。从水量上看，全国561个地级以上城市中400多个缺水，大量城市及农村生活供水水源以地下水为主，地下水累计超采约900亿立方米，由此，带来地面沉降、海水入侵、植被退化等一系列生态问题。从水质上看，城市附近或者人口聚集地区的集中式水源地水的质量总体良好，但在一些远离城市的农村和大量分散的群众取水点，饮水被污染的情况严重。他指出了存在的主要问题，进行了原因分析，就水源地保护、地下水污染防治、饮水安全长效机制建设三个方面的问题，提出了13条建议。地下水一旦被污染，治理十分困难，要本着对子孙后代负责的精神保护好地下水。

沙漠治理有高招。王文彪委员说，我国2/3国土在西部，1/3的西部是沙漠，1/3贫困人口在沙漠，每十亩土地就有两亩是沙漠，脆弱的生态环境和土地荒漠化成为极度贫困化的根源之一。我国至少可以从沙漠中改造出3亿—4亿亩良田，能够大大缓解我国日益加重的土地压力。关键是政策要有激励性。他来自内蒙古库布其，那是离北京最近的沙漠，被人们称为"悬在北京头上的一盆沙"。他说，26年来他们一直坚持治理这片沙漠，在不毛沙漠里造出了6000多平方公里的绿洲，从绿洲中长出了有机果蔬，长出了绿色药材，长出了绿色岗位，走出了一条从沙漠到城市的生态修复和生态产业发展之路。他呼吁：国家应该像农村土地改革一样，改革沙漠土地政策，为中国的沙漠治理提供持续动力和机制保障。

李毅中委员在发言中提出，要尽早制定基本实现工业化的量化指标体系。他把2020年基本实现工业化作为建成小康社会的重要指标。我与朱之鑫委员讨论：小康为什么要衡量工业化？其实新加坡、新西兰等国家，甚至香港、澳门等地区工业化的程度也不高。不能够把工业化视为国家现代化的指标。

林毅夫委员说，虽然拉动经济增长的"三驾马车"中，出口和投资都有较大影响，但只要依靠改革的力量，平等使用各种生产要素，消除双轨制造成的扭曲现象，用好我国的后发优势、政府相对健康的财政空间以及充足的民间储蓄和外汇储备来启动内需，就可以保持7%—8%的中高速增长。对中国经济要有信心。

土地问题是农民最大的民生。王光谦委员发言说，土地是农民的生存之本，发展之基，致富之要。应处理好农村集体经营性建设用地入市范围问题；做大土地"入市蛋糕"；盘活农民资产，努力完善宅基地管理制度；处理好农村集体土地入市与征地制度改革之间的关系。希望这次"土改"能让农民致富。

吴江委员的发言赢得了与会者的几次掌声。他介绍说，2012年发达地区和不发达地区之间的城镇居民收入比为2.34∶1，农村居民收入比为3.95∶1。垄断行业收入远高于竞争行业收入，而差距的三分之二来自垄断本身。他主张把治理收入不公的权力交给人民。解决收入分配不公，关键是建立分配新秩序。我国当前的收入分配差距超越了过去六十多年中绝大多数时期，2013年基尼系数为0.473，高于国际警戒线。他说，分配秩序是维护全体人民利益的公器，不能为少数利益阶层私用。冰冻三尺非一日之寒，触动利益往往比触及灵魂还难。他建议打破旧秩序、潜规则，用壮士断腕的精神深化改革，建立以缩小不合理差距为导向的收入分配新秩序，使明规则战胜潜规则。他建议从五个方面落实：第一，建立市场机制起决定作用的初次分配新秩序。第二，建立严格约束行政权力、更加注重公平的再分配新秩序。第三，建立保障起点公平、机会公平的分配权利新秩序。第四，建立公开透明、全民监督的阳光分配新秩序。第五，建立有法可依、违法必究的依法分配新秩序。

晚上回家。写"一言难忘"的微博若干条。这是从去年开始在微博上开的一个小栏目，撷取让我有所感触的警句，向听众们推荐与分享。曾经有朋友觉得我很奇怪，问我，已经这么忙碌，为什么还要坚持开微博，甚至专门撰写这一类微博？我说，既然已经无法避免地来到了这个信息碎片化的时代，那么，除了呼吁大家阅读，把信息碎片整合成知识、转换成智慧之外，利用所有碎片式的机会来进行教育，也完全应该视为教育工作的一部分嘛。乐此，就会不疲。

跑步35分钟。晚上11点半休息。

九　莫让决策成笑谈

3月8日，星期六，晴

早晨5点10分起床。读书，发微博，写两会手记。

今天是国际妇女节，我在微博的晨诵内容里，和听众分享了人们耳熟能详的豫剧《花木兰》选段。1949年12月，中国确定每年的3月8日为妇女节。1975年，联合国开始庆祝"国际妇女节"。这个节日，可以称为女性艰难创造历史的见证。我一直提倡"女孩当自强"。两性的生理和心理有所差异，各有优势，只是女孩往往容易被很多不科学的说法干扰与束缚，限制了发展。其实，从传统文化里，我们就能够找到女性发展的好榜样，比如花木兰，比如穆桂英，这些都是我们可以梳理、提炼的。

7点出发去北京会议中心。15分钟左右到达。7点43分乘坐会议用车，统一去人民大会堂参加第三次全体会议。

9点会议准时开始。林文漪副主席主持会议。全体与会人员向全体女委员女同志表示了热烈的节日祝贺。

上午一共有郭承真、程津培、何丕洁、孟晓驷、张廷皓、吴晓青、布娲鹣·阿布拉、严俊、蒋作君、苏士澍、沈中阳、黎振强、徐旭东、姚爱兴、饶子和15位委员发言。

有几位委员的发言，我特别感兴趣。

中国伊斯兰教协会副会长兼秘书长郭承真委员说，伊斯兰教是主张人类不同族群团结合作的宗教。穆罕默德圣人就明确宣告伊斯兰教是"和平教"，极端主义、恐怖主义分裂人类，残害无辜，是伊斯兰教的敌人。昆明事件是一起反文明、反社会、反人类的事件。他代表中国穆斯林强烈谴责暴力恐怖主义罪行。

在我看来，昆明事件发生后，有一件让人特别欣慰的事，就是从网上看到民众的言论客观、理性、真挚。我看到有一位职业反恐警察的话，得到了大家的普遍认同，他说："不能把对恐怖分子的愤怒，扭曲成对一个民族的恐惧和隔膜，那正是他们想要的效果。不能把对暴力的还击，扭曲成对一个民族的歧视和敌意，那正是他们想要的效果。"这种宝贵的民众思想，正是和平的扎实根基。

严俊委员就"莫让决策成笑谈"发表了意见。他说，近些年来，一些城市领导"拍胸脯、拍脑袋、拍屁股"，浪费资源办错事、兴师动众办蠢事的情况比较普遍，他们或砍树换植，或改河填湖，或削山建城，做了许多有悖自然规律、违背科学精神、浪费资源、破坏环境、损害生态、有损形象的事情，应该引以为戒。天文学家出身的严俊在发言中尤其强调了决策的科学严谨性。他说，政府决策和科学研究一样，都需要细致严谨的论证和尝试。领导干部只有清醒地认识到个人权力和自身能力的边界，方能在决策过程中有理有节地履职、施才，实现对人民群众的承诺。对于如何科学决策，避免笑话，他提出了五条建议：一是加强决策的基础性研究。要借助现代科技手段完善决策机制，弘扬深入基层扎实调研的优良传统。二是健全决策咨询机制。应注重咨询的广度和深度，强化专家在决策全程的深度参与。三是规范评估制度。决策部门事前需对决策成效、风险进行预测，围绕合法性、合理性、可行性、可控性开展评估并制定相应预案。四是建立长效的党政人才科学素养提升机制，促进干部科学素养的提升、科学思维的养成，以及对专业知识的尊崇和善加应用。五是实施更严厉的监督问责机制。

我曾经见到网友说过一句话："愚蠢的人勤奋是错的，聪明的人勤奋是好的。"这种被称为"拍胸脯保证、拍脑袋决策、拍屁股走人"的"三拍"现象，正是典型的"愚蠢的勤奋"，让人痛心、让人愤怒。对这样的领导，必须督促其内在主动提升，并进行外在严格约束，双管齐下，才能取得好的效果。

中国书法家协会的副主席苏士澍委员说，汉字是中国文化的基因，是中国精神的凝聚，是文明传承的载体。愈是全球化，汉字书写愈显其珍；愈是科技进步，汉字书写愈彰其贵。书写是对文字的最高崇拜，寄托着对母语文化的情感。随着科技的发展，人们对汉字书写的依赖度急剧下降，亟须引起关注。他强烈呼吁：写好中国字，做好中国人。

我们新教育对语言文字的关切由来已久。如苏霍姆林斯基说过的那样："一个人对本族语言的细致之处体验愈深……他就更具备掌握其他民族语言的才智。"语言文字是精神的家园。书写是掌握语言文字的根本方式之一。没有掌握本民族的语言文字，其实就是一个没有精神上的祖国的人。

徐旭东委员发言说，中国每年专利申请数已居世界第一，却很少有重大科学发现和关键核心技术创新。中国曾有过"四大发明"，但那时的技术进步基本不需要科学。科学揭示的是事物的原理、本质和规律，而技术发展出的是装备、工具和工艺。所以，他在发言中呼吁，应该重视原始创新，中国应成为科学思想的重要发源地。

对此我深有同感。我曾经从国家知识产权局获悉，2012年，我国每万人发明专利拥有量3.23件，虽然增长较快，质量也有提升，但与发达国家每万人发明专利20件以上，仍然有非常大的距离。去年3月听科技部万钢部长讲《科技发展与创新型国家建设》时也了解到，近年来国家科技投入与实力有所增强，2012年研发人员总量达320万人，居世界第一；国际科技论文发表量居世界第二，引用率上升到第六位；发明专利授权量达21.7万件，增长26.2%。但是，总的来说，原始创新的能力还不够强，最大的优势是二次创新。二次创新当然也是可贵的，但真正的原始创新才是创新之魂。要千方百计推动原始创新工作。

宁夏回族自治区副主席、民进宁夏回族自治区主委姚爱兴委员代表民进中央说，2012年我国农民工总量已经超过2.6亿。与此相对应的是，劳动者素质偏低，"技工荒"席卷全国。全国累计取得各类专业技术人员资格证书的只有1575万人，大量农民工未经培训或仅经简单培训就直接上岗。他在发言中强调，应该搞好职业教育，培养技工，尽快使中国从"农民工大国"走向"技工大国"。

我今年的提案里，就有一个《关于完善就业准入制度的提案》，说的正是从准入就业的角度，来鼓励那些积极参加相应专业技能学习的人，反过来推动学校与企业积极开展职业教育和职业培训，从而尽快普遍提高从业人员素质。

饶子和委员说，我国高等教育"大而不强"，质量不容乐观，我国出国留学生总人数与来华留学生总人数相差达到80万人，面临严重的"留学赤字"。中国留学生每年对美国经济的直接贡献达50亿美元！美国81%的工程专业学生一毕业即可胜任工作，中国仅为10%。关键是要给高校办学自主权，给高校松绑。

饶委员曾担任南开大学校长，我也曾经在苏州大学任职。他在发言的最后疾呼"管住政府'闲不住的手'，高校才能大显身手"，这不仅是他的切肤之痛，也是我们共同的亲身感受。

今天全国妇联副主席孟晓驷在发言中提出，现在许多用人单位"宁要武大郎，不要穆桂英"，引起了会场的一片笑声。其实，武大郎有武大郎的优点，穆桂英有穆桂英的长处。但许多用人单位的性别歧视以及年龄歧视等各种职业歧视，的确存在。我今年也提出了从规范招聘广告的细节着手来遏制职业歧视的提案。

下午，两会休息，我没休息，从2点45分开始，和《中国教育报》"高端访谈"栏目的记者俞水，就教育公平的问题整整谈了两个小时。教育公平，是国家中长期教育改革与发展规划纲要和中共十八届三中全会决定的重要主题，也是这次李克强总理政府工作报告的重要主题。推进教育公平，需要利益格局调整，需要政府推动。教育公平也是社会公平的根基，是与每一个人息息相关的最根本公平。在我们走了这些年"效率优先"的路之后，必须立刻调整方向，回到全力推动教育公平的正确路线上来。这不仅是政府部署的重点工作，也是人民群众久旱逢甘霖般的渴望。

下午5点半，与赵丽宏、臧永清、颜小鹂、呼延华等见面。丽宏兄是著名作家，其他三位都是著名出版人，这样的组合，聊的自然离不开阅读和出版。呼延华是我的16卷本《朱永新教育作品集》的责编。这套书即将推出第二版，内容上我用了一年多的业余时间全面校对、打磨、修订。"预产期"在4月，心里还是非常期待的。这次两会有委员提出国家应该提高稿酬标准的提案，我认为稿酬不应该由国家规定，而应该走市场化的路径，由出版机构自行决定。事实上，民营出版机构早已经根据市场情况支付稿酬了。关键是出版资源应该进一步放开。我的观点也得到了这些出版人的肯定。

晚上与苏州人大常委会主任杜国玲等一群来自苏州的两会委员代表见面。能够见到来自家乡的老乡老友，自然十分亲切。叙叙旧情，聊聊近况，热热闹闹，转眼过去了两个多小时。

9点回到北京会议中心。抓紧时间阅读、整理一天工作，写两会手记。写到疲倦了，10点40分开始跑步50分钟。12点休息。

睡前看了看马来西亚飞北京航班失联的最新进展。中午才看到这条新闻，载有239位乘客、154名同胞的被称为最安全客机之一的波音777客机，突然失去了联系，神秘失踪。飞机下落不明，救援一直处于胶着中，没有取得实质进展，既让人越来越忧虑，又让人怀着最后一线希望。希望出现奇迹。

十　不要"空心"孩子，不做"空壳"民族

3月9日，星期日，晴

　　早晨5点20分起床。发微博。阅读会议秘书处转来的政协和人大的简报，了解其他界别和人大各个代表团讨论的情况。

　　8点45分到会场，就被曹景行先生拉出去采访。曹先生原来是凤凰卫视的"名嘴"，前几年退休后，一方面在清华大学做访问学者，一方面在东方卫视等媒体继续发挥"余热"。前年两会时，曾经与他就教育问题对谈。没有想到，他今天的问题竟然是关于环境保护方面的。我告诉他，自己只讲熟悉的内容。他马上说，朱先生，你是我们媒体的"救星"啊，无论如何帮帮忙吧，你做过多年市长，就讲讲当年你们苏州是如何治理环境的吧。我只得从命。好在当年苏州的环保工作记忆犹新，近些年调研中也在学习，最近的雾霾更是逼迫普通人也不得不关注环保。我就简单谈了我的观点。我还是认为，环境问题是政府和百姓两个方面的问题，从政府的角度，如何防止以GDP论英雄的冲动，如何避免走先污染后治理的老路，如何用严格的法律惩罚污染企业和个人，是非常重要的。对百姓来说，如何像爱护自己的眼睛一样爱护环境，如何不滥施农药化肥、乱丢垃圾等，形成良好的保护环境的意识与习惯，也是非常关键的。

　　上午9点5分参加民进组讨论。蔡达峰副主席主持讨论。

　　非常有意思的是，会场内第一个发言的张帆副主席的发言主题竟然也是关于生态污染的问题。他说，十几年前，著名作家张贤亮在政协大会上说过，欢迎来西部污染，就是欢迎企业过来生产，希望先把经济发展起来。这个观念到今天已经证明是错误的了。经过十几年，

大家逐渐达成了共识，不能走先污染后治理的老路。所以我们作为政协委员，一定要敢于坚持自己的观点，敢于表达，哪怕这种表达在一定环境下产生不了影响，甚至不会被有关部门接受，但如果自己觉得有道理，就应该坚持。另外，他还对政协会议的一个细节提出了建议，就是政协会前的常委会能否和政协会衔接起来，开完常委会空闲了三天，如果合并压缩会期，就能够避免浪费，提高效率。

网络上流传着许多调侃代表委员的顺口溜，比如"人大举举手，政协拍拍手"等。当然，不仅是委员的参政议政，任何事情都可以轻松地拍拍手度过。不过，事实上我所见到的两会上的委员，可远不止"拍拍手"这么简单。大家不仅争相商讨，热火朝天，而且热到一定程度时，会火花四射，甚至火星直冒，极端情况下的"擦枪走火"，我也曾目睹过。今天上午的小组讨论，就出现了这样的一幕。

王康委员直言不讳表达自己的观点，说，许多委员对政府工作报告抓得很细，但对计划和预算报告基本没怎么涉猎。我们来政协开会，名字叫参政议政共商国是，但我感到多数委员看懂政府工作报告没问题，能看懂另外两个报告的人却很少。而且，这两个报告一个组40多人只有两份，没时间细看。能不能由政协出面，邀请财政部和发改委相关同志，发一个比较短的能看明白的东西，用书面或者讲座的形式，让委员们看个明白？同时希望发改委和财政部到会回答问题，免得我们"自娱自乐"，不利于我们的民主监督。

杜婕委员紧接着对政府工作提出了两条建议：一是希望把提案汇编进行分类，或者按专题分册。提案后面最好有标注，哪些被采纳，哪些不适合采纳，与委员作沟通。不然我们很多认真准备的提案交上去以后没有结果，是个浪费。二是计划报告和预算报告还有政府工作报告很多并不契合，很多数据比较粗。她介绍说，有一年广东由于预算比较细，发现了很多问题，大家习惯了有钱的时候突击花钱，没钱时候就跑部里要钱，不按预算来。

曾经担任过黑龙江省副省长的程幼东委员却从政府的角度，对提案给出了不同意见。他说，要提高参政议政的能力，首先得提高自己的水平。在提提案时，对政府基本运作情况要有所了解，才能提出有针对性的提案。如果你发言慷慨陈词，批评政府管得太紧，应该下放,其实又没有可操作性。比如环境污染,你要淘汰那么多企业,影响经济,速度掉到5%,就有很多人吃不上饭。

著名国画家、中央美术学院教授唐勇力委员对优秀传统文化的弘扬非常关注,他深有感触地说,我国经济已经发展到今天这个程度,对于传统文化,确实到了该认祖归宗的时候了。很多老祖宗的智慧,对我们很有作用。如最重要的两点,孝悌和仁爱。没有这两点,谈诚信谈爱国都是空的。我们现在出现了那么多造假甚至谋财害命的事件,到底底线降到了什么地步?再比如现在的城市面貌,到了千城一面的地步,如果领导有艺术审美能力,就不会干这种千城一面的事情,搞那么多庸俗的建筑。他指出,欧美从儿童开始的艺术审美教育,在我们国家是看不到的。在冷战时期,美国在高科技方面落后于苏联,经过调查研究,美国人的结论是,他们落后的症结不是技术问题,而是艺术教育不如苏联做得好。艺术教育其实是开发人的创新能力和想象能力,如果很多科技人员小时候受到很好的美学教育,就会在科技上取得更多创新。

中国社会科学院俞金尧委员指出,现在社会的透明度越来越高,人民群众发表意见建议的渠道越来越多,信息来源非常广泛,政协的很多优势越来越被削弱。首先,在民主监督上我们的监督途径不足,有时还不如媒体的舆论监督。本来媒体应该把两会的声音传达给社会,向广大群众去传播,但我们的提案对政府影响不大,反而要通过媒体,这是不应该的。他建议,政协工作要有法治思维,要放到深化改革的盘子里,政协自身也有深化改革的问题。

郑福田委员认为,政协有些传统,很多人在政协立言,比如黄炎培在政协说兴亡规律,只要人类历史还在延续,这个规律就永远是智者的警示。尽管很多关系到国计民生的事情要调研要做,但更重要的还是要谋深虑远,提那么多建议,有的恰恰是和别人合拍了才能执行,如果大家说啥就执行啥,肯定是头疼医头、脚疼医脚。所以,今天大家讲的都是在立言层面的多。一些问题应该预防的,防微杜渐的,风起于青萍之末的,不一定要求答复,但是我们要先提出来。

大家争论得热烈,主持人蔡达峰副主席也忍不住接过话头说:"我也发个言。"

蔡达峰委员说，一是建设协商民主制度的实践当中要提高准确性。协商是为了决策，这是一个很重要的功能。如果不是为了决策，就不是协商。不然就会变成座谈会。这是协商民主独有的特点。二是建议加大理论研究。比如这次报告当中说到团结和民主。团结是目的，民主是手段。如果没有充分的民主，就很难有真正的团结。团结起来不表示没有差异，应该是同与异并存的。三是民主监督的呼声很高，但它的制度形式和特征是什么还不明确，也没有形成很好的共识。大家都是凭着自己想象中的民主监督，以自己的常识在判断。建议政协对民主监督提出一个基本的制度框架来，形式、内容与结果处理，大家按照这样一个有共识的东西来衡量我们的工作，就比较容易评价了。四是参政议政更应该是整体关注。常委会现在的审议，很难聚焦，几乎政府有什么工作就去谈什么。我们说围绕中心工作强调的是围绕，而不是把政府的中心工作当成自己的中心工作。前一段提科学发展观，现在又冷下来了，很重要的思想方法在不知不觉地转变，说明思想方法上缺乏科学性。改革和工作的调整是有差异的，不是说工作内容的调整就是改革。改革是不可逆转的，是符合文明方向的，而工作是可以根据情况变化来调整的。

臧永清委员是新上任的委员。他介绍说，自己看到网上有个全国"二货排行榜"，很多"二货"是政协委员，很多话"雷人"不合情理。作为政协委员，我们需要自我约束，不能什么话拿起来就说。跨界的话少说，少拿一些"雷人"的话吸引眼球。

栗甲委员这一届从人大代表转任为政协委员。他说，政协是个说话的地方，是个平台。政协委员要把自己的话语权用好。鲁迅说中国不缺说真话的人，但缺少说真话的地方。这个地方，就是平台，就是环境，所以一定要有个宽松和谐的环境。俞正声主席说，政协"不打棍子，不扣帽子，不抓辫子"，这是有政协味的。

栗甲委员又说，我总觉得把政协说成是"说话的地方"表达不准确，应该是对话的地方。可我们说话没有对象，都是自己在这唠家常，你对着我说，我对着你说，开始时情绪很高，说着说着没劲了。说话应该是对话。当然，政协委员要把话说好，调研一定要扎实，意见一定要可行。

君子和而不同。无论是赞扬还是争论、批评，都出于对一个更加美好未来的期待。希望这些理性的碰撞与交流，能够让我们的思考更为深入，探索更为有力。

下午1点在新华网作访谈。

近些年来，我成了新华网的常客。这一次的访谈也是从解读政府工作报告中关于考试改革的内容开始，随后就高考改革中需要注意考试科学化的问题、社会环境对教育发展的影响、建议应有中小学图书馆的基础书目、应该不断发现孩子身上最闪光的东西、不能用一个模式一张文凭限制教育发展等，和主持人刘燕进行了半个小时的对话。

我说，我们培养的学生不应该是考试的机器，孩子不应该为分数而活着，我们需要他去面对纷繁复杂的生活，能和人自如地交往，能自如地表达自己，能遵守社会的公德和法律。教育应该创造这样的生态，为学生提供丰富的生活，为学生的成长创造最好的条件，成为汇聚伟大事物的中心。我介绍了新教育实验开展的每个学期末"为生命颁奖"的期末典礼。

在访谈中我提出，现在很多教育的问题背后，其实是社会问题。比如说择校为什么那么热？考试竞争为什么那么激烈？很重要的原因是大家想未来拥有一个好的工作、拥有一份好的收入，要过一种体面的生活。而这就和我们的劳动人事制度、收入分配制度、干部任用制度有非常密切的关系。八项规定的很多限制一出来，财产公开的建议一出来，现在考公务员就没有以前那么热了，这说明是社会问题。社会问题的背后又和教育紧密联系在一起。教育不是处在真空之中。改革教育的同时，必须改革社会，只有社会教育的土壤更纯洁，教育的发展才会更健康。

下午3点在人民大会堂参加第三场大会发言会议。今天发言的主题是政治建设和统战政协工作，2229位委员中有2080位参加会议。田惠光、付志方、杨元庆、朱维群、王全书、郑建闽、刘汉铨、王明方、庄聪生、汤维建、贺军科、李钺锋、周文彰、王国庆、李滨生等16位委员，分别以《以法治思维和方式推进行政体制改革》《在全面深化改革中打造"有为政府"》《互联网时代的公民个人信息权保护》《民族地区城镇化建设需要重视的几个问题》等题目先后发言。

全国工商联副主席庄聪生委员说，我国1200万家私营企业和4400万户个体户绝大多数规模小、经营分散、抗风险能力弱。庄聪生委员说，没有强有力的法治保障，民营企业就是一个"易碎品"。许多企业家反映，我们要的不是更多的照顾，而是公平；要的不是什么特权，而是安全。说到底，他们期盼的是法治，是在可预期的良好环境中发展。没有强有力的法治保障，"小富即安、大富不安"的情绪就难以消除。去年初，全国工商联访谈了600多位企业出资人，不少人感觉"创业不荣耀、致富不自豪"，"不挣钱心慌，挣钱也心慌，挣得越多心越慌"，"人身财产安全不能得到有效保护"是他们"最大的担忧"。他呼吁，要通过全面深化改革和法治中国建设，实现权利平等、机会平等、规则平等，让民间资本活力充分迸发，让创造社会财富的源泉充分涌流，使民营经济得到法治保障、享受改革红利！

河北省政协主席付志方委员就打造有为政府提出了建议。他说，一些地方、部门和行政人员存在着不用权、不审批、不收费就感觉没事干、没价值、没权威的心理；怕改下去影响自身利益，怕改不好带来负面效应；存在不适应、不主动甚至不愿意改革的心态。既要防止不想改、维护既有利益，也要防止通过改革为自己多留一杯不义之羹。所以，全面深化改革，基础在社会，关键在市场，评价在人民，组织实施要靠政府，政府必须解决愿不愿、敢不敢、会不会、能不能改革的问题。

全国政协教科文卫委员会副主任王全书委员对诚信建设提出了八条意见。他说，人无信不立，家无信不和，友无信不久，企无信不旺，法无信不威，政无信不治，国无信不稳，世无信不安！诚信建设需要多角度着手，全方位推进。一言以蔽之，诚信体系不立，国不宁、民难安。

全国青联主席贺军科委员认为，如何对待未成年人是考验社会文明的尺度。他说，我国现有2.79亿未成年人，构筑未成年人的成长保护伞，家庭监护是第一道防线，社会关爱必不可少，政府救助则带有"托底"性质。应从健全法律、完善监护救助体系、加强协调配合、全社会共同参与等方面切实保障他们的安全和健康成长。

我是最后一场的最后一个发言者。我发言的题目是《完善中华优秀传统文化教育刻不容缓》。

大会发言组的同志对我说，你的"压轴"很关键，要为大会发言画一个圆满的句号！这多少给了我一些压力。不过，我发言所讲的，不仅是我呼吁良久的问题，而且是在新教育实验中已经践行多年，取得了实际成效的开展中华优秀传统文化教育的行动。结果算是基本完成了任务。

大会结束后，我一路遇到几十位委员，无论是熟悉的还是陌生的，都夸奖我一番，也是对我进行了"赏识教育"，然后他们不约而同地询问我发言稿和大会发的稿子的不同之处。

我非常感动。发言稿是今天中午打印之后，又临时在纸上作了一点个别调整，不细心听，根本听不出来。而网络上发布的稿件，是我此前上交给大会发言组的原稿。

正式的发言稿如下：

> 稍加留意，我们就会发现，外来文化已经渗透到生活的方方面面。孩子们过的是圣诞节、万圣节、愚人节，吃的是肯德基、麦当劳、必胜客，穿的是耐克、阿迪达斯、维尼熊，看的是奥特曼、狮子王、哈利·波特，崇拜的明星是乔布斯、科比、李敏镐，一心一意想的是出国留学、海外定居。
>
> 相比而言，我们的传统节日、传统饮食、传统服装，我们的民族英雄、神话故事、历史记忆，却距离生活越来越远，难以引发孩子们的兴趣和共鸣，甚至有人无端反感、蔑视自己的传统文化。传统文化的缺失，尤其是中华传统美德教育的缺失，犹如心灵的雾霾，造成孩子们精神世界的浮躁、迷失、荒芜甚至幽暗。
>
> 源远才能流长，根深才会叶茂。缺乏民族文化滋养的孩子，哪怕他自称"世界公民"，终归是肤浅的、片面的，没有根基的，难以走远的。没有文化之根的孩子，必然是"空心"的孩子；而拥有这样的孩子，我们未来必然会成为"空壳"的民族！
>
> 文化，是人类认识和解释世界的智慧结晶。文化，也是人类生命丰富和精神幸福的力量源泉。文化的核心是价值观。优秀的传统文化，是民族的灵魂，是凝聚力的根本。所以，文化存，则

民族存；文化亡，则民族亡。

对文化的盲目自信和妄自菲薄都会种下苦果。前人的盲目自信，导致闭关锁国，历经挫败；但如果妄自菲薄，我们的明天又会怎样？一定是重蹈覆辙，前途渺茫！十八届三中全会的《决定》明确把"完善中华优秀传统文化教育"作为教育领域综合改革的重要任务，正是点到了一个教育的要害。

教育，是对文化的选编，是对各种思想文化进行审视、选择、编纂和诠释之后，把精髓纳入教育之中的自觉传承。遗憾的是，我们的教育已经严重地放弃了自己对文化更新的巨大作用，没有自觉履行"选编"的责任，没有从中国文化的长远发展和受教育者的人格培养角度来考虑教育的目标，忽略、漠视了优秀传统文化教育的开展。

教育，应该是文化复兴的新动力；学校，应该是文化发展的新中心。完善中华优秀传统文化教育，不仅是立德树人的立足点，是国家文化建设的前提条件，是贯彻党的教育方针的重要内容，是建设社会主义核心价值体系的重要基础，更是关系到民族精神存亡的重大问题，也是我们义不容辞的神圣使命。为此，提出以下三点建议：

第一，深刻认识中华优秀传统文化的价值，认同教育在其中的特殊使命。优秀传统文化，我们不仅要从博物馆里、从文学作品中看到，更要从普通老百姓身上、从孩子们的一言一行中看到。只有教育，才能把断裂的传统文化和现实生活贯通，才能把文化在当下复活；而只有复活的传统文化，才能有真正的生命力，才能传承与创新。绝不能把传统文化教育看成教授几门简单的课程，它首先是理想，是道德，是价值，是精神，是孝悌忠信礼义廉耻，是己所不欲勿施于人，是己立立人己达达人。优秀传统文化教育绝不是可有可无的教学问题，而是必须奋起行之的紧迫课题。对此，我们不仅要有匹夫有责的文化自觉，更要有舍我其谁的教育担当。

第二，系统研制、开发中华优秀传统文化教育的课程，以多种形式对师范院校的学生和相关学科教师进行培训。例如，国学与中医、书法与国画、昆曲与京剧、古琴与武术、年画与剪纸、传统节日与基本礼仪，等等等等。传统文化只有走进课程，成为教学内容，才有了开展相关教育的前提，才可能走进生活。今天的学生喜欢了，才能成为明天的生活方式。其实，优秀传统文化的光彩，完全能够在任何学科的任何课程中闪耀，只是它需要我们的老师主动去理解、掌握与传授。

第三，注重学校与社会的互动，向全民普及优秀传统文化，在社区和家庭开展传统文化教育。要发挥博物馆等文化场所的教育作用，推动学校全面贯彻"用中华优秀传统文化为学校立魂"的理念。没有全社会的共识和合作，学校孤掌难鸣。我们要通过社会助力，在学校切实开设相关课程，开展各种文化实践活动，将中华优秀传统文化的"形"与"神"渗透到教育生活的各个领域，真正化外为内，让师生把心灵之根深深扎在中华传统文化的沃土，把中国文化的根本精神活出来，让文化真正重生。

传承绝不是为了复古，继往是为了更好地开来。中华优秀传统文化能否再度兴盛乃至生生不息，完全有赖于我们此时此刻的努力。我们坚信，只要我们能够兢兢业业，完善优秀中华传统文化教育；同时认认真真，学习和吸收外来文化之长，中华民族一定能够再创文化的辉煌，一定能够再度奉献令世界起敬、令人类受益的新成果，我们也一定能够实现中华民族伟大复兴的"中国梦"！

我发言的时候，会场鸦雀无声。我看到委员们一边听着发言，一边纷纷翻开资料，看文字稿。

我知道，同是中国人，我们的根都扎在这片土地上，我们都希望优秀传统文化能够生生不息。我相信，我在发言中指出的现象，有很多人早有同感。只是我们平时身处这个转型时代，千头万绪，紧急但不重要、却需要立刻处理的事务很多，就难免把重要但不紧急的事情放下。

但是，人无远虑必有近忧，教育的确是百年树人。教育是心灵的"民生"，是最为稳固的长治久安之道，更是唯一可持续的繁荣兴盛之方。真希望有更多委员一起关注、一起推动，希望全社会都关爱我们的孩子，希望全民重视优秀传统文化教育的问题，希望我们的社会逐渐达成共识，形成新时代的价值观，让我们的文化由此生机勃勃，让我们的民族实现伟大复兴。

晚上7点半参加民进中央常委会。这也算民进一年一度的惯例，利用两会期间的休息时间，在政协民进的驻地召开一次常委会，通过学习交流，在第一时间及时部署学习贯彻两会会议精神的工作。

会议结束后，中央电视台记者电话采访，希望我围绕今天习近平在安徽代表团上有关"三严三实"的讲话，谈一谈想法。"三严三实"就是要求领导干部"严以修身，严以用权，严以律己；谋事要实，创业要实，做人要实"。我说，这其实就是新时期的"修齐治平"。

晚上10点10分跑步50分钟。11点半休息。

十一 "三严三实"与司法公开

3月10日,星期一,晴

  一觉醒来,比平时晚了许多,已经是早晨5点40分。赶紧起床。
  发微博,写手记,忙碌了一个多小时。
  会议期间,全国人大常委、民建中央副主席、著名经济学家辜胜阻送来一本他的新著《新型城镇化与经济转型》。利用早晨的时间翻阅学习。他在书中提出,新型城镇化是最大的增长新引擎和发展新红利,但新型城镇化建设首先要实现六个方面的转型:一是要有新方向,从偏重物的城镇化特别是土地的城镇化向重视人的城镇化转变,把有序推进农业转移人口市民化放在突出位置,实现城镇基本公共服务由户籍人口独享向常住人口全覆盖转变,实现基本公共服务的均等化;二是要有新目标,从数量增长型城镇化向质量提高型城镇化转变,更加重视城镇化的质量与效益;三是要有新模式,在资源配置方面从政府主导向市场主导转变;四是要有新方式,从粗放式高物耗城镇化发展方式向集约型低碳绿色的城镇化发展方式转变;五是要有新路径,从单纯"做大"城市规模向"做好"城市群、"做多"中小城市转变,更加重视城市群和大中小城市的均衡发展;六是要有新动力,从四化"分离"向四化"同步"转变,要有坚实的产业支撑,实现工业化和城镇化良性互动、城镇化和农业现代化相互协调,促进工业化、信息化、城镇化、农业现代化同步发展。
  辜胜阻兄是善于思考的学者型官员,在经济学、人口学等领域造诣颇深,对于教育问题也非常关注,我多次在《教育研究》杂志读到他的大作。我去年曾经随同罗富和常务副主席考察城镇化建设,他的许多看法与我考察的结论不谋而合。

8点30分央视新闻频道记者马媛采访，谈关于"三严三实"的问题。我说，这其实就是现代的"修齐治平"，对于领导干部修身这一根本提出了要求。我认为领导干部修身，可以从五个方面落实：一、遵纪守法，不碰底线。底线就是雷区，大家不能去碰。身为领导干部，老百姓做得到的，你自然更应该做得到。二、小事做起，防微杜渐。所有大事都是从小事开始，大问题都从小问题积累。最好的办法就是从开始就把握自己。勿以善小而不为，勿以恶小而为之。三、读书明理，陶冶情操。世界上最好的风景在书里，最有趣的生活在书里。很多年前我就写过《多点书卷气　少点烟酒味》，呼吁领导干部多读书。阅读不仅能使领导干部视野开阔，增长才干，少犯错误，而且还能让心宁静下来，积极思考问题。阅读增长智慧，有智慧就明事理。而且人得有点健康的生活情趣。人的业余时间需要被填满，不用健康的情趣填满就会用不健康的情趣填满。不良嗜好往往铸就大错。四、反躬自省，每日三问。不断和自己对话，是人的成长很重要的一个前提条件。对话中发现问题就可能改正，否则就会浑然不知。不断考问就会不断进步。可以养成写日记的习惯，进行自省。五、谨慎交友，砥砺同行。和谁同行，你就会成为谁。很多领导干部其实是交友不慎被拖下水的。坏朋友拖着你赌博、吃喝，慢慢你就陷入其中。坏朋友先给你好处，让你上了钩就脱不掉。所以选择朋友，要选择君子之交，要主动结交一些好朋友，比如专家学者、田间地头的各种劳动者。

9点，主持民进小组讨论。今天的主题是围绕结合自己的履职来讨论政协工作。王建国、胡卫、王康、左定超、赵光育、俞金尧等委员先后发言。

民进中央常务副主席罗富和委员就民主监督的问题发表了看法。他提出，政协的民主监督相对比较弱，有很多想法需要探讨实施。无论是履行职能的意识，还是工作机制的探索，有很多可改进可创新的地方。

在罗主席发言的中间，民进会员、总工会界别的政协委员施杰来到了会场。施杰是全国十大杰出律师之一，"醉驾入刑"就是他提出来的。他去年作为民进优秀会员代表在上海和海南讲演，受到了大家的广泛好评。昨天他见到我说，太想见见民进的"家里人"了，问是否可以在讨论时与大家见面，今天果然兴冲冲地来了。在介绍了自己的参政议政情况以后，他表示，十八届三中全会对司法改革提出了很多新的命题，希望这些命题能够在新一轮司法改革中发挥出来，也希望司法人员更加客观中立，在保有自己良心的基础上推动司法改革的进程。

重庆市政协副主席、民进重庆市委主委陈贵云建议，政协发言讨论应该邀请有关部委同志参加。关于城镇化的问题，他认为城镇化关键是要解决人的城镇化，是人的素质的成长。其实，发达国家都是富裕的人才在农村，穷人在城市里。所以人的城镇化才应该是核心，而不是土地运作的城镇化或者单纯住到城里来。

南京师范大学副校长、江苏省政协副主席朱晓进委员也呼应陈贵云委员的观点，认为应该突出以人为核心的城镇化，真正让广大人民提升幸福指数。他指出，现在一些小区景观优美，配套完善，医保并轨，但是很多地方很多新市民进了城幸福感不升反降。一是因为就业有难度，前途迷茫，新市民无法得到就业岗位，特别是中青年期望值高。二是由于生活有惯性，公民意识相对淡薄。三是心里有落差，身份不认同，处在不城不农的尴尬境地。他还提出了产业引领、就业推动、心灵安置、社区服务等措施，以帮助新市民建立心理认同和社区归属感。

湖南省环保厅副厅长潘碧灵委员提出，新型城镇化应该是组团化、生态式的城镇群，希望国家支持中西部地区的城镇群发展，坚持生态优先，加强基础设施建设等。

成都武侯区副区长杨建德委员认为，城镇化不是人到城市里去，而是要让农村人享受到城市里一样的公共资源和公共服务，如果农村的公共服务和公共福利与城市一样，这才是城镇化。用行政手段强迫农民进城，一下子把农民迁到城市里，这不是城镇化。城市人农村人都在共和国旗帜下，理应享受同样的待遇。过去我们从农民那里汲取了很多，现在应是反哺的时候了。

内蒙古师范大学副校长、内蒙古自治区政协副主席郑福田委员仍然围绕城镇化问题发表意见。他认为，城镇化首先是精神层面的，包括认识、传统习俗、心理，不仅仅是住到城里去的实体迁移。这样会产生一大批流民。不是说农民进城就是城镇化，农民至少能在城市里安身立命传宗接代，这些需要很多配套。安身是要有居所，立命是要有工作。

山东省政协副主席栗甲长期在司法系统工作，他提出，司法的公正、公平、正义是人们孜孜不倦的追求，司法公正是社会的底线，也是最后的防线。如何使司法公正？司法公开是司法公正的一个渠道，现在一些案件显失公平，的确是由于判得不公正造成的。如果把这些案件曝光，必将极大促进司法公正。

黄震委员说，我们现在的做法，很多方式和新型城镇化的要求是不适应的，比如北京、上海在搞总部基地，把一些大企业的总部集中到一起，而国外恰恰相反，是把很多最好的企业分布在卫星城，比如德国巴伐利亚州，奥迪、西门子总部都在小镇里面。我们集中在大城市，导致大城市压力越来越大。如果我们也能把大企业分布到小城镇去，优秀人才也就会平均分布在各个小城镇里，就能极大地促进新型城镇化。

卢天锡委员批评了城镇化建设过程中存在的四个问题。一是重规模，轻特色。各地的规划基本上是中型城市都在打造大城市，且将之写进了政府工作报告，全国千篇一律千城一面，不能根据自己的生态条件确定自己的规模，不能走一条符合自己城市特色的发展道路。二是在城市化过程中，重新城，轻老城，新城鸟语花香、高楼林立，老城棚户遍地、残破不堪。三是重地上，轻地下，雨污不分流，管线不同步。年年挖，年年改造。四是重建设，轻产业。城镇化不是城市建设，如果没有产业支撑，城镇化是无法持久的。本来农民进城是为了更好地生活，但是如果没有产业支撑，就会出现目前部分城市存在的进城农民又返回农村的现象。

刚刚履新最高人民法院副院长的陶凯元委员说，以公开促公正是司法改革的最重要的方向。阳光是最好的防腐剂，任何权力只有在阳光下运行，才能减少腐败的风险。去年最高法工作的一个亮点就是大力推进司法公开，去年上网的文书是历史上最多的一年。去年推进三大平台建设，审判公开，流程公开，裁判文书信息公开。从裁判文书来看，计划今年在中东部14个省市，所有文书全部公开上网，三年内全国法院所有裁判文书全部上网。这样子的倒逼机制，让每一个法官有一个压力，不但避免腐败，而且对能力水平、观点、语言、逻辑的提升有帮助，因为都有可能被大家监督。这是未来中国司法改革的一个着力点。

复旦大学副校长、民进中央副主席蔡达峰委员围绕司法公开问题谈了三点意见。一是要加强人民陪审员队伍的建设，发挥好独立观察的作用。二是通过司法公开防止人为的干预。三是建议把执法的结果也公开。

陈自力委员对政协的会议工作提了两点意见。一是会议安排上有些环节太慢。如大会提案的上传数据很慢，不能够及时查询。二是大会发言的水平还不太整齐，一些发言感觉有些似是而非，不敢针对时弊。

上午会议结束以后，中央人民广播电台"中国之声"对外合作部主管王誉颖现场采访关于"上学难"和"你的中国梦"问题。

我认为，上学难的背后还是教育资源不均衡，学校之间的差距比较大。而我的"中国梦"，当然首先是希望有一个"好教育"，让所有的孩子都能够接受好的教育，都能够过一种幸福完整的教育生活。

接着是《中国新闻出版报》的王坤宁和李靖璇采访关于全民阅读的问题。她们精心准备了有七八个问题的采访清单，我一一回答。

下午1点43分出发去人民大会堂。3点列席"两高"报告。

最高人民法院周强院长在报告中说，去年一年最高法紧紧围绕"让人民群众在每一个司法案件中都感受到公平正义"的目标，坚持服务大局、司法为民、公正司法，忠实履行宪法和法律赋予的职责，各项工作取得新进展。一是依法惩治犯罪、保障人权、化解矛盾，维护社会和谐稳定；二是依法审理经济领域各类案件，促进经济持续健康发展；三是坚持司法为民，依法维护人民群众合法权益；四是深化司法公开，促进司法公正；五是推进司法改革，强化监督指导，提升司法水平；六是坚持从严管理，加强法院队伍建设等。

周强的报告对工作中存在的问题和困难也进行了分析，如有的案件裁判不公、效率不高，损害了有关当事人利益和司法公信力；立案难、诉讼难、执行难等问题仍然存在；少数干警官僚主义和特权思想严重，司法行为不规范、不文明，对当事人冷硬横推、吃拿卡要，有的甚至徇私舞弊、贪赃枉法等。

印象最深刻的是周强院长谈到的"司法公开"。一是建成中国法院庭审直播网，各级法院直播案件庭审4.5万次。二是裁判文书上网。地方各级法院上网公布生效裁判文书164.6万份。三是全面推进立案、庭审、执行、听证、文书、审务公开，防止暗箱操作。司法公开是司法公正的前提。

香港《文汇报》的凯雷先生在微博上提问：请问朱委员，去年您给两高报告打80分，今年您打多少分？我的回答是：加10分，90分。公开这件事意义深远，一方面让法官不敢舞弊，一方面也倒逼法官提高水平。也有网友觉得我的分数打高了，但是我还是坚持认为，公开是最好的改革，它的意义会随着时间的推移而日益显著。

最高人民检察院曹建明检察长在报告中介绍，一年中严惩以报复社会为目的的危害公共安全犯罪和个人极端暴力犯罪，批准逮捕严重暴力犯罪、黑恶势力犯罪、多发性侵财犯罪、毒品犯罪嫌疑人500055人，提起公诉580485人。依法惩治侵犯妇女儿童和农民工、残疾人、老年人合法权益的犯罪，与有关部门共同制定依法惩治性侵害未成年人犯罪的意见，严厉打击性侵幼女、校园性侵等犯罪行为，起诉拐卖妇女儿童犯罪嫌疑人2395人。全年共批准逮捕各类刑事犯罪嫌疑人879817人，提起公诉1324404人。在反腐败和查处各类职务犯罪方面，共立案侦查贪污贿赂、渎职侵权等职务犯罪案件37551件、51306人，同比分别上升9.4%和8.4%。其中县处级以上2871人、厅局级253人、省部级8人。查处以权谋私、贪赃枉法、失职渎职的行政执法人员11948人、司法人员2279人。他在报告中也分析了检察系统少数人员特权思想、霸道作风严重，以权谋私、贪赃枉法，严重损害司法公信力的现象，以及办理金融、知识产权、信息网络等领域案件的专门人才相对缺乏，基层检察院建设发展不平衡，边远贫困地区检察机关人才流失突出、科技信息化建设滞后等困难。

早晨的采访原定在《新闻联播》播出，临时改在《晚间新闻》播出，但是内容却成为压缩饼干，远远没有早晨采访时的丰富。电视，总是一个遗憾的艺术。

晚上上海市政协研究室的徐梅副主任来访，一起交流政协工作。我们同出一个师门，所以她是小师妹。

完成今天的日记后，汇总整理今年两会期间的日记。不知不觉，两会手记已经写了5万多字。

马航失联航班，还是没有找到。恐怕是凶多吉少了。

晚上10点半跑步30分钟，11点40分睡觉。

十二　依法治国新征程

3月11日，星期二，雾霾

　　早晨4点20分醒了一次。再睡，醒来已经是5点多。今天又是雾霾天。古人云，人无远虑必有近忧。今天雾霾的出现，是冰冻三尺非一日之寒，要想消除也不是一日之功。更可怕的，其实是人心的雾霾。教育，正是对心灵雾霾的防与治。

　　明天下午要去参加国务院领导召开的考试招生制度改革座谈会，早晨处理完微博、晨诵等任务以后，开始抓紧研读教育部送来的《深化考试招生制度改革总体方案》《关于深化考试招生制度改革的实施意见》《关于高等学校招生全国统一入学外语科实行一年多次考试的实施意见》《关于普通高中学业水平考试的实施意见》《关于普通高中学生综合素质评价的实施意见》《普通高等学校招生违规处理暂行办法》等材料。

　　上午9点半从北京会议中心出发去全国政协。10点半列席参加主席会议，听取关于分组会议情况的综合汇报，审议提交政协第十二届全国委员会常委会第五次会议审议的有关文件。

　　今天上午小组讨论"两高"的工作报告。我不由想起今年1月去最高人民法院参加座谈会的情景。那天现场参观了最高法的网络庭审和文书公开情况，很有感触。当时我还作了一个发言，对最高法的工作提出了三条建议。本来可以在今天的小组会议和大家一起探讨，但是因为列席参加政协主席会议，分身乏术无法如愿，不妨把这个发言与大家分享一下：

中共十八大召开的一年多来，各级审判机关充分发挥审判职能作用，紧紧围绕科学发展的主题和加快转变经济发展方式的主线，以改革的思维、创新的办法，在进一步推进公正司法，提升司法公信力，努力让人民群众在每一个司法案件中都感受到司法机关在公平正义等方面做了大量卓有成效的工作，特别是在地方冤假错案的平反、广纳法学界律师界意见、推动司法公开等方面成效明显，赢得社会各界广泛好评。

中共十八届三中全会部署了全面深化改革重大任务，特别是把司法体制和运行机制改革作为政治体制改革的重要组成部分，明确了司法改革的方向和重点。随着中国经济社会的不断进步与发展，中国司法改革步入深水区，不能再推延的问题越来越多，需要处理的矛盾越来越尖锐，建议今后法院工作围绕努力让人民群众在每一个司法案件中都感受到公平正义的目标推进工作，重点解决影响司法公正和制约司法能力的深层次问题；优化司法职权配置，主动接受对司法活动的法律监督和社会监督；坚持司法为民，改进司法工作作风，通过热情服务，切实解决好老百姓打官司难问题，特别是要加大对困难群众维护合法权益的法律援助。

下面就一些热点难点问题提几点具体意见建议。

一、下大力气推进司法改革，确保人民法院独立公正地行使审判权。

第一，建立以审判权为中心的司法权力配置和运行机制，在法院内部建立健全主审法官负责制。完善管理制度，落实和尊重法官的主体地位，纠正法院管理中行政主导审判和法官的倾向，使法官的精力集中于开庭、裁判、审核和签发裁判文书上，把其他事务性工作从审判业务中分离出去，由非审判人员承担。要让法官有职有权有责，从重视法官的审判职责入手，切实消解司法行政化，提升法官裁判的独立性。这一点可能是司法改革中最大的难点之一。

第二，完善陪审制度。陪审员选任平民化，以自荐为主，形成较大规模的数据库，审理案件时随机抽取；要高度重视陪审员的意见，通过完善制度，使陪审员的意见对裁判具有约束力。这样可以吸收民主因素，缓和司法职业化存在的弊病，沟通司法与民众的情感，拉近司法与民众的距离，强化司法的正当性，促进司法更好地实现民众所接受的正义。

第三，实现全面司法公开。司法程序的每一阶段和步骤都应当以当事人和社会公众所能看得见的方式进行，最大限度地将审判过程和裁判结果及时向社会公开，保障当事人和其他诉讼参与人、利害关系人有充分的机会并有效地参与到审判程序中，让社会公众看到审判的过程。除法律有特别规定外，法院所有的庭审和裁判文书都应当依法及时公开，将裁判文书全部依法公开至网络平台，经得起大众的公论和历史的检验。建议最高法院每年组织评选十大典型案例等。这不仅能够使人们了解诉讼过程中的各种事实问题和法律适用情况，也提供了公众对司法过程进行社会监督的可能性。以公开促公正，以公正树公信，以公信建权威。

第四，形成司法与社会媒体的良性互动。建立公共信息服务平台，及时公开群众关心的司法信息，自觉接受社会舆论监督。应完善新闻和网络信息传播立法，新闻媒体应该满足公众的知情权和表达权，依法行使舆论监督权；网络舆论的表达自由应该得到充分保障，但应该以不触犯法律为前提。应高度关注网络舆情，积极回应网民对法院工作的关切，及时发布权威信息，正确引导社会舆论，营造良好舆论环境。

第五，完善执行制度，化解执行难、执行乱问题。在执行机制改革方面，一是建立以公民身份证号码和组织机构代码为基础的统一社会信用代码制度，协调整合所有监管执法单位采集的征信信息，建立全国统一的企业和个人联合征信平台，推进社会诚信体系建设，解决执行难问题；二是协调银行、房管等部门建立全国性的"点对点"被执行人财产查控体系，解决各大银行（包括商业银行）提供全国范围内的存款信息查询、冻结、划拨问题，和行政机关全面建立"点对点"查控机制；三是完善追究拒不执行判决裁定罪的启动程序，既可以公诉，也可以自诉，并将单位列入本罪主体。

二、对法官管理方面下大力气进行改革，回应社会关切。

第一，严格法官选任。严格法官准入资格，做法官必须是法律科班毕业、通过司法考试或者有一定法律工作年限和道德良好的人。适当延长法官的任职年龄和退休年龄。

面向社会公开选拔、调任法官。逐步建立从资深律师、检察官、政府官员和法学研究人员中选任法官的制度，让有质量的、高素质的法律人士进入法官队伍，避免一水的"学生军"当法官。前些年最高法院和各级法院进行了有益探索，我们希望今后加大改革力度。

第二，加强法官职业保障，使法官成为有尊严的法官，维护法官队伍稳定性。从提高待遇、社会地位、政治地位入手，使其能够体面、从容地生活，取得人民群众更多的理解、拥戴和敬仰，着力培养法官的职业荣誉感。可以考虑按照法官的职业表现来确定其退休待遇。这样才能让法官更加珍惜眼前的工作，激发出工作自主性，为了维护职业荣誉而自觉主动地尽职尽责，抵御贪腐。

第三，倡导法官尊重律师。制定并且严格执行尊重律师的规定，设立律师投诉的绿色通道，允许律师查阅、复制庭审录像等。律师地位得到足够尊重，能够促进公正的审判。

三、进一步建立健全错案防范和责任追究制度。

错案发生源于客观方面现有取证技术制约导致证据缺陷，个别办案人员道德素质滑坡，个别地方领导干部将个人意志强加于司法活动之中，审判委员会成员未参与庭审却决定判决结果的弊端以及错案评判、惩戒的机制和措施有待健全。我们建议：

第一，改革现有审委会决策制度，充分保障法官依法履职尽责的环境，营造依法独立办案的良好氛围。

优化审委会委员结构，改变审委会的委员以行政职务为主的配置机制，建立起以法律专业知识深厚、审判经验丰富为主的委员配置机制。在审判委员会案件讨论程序上进行改革。目前，审委会讨论案件是秘密进行的，讨论时除了汇报人和必要的记录人员外，其他人不准参加，应当让该阶段公开进行，并公开讨论笔录。同时应当适用回避制度，审委会组成人员必须和双方当事人保持"诉讼距离"。审委会组成人员应当全面把握案件事实和证据，不能单听办案人员汇报。针对讨论的案件，审委会应综合衡量审委会组成人员、承办人员的意见，出具"审委会意见"，最终的决定者应回归承办人本身，坚决杜绝"审而不判，判而不审"的现象。

第二，健全错案责任追究制度——建立独立的错案评判和惩戒委员会并制定配套法律法规。

是不是错案，判断的依据当然应该是法院的裁判，但错案追究制的重心，则是追究违法办案人员的责任，这是客观、公正地追究错案的本质要求。错误裁判的后果并不是惩戒的对象，而是据以发现办案人员违法审判行为的重要线索，即通过发现错误的案件处理结果，调查办案人员在办理该案中有无违法行为，并据此追责。

下午3点在全国政协参加政协第十二届全国委员会常务委员会第五次会议，通过关于常务委员会工作报告的决议和提案委员会关于政协十二届二次会议提案审查情况的报告，以及第二次会议的政治决议。

在完成了上述议程以后，俞正声主席讲了他在参加讨论时了解到的一些情况。有些学校和科研单位扭曲了中央精神，把"八项规定"用在专家学者身上，限制他们出国学术交流。他严肃地指出，这些规定本是限制领导干部没有实质性内容的出国考察，却用来限制专家们正常的学术活动，是不应该的。将一个好政策推向极致，可能就是对好政策的反动和扭曲。他说，政策和策略是党的生命，希望政协主席们回去向当地党委一把手汇报，做好有关工作。

俞正声的即席讲话，赢得了常委们热烈的掌声。有这样睿智清醒的领导，是共和国之幸。他批评的限制出国之事，我深有同感，因为同样的事情去年在我身上也发生过，本来在卡塔尔举行的世界创新教育峰会和在东京举行的国际教育论坛都邀请我演讲，对方负责所有费用，时间也安排在节假日，结果也因为有关规定没有成行。

下午4点30分在中央统战部参加海外联谊会教科文卫委员会工作

会议。去年10月10日中华海外联谊会在人民大会堂召开了四届一次大会和常务理事会，成立了三个专门委员会，即经济委员会、青年委员会和教科文卫体委员会，分别由林毅夫、团中央书记处书记和我担任委员会的主任。成立专委会的目的，旨在活跃海联平台，发挥理事作用。教育部扩大海联会影响，开创海联会工作的新局面，为全面建成小康社会、维护港澳长期繁荣稳定、促进祖国和平统一大业营造良好国际环境，为实现中华民族伟大复兴献计出力。利用全国两会期间的空隙，忙里偷闲召开这个会议，研究了今年的工作计划。

晚上接受新华社记者的采访，谈两会的感受。两会年年春相似，其实花儿各不同。今年两会在十八届三中全会闭幕不久召开，如果把三中全会的《决定》作为改革的集结号的话，那么，这次两会，其实是正式打响了改革的攻坚战。市场和法制，是这次战役的两个主战场。依法治国的新征程，从今年两会开始，将迈开新的步伐。在法制化的路途上，共和国有着光明灿烂的前程。

晚上完成了今天的两会手记。忙忙碌碌，时间过得越发快，转眼明天就是政协会议闭幕式。

在催促中，为香港《文汇报》"人民政协专刊"创刊一周年题词："说真话，知无不言；谋良策，智有大用。"凯雷兄催得急，来不及仔细斟酌，只好将就用了。

今天马航失联的航班仍然没有找到。国家已经加派10颗卫星参加搜索。为一线希望付出全部努力，希望结局是个奇迹。

晚上10点半开始跑步40分钟，跑步时飘下零星雨滴，多么期盼北京来一场及时的春雨啊！可惜，雨始终没有下起来，风却渐渐起来了，明天雾霾一定会被扫除。

浏览20分钟今天的报纸。晚上11点40分休息。

十三 牢记使命再出发

3月12日,星期三,雾霾

　　早晨2点半醒来。再睡,4点10分醒来,没有了睡意,干脆起来工作。

　　今天是植树节,所以发布了一条节日特别晨诵。我想,在雾霾肆虐的今天,大家也许开始格外珍视植物的价值与意义。短视的悲哀就在于,总是要等到濒临失去的时候,才会开始珍惜。如果我们都自诩为新中国的建设者,最后留给后人的却是一个雾霾笼罩的世界,那不是最大的讽刺吗?

　　今天选择的晨诵诗歌,是艾青的《树》:

　　　　一棵树,一棵树
　　　　彼此孤离地兀立着
　　　　风与空气
　　　　告诉它们的距离

　　　　但是在泥土的覆盖下
　　　　它们的根伸长着
　　　　在看不见的深处
　　　　它们把根须纠缠在一起

　　诗的意境是深远的。由树及人,生活在同一个地球上的我们,其实彼此最终是将"根须纠缠在一起"。只有我们学会了彼此珍惜,生活才会更加幸福。

而截至今天,马航失联航班还是杳无音讯。一开始的重重谜团,到现在仍然是谜团重重。无数人的担忧与牵挂,又何尝不是在看不见的深处纠缠的根须呢?但愿最后还有奇迹发生。

发完微博,做完功课,阅读周洪宇兄送的新著《中国教育黄皮书——2014:第三次工业革命与教育改革》。洪宇是民进湖北省委会主委,也是知名的教育史学家,近年来研究第三次工业革命,先后出版了《第三次工业革命与当代中国》《第三次工业革命与当代中国教育改革》等多部著作。前两天接受《中国教育报》采访,我也专门说过,发展信息技术不仅可以迅速优化城乡资源配置,还可以优化区域、校际的资源配置,甚至影响全球的教育资源布局,这项工作应上升为国家战略。教育从来无法脱离变迁,科技的发展不仅会改变教育的形式,还会在相当程度上影响教育发展,第三次工业革命的确是值得研究的大课题。

早晨7点43分发车去人民大会堂,参加全国政协十二届二次会议的闭幕式。会议通过了关于常务委员会工作报告的决议、提案委员会关于政协十二届二次会议提案审查情况的报告以及政治决议。

本次政协会议共提交提案5875件,经审查立案4982件,在立案的提案中,超过半数提案是关于全面深化改革和改善民生方面的内容。其中围绕全面深化改革的重点领域和关键环节的提案有1018件,围绕促进经济持续健康发展的提案978件,围绕保障和改善民生的提案1484件,涉及合理调整农村中小学布局,推进普惠性幼儿园建设,完善分级预约诊疗制度,完善保障房供应体系和后期管理长效机制等。围绕加强污染防治和生态建设的提案有596件,围绕推进国家治理能力现代化、维护社会和谐稳定的提案有515件等。

委员们的参政议政热情非常之高,提交提案的委员达1969人,占委员总数的88%以上。这次有893件提案没有被立案,约占提案总数的15%,是历次政协会议从未有过的。俞正声主席要求不要追求提案的数量,不要炒作一号提案,撤案的提案也不作为委员来信送交有关部门,而是作为"委员重要建议与意见"送交有关部门。这些是我觉得非常有道理的改革。但是,想到自己两个被撤案的提案,还是不免有些耿耿于怀。尤其是关于设立"国家阅读节"的提案,已经是第二次被撤案了。撤案的理由是,国务院法制办要求,凡是新增加的节日,一般不予立案。多年前法制办曾经用这个理由答复我,但是不久"航海节"就正式设立了。而前不久全国人大常委会通过的"南京大屠杀死难者国家公祭日",也说明新的节日、纪念日没有关上门。我赞同公祭日的设立。莫忘国耻,牢记过去很重要。但是,面向未来,培养有思想有情怀的新人,从某种意义上说,更加重要,更加紧迫。真正推动全民阅读,全力以赴推动全民阅读,是这个信息碎片化的时代尤为需要的建设性工作,也是对应试教育所戕害的国民素质的有力提升之法。阅读节的设立,十分重要!

会议通过的政协政治决议高度肯定了本届政协会议和去年一年的工作,同时指出,当前改革已经进入攻坚期和深水区,必须紧紧依靠人民群众,冲破思想观念的束缚,突破利益固化的藩篱,全面深化各领域改革。人民政协要认真贯彻落实中共十八届三中全会精神,聚焦全面深化改革献计出力。会议也充分肯定了人民政协的人才智力优势,希望委员们就深化经济、政治、文化、社会、生态文明体制改革中的重要问题,深入调查研究,积极议政建言,"为全面深化改革寻求最大公约数,增进最大共识度,形成最大凝聚力"。

俞正声主席最后讲话。他提出,全面深化改革需要集思广益、汇集众智,需要凝聚共识、协调利益关系、化解社会矛盾、汇聚强大正能量。今年是中华人民共和国成立65周年,也是人民政协成立65周年。希望政协委员从65年的历程中汲取强大精神力量,坚定必胜信心,切实承担起历史赋予我们的责任和使命。

在雄壮的国歌声中,一年一度的政协会议落下了帷幕。

下午3点在中南海参加刘延东副总理召开的高考改革座谈会。延东副总理说,高考是教育改革的关键问题,国家中长期教育改革与发展规划纲要描绘了教育改革的宏伟蓝图,十八届三中全会关于教育领域综合改革的方案更是把高考改革作为重要的突破口。要充分认识高考改革的艰巨性和复杂性,充分认识高考改革的高风险和高敏感,高考改革一定要确保公平,因为教育公平是社会公平的底线,高考改革以后的公平只能够增加不能够减少。她要求充分论证、评估各种潜在的风险，只能够成功，不能够失败，因为不能够朝令夕改，不能够翻烧饼。新的高考改革方案应该科学合理，便于操作，分批试点，稳妥推进。

接着，湖北省人大常委会副主任、全国人大代表周洪宇，安徽省教育厅副厅长、全国政协常委李和平，全国政协常委、北京四中校长刘长铭，全国政协委员、北京师范大学原副校长钟秉林，全国政协委员、上海教委副主任印杰，全国政协委员、西安电子科技大学校长郑晓静以及我，分别就高考改革的问题发表意见。

我在发言中介绍了民进中央关于高考改革的调研成果，谈到了高考改革的四个基本方向：更加公平、更加科学、更加自主、导向更加正确。高考是教育的指挥棒，我对即将出台的高考改革充满期待。会议一直持续到6点多结束。下午整整三个多小时的时间，延东副总理聚精会神地听取大家的意见，时而插话，时而询问。教育部的袁贵仁部长、刘利民副部长以及部长助理林慧卿、陈舜等全程参加会议。要不是延东副总理晚上还要召开医疗改革问题的座谈会，可能大家还不会打住话头，抓紧结束。

回到会议驻地已经是晚上7点30分左右。赶在餐厅关门前匆匆吃晚餐，整理行李，准备投入下一个新的战役。

晚上8点多回家。每年的两会，精神总是高度亢奋，按照大脑活动的规律，兴奋后终究会产生抑制。估计会议结束后，会有一个短短的调整期。

开始梳理接下去的工作，思考《我的教育理想》新版的改动。这本书，是新教育思想的萌芽。不过当年在它诞生时，我可万万没想到会有今天的新教育实验。经过反复思考，我准备进行重大调整。不过，那也意味着要重写一半的篇幅，得有计划地进行了。

今天晚上的《晚间新闻》，报道了我连续11年为全民阅读呼吁的提案，总算有些欣慰。其实，立案不立案并不是最重要的事情，只要我们这个民族能够重新真正地捧起书本，与人类最伟大的思想和智慧对话，就是我最期待的结果。关于阅读，人们还有太多误解，有效阅读、深度阅读，更是严重不足。新闻里说，19岁以下的人群，对阅读的关注度并不高——这也恰恰是我最为忧虑的问题！童年的阅读，是影响一生的根基，中小学生的阅读，决定我们的未来！与此同时，教师、父母的阅读，又决定了对中小学生阅读的重视与影响。这样的彼此影响，又会造就怎样的社会？关于阅读的推动，这些年来的确能够看见党和国家领导人越来越重视。但是我们的阅读现状与发达国家相比，相差得不是很远，而是太远。只要这个差距存在着，我就会一直呼吁。如果不过春节，中国人会怎样？只要阅读还没成为流淌在中国人血脉里的自发自觉，我就认为有设立阅读节的必要。

晚上10点半开始跑步25分钟，因早晨起得早，准备早点休息。没想到跑步回家仍然没有睡意，于是开始写两会手记。会议九天的日程，像过电影一样在眼前一幕幕回放。"责任与使命"，俞正声主席在闭幕式上特别提出这五个字。天下兴亡，匹夫尚且有责。有着委员身份，为人民呐喊，更是义不容辞。一年一度的两会结束了，新的参政议政历程又开始了。明年两会，我用怎样的成果向人民汇报？在这里与各位朋友相约，明年在我的两会博客再相见！

2015 年

每年的两会，都是一场盛大的"春天的约会"。

人民大会堂，是约会的现场。人大代表和政协委员，是约会的嘉宾。发出邀约的，是我们的共和国。

这是一场思想的盛宴。各种思想，通过批评、建议、意见，通过议案、提案、信息表达，通过媒体传播，将弱者的声音放大，把智者的声音远播。共识，在这里形成。

这是一次才华的展示。不同的区域，不同的党派，不同的界别，把他们一年的思与行，把他们对未来的期待，带到这里分享，宛如一部辉煌的交响乐曲。

一　两会读秒倒计时

2月27日，星期五，阴天

　　早晨6点起床。近来每天晚上修订提案都近0点，睡得太晚，睡眠质量不高。看来还是得睡早一点。

　　早晨7点50分出发去政协，参加第十二届全国委员会常务委员会第四次会议开幕式。常委会的召开，意味着两会进入读秒的倒计时了。每年两会前召开的政协常委会，要审议接下来政协全体会议的议程、日程、常委会工作报告、提案工作情况报告、各个专门委员会工作报告等。

　　11点左右开幕式结束，去第九会议室参加小组召集人会议。杜青林副主席就组织开好常委会提出具体的任务要求。他在讲话中说，本次常委会是今年第一次常委会，也是全国政协十二届三次会议前夕的一次重要会议，希望大家在坚定信念、增进共识方面当好骨干、走在前面，在团结合作、发扬民主方面积极践行、示范引领，在议政建言、献计出力方面求真务实、主动作为，在守纪律、讲规矩方面以身作则、严格要求，努力营造风清气正务实高效的会议氛围，圆满完成会议的各项任务。

　　下午3点参加政协举行的分组会。我们第五小组由民进、科协、香港、澳门的常委组成，加上列席成员，共52人。邓楠、刘长乐和我担任小组召集人。按照我们的分工，我传达了杜青林在召集人会议上讲话的精神，接着由邓楠常委主持讨论。下午的讨论围绕拟提请政协十二届二次会议审议的全国政协常委会工作报告（草案）和政协十二届一次会议以来提案工作情况的报告（草案）展开，罗富和副主席和何厚铧副主席参加讨论并作了发言。

在讨论中，大家一致认为两个报告内容丰富、文风朴实、语言简练，体现了政协常委会在继承中发展、在发展中创新的特点，特别是关于更好地发挥人民政协在发展社会主义协商民主中的重要作用部分，有许多新提法、新思想，是对人民政协理论的充实和完善。

常委们对两个报告和改进政协工作也提出了不少好的建议。如建议在常委会报告中增加"增进政协界别与社会各方的联系"；王岐山、孟建柱等领导与常委们交流互动的效果非常好，应该写入报告；教育部加大对考察、调研所提意见的跟踪落实力度；提案回复设计表格式样和标准文本，将是否采纳所提建议以及原因列明；常委会讲座更加灵活生动，加强与委员互动等。

由于小组的港澳委员比较多，大家对香港前不久出现的"占中"与"水货客"等问题，对"一国两制"与基本法的宣传问题，对香港、澳门的长期繁荣稳定问题也给予了特别的关注。

我在发言中讲述了对协商民主的认识。政协虽然不是权力机构，但是能够推动与完善权力机构的工作；政协虽然不是决策机构，但是能够帮助决策更好地科学化、民主化。

会议结束后回家，继续整理完善准备提交会议的政协提案。虽然整个一年都在思考、调研，但不论之前怎么准备，每年快要正式提交的这个时候，也是提案工作的倒计时，就进入了最后的打磨阶段。

晚上跑步40分钟，11点15分休息。

二　关注港澳话家国

2月28日，星期六，雪

早晨5点20分起床。昨晚一夜大雪，早晨，雪花仍是纷纷扬扬，好一派"白雪却嫌春色晚，故穿庭树作飞花"的景色。洗漱后继续准备两会的提案等相关资料。除了整理我的提案之外，还有民进中央参政议政部关于民进组拟提交的两会提案等。

上午7点50分出发去全国政协。春节长假结束，行人车辆多起来，又下雪路滑，道路不像春节期间那样通畅，竟然走了一个多小时，紧赶慢赶，9点正好赶到会场。

上午继续参加小组讨论。由凤凰卫视的刘长乐常委主持。董建华、罗富和、李海峰三位副主席参加了我们小组的讨论。在讨论了人事事项以后，大家继续围绕港澳的繁荣稳定发表意见。

有常委提出，"一国两制"是一项前无古人的伟大事业，需要在实践中不断摸索前进。要相信大多数香港同胞是爱国爱港的，要相信香港对国家的全面改革开放具有先行先试的重要意义。

有常委提出，港澳地区的这些委员是港澳社会的各界精英，要进一步发挥好他们的作用，积极支持他们在港澳社会发挥正能量，发声出力。有常委提出，国家主权与国家安全是大前提，不容置疑，要加强对于"一国两制"方针和基本法的宣传，促进港澳社会全面准确理解"一国两制"和基本法。

有委员提出，要在港澳地区加强爱国主义教育，让青年学生了解中国的历史文化，增强国家认知与民族认同，走进才会尊敬。大部分常委对港澳的未来充满信心，他们认为，国家的强盛是港澳地区繁荣稳定最好的后盾，十年以后的中国，经济总量会更大，综合国力会更强，在这个过程中，港澳会有更多的发展机会。一句话：港澳的明天会更好！

下午3点，全国政协十二届常委会在北京举行第七次学习讲座，国务院港澳事务办公室主任王光亚应邀作题为《"一国两制"实践历史回顾及当前香港问题》的报告。以往都是政协常委会闭幕以后举行学习讲座，现在先举行讲座。感觉现在的讲座效果可能比以前要好一些，会有更多人更认真安心地全程听完讲座。

下午4点20分举行闭幕式。杜青林主持会议。闭幕会通过了政协第十二届全国委员会第三次会议议程（草案）和日程，原则通过了将提交大会审议的政协全国委员会常务委员会工作报告和政协十二届二次会议以来提案工作情况的报告，通过了政协第十二届全国委员会第三次会议秘书长、副秘书长名单及有关人事事项，我继续担任大会的副秘书长。会议还通过了有关人事事项，如免去令计划政协第十二届全国委员会副主席职务，撤销令计划、朱明国、马建政协第十二届全国委员会委员资格等。

俞正声主席在闭幕式上的讲话中强调，全国两会是我国政治生活中的大事，开好两会对统一思想、凝聚力量、鼓舞士气有重要作用。习近平总书记对开好全国两会作出重要指示，一定要认真抓好贯彻落实。要围绕中心、服务大局，围绕"四个全面"切实发挥优势和作用，认真履行职能。要把团结和民主两大主题贯穿于全部履职工作中，坚持社会主义核心价值观，充分发扬民主，拒绝浮躁和脱离国情的倾向。要改进会风、廉洁自律，严格遵守大会纪律，确保会议务实高效、风清气正、圆满成功。

会议结束后看望一位参加文明城市表彰会议的朋友。他告诉我，总书记在下午的讲话中再次讲到了家庭建设与家庭教育的问题。在前不久的春节团拜会上，他还特别强调了家庭问题："家庭是社会的基本细胞，是人生的第一所学校。不论时代发生多大变化，不论生活格局发生多大变化，我们都要重视家庭建设，注重家庭、注重家教、注重家风，紧密结合培育和弘扬社会主义核心价值观，发扬光大中华民族传统家庭美德，促进家庭和睦，促进亲人相亲相爱，促进下一代健康成长，促进老年人老有所养，使千千万万个家庭成为国家发展、民族进步、社会和谐的重要基点。"

的确，这是一个值得关注的问题。家是国之家，国是家之国。家庭好，国家才好；家庭好，教育才好。

就像上午小组讨论中的那样，港澳和内地之间的关系，也和这家与国之间的关系一样。港澳是中国这个大家庭的一分子，港澳的稳定繁荣，就是大家庭的稳定繁荣。已有的纷争是短期的显性的，解决好了，家和万事兴；如果造成了长远的隐形的隔膜，就必须以更大的智慧，积极妥善地解决。

晚上8点半回家，继续修改提案。

晚上9点40分开始跑步35分钟。11点45分休息。

三　准备提案上两会

3月1日上午，星期日，晴

　　早晨5点起床。打开窗户，呼吸一下清凉的风，依然有点寒气。关上窗户，开始两会提案的最后打磨。

　　这次在反复斟酌后，确定了12个提案，分别是《关于把全民阅读作为国家战略并设立"国家阅读节"的提案》《关于保障儿童亲子团聚权，根治留守儿童问题的提案》《关于支持小微型民办学校办学的提案》《关于改进各级学校军训的提案》《关于加强艺术教育教师队伍建设的提案》《关于化解农村大学生就业难的提案》《关于明确家庭教育领导体制的提案》《关于尽快启动全国建筑体检计划的提案》《关于尽快调整我国能源战略发展的政策导向的提案》《关于加大对统计上弄虚作假处罚力度的提案》《关于提高企业基层员工就业质量的提案》《关于制定〈劳务派遣行业企业社会责任标准〉的提案》。

　　这12个提案中，有些是我长期关注和一直呼吁的，如关于把全民阅读作为国家战略和设立"国家阅读节"的问题，我从2003年开始已经多次呼吁，这不是简单的锲而不舍，更不是固执己见，而是基于我长期以来对于阅读与教育问题的思考。我一直认为，相对于环境、资源等国家战略而言，阅读显得有点"软"，但它却是影响更为深远、持久的大问题。人的资源是第一资源，人的素质是第一品质，把全民阅读作为国家战略，提升国民素质，是中国当下和未来最重要的事情。

　　有些是我在调研中发现的问题，如关于留守儿童的问题。留守儿童的问题我关注多年，也写过文章呼吁，却未能形成建议。去年4月参加全国政协组织的"关于以减负提质为重点,深化教育教学改革"专题调研,在一所学校里考察时,我悄悄问一个孩子是不是觉得学习很辛苦。这个小女生天真地告诉我:"不苦呀!我天天都和爸爸妈妈在一起。以前我一年都见不到他们一面,那才苦呢。"孩子的话让我猛然意识到症结所在:保障了儿童的亲子团聚权,就等于根治了留守儿童的问题。从这一点出发,再去反思这个规模巨大的群体,就能够有更多发现。比如,和留守儿童一起居住的爷爷奶奶有些不仅不能够照顾他们,反而需要他们的照料。全国有6100万留守儿童,占农村儿童的37.7%,他们中有22.7%的父母一年以上才回家一次,26.2%半年到一年才回家一次。农村留守儿童监护缺失问题一直没有得到根本解决,亲子长时间分离导致农村留守儿童在身心健康和发展方面存在诸多问题,迫切需要通过各种措施保障留守儿童的亲子团聚权。今年年初参加中国青少年研究中心的一个学术讨论会,更加感觉到这个问题的严重性。

有些是我们新教育团队在实践中发现的问题,如农村艺术教育教师短缺的问题。2014年新教育年会的主题是"艺术教育成人之美",我们在准备年会主报告时发现,艺术教育的教师紧缺是制约艺术教育发展的最关键的问题,在许多乡村,差不多每三所学校才有一位音乐教师,而且大多集中在县城及条件较好的乡镇,偏僻的乡镇特别是村级小学几乎没有音乐教师。由于艺术教师缺乏,农村中小学的艺术教育课程开设普遍不足。一至五年级开课率徘徊在50%左右,六年级基本不开;初中一、二年级不足40%,初三基本不开;高中则低于20%。我们把新教育实验学校研发的综合艺术课程等作为解决方案,在提案中反映给教育行政主管部门。

有些是一些教师、校长在工作中遇到的难题,专门找我反映的。如关于小微民办学校的发展问题。现在北京等地出现了一些民间的草根教育机构,父母自办的自助或新理念的学校、幼儿园,包括"在家上学"等,它们满足了公众对个性化、多样化、选择性教育的需求。但由于现在民办学校、幼儿园的注册门槛过高,资金、规模等要求过高,导致这些学校得不到批准,成为非法的"黑学校""黑幼儿园"。这既造成了违法办学成常态,也使得教育部门的相关法律法规失去了严肃性，相关管理监督工作也就形同虚设。所以我提出要放宽办学条件，支持小微民办学校发展。

还有一些是我从新闻报道中捕捉到的信息，与民进中央参政议政部的年轻人讨论过程中提炼出来的。如关于军训问题，去年发生了某学校的学生与军训教官的冲突事件，促使我思考军训的体制、机制以及内容等问题；一则关于农村大学生就业难的报道，促使我思考大学生就业及如何为寒门学子提供更多机会。而参政议政部年轻人谈到建筑事故频发，应该给建筑物"体检"时，我的眼睛一亮，马上觉得这是值得提倡的好建议。

每个提案的开始，都有许多故事。当然，这些信息只是一个引子，最终决定是否能够成为提案，还需要后期更多的讨论、研究、写作与反复打磨。有一些很好的选题，由于自己时间、精力与学养有限，以及考虑到提案办理过程的复杂性，这次就暂时没有提交。如我曾经专门与北京大学医学院的刘继同教授讨论我国社会立法体系的问题。他是这个领域的专家，就这个问题撰写过许多论文，我们商量准备提交一个关于顶层设计完善社会领域立法的问题。但我觉得仅仅一般性呼吁是不够的，应该把立法的相关问题——内容、路线图、程序等考虑完善以后再提，就只能暂时搁置。再如，李遁先生来信给我反映曲社、诗社、（古）琴社、画社（或画会）、书社、印社、（围）棋社这样一些葆有文化传统的民间结社，在注册、评估中的各种困难，我感同身受，但是因为没有具体的调查研究，加上涉及部门很多，就准备先作为社情民意反映了。

一转眼，我已经当了十几年的代表委员。开始的时候，觉得撰写一个好提案很容易，只需要真诚、用心就行；没想到时间越长，越觉得撰写一个好提案并不容易，收集、整合、提炼信息已经不那么容易了，还需要专业知识和开阔的视野，需要提出问题，更需要解决问题的方法……在为了一个提案和多方机构探讨，和多位好友交流时，学无止境的感觉特别强烈。

四　阅读莫忘"小大人"

3月1日下午，星期日，晴

下午2点，在北京皇家大饭店参加二十一世纪出版集团公司举办的"YA文学和青少年图书出版展望"研讨会。

3月1日，是二十一世纪出版社建社30周年纪念日。他们以这样的方式为自己庆生，值得赞赏和尊敬。从30万元起家的一个地方出版社，发展到现在6亿销售码洋的少儿出版航空母舰，二十一世纪出版社创造了一个中国出版的奇迹。毫不夸张地说，他们是21世纪的出版先锋，数字化时代的童书翘楚，市场与公益花开并蒂，读者与作者的第一选择。

原国家新闻出版广电总局的老领导邬书林副局长和桂晓风副局长，出版管理司的张福海司长，中共中央宣传部出版局的张拥军副局长，著名儿童文学作家金波、樊发稼、束沛德、高洪波、曹文轩、张之路、李东华、彭学军，评论家王泉根、朱自强、陈晓明、白烨、阿甲，出版人李学谦、石川郁子、王悦等参加了研讨会。一个小小的学术研讨会，来了这么多各界的大佬，从一个侧面看得出大家对童书出版的重视，真让人欣慰。

所谓的"YA"文学，是英文YA（youngadult）的简称，对这个词，我国没有明确而精准的翻译，我姑且把它译为"小大人"，一般指12岁—17岁或者13岁—18岁这个年龄段的青少年。与之相应的文学一般叫青春文学或者成长文学。与会的专家一致认为，这是一个值得关注的阅读群体。

邬书林说，在全世界，童书出版业都是深受尊重的。麦克米伦是一家值得尊重的出版社，在童书与传记文学出版方面成就斐然，与二十一世纪出版社共同打造的"YA零距离"系列图书，也非常值得期待。

中国作家协会的李东华认为，儿童文学首先是文学。一个真正的好作品应该是儿童和成人都能够被感动的。现在，应该收复13岁—18岁这个年龄段的少年文学失地了。

北京大学曹文轩教授说，目前这个阶段的文学多少已经成为"空白的地带"。曾经有一段时间中国的少年文学很火爆，成长文学、青春文学也很热闹，但现在大家都"往下走"搞儿童文学了。这个阶段的许多问题，在儿童文学中是不太适合的性、暴力、社会问题等，到了这个阶段就不能够回避了，成长小说中的逆反、愤怒、质疑等是不可避免的。所以，二十一世纪出版社关注这个阶段的文学，对于营造儿童文学的生态有着积极意义。

中国当代文学学会副会长、北京大学的陈晓明教授主张把"YA"（youngadult）翻译成"早青春"或者"伪成人"。他认为，15岁的阅读决定人的一生。国外中学生的阅读是受到高度重视的，在中学时代完整地读完一些名著，对于人一生的成长具有关键作用。我们现在经济上的竞争有办法，在人文上的竞争却没有对策。其实，阅读，尤其是青少年阅读，是我们应该努力作为的。他认为，所有伟大的作家都有一个共同的特点，就是始终保持一颗童心，始终用一双儿童的眼睛来看世界。

我在发言中讲述了二十一世纪出版社社长张秋林与新教育的缘分。讲述了他的豪气、侠气、霸气、义气、大气与人气——如何支持"新孩子乡村阅读公益行"活动，为100所乡村学校每所学校捐赠10万元，共计1000万元码洋的图书；如何将《新教育的一年级》系列童书出版利润的50%捐赠给新教育基金会的故事。有这样的带头人，自然能成就团队的生气勃勃，创造事业的气象万千。当当网的副总裁当场下单购买了几套《新教育的一年级》送给亲友，她说："我也支持一下新教育！"

我在发言中介绍了12岁—17岁孩子的基本特点——精力充沛、感情饥渴、性格叛逆、自我形成。这就决定了这是一个充满不确定性、可塑性和危险性的时期。这个时期，如果能够为他们提供优秀的读物，帮助他们培养细腻而美好的情感，帮助他们形成探索世界的兴趣和理想，具有特别重要的意义。

从下午2点，到近6点半，发言一个接着一个，整整4个半小时没有休息。金波、樊发稼、束沛德等老先生自始至终参加讨论，大家对阅读的关注，对青少年的关爱，让我非常感动。大家在会议中似乎意犹未尽，接下来的工作晚餐也在继续交流，一直持续到8点半。

从2003年参加两会时提议设立"国家阅读节"开始，到这次两会，我仍将继续关注阅读问题，提出把全民阅读作为国家战略并设立"国家阅读节"的提案。今天会议上专家们的许多意见，正好可以丰富完善提案。

晚上回家继续准备两会的相关材料。

晚上10点10分开始跑步45分钟。11点半休息。

五　网络议政论教育

3月2日，星期一，晴

早晨5点起床。发微博，处理邮件。阅读由新闻出版研究院研制的《全民阅读中长期规划（2015—2020）》。

早晨7点50分出发去国家新闻出版广电总局，参加全民阅读中长期规划专家研讨会。

上午9点，专家研讨会准时开始。总局出版管理司张福海司长主持会议。韬奋基金会理事长、中国出版集团原总裁聂震宁，全国人大教科文卫委员会文化室主任朱兵，中宣部出版局副局长张拥军，中宣部政策法规司研究室高青云处长，国家发改委社会发展司朱世宏处长，财政部教科文司文化处杜芳副处长，教育部基础教育一司张又伟副处长，江苏省新闻出版广电局周琪局长，国家图书馆陈力副馆长，中国出版集团仝冠军副处长等参加了座谈。

专家们对《全民阅读中长期规划（2015—2020）》给予了充分肯定，认为我们非常需要一份这样的文件，希望它能够成为文化体制改革领导小组的一个重要文件，希望能够把全民阅读正式列入国家"十三五"规划，把全民阅读指数作为各级政府的重要考核指标。我在发言中就全民阅读的战略地位和价值，如何加大财政对于全民阅读的支持，如何加强对民间阅读与推广机构的支持，如何抓好领导干部与少年儿童等重点人群的阅读工作等问题，发表了自己的意见。

在座谈会的中间，我见缝插针，与源创教育的吴法源先生一起拜访了吴尚之副局长。我介绍了新教育研究院新阅读研究所这些年来致力于中国人基础阅读书目研制和"领读者计划"的情况，以及中国阅读学会的筹建进展等。吴副局长对我们的工作给予了高度评价，表示要加强对民间阅读研究与推广机构的支持力度，采取政府购买公共服务的方式，更好地支持新阅读研究所工作。

中午1点赶到北京国际饭店报到。稍事休息，就赶往新华社。

下午2点到达新华社。北京大学心理咨询中心的徐凯文博士与我约好在这里见面，商量两会提案的事宜。凯文是原苏州医学院大学生心理卫生协会的骨干，后来考取了北京大学的心理学博士，一直致力于心理卫生事业。受中国心理卫生协会的委托，他与我交流准备提交一份关于制定《心理健康促进法》的提案。我告诉他，立法是一件非常复杂系统的工程，健康促进其实包括身体健康和心理健康两个方面，心理健康立法了，身体健康是否需要立法？还是两个健康合为一部《健康促进法》？另外，立法首先要全面了解国内外的立法情况，国外关于心理健康的法律有哪些？包括哪些内容？这些都是作为提案撰写人必须清楚的。所以，我建议他再作一些调查研究。

凯文对于新教育实验也一直非常关注。他问我，有没有可能把新教育实验向大学生阶段延伸？在心理咨询的实践中，他发现大学生的问题也比较多。如大学一年级新生中，有30%以上的学生不知道学习有什么意义，40%左右的学生不知道人活着究竟是为了什么。在考试训练下成长起来的学生，已经沦为学习的机器，不懂得生活的意义。我告诉他，新教育已经在个别大学尝试探索，用新教育书院的方式，把阅读、写作、演讲、书信、社团、义工等有机地结合起来，对培养大学生的心理能力和个性品质，起到了很好的作用。凯文表示愿意积极参与和关注新教育书院的工作。

与凯文谈完以后，新华网的总编辑赶来看望，聊起我今年两会关注的热点问题。他告诉我，我是今年两会第一位走进演播间的政协委员。

下午3点开始进入演播室，主持人苑茵子告诉我，她是从大学教师转行来到新华社的，有一个三岁的女儿，所以对教育问题也非常感兴趣。

访谈从新教育之"新"在何处开始，我简单介绍了历史上的新教育和如今新教育实验的发展。其实，无论在教育上还是其他领域，创新是人类永恒的使命。

针对《国家中长期教育改革和发展规划纲要》第二个五年计划的问题，我认为纲要的理念新颖、前瞻性强、方向鲜明、措施得力，从目前已经落实的情况来看，接下去的任务还十分繁重，还有许多教育难题有待破解，需要在行动上有更大力度的推进。要进一步深化教育改革，首先需要更好地推进教育公平。这一点尤其要注意城乡的教育均衡，采用各种政策和措施让农村优秀教师不流失，让更多优秀人才进入教师队伍。其次在推进教育公平的同时提升品质，尤其是农村教育品质。其实品质本身就是公平的另一个维度，只有保证了相应品质才会有真正的公平，不能顾此失彼。

主持人以中美合办的上海纽约大学为例，问这样的冲击波会不会成为深化教育改革的方向。我说，中外合作办学早有先例，上海纽约大学并不是第一个"吃螃蟹的"，此前苏州的西交利物浦大学，是我在苏州担任副市长时一手创办的。宁波的万里学院也和英国的一所著名大学合办了大学。这些大学的特点是第一规模比较小，容易办出个性和特色；第二便于国家依法给予更多自主权，利于探索；第三相对来说，这些大学的老师招考更严格，敬业精神更强，对改革更支持。中国教育的深化改革不是拿一套现成的东西给大家去做，而是让人们探索后，集思广益，以更具体的改革方案，摸索出更适合中国国情的经验，政府再去推广。所以，改革本身是一个动态的过程，既要自上而下，也要自下而上。

我希望整个中国在经济是顺差，唯独教育是"逆差"的情况下，一方面把更多社会精英吸引到学校来，另一方面更用心培养优秀的教师人才，把中国大学办成像"磁铁"一样，甚至能把世界各国的优秀人才吸引到中国教育中来，吸引更多民间资本投入到教育中。大家都来为教育服务，让全社会形成真正尊重知识、尊重人才的氛围，也让学生学到真正的知识，化解消除目前在一部分学子，尤其是在贫寒学子中真切存在的"知识无力感"，让知识真正成为力量。

3点50分左右对话结束，另外一位新华社的记者浦奕安接着采访。她现在已经调到新华社旗下的《上海证券报》工作，这次两会他们也是"融媒体"采访，所以带上了摄影、摄像记者。因为是经济类报纸，问我的也多与经济相关。好在前些天刚刚完成一篇《经济新常态需要精神新状态》的文章，勉强作了一些交流。最后还是回到我熟悉的教育话题，我才觉得交流起来心里有底。

下午5点半回到驻地北京国际饭店。阅读长江教育研究院送来的2015年度教育政策建议书《关于加强教育法治，全面推进依法治教，保障教育改革发展的建议》，为明天上午的发言做准备。

晚上9点半开始跑步半小时。11点半休息。

六　政协离你并不远

3月3日，星期二，晴

早晨5点10分起来。写两会手记。

不知不觉，"春天的约会"系列两会日记已经写了十余年。这样把两会前后和参加两会的所闻所感记录下来，天长日久，也是一笔颇为可观的财富，刚刚出版的《我在人大这五年——一位民主党派成员见证的中国民主政治进程》竟然达到了130万字的篇幅。当然，这本书里除了两会日记外，从每年的全体会议到小组讨论，从常委会到视察，每个发言、每个建议、每个回复，都如实记录了下来。人大的朋友告诉我，这是全国人大60年历史上第一本全景式记录中国最高权力机构日常生态的著作。

上午8点20分出发去人民教育出版社，参加"2015年北京·长江教育论坛"。每年两会前夕，周洪宇教授都要组织一个这样的专题会议，邀请部分两会代表委员和专家就教育问题发表意见建议。每年的会议上同时要发布一个教育的年度黄皮书和一份建议。今年建议书的主题为"关于加强教育法治，全面推进依法治教，保障教育改革发展的建议"，具体包括十方面的内容：一是提高各级领导干部对教育法治的思想认识，二是加快教育立法进程，三是完善教育立法机制，四是完善教育行政执法与教育司法衔接机制，五是完善教育法律救济制度，六是加强教育行政执法，七是完善教育执法监督体系，八是全面推进依法治校，九是加强教育法治队伍建设，十是增强全民教育法治观念。

与前天参加二十一世纪出版社的情况非常相似，参加会议的人，也都是教育界的知名教授、学者，可谓高朋满座，智者云集。顾明远、陶西平、谈松华、庞丽娟、马敏、孙霄兵、张力、翟博、程方平、杨宗凯等专家先后发言。大家认为，法治中国建设迫切需要加快教育法治建设，完善中国特色社会主义教育法律法规，从依法治教中找寻教育改革的动力。

我在发言中说，周洪宇教授是民进中央常委和民进湖北省委的主委，每年能够参加他组织的会议，不仅能和大家一起研讨、诊疗教育问题，也让我们的会员感到骄傲。"依法治教"是大课题，更是依法治国的基础。教育法治建设我们仍然有很长的道路要走。许多教育问题，仍然缺少法律的依据，如我们有《义务教育法》和《高等教育法》，就是少了中间的《高中教育法》；我们学生的午餐、校车、体育锻炼、社会实践等也没有相关的法律。即使现有的法律，也有一个有法不依、违法不究、执法不严的问题，如《义务教育法》《教师法》很少有真正的判例。一个没有真正使用的法律就是一部死法，没有生命力的法。另外，我们学校的法制教育也比较薄弱，初中政治理论课有政治、哲学、经济、文化四个板块，就是缺少了法律。

由于下午是政协开幕式，发言结束后我就先离开会场，上午11点赶往民进中央，做会议前的有关准备。接下来几天，就要全力以赴在会议上工作了，抓紧处理完有关文件和事务，12点赶回饭店。稍事休息。

下午3点，在人民大会堂参加中国人民政治协商会议第十二届全国委员会第三次会议的开幕式。这次所住的北京国际饭店，是我历年参加两会住得离大会堂最近的地方，所以从驻地出发十几分钟就到了。在休息室见到冯骥才先生等许多老朋友。"春天的约会"，其实也是和许多崇敬的前辈、朋友的一次"约会"呐！

今年大会的会场，比以往简单了许多。报告席、发言席上没了鲜花，主席台上摆放的绿植也比去年少了许多。按照会议前印发的《全国政协十二届三次会议认真贯彻中央八项规定精神、切实改进会风的措施》的通知，小组会议的会场也不摆放花草绿植，不铺设迎宾地毯，不悬挂会标，不制作背景板。

会议应到2227人，实到2153人，出席率还是比较高的。会议按照惯例由杜青林副主席主持。俞正声主席代表常委会作工作报告。

回顾2014年的工作，俞主席用"有大事、有重点、有亮点"来概括。在讲到撤销了令计划、苏荣等14人全国政协委员资格，"这警示我们要切实加强委员队伍建设，继续坚定不移地推进党风廉政建设和反腐败斗争"时，会场静默几秒后，响起了热烈的掌声。最精彩的是第三部分关于协商民主的论述，有许多鲜活生动而不失深刻的表述，如提出政协要坚持"有事好商量，平等探讨问题、坦率提出意见、沟通化解分歧，切实将协商理念寓于履行职能全过程、贯穿开展工作各方面"，做到"平等协商，不强加于人；真诚协商，不敷衍了事；民主协商，不强求一致；务实协商，不流于形式"，以及对于各种意见和建议，"无论是赞成的还是反对的、无论是多数人提出的还是少数人主张的，都应该允许反映和表达，都应该得到尊重和包容"，等等。

俞主席的报告中还有一段话特别值得关注。他指出，要"努力让群众感到政协离自己很近"。

的确，很长一段时间，政协多少蒙有一层神秘的面纱，每次全国或者地方两会时，才会撩去面纱让人们看到政协举办的一些活动、所做的一些工作。相对于人大代表来说，政协委员中各行各业专家更多一些，忙于专业就难免疏于和外界接触，平时看不见，两会露露面。所以甚至还有一些段子，形容政协是"拍拍手"的"联谊机构"而已。很多人觉得政协离自己很远。

2002年，张海迪委员接受媒体采访时说过一段话："今天，我坐在人民大会堂里，心里一直感慨万千，因为我觉得大部分残疾人会认为我离他们很远，实际上，我的心离他们很近。我42岁当政协委员，五年来，我一直关注残疾人问题，参与多次提案的起草，看到自己的提案在很多地方得到落实，很多提案受到国家和社会各界的重视，心里真的很高兴。"

我想，很多委员都会和我一样，对这段话感同身受。政协作为发扬社会主义民主的重要形式，是一个最广泛联系群众、团结各界人士的重要平台。政协关注的问题，就是群众最关注的有关切身利益的问题。比如，全国政协委员会每年提交五六千份提案，大部分是围绕老百姓最关心的教育、医疗、养老、住房等日常生活的内容；每年政协委员反映的社情民意，也基本上是与民生相关，许多是直接来自于调查研究、所见所闻。哪怕政协的大会发言和议政性常委会等更多地关注国家层面的改革发展，但也经常聚焦群众最关心的事情，如2014年就有大会发言，提出"何时办事不求人"这样的"小问题"。

如果我们的政协在广纳群言、广谋良策上，更好地集智聚力，倾听民声，多商量，真协商，让各界群众的意见在政协的平台上更多地表达，使党和政府的决策更符合各界群众的愿望，人民一定会越来越清晰地感觉到，政协其实很近，就在你我身边。

下午4点半大会结束。按照惯例召开小组召集人会议。杜青林副主席和张庆黎副主席兼秘书长对开好会议作了工作安排。

晚上6点半，严隽琪主席赶到北京国际饭店民进会员的驻地，与罗富和常务副主席和参加民进政协组的其他副主席见面，交流两会的有关情况，希望大家全力以赴、全神贯注地开好两会，展示民进的良好精神风貌。

晚上浏览今天的报纸，从《人民日报》到《光明日报》，从《中国青年报》到《参考消息》，读了一个多小时。

今天是两会第一天。但媒体早就进入了"两会时间"，《人民日报》发表了我的《经济新常态需要精神新状态》一文，这是专门为两会写的一篇评论文章，其中谈道："当平常心、进取心、自信心成为中国人精神的新常态时，这一束精神之光就会照亮我们脚下的探索之路，幸福就会成为中国人生活的新常态。"

《中国青年报》则发表了我的另外一篇文章《教育应为人生幸福奠基》，其中强调："教育应该为人生幸福奠基，因此，教育如果不能让人们未来幸福，教育也就失去了存在的价值；与此同时，教育也应该是幸福人生的重要组成部分，因此，教育如果不能让孩子当下幸福，教育也就失去了通往未来的可能性。"

凤凰网、新华网等媒体也发表了我参政议政的言论。晚上10点15分，想到今天还没有锻炼，赶紧去快跑了35分钟，微汗而回。晚上11点半休息。

七 协商民主千斤担

3月4日上午,星期三,晴

早晨5点10分起来。每年两会,睡得总是比平时更晚,但早晨还是习惯了早早醒来。每天写的两会手记,是心中一直挂念的必修课。虽然这么多年以来都有每天写日记的习惯,但"春天的约会"所记录的内容比平时的日记要翔实丰富得多,花的时间也相对多一些。如果平时的每一天这样写日记,恐怕早就变成"日记等身"了。

上午9点参加民进组讨论。张帆副主席主持上午的讨论。在传达完习近平总书记在政治局常委会上对政协工作的重要讲话,以及杜青林、张庆黎副主席对会务方面的具体说明以后,围绕俞正声主席作的政协常委会工作报告和齐续春副主席作的政协常委会提案工作的报告展开了讨论。

民进江西省委会汤建人主委第一个发言。他高度肯定过去一年全国政协做的大量实事、大事,认为这些事情不仅"自身起到了良好实效,还为地方政协起到了良好示范"。他介绍说,2014年走访了二十几所偏远农村学校,发现最大的问题是农村学校缺少人才。现在把教师由城市派往农村,就像把挂在天花板上的弹簧拉向地面,一旦失去外力,就会恢复回去。如何留住农村教师,他今年就这个问题写了一个提案。

民进贵州省委主委左定超建议,要进一步学习、落实习近平总书记关于政协工作和协商民主建设的重要指示精神,推动各级党委构建协商民主体系,推动国家民主政治建设。

全国政协副主席、民进中央常务副主席罗富和讲述了他亲历的俞主席非常重视不同意见的故事。2014年，提案层层筛选，最后有49个重点提案提交主席会议。其中民进关于减轻义务教育阶段负担的提案最初没有被列为重点办理的提案。他在会议上讲述了这个提案形成的过程，俞主席很快表态，让提案委再研究，最终使减轻义务教育阶段负担的提案得以保留。后来他亲自带队调研这个提案，收集了大量情况意见，调研报告报送中办、国办。李克强总理第一个批复，刘延东副总理两次批复，教育部的办理也非常认真，答复超过十页纸，逐条落实我们提出的意见。罗副主席强调，民进是参政党，在"四个全面"布局下如何履行职责，需要我们深刻思考。民进的参政党地位是宪法给的，也是人民给的，身上的责任感要进一步明确。中央把政党协商放在首位，对我们来说，责任更重了。他希望大家按俞主席要求集智聚力，更多支持民进中央工作，更好发挥民进作用，不辜负全会14万会员嘱托。

民进上海市委副主委、民办教育专家胡卫介绍说，去年他参加了全国政协教科文卫体界别的多次活动，到上海、贵州、海南等地分别调研，调研了大学生就业、中西部地区高等教育的发展情况。还随全国政协调研团出访美国、加拿大，专门考察了大学生创业和职业教育，很有收获。他对协商民主、如何把精英政治和普通老百姓的参与结合起来、调查研究如何科学取样、调研成果如何有效转化等提出了建议。

民进吉林省委副主委、吉林大学经济学院杜婕教授表示，依法治国的意识需要进一步加强。她认为仅仅把政协当作平台，认为政协不是权力机关是不够的，因为政协有民主监督、政治协商、参政议政的权力，希望政协各部门认真研究如何发挥政协的三大职能，特别是民主监督职能，在协商民主中发挥更大作用。

民进新疆维吾尔自治区委员会主委、新疆师范大学副校长牛汝极用三个字讲述了自己的感受。一是"言"，广开言路，共商国是。通过发表意见，发表不同意见，获得更大共识。二是"细"，会议和活动很细很实。三是"容"，宽容、包容。他对报告中提到政协要推进智库建设提出了具体建议，认为民主党派在这方面可以大有作为。

民进杭州市委主委、杭州市政协副主席赵光育认为，俞主席的报告是高质量、高水平、高站位的好报告。今年的报告首次提到了反腐败问题。过去一年撤销了令计划、苏荣等14位全国政协委员的资格，体现了反腐败斗争中"老虎""苍蝇"一起打，得到了各界群众的拥护。同时也体现了反腐败斗争的艰巨性、严峻性，加强委员队伍建设的重要性。媒体上大量报道政协的某某某又被查处了，一定程度上影响了政协形象，但实际上很多问题是他们在到岗位之前发生的，建议纪委在通报时说明是在原来什么岗位上出现的问题。

中国社会科学研究院的俞金尧先生认为，强调中国特色政治制度，就不能不提到协商民主，其中政协是最重要的体现，这对政协的制度建设也是一个重要机遇。依法治国应该包括政协，政协作用才能充分发挥出来。我们是在中国共产党领导下的多党合作制，因此政协不可能成为第二个权力机构。不是权力机构不等于没有权利，话语权也是权利。要构建人民政协制度体系、履职规则等，应该立一个《政协工作法》，把协商的内容、程序通过法律固定下来。

民进河北省委副主委、河北省文化厅厅长张妹芝表示，过去一年，全国政协不断拓展协商民主广度深度，在多个方面取得卓越成效。她本人也参加了一个专题协商会和一个双周协商会，既见证了政协卓有成效的工作，加强了调研、思考，也通过这个学习平台，提高了参政议政的能力。今年民进中央承担全国政协关于非物质文化遗产的调研课题，作为河北省文化厅厅长，她愿意全力以赴参与。

现代出版社社长臧永清高度评价了俞正声主席的报告，认为报告特别实际，文风特别真诚，切中要害，为今后改文风开了一个好头，也是一个典范。建议要鼓励全社会广开言路，进一步重视政协委员尽心尽力的调研成果，不能让委员老是持续地提同一个问题，这也是浪费智力资源。

因为下午要随同李克强总理到经济组和农业组共商国是，我也抓紧时间作了一个发言。我和大家的感觉一样，认为这两个报告非常好，报告作得好首先还是工作做得好。因为兼任全国政协的副秘书长，见证了许多政协的具体工作。正如俞主席在报告中说的，整个政协过去一年的工作，有大事、有重点、有亮点。一年来多党合作和政治协商有了很大进展，党和政府高度重视。从去年岁末到今年年初，习近平总书记先后五次就人民政协工作发表讲话，频度非常之高。去年习近平总书记在庆祝人民政协成立65周年大会上的讲话，包括后来出台的《中共中央关于加强社会主义协商民主建设的意见》，都把协商民主和多党合作制度放在非常重要的高度。民主党派领导人陪同中央领导同志调研、出访，成为制度性安排。王岐山、孟建柱等领导人到政协与委员面对面交流，弘扬了民主精神，践行了协商理念。我介绍说，俞主席提出，要让人民群众感觉政协离我们很近，昨晚我专门写了一篇文章《政协就在你我身边》，讲述了作为一名政协委员如何调查研究、反映社情民意的过程。关于有些委员对一些提案的反馈不满意，我认为应该客观分析。一方面这可能和我们提案的质量有关系，可能我们与政府都没有找到好办法。另一方面也与提案办理的方式有关系，有的提案看似落实了，但是落实不够。我以自己的提案经历为例，说明只要锲而不舍，不断完善，坚持探索，多少会对最终决策形成积极的影响。

不知不觉，我讲了近十分钟的时间。我并没有注意到在我发言期间，民进内蒙古自治区委员会主委、内蒙古师范大学副校长郑福田委员一直在看表。在分针指向8的时候，他终于忍不住说："也让我说两句吧，不然时间就来不及了。"我不好意思地赶紧回答："我占用的时间有点长，老郑你早点提醒我嘛！"他说："我都举了两次手了，你就是不停下来啊！"我笑着说："还以为是你赞同我的意见呢！"其实，讲到兴奋处，我根本没有注意到他在举手。

郑福田主委也用了三个字表达了他的感受：一是"新"，形式新。二是"亲"，亲切，接地气。三是"密"，密度大。他高度评价了政协的双周协商会，认为这种形式如果坚持下去，由表及里，由浅入深，对提高政协地位、话语权、权威性、影响力都有重要作用。他认为，政协工作不一定立竿见影，但是能坚持下去，好多事情逐渐会得到解决。真正要实现协商民主广泛多层制度化还会是一个长期过程，需要一个合情合理的政治生态。好多事情本来不是一年两年的事情，见事早、立言早就可以了，能引起高度重视当然更好。政党协商需要我们民主党派明白国情世情、睿智、有判断力。内蒙古也确定了和党派协商的题目,这方面他自己也觉得战战兢兢、责任重大,需要培养人才,培养参政议政队伍,利用会内资源、借助会外资源才能做好。

  委员们的发言非常热烈,中间一直没有休息。真可谓:协商民主千斤担,委员履职天地宽。会议结束以后,《中国日报》《人民政协报》等记者对我的发言很感兴趣,继续与我讨论交流,一直到11点35分离开会场。

八　见证总理商国是

3月4日下午，星期三，晴

下午2点10分出发去铁道大厦。不长的路途，竟然走了近40分钟，差点迟到。

2点45分到达北京铁道大厦，大厅的记者已经架起了"长枪短炮"，准备对总理"围追堵截"了。有几位认识的记者和我打招呼，我也不敢应承，赶紧往会场跑去。

下午3点，李克强总理准时来到会场，与部分委员握手后就开始了下午的会议。据说，每年两会，总理都会参加经济界、农业界的联组会，与委员共商国是。

会议由全国政协常委、国家发展改革委原副主任朱之鑫主持。国务委员杨晶，全国政协副主席陈元、周小川、王正伟、王钦敏等参加，仝广成、黄小祥、侯建民和我代表大会秘书处陪同参加。有关部委的负责人肖捷、徐绍史、楼继伟、尹蔚民、姜大明、韩长赋、高虎城、宁吉喆等也专门参加会议听取委员意见和建议。

全国政协委员、国资委原副主任黄淑和首先发言。他建议说，全国政协经济界集中了各方面的人才，应该集中力量，研究一下中国经济如何避免落入空心化陷阱的问题。他提出要充分肯定十多年来国有企业发展的成绩。他最担忧的问题是国有企业大而不强，担心中国经济会不会受到两头挤压，高端产业短期上不去，低端产业又转移走了，产业形态夹在中间，不上不下。他举了美国的例子。世界金融危机发生后，美国做出了一系列调整，其中重返制造业、再工业化是重要内容。随着创新优势不断体现，美国的高端制造业正逐渐回归，再加上油气价格下降解决了其成本难题,以及美元仍然具有国际话语权的绝对优势,美国经济复苏又走在了全球前列。

全国政协委员、中国移动董事长奚国华就大力促进信息消费,助推经济"新常态"作了发言。他认为,信息消费作为增长迅猛的新兴领域,正处于全新发展时期。一是居民消费结构持续优化的升级换挡期。我国居民消费内容和结构不断优化,高技术创新类服务和产品成为消费演进升级的重要方向。二是互联网正在应用与深度融合的创新凸显期。信息通信技术在经济社会各领域深度集成应用,催生互联网金融、电子商务、O2O等新兴业态,加速创新供给,激活潜在需求,形成大众创业、万众创新的新局面。三是新常态下全面繁荣信息经济的战略机遇期。2014年总量突破16万亿元,占GDP比重超过26%,如2014年天猫"双十一"交易额达571亿元,相当于全国每人在这一天花了42元;共产生了2.78亿个包裹,连起来能绕地球两圈。我国中西部人民群众更多通过手机方式接入互联网,参与到信息消费当中来。

他分析说,语音时代催生了基础电信企业、华为、中兴崛起,消费互联网时代催生了百度、腾讯、阿里、小米、京东等互联网企业崛起。现在,我们进入了消费互联网与产业互联网交织并进的时代,信息消费内涵和外延快速扩展。手机、智能终端等信息产品扩展到可穿戴设备、智能家居、智能机器等新型网络化、智能化产品。产业互联网时代,一批具备线上产业生态整合能力的数据驱动型企业将成为新的产业领导者。

为此,他提出了几点建议。一是进一步简政放权,激发信息消费市场活力。加快电信市场改革和开放,放开竞争性环节的市场准入,鼓励更多的民营资本进入电信市场领域,在全国范围内全面推进三网融合,加快电信和广电业务双向进入。二是加强信息基础设施演进升级,夯实信息消费网络基础。三是推动大数据等新技术的广泛应用,加速信息化和工业化融合。同时,对坚持依法行政、构建诚信消费环境、保护个人信息、加强公共信息资源开发共享等提出了建议。

全国政协委员、国家旅游局原局长邵琪伟就进一步释放旅游业发展潜力,为稳增长、调结构、惠民生发挥更加积极作用作了发言。他介绍说,2014年全国旅游直接投资7053亿元,目前我国旅游直接就业约1500万人，加上间接就业总量约8850万人，约占全部就业的11%。预计到2020年，我国城乡居民年人均出游4.5次，市场规模超过60亿人次，居民旅游总消费额将达到5.5万亿元。我国居民仅在法国通过银联卡购物就花费了3.85亿欧元。他在发言中特别提出了大力发展旅游装备制造业的建议。他指出，旅游装备制造业（如游轮游艇产业、低空旅游装备制造业、自驾车房车营地、旅游纪念品等）是旅游业与制造业的有机融合，需求潜力大、技术含量高、带动作用强，可以成为我国旅游业发展的新亮点。他一边说一边展示着相关的图片。工作人员马上把这些图片送到总理身边，让总理细细阅看。

全国政协委员、复星集团董事长郭广昌就帮助民营企业"走出去"作了发言。他认为，我国的企业"走出去"缺乏指引，各自为战。特别是民企海外投资的融资渠道窄、成本高，竞争力不足。对此，他提出六点建议。一是加快制定并实施《境外投资法》。建议进一步规范对外投资的主体、程序和权责，将不涉及敏感国家和地区、敏感行业的对外投资改为备案制。二是逐步建立民企海外投资的服务体系。三是变过去领导人出访或接访的单纯采购大单为"采购+投资+准入"大单。四是建立多层次资本市场，支持企业在境外通过发行股票、债券等方式于当地直接融资。五是建立海外投资收入税收减免制度。对企业境外投资给予一定的财税优惠。六是鼓励国企与有海外经验的民企联合对外投资，将混合所有制应用于海外项目中。他认为，目前全球大宗商品处于"冰河期"，正是国企、民企联手出海配置资源的好时机。

总理对每个发言都特别认真地聆听。郭广昌讲话的过程中，他四次插话，了解情况。总理问：你们企业在走出去过程中有什么困难？郭回答说他自己没有困难。总理说："你原来是为其他企业呼吁呀！"当总理得知郭广昌的企业当初就是因为在国内无法施展，才到国外发展并且成为葡萄牙最大的保险公司，现在想回来也面临不少困难时，总理让他直接给在场的中国人民银行的周小川行长写信，总理说："你专门写个建议，需要什么政策，我们全力支持。既要鼓励走出去，更要鼓励走回来。"郭广昌说："我们走出去的目的就是为了更好地走回来！"总理表示："你们回来的障碍太多了，要打掉！我现在就要帮助你们打掉这些障碍！"

全国政协委员、中国建设银行行长张建国就把握机遇、加快金融改革创新提出了建议。他主张要努力发挥货币功能，加快推进人民币国际化。他分析说，目前人民币在海外市场的结算量、保有量已经很大，但人民币在境外作为世界货币的基本功能尚未得到应有体现，应从国家层面高度重视人民币"能出去、愿持有、用的多"的吸引力问题。他呼吁要保持人民币币值稳定，增加人民币资产的流动性，打通人民币国债本土市场和国际市场的路径，推进人民币债券国际化。总理这时插话说："一定会保持人民币的基本稳定。这点你放心！"

张建国委员还希望加快推进利率市场化，建立存款保险制度。总理再次插话："存款保险制度已经准备出台，你们觉得如何？给你再吃一个定心丸，基本上已经决定5月1日正式实施！但同时存款利率的市场化是否也要推动？"

张建国接着说："当前银行遇到巨大挑战，存款要求高收益，也会间接推高全社会融资成本；需要资金的则批评贷款难、贷款贵，从这个角度说，银行也是弱势群体。"当张行长说银行是弱势群体时，全场爆发了一阵笑声，总理也笑着马上说："农民才是弱势群体呢！"全场再次会心而笑。

全国政协委员、河南绿色中原现代农业集团董事长宋丰强就打造"舌尖上的安全"作了发言。他一口气向总理提了五条建议：一是切实保护好土壤、水等农作物赖以生存的生态系统，从源头上杜绝有害物来源；二是加强农产品安全领域的执法、司法力度，加大对违法违规者的惩罚力度；三是加强对市县两级农产品质量监测机构和乡镇监测点建设的投入力度；四是推广农业标准化生产，把好市场准入关；五是建议召开一次以农产品质量安全为主要议题的中央农村工作会议，并作为次年的中央一号文件主题。

在讲述农产品质量时，宋丰强拿出了自制的一块题板说："总理，我没法把实物带来，只能把小作坊生产有害豆芽儿和标准化工厂的生产流程画出来给您看。"他指着图向总理介绍，工厂化生产的豆芽儿有喷洒设备；小作坊的生产流程像孵小鸡，脏乱差，"谁能放心吃？"总理边看边问："你是搞农产品生产的？"他告诉总理，自己有三个工厂,生产有机蔬菜,搞绿色农业。总理追问:"产量大吗?有自己的品牌吗?"他自豪地告诉总理:"有!丰乐牌!"

最后发言的是全国政协委员、原供销合作总社理事会副主任戴公兴。他认为,我国正处在由传统农业向现代农业转型的重要时期,必须加快新型农业经营体系的建设,而在这个体系中,最重要的是培育和构建新型农业经营主体。他在调研中发现,各地方在推进新型农业经营体系和经营主体建设过程中,重视程度和发展进程差异较大,政策不明确。如允许工商资本进入农村,准入条件是什么,是否可以无限制地"圈地",农业用地非农、非粮化怎么办,等等。为此建议中央层面做好顶层设计,加强政策指导。加快培育各类农业社会化服务组织,构建完善的现代农业服务体系。

在委员们发言结束以后,李克强做了一个全面的回应。他说,自己是第三次来经济组和农业组,因为时间关系发言的委员很有限,大家有什么意见还可以通过政协跟他反映。他告诉大家,自己非常重视政协委员的提案和建议,不仅认真阅读,还多次批示,感谢委员们对国家建设的真知灼见。他说,明天是正月十五,是中国人的传统佳节,他代表党中央国务院祝大家元宵节快乐!

李克强说,去年,在以习近平同志为总书记的党中央领导下,通过积极应对多重矛盾和挑战,经济社会发展主要目标任务较好完成,成绩来之不易,其中也凝聚着各位委员的心血和奉献。事非经过不知难,要倍加珍惜。今年形势依然严峻,经济下行的压力持续加大。要按照协调推进全面建成小康社会、全面深化改革、全面依法治国、全面从严治党的战略布局,加力稳增长,扩大有效需求,顶住经济下行压力,确保经济运行在合理区间。持续推进改革,抓住简政放权和财税金融、国企国资等改革重点,激发市场活力,调动民营企业积极性。着力调结构,加大公共产品和服务供给,发展信息、旅游等消费,促进经济提质增效升级,不断提高人民群众生活水平。要加快农业现代化,走绿色、安全、高效发展之路,使农业更强、农民更富、农村更美。

总理特别强调了要推动大众创业、万众创新,培育发展新动能的问题。他说,中国有13亿人,1.5亿受过中等以上专业教育,如果大家都能够动起脑筋去创造，就无法想象有多大的力量。现在的问题是各种束缚太多，障碍太多。就像复星集团一样，当初出去是因为国内有障碍，现在回来仍然有障碍。中国的改革是渐进式的，改革有利益的博弈，但是我们一定要打掉束缚生产力发展的体制障碍！

总理的讲话赢得了委员们热烈的掌声。

会议结束以后，我随同总理一起离开会场。进大厦后，发现那些无法进入会场的记者仍然在大厅两侧苦苦守候。总理与身边的记者握手，向远处的记者挥手。有记者说总理辛苦啦！有记者向总理问好。他回答说："一切都会好。明天是元宵节，祝大家元宵节家庭幸福、欢乐，大家一切都好。"

晚上8点，中央人民广播电台的记者刘云龙和《华西都市报》的首席记者席秦岭等来到驻地北京国际饭店采访。我与他们谈刚刚出版的新书《我在人大这五年》，用清华与北大的比喻谈人大与政协的不同，谈学者官员的"旋转门"，谈代表委员的提案与建议到底有没有用，谈南方科技大学的启示与影响，谈如何改革职称评定制度等。席秦岭不愧是首席记者，采访完成以后，趁我与刘云龙交流的时间，竟然完成了近千字的采访稿。

采访结束后回到房间，浏览完今天的报纸，又写了一会儿手记。

晚上10点30分开始跑步40分钟。11点35分休息。

九　喜听总理说书香

3月5日，星期四，雾霾

今天是每年两会的最高潮——人大开幕，总理作政府工作报告。每年我都非常期待。

早晨依然早早起来，5点左右就开始工作了。写了一会儿两会手记之后，才开始发布亲历两会的微博。越专注做事，时间越过得快，感觉两个多小时只是一瞬间。

早晨8点5分出发去人民大会堂。8点20分就到达北大门。领取了政府工作报告的文本以后，就直接去二楼找位置了。政协委员是列席全国人大会议，座位不固定。以往总是先在外面见见老朋友，特别是人大的朋友，只有在这个时候最容易见面。但结束以后到二楼找位置就比较困难了。今天还是老老实实地先找一个好位置坐下来，正好可以静心地先读读政府工作报告。

9点整，大会在雄壮的国歌声中准时开始。张德江委员长主持会议，2907名人大代表出席会议。如果我没有记错的话，这可能是出席率最高的一次了。

接下来就是李克强总理代表国务院作政府工作报告。报告内容非常丰富，全面总结了2014年的工作：全面深化改革实现良好开局，全面推进依法治国开启新征程，全面从严治党取得新进展，全面建成小康社会迈出新步伐。经济社会发展总体平稳，稳中有进。报告也坦诚分析了存在的困难与问题，特别是关于政府本身的工作不足，如少数机关工作人员乱作为，一些腐败问题触目惊心，有的为官不为，在其位不谋其政，该办的事不办等。大家为总理直面问题的勇气而鼓掌。

报告中关于2015年的工作部署也是亮点纷呈，"干货"很多。我个人印象最深的是三个方面。一是关于简政放权的问题。总理反复强调要全部取消非行政性许可审批，做到"法无授权不可为，法定职责必须为"，用政府权力的"减法"换取市场活力的"乘法"，特别是他用网络流行语"有权不可任性"时，全场爆发了热烈的掌声。二是关于教育公平的问题。总理在2014年的成绩单里，教育部分主要讲述了如何促进教育公平的问题，如加强贫困地区义务教育薄弱学校建设等，在2015年的工作中则明确提出"让每个人都有机会通过教育改变自身命运"。三是关于全民阅读问题。去年"全民阅读"首次写进政府工作报告，得到文化教育界的广泛好评。今年更明确地在政府工作报告中指出，"文化是民族的精神命脉和创造源泉"，要"提供更多优秀文艺作品，倡导全民阅读，建设书香社会"。每年两会我都会围绕教育和阅读这两个大主题提出不少建议。其实，教育自然书香萦绕，全民阅读也就是散播全民教育的芬芳。喜听总理说书香，听得心里暖洋洋。

李总理的报告赢得了大家的掌声，52次掌声，可能也刷新了两会的纪录。掌声背后是民生。大家深深感到，这是一个把老百姓的疾苦放在心里的政府。

回到驻地。午餐，读报，上网。稍事休息一个小时。

下午3点参加民进组讨论。根据安排，我主持下午的讨论。首先传达了习近平总书记昨天在联组会议上关于政协委员履职尽责的讲话精神。他特别希望政协委员勇于担当责任，提高能力素质，保持良好形象。"把责任扛在肩上，把事业放在心上，有效履行委员职责"，"做到建言建在需要时，议政议在点子上，监督监在关键处"。

民进中央副主席、民进山西省委主委卫小春第一个发言。作为山西省卫生厅的厅长和医疗专家，他对医疗卫生行业人才需求和培养严重脱节的问题提出了建议。他介绍说，医学院校培养了很多本科生、硕士生、博士生，但是据统计只有50%—60%的人才能够从事本专业。与此同时，下游的医院、基层医疗机构专业技术人员严重匮乏。专业严重不对口的情况也比较普遍。如儿科医生严重短缺，仅山西省就缺少1600多名儿科医生。所以，应该推进医教协同，使上游培养和下游需要相吻合，不断满足人民群众日益增长的医疗卫生服务需求。

清华大学罗永章教授对总理报告中提出的"大众创业"和"万众创新"给予了高度评价。对发展健康产业和简政放权，以及通过体制创新推动科技创新，释放科技作为第一生产力的活力等问题提出了建议。

民进湖南省委副主委、湖南省环保厅副厅长潘碧灵对加强生态文明建设提出了四方面建议。一是希望国家在生态文明建设方面不能放松，坚持节能减排不能动摇。二是希望加快生态文明建设体制机制改革。三是希望进一步加大对生态环保的投入。四是希望国家重视城市园林的生态功能。

民进海南省委主委史贻云同时兼任海南省科技厅厅长，他自然特别关注科技创新问题。他介绍说，海南的研发经费一直以来排全国的末位，这与国家在海南的科技创新资源配置方面严重不足有关。例如海南一直没有中科院研究所，直到前年才有一个深海所在筹办。他建议在制定十三五规划时，应该对科技创新资源配置薄弱的地区给予适当倾斜。

民进江苏省委主委朱晓进对报告中的许多新提法非常感兴趣，认为这些提法非常有冲击力。如第一次提出了海洋大国、健康中国，体现了大国风度。第一次提出把群众的冷暖忧乐放在心头。第一次提出国防和军队建设法治化水平，体现了全面依法治国的"全面"。

四川成都武侯区分管教科文卫的副区长杨建德用卫生服务中心的改革经验，说明了通过改革促进发展的正确性。三年前，他们启动了三个重要改革，第一是拨款方式的改革。改革后，服务中心不再跑来要编制，而是想着如何增加工作量，如何提高效率，从而实现了近几年30%—40%的增长。第二是药房托管。以前是自己管，出现了吃回扣的现象，现在成立独立公司，直接和药厂谈判。在药价不变的情况下，投入的人手减少了，收入反而每年增加800万元以上。第三是医学检验检测外包。不仅场所、人员、设备方面的成本节约了，服务质量提高了，价格便宜了1/3，每年还能上缴500多万元。这个例子显示了改革的巨大威力和市场的巨大潜力。

上海交通大学副校长黄震认为，报告有很多新提法，如多次提到万众创新、大众创业、草根创新、小微企业，体现了培育和催生经济发展的新动力是核心。他特地向我们推荐了两本相关的书籍《第三次工业革命》《零边际成本社会》。他提出，创新创业从来没有这么好的机会，而传统行业不变革就会被淘汰。

安徽省教育厅副厅长李和平用三"心"来概括他对报告的感觉。一是鼓舞人心。政府通过多项措施使工作安排得以落实，交出了一份非常满意的答卷。二是令人担心。新常态下，结构优化、转型升级等都不仅仅是一句话的事，报告中也提到了很多困难，这背后的压力非常大。目前，调结构、转方式还只是起步，要实现2015年的目标难度还是很大。三是充满信心。报告着眼于四个全面，立足于五位一体，作了具体安排。按照这样的安排，把国民的积极性全部调动起来，大家万众一心，对2015年目标的实现充满信心。

宁夏回族自治区政府副主席姚爱兴也谈了自己对报告的感受：困难不一般，措施不一样，结果不简单。第一，困难比预想的要多。第二，面对困难，政府没有采取短期刺激政策，而是抓住主要矛盾，定向调控。第三，对2015年工作安排得切合实际，对一些工作的考虑很充分。报告着眼于双目标、双组合、双引擎，让人获得信心。他对如何缩小收入差距提出了建议。姚爱兴指出，目前国内的收入差距已经非常大，从社会安全和收入调节两方面考虑，社会保障应该发挥更大的作用，国家在建设社会主义保障体系方面还应该加大力量。建议要扩大覆盖面，实现普惠型全覆盖。同时加快社会保障统筹步伐和形成社会保障制度设计。

福建省社会科学院院长张帆对报告中提出的"大众创业、万众创新"给予了高度评价。他认为，在当前经济下行压力下，采取这种举措非常必要，真正发挥全体人民的积极性非常重要。以往谈创新都是说科技创新、高校创新，现在把大众纳入创新范畴，特别有意义。就业问题和创新问题结合起来非常重要，光一个互联网的出现，就整个改变了我们的文化生态和经济生态。年轻一代对互联网的接受程度远远超过我们这一代人。现在年轻一代的创新、创业环境比老一辈的好得多，无论物质环境还是文化环境都好得多，但总是感觉他们创新、创业的动力不是那么足。究其原因，一是物质条件好了，二是传统文化中不太好的一面是不太鼓励创新。坐享其成和循规蹈矩会导致创新动力不足，因此需要更注重创新观念的培养。要利用经济下行的不好条件，把推动创新这件好事做出来。

复旦大学副校长蔡达峰对报告中总理现场加的一句"从严治党迈出新步伐"表示非常赞同。同时指出改革开放不能够仅仅理解为经济方面的改革开放，应该更注重各领域改革的协调性。全面深化改革在当下是调整生产关系以促进生产力发展。他对怎样实现政府所想和百姓所想形成共识的问题提出了建议。他认为，目前老百姓最关心的是收入分配问题和反腐败。如何针对群众的需求做好决策就非常重要。

民进中央常务副主席罗富和最后发言。他在讲话中说，2014年政府的工作非常出色，面对巨大的压力，在经济增长、民生投入方面取得了成绩，驾驭大局的能力令人佩服。去年对外投资第一次和引进外资平衡，这表明经济发展进入了GDP向GNP转变的重要进程。GNP更加需要全面谋划布局，更符合经济转型升级的需要。2015年工作提到了要加大走出去战略的实施，这方面我们民进提过一个建议，建议成立国家发展署，这是一个承担对外发展战略从规划到实施的官方或半官方机构。习近平总书记说过，经济合作需要算经济账。例如高铁项目需不需要考虑投入产出，需不需要考虑回报周期。罗主席对政府工作报告提出的实行以备案制为主的对外投资管理方式提出了疑问，因为现在走出去的大部分是国企，而不是私人企业。如果没有一个机构去评估，仅仅备案一下就投入几百亿上千亿，风险很大。他强调还是应该按经济规律办事，加强谋划，加强监督。另外对报告中的一些文字，也提出了具体修改意见。

小组讨论结束后，我赶到大望路阳光100办公楼第一财经频道，晚上6点参加《两会"笛声"——寻改革深化之道，论经济常态之新》的节目录制，与主持人慰笛和马国川先生一起讨论中国教育改革问题。去年底我和马国川合作撰写的《重启教育改革》已经由三联书店出版，上了1月份的"光明书榜"和中国出版集团的"好书榜"。今天的节目中，我们仍然认为，中国的教育改革才刚刚开启，任重道远。

今天是元宵节。采访结束后赶回家与家人吃了一点元宵。晚上8点半回驻地。读报，浏览十余份报纸。虽然现在手机读新闻已经非常方便，但是快速浏览一些报纸能够发现一些自己特别需要的资料。如今天的《参考消息》报道英国的家庭藏书多达80亿本，对我就很有价值。这却是一般媒体不会关心的事情，一般不会出现在手机新闻里。

不知不觉读了一个多小时。今天又是雾霾天，晚上10点20分开始跑步半小时。11点20分休息。

十　民进心系"中国梦"

3月6日，星期五，雾霾

早晨5点10分起床。

读《生命与教育》一书。我今年所提的一个关于艺术教育的提案，是来自去年新教育主报告研究的问题。今年新教育主报告的主题是新生命教育，对这个主题的研究从两年之前开始，今年的主报告估计会成为明年的提案之一了。把研究、工作与参政议政有机地结合起来，就可以起到事半功倍的效果。

读书到近6点，开始发微博，同时写两会手记。

今天全天参加民进组的政府工作报告讨论。

上午9点小组讨论开始，会议由姚爱兴副主席主持。

贵州省政协副主席左定超委员第一个发言。来自西部的他尤其称赞政府对西部发展的重视，他举例说，贵州80%的县已经通高速了，他的家乡到贵阳车程原来需要三四个小时，现在一个小时就到了。他建议，第一，加强推动国有大型企业转型升级工作，支持生产具有世界竞争力的产品，创造世界级的品牌，支撑国民经济，引领中小企业发展。第二，切实解决好中小企业融资难的问题。第三，健康中国在表述中应该把"预防为主"写进去。第四，投资力度还是要向西部倾斜。新农村不能做表面文章。

最高人民法院副院长陶凯元委员认为，在去年的严峻形势下，取得这样一份成绩单非常不容易。对今年的工作部署印象最深的四个方面是，第一，"双目标""双结合""双引擎"思路清晰。尤其是"双引擎"，体现了政府简政放权的思路，也体现了政府在惠民生上的决心和担当。第二，发展预期目标的六个指标中，GDP发展目标主动降速为7%左右，以及增加就业等，体现了底线思维和思维理性。第三，在简政放权上用了较大篇幅。第四，很多新的提法有亮点，也体现了工作重心。对于报告的修改，她建议在切实加强政府自身建设部分，和四中全会更好地呼应，强调推进法治政府建设。

民进上海市委会副主委胡卫委员说，报告很有总理的特色，对政府简政放权印象深刻。我们离中央越近，信心越足；离基层越近，担心越多。他结合教育问题提了四条具体的建议。第一，基层单位要有空间。1995年国家就提出教育要有自主权，20年过去了一直在回归原点，以前学校还可以发文凭，现在文凭都是国家发的。互联网一来，连中小学的文凭也都成国家发了。学校没有空间，没有自主权。第二，给社会发展空间。领导干部退下来都成为行业协会的领导，采用的还是行政的那一套。应该把空间还给社会的有机体。第三，给市场发展空间。如果600所大学本科转型为应用型本科，民办院校就更没有空间了。第四，给子孙留空间，给未来留空间。

民进重庆市委主委陈贵云委员也高度肯定了工作报告，认为关键在落实。他建议要认真解决粮食安全、"草根"创业问题和中小微企业融资难的问题。

中国社会科学院教授俞金尧委员认为，政府工作报告和俞主席的政协报告文本一样，文本有创新，说明转文风已经形成共识。人民收入增长快于GDP的增长，这是最大的一个惠民生的结果。他建议报告中应该提到促进各民族交往、交流、交融。

民进内蒙古自治区委员会主委郑福田委员说，去年政府工作成绩突出，举世瞩目。对报告提出的一系列困难和问题，我们有责任把政府迎难而上的决心传递下去，为社会增加更多正能量。他建议国家的许多政策不能一刀切。发达地区和欠发达地区差别很大，国家从战略上应该有整体布局，加强统筹、全面推进。一刀切，切在发达地区的屁股上还不要紧，切在欠发达地区的脑袋上就不合适了。让东部带西部从经济上说是蜻蜓点水，还是要从政策上下功夫。西北部发展事关国家安全，希望民进界别就此做调研。他还特别对统战工作提了建议，一是加快民族地区、边疆地区党派发展的力度。二是希望加大民族和边疆地区党派干部的培训力度。三是基层党派组织建设应有规范，专职人员、场所、经费都需要制度化规定，为党派活动多搭建平台。

民进河南省委主委张震宇委员认为，民生投入反过来能够拉动经济增长，是双赢的措施，是去年工作的亮点。三个"双"体现了新一年发展的导向和对经济发展的新认识，也是未来经济高质量发展的着力点和基本原则，这是报告最大的亮点。他提出了三点建议：一是推动产业结构迈向中高端，推动制造业和服务业的融合发展。二是加大带薪休假制度的实施力度。三是成立中小微企业政策性银行。他认为，政府应该有所为有所不为，不应该让企业在方方面面都感受到政府的存在。

民进湖北省委驻会副主委唐瑾委员高度评价报告中提出的让人民群众享有更多文化发展成果，倡导全民阅读，建设书香社会，希望能够更多落实在具体举措上。作为曾经获得过翻译出版奖的出版家，她为委员推荐了《寂静的春天》和《史蒂芬·哈珀在读什么》两本书。她主张，翻译应引起文化管理部门和外文局的重视，加大对文化事业、翻译事业、翻译人才培养事业的投入。

杭州市政协副主席赵光育委员为本届政府过去一年的工作点赞，他强调了大众创业、万众创新的要求是今后经济发展的重要走向，认为服务业就业容量非常大，相关政策法规需要大力推进。他特别提出加强土壤污染的治理问题。对这个问题他已经关注多年，今年将继续提交有关建议。希望国家尽快出台相关法律，加大治理力度。

民进新疆维吾尔自治区委员会主委牛汝极委员认为，报告充满了哲学的辩证法和唯物论，讲整体不忘局部，讲制度不忘系统。建议进一步加大新疆与内地的交流、交往、交融。

浙江省政协副主席蔡秀军委员认为，报告提出了健康中国，非常得民心。但是健康中国还是要预防为先。他建议医改的综合试点要做好顶层设计，基本医疗保险应考虑政府能够承受多大的负担，在做好基本医疗保障的同时，推动商业医疗保险的发展。

会议发言依然热烈，中间仍然没有休息，11点半左右结束。

中午1点午休片刻，起床写手记。

下午3点，小组继续讨论政府工作报告。由卫小春副主席主持。

吉林大学经济学院教授杜婕委员为我国政府在处理南海问题，推动大众创业、万众创新的工作点赞。她呼吁国家要加大对创新创业的支持力度，比如手续上的工商注册、年检程序简化，资金上的央行对互联网金融准入持宽容态度，加大对小微企业的金融支持等。

尚勋武委员认为，报告对他影响最深的有三点。第一，用词比较尖锐。第二，简政放权工作部署的力度依然很大。过去一年政府简政放权减的都是没用的权，今年再减这么大的比例，减的是实权。第三，财政工具的使用上向民生倾斜、向中西部欠发达地区投入。"有权不可任性"这句话让人思考。有权任性体现在选择性用权上，在我们国家非常普遍，党委、政府、人大、政协都有这个问题。我们对有权不可任性寄予希望，有什么权、该怎样用，还有很多地方需要好好研究一下。

儿童文学作家、民进湖南省委会副主委汤素兰委员为报告中说的"精准扶贫"点赞。她介绍说，自己是第八次听政府工作报告，从去年开始，报告里才有精准的脱贫人口数字，说明政府做工作越来越扎实。她建议要在全社会厚植创业创新的文化，不能让官本位的文化、让学而优则仕的习惯思维一直蔓延。她特别呼吁加强老年教育，建议政府工作报告从学前到老年教育都应有关注。

民进天津市委副主委邱立成委员认为，过去一年，困难比预想的多，成绩比预想的好。2015年形势更严峻更复杂，中央一直提新常态，就是为了避免大家心里接受不了，信心上受到冲击。越是在经济下行时期，兜住民生底线就变得越重要。去年经济增速下降，就业不降反增，建议国家完善就业失业统计，编制就业指数，以反映我们国家真实客观的就业形势。

现代出版社社长臧永清委员说，这是一份有温度的报告。报告中对文化的论述，比以往进步很多。表述更实，有一些新的提法，重点也非常清晰。我国多年提文化走出去，但到现在还是有很多困难。中华文化是一个自成体系的文化系统，和西方文化不是同源关系，让西方接受并不是那么容易。以西方的接受程度作为评价标准，也不合适。对内而言，也有一个文化雾霾的问题，既需要俗题雅作的普及，在普及之后再提高，也应该对大众媒体加强监管。

民进山东省委会主委栗甲委员用"很过瘾、很畅快"形容报告给自己的感受。他指出,"有权不可任性"是点睛之笔。任性谁来管,靠什么?一个是制约,一个是监督。政协委员有民主监督的权利。政协工作报告提到切实加强民主监督职能,一定要取得实效。要有计划、有题目、有载体、有成效,这样政协三大职能的第二大职能才能走上舞台,这也是政协第二大职能的新的起点。我们不能让权力任性,就要如实反映情况,还要做到坦率,还存在能不能、敢不敢的问题。民主监督确实是一篇大文章,如果这篇文章做得好一点,可能政府权力的任性就会少一点;政府权力的任性少一点,人民的日子可能就会过得好一点。

来自天津的民进主委张俊芳委员认为,报告有很多值得兴奋的地方,也有一些兴奋不起来的地方。值得兴奋的地方包括市场在资源配置中发挥决定性作用越来越明显、全面推进依法治国体现在依法行政上、全面实现小康社会体现在民生方面等。但也有几个方面值得警惕和重视:一是改革的阻力仍然很大。二是中央的要求和我们要实现的目标,在一些部门和一些地方出现口号喊得很高、动静搞得很大,但距离既定目标渐行渐远的情况,如环境保护、京津冀协同发展、防范金融危险、教育领域推进素质教育减负等。三是存在一些没有想清楚就匆忙推进的事项,这会给改革带来次生灾害。

民进江西省委会主委汤建人委员特别重视报告里谈到的加快义务教育学校标准化建设问题,并说到自己的两个提案的形成过程。他在基层调研时发现,中小学生人均运动场地普遍不足,甚至还没有达到社会平均运动场地的水平,为此写了一个提案,建议要把中小学运动场地建设摆上政府的议事日程,限期达标。与此相关的是关于体育老师专业性不够的问题,他在调研中发现体育教师兼职情况普遍,希望逐步减少体育老师兼职的现象,由专业的体育老师通过体育教育提升孩子的素质,避免孩子在运动过程中受伤,锻炼培养孩子的团队精神。

整整一天的讨论,时间过得非常快。民进委员们畅所欲言,现场火爆热烈。无论是谈感想还是提建议,无论是对取得成绩的肯定还是对接下去工作的忧虑,无不体现出一片爱国报国的拳拳之心,无不体现出民进会员心系"中国梦"的赤子情怀。的确,话语权也是一种权利，而且是一种必须重视的权利，委员们在认真对待这种权利，发出自己的声音，许多建议都饱含着采自一线、采自民间的智慧芬芳。

晚上6点45分陪同严隽琪主席、罗富和常务副主席会见四川省政协主席柯尊平、常务副主席晏永和、副主席张雨东和崔保华一行。柯尊平主席刚刚履新不久，两会期间专门与民进中央领导见面，感谢去年民进中央将中共中央委托开展的"建立流域水生态环境保护长效机制，促进区域生态文明建设"专题调研及"2014长江保护与发展论坛"放在四川举行，通过对攀枝花、雅安、泸州等地的调研，形成了《关于设立长江上游经济带经济体制和生态文明体制综合改革试验区的政策建议》。希望民进中央继续关注支持长江上游经济社会发展，关注支持藏区交通加快建设等。严主席也代表会中央感谢四川省政协对于民进四川省委会工作的支持和干部队伍的培养，希望加强合作，为长江上游经济带建设共同努力。

晚上7点半参加民进中央十三届十次常委会。按照惯例，每年全国两会期间，民进中央都要利用间隙时间召开一次常委会。严隽琪主席主持会议并讲话。她指出，统一思想、凝聚共识、坚定信念是党派工作不变的主题，要巩固和促进全会的"三个认同"，保持政治定力，更好地围绕大局做贡献。会议原则通过学习贯彻两会会议精神的通知，号召全会各级组织和广大会员团结奋进、扎实工作、开拓创新，以履行职能和自身建设的优异成绩，迎接民进成立70周年，为实现"两个一百年"奋斗目标、实现中华民族伟大复兴的"中国梦"而努力奋斗。

晚上8点15分在北京国际饭店大厅接受媒体集体采访。每年两会对于需要见面采访的朋友集中交流，对于文字采访的就利用空余时间邮件交流，是一个节约双方时间精力、提高访谈效率的办法，已经用了好几年。《华商报》首席记者秦子，《环球时报》首席记者刘畅、英文版记者李骞，《经济日报》记者韩秉志，中国网记者刘昌、舒珺，未来网记者李盈盈等，就《我在人大这五年》等进行采访。采访一直持续了两个小时。

采访一结束，就抓紧时间跑步45分钟。回房间后处理邮件等事务。11点45分休息。

十一　强国论坛话教育

3月7日，星期六，雾霾

　　早晨4点50分醒来。以往的两会，这样的情况一定是马上起来工作了。今天想再睡一会儿，可躺在床上，心里还是念着两会手记，很难再进入睡眠状态，5点5分还是起床干活了。发微博，写手记。

　　上午9点继续参加小组会议。原定7号上午是联组会议，但是因为去年已经举行了与民盟的联组会，今年就不再安排。全国政协研究室副主任苏启明，新闻出版广电总局副局长阎晓宏，邮政局副局长刘君，教育部党组成员、部长助理林蕙青，教育部基础教育一司司长王定华、高教司司长张大良，文化部党组成员、部长助理刘玉珠，文化部办公厅副主任喻剑南等列席。两会期间，国务院部委领导到各小组参加我们的讨论，听取委员的意见，也是一个"常态"。

　　因为有部委同志参加，好几位委员昨天就已经预先报了名发言。四川省教育厅副厅长王康第一位发言。他说，过去一年国家在民生领域做了大量投入，这是情系民生、权为民用的具体体现。在我们国家经济压力增大的情况下，在我们国家财政收入减少的情况下，国家对教育经费的投入不降反升，占GDP的比例从4.28%增加到4.3%，这体现了党和国家对教育的高度重视，作为教育界的一员既感到振奋，也想表示感谢，这也是全国三亿左右教育界师生的共同心声。他对总理报告中提出的"引导部分地方本科高校向应用型转变"的论述谈了自己的意见，认为这是针对我国高校的特点和地方高校服务区域发展能力不强、水平不高提出来的，是高等教育领域的重要改革，为地方本科高校的转型和发展指明了方向。问题在于，究竟什么叫应用型，应用型高校有哪些内在的特点和规律,应该怎样引导我们的高校来转型?根据他对四川107所高校的调研,很多高校现在还说不清道不明,这样转变就成了问题,成为制约这项改革科学、有序、深入推进的瓶颈,也是即将开展的高校分类评估、特色发展亟须解决的一个问题。在谈了自己对于应用型高校的五个特点的认识之后,他建议教育部组织专家专门研究应用型高校的内涵和外延究竟是什么,尽快出台指导意见,加强引导。

南京师范大学副校长朱晓进提出农村学前教育师资存在的问题:第一是教师的综合素质偏低,年龄结构不合理;第二是合格教师缺口很大,农村地区学前教育教师总数严重不足,有的地方甚至还在开展混班教学;第三是学前教育实践严重偏离方向,小学化倾向非常严重,严重背离了幼儿教育的规律。他建议强化政府监管职能,建立农村学前教师待遇的保障机制,保障农村幼儿教师的合法权益。同时要拓展学前教师的培养渠道,加速师资数量的提升。

民进广西壮族自治区副主委陈自力反映,在全面推进现代职业教育体系建设的过程中,县级职校的转型问题非常令人担忧。如广西100多个县都建立了职业学校,但这些学校现在大部分面临招生难、生存难的问题。很多地方政府把县级职校当作包袱来看,不仅当地没有产业支撑,学生也不愿意到县级职校读书。建议教育部加强调研,加强指导。县级职校硬件设施很好,现在义务教育面临着大班等问题,部分地区可以考虑把县级职校改为普通中学。他还对新闻出版广电总局和邮政总局提出了相关建议,如希望新闻出版广电总局能继续主办中国—东盟出版博览会,支持成立中国—东盟新闻出版广播影视译制中心。希望邮政总局继续支持电商进农村活动,依托邮政系统分布于广大乡村的网点,通过网上网下培育一批线下农场,来支持种粮大户,利用电商来发展自己的业态,这些方面还有很大的空间。

新疆师范大学副校长牛汝极对新疆的教育问题忧心忡忡。他认为,新疆的问题,核心是教育问题。教育不上一个台阶,其他问题都没法解决。而教育问题的关键是教师。现在合格教师的数量太少,尤其是懂双语的教师太少。教育援疆,民进中央一直在做,但毕竟规模还小。希望国家重视这个大问题。

河南省工业和信息化厅副厅长张震宇就中西部高等教育振兴问题提出建议。他指出，中西部地区占我国国土面积的85%，人口占总人口的56%，但是由于历史原因，高等教育比较薄弱。以河南省为例，人口是1.06亿，教育人口是2600万，占全国的1/10还多，是全国教育人口第一大省，但是没有一所"985工程"高校，优质高等教育资源严重不足，制约了当地经济社会发展。教育部为了改变这个现状做出了巨大的努力，从2004年开始共建了22所地方大学，2012年又启动了中西部高等教育振兴计划，在没有教育部直属高校的13个省份都专项支持一所高水平大学，"十二五"期间也拿出60亿元资金来支持这些学校的发展。遗憾的是具体操作上仍采用一省一校的遴选政策，导致中西部一些基础条件好、实力强、水平高的高校再次错过重大发展机遇。建议打破一省一校限制，建立退出机制，让中西部所有地方高校获得公平的遴选机会。

中国出版集团现代出版社的臧永清委员在发言中一口气提出了十条建议，包括成立专门的全国阅读协调指导机构，鼓励各地多办读书节，关注、鼓励和扶持民间读书会，取消全国书展，出台国家分梯次的指导书目，公共图书馆采购过程公开透明，出台出版社的社会效益评价综合指标，文艺创作要满足多元文化需求，加强对中青年作家的培训，广电审批更加缜密和严格。

上海交通大学副校长黄震讲了两个故事。他以台湾"九合一"选举国民党大败和香港"占中"事件为例，说明了青年人对于社会政治生活的意义。他认为，青年的一代是"散养"的一代，习惯于上网找自己认为需要的东西。我们的"两课"要学会讲故事，否则效果堪忧。建议积极改革"两课"教学，现在我们有足够的底气，有足够的信心去宣传我们制度的优越性。他还以浙大最年轻教授陆盈盈为例，分析了高校人才培养的弊端。他认为，现在一些青年学者通过"青年千人"的途径，拿到正高职称，年薪30万—40万元，这种做法搞乱了人才市场和指标体系。到国外学习可以不经过硕士阶段，三年就可以拿一个博士学位，这样四年到四年半就有机会拿到一个"青年千人"了。建议"青年千人"评审应该国内国外同台竞技，因为这些年我们国内的研究生教育也有了长足发展，要看能力而不是看背景，否则对国内高校的研究生教育冲击非常大。

上海教科院民办教育研究院院长胡卫认为，中国是崇尚教育的国家，非常重视家庭建设。改革开放后，我们的文化基础受到很大冲击，联系家庭的纽带没有了，家庭的根基没有了。父母和子女分离，不能够一起生活，怎么来重视教育？他希望教育改革要"目中有人，人是核心"。

著名作家赵丽宏认为，纸质出版一定会衰亡的说法是危言耸听。他认为纸质出版物不可能被网络出版、电子出版代替，纸质出版物是不可能被消灭的。他提出了两点建议：一是要对民营出版机构在政策上进行扶持。二是提高稿费个人所得税的起征点，现在采用的仍然是20世纪80年代的一条规定，稿费个人所得税起征点是800块。过去30年，物价上涨了十倍以上，稿费个人所得税的起征点却没有任何变化，不合情不合理。他恳切地说，希望自己的建议成为促成稿费个人所得税的起征点提高的"最后一根稻草"。

重庆市政协副主席陈贵云教授对改进免费师范生教育提出了四点建议，希望由拿钱培养改为拿钱招人，由中央投入改为各级政府按需投入，由面向六所院校改为面向全国师范院校。他还建议把重阳节纳入国家法定节日，体现中国尊敬老人的传统。

清华大学生命科学学院罗永章教授对政府工作报告提出的"引导部分地方本科高校向应用型转变"谈了自己的体会，他认为教育部直属高校也应转变，科研型高校也应该鼓励学生向感兴趣的应用型专业转变。目前纯理论研究和从事转化研究的人被区别对待，后者是"二等公民"，这种现状应该被打破。实际上，教育部、高校对"海归"博士不经过评审就给了大量经费，不少"海归"博士发表一些短平快的文章，创造不了什么实际价值。应用型不应该是高校分类的标签，推动高校向应用型转变意义重大，应用型应该成为教育发展主要方向。

来自贵州的左定超委员不忘为贵州"争取"政策，分别给来参加会议的各个部门提出了建议：支持在贵州大学办一个医学院；支持贵阳医学院升格为贵州医科大学；成立贵州非物质遗产保护馆；把贵州作为邮政改革的示范区；政协研究室要总结遵义的经验，加强对民主监督的研究。

最后一个发言机会被云南理工大学副校长罗黎辉"抢走",他说自己只需要两分钟时间,一开口却打开了话匣子,停不下来。他激动地说,教育投入占GDP的4%,是各方面半个多世纪的长期努力的结果,来之不易。有一种说法非常有害,认为教育太有钱了,甚至说4%差不多了,可以减少对教育的投入了。可是教育方面,我们欠账欠了半个多世纪,现在教育投入刚刚实现占GDP的4%,教育公平的问题还远远没有解决,要解决这个问题就需要持续投入,因此4%非但不能减少,还要继续形成合力加大投入力度。他还希望教育部在主动服务国家战略方面,做系统性顶层设计和思考。

在听取了委员们的意见以后,阎晓宏、刘君、林蕙青、刘玉珠分别代表四个部委讲话,感谢各位委员提出的意见和建议,表示回去以后会把大家的每一个意见和建议反馈给主要领导和有关的业务司局,认真研究大家的意见建议,在工作中改进和加强。

上午的会议讨论很热烈,11点40分结束。会议一结束,我立即悄悄离开会场,赶往位于金台西路的人民日报社。12点到达,马上进人民网强国论坛的演播室进行了题为"关注文化教育 履行参政职能"的访谈。

我的两会生活中,除了这"春天的约会"是固定内容之外,不知从什么时候开始,人民网、新华网两家网站的网络访谈,似乎也成了固定板块之一。

在强国论坛演播室,我和主持人围绕政府工作报告里的教育工作、公平发展到质量提升的渐进过程、农村教育的发展、大学生就业难如何破解、如何更快更好地落实《国家中长期教育改革和发展规划纲要》,以及民进中央在参政议政上的工作等问题,进行了一系列对话。

我特别高兴的是今年的政府工作报告明确提出了"倡导全民阅读、建设书香社会"的观点,我一直认为,抓住了阅读,就是夯实了教育的最坚实的基础。推进全民阅读,让社会充溢书香,我们的民族就会精神起来。

主持人对我提交的根治留守儿童问题的提案颇感兴趣,问我化解之道，我提出了三个全面解决的方案：一是政府在流入地创造条件，尽可能鼓励父母带着儿童一起去打工；二是鼓励一方留在当地陪伴儿童，当地为这一方提供基本的支持；三是实在不行，应该指定满足年龄、文化等基本条件的合格监护人。

主持人问我对于教育改革是否有信心，我说，2010年颁布的《国家中长期教育改革和发展规划纲要》是一张非常好的教育改革蓝图，关键是怎样去落实。去年我们迈出了一大步，就是推出了考试招生制度改革，应该说，为接下来的改革提供了一个很好的基础。但总体上来说，动作还是慢了一点，所以导致和全社会的期待还有很大的距离。在接下来的五年里，首先是要加强教育立法，有力地推进依法治教的步伐。其次要进一步地加大简政放权的力度。特别要鼓励社会力量办学，鼓励民间资本、民间智慧进入教育中来。政府最重要的职能是把政府的学校尽可能做到均衡，然后把选择的权利交给民间，交给社会。我觉得这是下一轮教育改革的很重要的方向。

最后，我专门介绍了我们民进中央的参政议政工作。民进作为以教育、文化、新闻出版界为主界别的参政党，在主阵地上，民进都发出过声音。如提出过建立教师节、颁布教师法等教育方面的提案；文化方面，今年我们民进中央的大调研的题目就是围绕着公共文化服务体系的建设展开。我们调研的重点是，要真正满足老百姓自身日益增长的文化需求。同时，要引导他们真正地过一种健康的、富有情趣的、引导他成长的文化生活。这些都是老阵地里的工作。

在新领域，随着经济社会的发展，围绕三大战略，我们民进中央这几年也做了很多工作。比如长江经济带发展，就是我们去年民进中央的大调研课题。其中，建立流域水生态环境保护的长效机制，促进区域的生态文明建设，是我们的重点课题。去年我们民进严隽琪主席、罗富和副主席带领我们到四川雅安、攀枝花、泸州等整个长江上游，做了一个非常重要的深入调查，提出了包括生态补偿机制、生态协同机制的意见，最后形成了报告。俞正声主席专门听取了我们的报告，也给予了很高的评价。

在京津冀协调发展方面，我们民进中央也做了大量工作。特别是我们的民进地方组织共同发力，北京市委会、天津市委会、河北省委会，共同把京津冀、环渤海区域的协同发展作为参政议政的战略选题和长线功能。我们比较早地提出了首都经济圈的概念。罗富和副主席专门带队到河北调研，向中央报送了关于科学界定首都经济区区域范围的建议等。

在丝绸之路经济带建设上，民进动员了"一带一路"沿线的民进地方组织协同攻关，同时严隽琪主席去年专门带队调研。在河南省，我们提出要把河南作为"一带一路"的交会点、发力点和支撑点。

讲起民进中央过去一年所做的工作，越讲精神越振奋。虽然中午没有午睡，却毫无疲惫之感。不过时间有限，很快就到了12点45分，到了说再见的时候，按照惯例要留下一句话。每年来写，已经记不清前些年究竟写了什么了。今年我写的是"教育强国，人民最大"。出门的时候，遇到下一个访谈嘉宾，竟然是我们民进的浙江省主委、浙江省政协副主席蔡秀军教授，感到非常亲切。他是来发表自己对于医疗体制改革的意见的。

在人民网访谈室吃了点盒饭，匆匆忙忙赶回北京国际饭店。

下午3点继续参加小组讨论。蔡达峰副主席主持讨论。今天下午开始讨论的主题是计划报告和预算报告，但是大家的兴奋点仍然在总理的工作报告上。

河北省文化厅厅长张妹芝委员特别关注报告里2014年工作总结中研发经费投入占GDP的比例超过2%、教育经费支出占GDP的比例超过4%这两个投入数据，并希望大家关注她提出的建立优秀传统文化进校园常态机制的提案。

中央美院教授唐勇力委员谈了五个方面的问题。一是希望弘扬优秀传统文化，提升国民素质、道德水平。社会主义核心价值观的24个字和传统文化的仁义礼智信，在德育方面是一致的，他认为应该从学校、从家庭做起。二是希望加强文艺创作人才的培养。现在的文艺创作有高原无高峰，产生不了经典作品。真正好的创作人才，国家应保护其创作的时间和空间，而不是提拔到领导岗位。三是认为繁体字是传统文化的重要载体，建议适度选一些繁体字放入中小学课本。四是主张以审美教育提升民族素质。五是指出文物保存与修复专门人才非常缺乏，建议建立文物保存与修复学院。

成都市武侯区副区长杨建德委员认为不应该什么问题领导一重视，就搞进校园，还都要搞评比，这会给学校、老师、学生增加很大的负担，也是对教育的不尊重。这不是把学生当作人来培养，而是把学生当作"硬盘"来培养，一味地灌输各种知识。学校应该按教育的本质和规律来办学，教育部门更应该在教材编排上考虑如何对学生进行教育，而不是搞各种临时性的"进校园"。

南开大学教授邱立成委员很赞同他的见解，附议说：我们用了很长时间才搞清楚经济发展的主体是企业，明白科技创新是以企业为主体也用了很多年，而教育以谁为主体的问题到现在还没有解决。

岳崇委员反映说，行政审批制度改革往往只重视清理精简，忽视了后续监管。有的把审批改为备案，其实还是变相的审批。有的审批权限下放，上级审批改为备案，实际上是把备案继续当作审批，反而多加了一道门槛。

甘肃省民进主委尚勋武委员说，教育部应该取消县一级职业中学和普通中学的区分，在大学取消"985""211"等重点大学和非重点大学的区分，在中学取消示范性中学与普通中学的区分。人为区分各类学校的制度造成了学生和父母的焦虑，上学难实际上是上重点学校和好学校的难，这种人为区分实际上剥夺了公民公平接受教育的权利。30年教育改革最大的失败就是办重点，造成了教育的不公平。

清华大学教授罗永章委员认为，发改委2014年取消和下放246项行政审批事项，下放到什么程度应该进一步明确，否则可能成为变相保留权力的方式。他反映国家重点实验室和国家工程实验室待遇很不相同的问题，因为前者是科技部评审的，有明确的支持政策，后者是发改委评审的，支持力度就不够，也需要加强支持政策。他希望财政部的科研经费拨款一定要及时，否则会造成很大浪费。

西南大学教授陈贵云委员认为，现在的教育有两个大问题：一是教育目标设置得高大上，不接地气；二是行政对教育的干涉太大。

前几天因为有其他工作要离开会场而抢着发言，没想到抢进了我们民进网站的新闻里，记者绘声绘色地描述了我发言忘记时间的情形，看得我哈哈大笑。这两天没有其他任务，我就一直老老实实地聆听学习，准备今天下午最后再发言。

没想到，下午4点刚过不久，正当我准备发言时，主持人却宣布休会了。他说，考虑到今天是周末，明天又是三八妇女节，早点散会，并祝女委员们节日快乐。

回到房间，读今天的报纸，整理会议秘书处送来的材料。

晚上6点30分晚餐，与几位委员交流教育等问题。这些委员都是教育专家，抓住这样的零碎时间进行交流讨论，其实不比开会的效果差。往往开会时还会因为专家多，谈得无法尽兴呢。

晚上继续写手记。9点30分开始跑步45分钟。之后回房间继续读《生命与教育》。

11点40分休息。

十二　书香三八研书目

3月8日，星期日，晴

　　早晨5点10分起床。发微博，处理邮件，写手记，时间过得好快。

　　昨天发了两条微博，关于广场舞和职称评审问题的思考。

　　一是广场舞要不要规范？媒体报道：有委员提出要大力支持广场舞。广场舞无疑是一种健康有益健身怡情的活动，正如烟花鞭炮作为节日喜庆的象征一样无可厚非。但是，如果广场舞影响了他人的休息和工作，就需要适当干预和控制了。自由是以不妨碍他人为前提的。对广场舞的时间、音量等是否应该规定？

　　二是取消职称评审如何？媒体报道李克强总理参加江苏代表团审议，在王静成代表反映医生评职称的苦恼时说，医生手术做不好，论文虽写得不错，问题却解决不了，"这不是花架子"吗？其实，不仅是医生评职称有这种问题，教师、记者、编辑等都存在这类问题。我建议取消职称评审，改为职业资格认定，单位自己聘任。

　　早晨起来上网，微博上转发和评论很热烈。关于职称问题，我已经呼吁了很多年。看来这些问题，正是大家非常关注的民生问题。两会之后可以进行更深入的调研，写出提案和建议。

　　上午8点，新教育基金会的理事长卢志文来电话，讨论新教育基金会的工作。新教育作为一个公益机构，基金会是核心枢纽，这些年尤其对经济欠发达地区开展了很多助学助教工作。可是，百尺竿头如何更进一步，是永远的难题。一聊就是半个小时。

上午9点参加民进组讨论，继续小组讨论计划和预算。这场讨论由我主持，恰好弥补了昨天没有来得及发言的遗憾，于是我就开门见山地说出了我的想法。

钱怎么花很重要。全国人大将计划和预算当很重要的事来讨论。我认为：第一，转移支付中，中央对地方的转移支付还有一万多亿没有落实；专项转移支付也有一万多亿没有落实，这笔钱弹性空间更大，问题更大，最容易"跑部钱进"，希望中央尽可能减少专项转移支付的弹性。

第二，我特别强调了教育经费。2014年教育经费总比例下降，绝对总数上升，占GDP的比例没有写上；而表述上"义务教育经费占财政经费的比重50%以上，其中学前教育增长最快"是错的，首先学前教育不是义务教育，扣除学前教育后义务教育经费比例不到40%，而且从结构上说，国家的钱在义务教育上的投入应该超过60%才对，因为高等教育应该更多元化，更应该由民间力量来做，而义务教育应该由政府来主导。实际上任何一个国家教育经费的组成，义务教育总是占绝对多数，所以义务教育经费的投入还应该加大力度。另外，去年教育经费完成预算的95.3%，还有钱没用完，因此使用安排上还要进一步加强。

教育经费是一个很大的问题。很多人以为占GDP 4%的经费就很多了，实际上远远不够，世界发达国家教育经费占GDP 6%、8%的都有。一方面我们感觉钱多了，一方面我们又感到很多该花的钱没有花，比如在教师待遇上。民进中央对农村教师的问题非常关注，委托各个省调研了100个县，调研过程中发现农村教师待遇低是一个普遍的问题。特别是河南，河南有些县的教师，月收入不到2000元，教师在当地抬不起头。教师工资的问题，国家应该有一个最基本的底线保障，这个保障靠河南自己的财政是有困难的，必须通过专项转移支付来解决。所以义务教育经费的投入要加大力度。

尤其值得关注的是，近几年民间资本在教育上的投入占总教育支出的比例逐年下降。有专家统计，从1995年到2005年，非财政性教育经费投入的增长速度是比较快的，年平均增长18.7%，但是2005年以后一直下降，到现在只占2.6%。也就是说民间资本在教育上的投入在下降。现在政府投入增加，但民间投入减少了，这样总经费增加幅度就不是很大。因此期待政府加大对教育的投入，尤其是对义务教育的投入，以及对农村教师工资的转移支付。

第三，事业单位花的钱太多。国家有大量经费是在支持学会、协会、群众性的团体。我一直主张这些学会、协会应该彻底回到民间去，政府可以加强引导，但不应该养起来。比如各级政府都有自己的画院，养了一批画家，但画家要养吗？好的画家卖一幅画就够他吃一年了，一般的画家也没必要去养。作协也一样，除了作家还有很多工作人员，党委的、机关的、后勤的，现在都是养起来。因此我主张学会、协会应该逐渐跟政府脱钩。

我认为，关键是民间机构应该有组织法来规范。现在我们很多学会、协会是"二政府"。不少部委领导退下来后也会到下属的各个学会去做会长、副会长。这样其实不利于整个学术机构的成长。所以我主张这些学会、协会和政府彻底脱钩，让它们成为真正的民间机构。政府可以通过购买公共服务来支持、来引导，在意识形态上来把握方向。政府还有很多疗养院和其他机构，都可以在下一轮的机构改革中，从简政放权的角度和政府脱钩，这样才能把钱用得更好。

我想，经济新常态下，把钱用在刀刃上，少花钱、多办事，甚至不花钱、给政策、多办事，应该成为工作上追求的方向。

杜婕委员在发言中指出，预算发得晚，应该早点发。对预算的质疑，没有人答复，质疑的人也不知道自己质疑得对不对。她认为工业转型升级转移支付预算太少；地方政府债地方不敢报，在预算安排上需要有个兜底；各部门预算安排中，工资收入、奖金水平差异太大，需要调整。

胡卫委员指出，国家财政计划预算今年进步很大，做到了全口径预算，而且支出明细越来越清楚，便于全民监督。但预算执行有几个问题一直不清楚。一是预算分配进度不符合年度预算的概念，到机构、单位的钱基本上在9月份才能拨付到位。因此制度要改，人代会不能那么晚开，应该在元旦或春节前开，这样钱不会下半年才下来。钱的使用不能跨年度，11月15日就归零截止，造成年底突击花钱，出现大量浪费。一方面贫困地区经费困难，另一方面浪费又司空见惯。

左定超委员建议加大国防经费投入，继续加大对教育、卫生、科技、中西部地区、医保、农村基础设施建设几个方面的投入。

郑福田委员提出，不能简单地把素质教育和应试教育对立起来。他同时希望进一步加大对中西部地区教育的投入。

赵光育委员说，自己本着履行职责的心情，硬着头皮看了发改委报告和财政部报告，看了之后收获挺大。建议在钱越来越多的情况下关注是不是用得越来越好。

尚勋武委员认为，财政预算不能只投在硬件上而不投在人上。现在许多单位买了很多设备用不起来，同时老师工资那么低，这是预算不配套，问题还是出在怎么花钱上。现在全国各地发展情况不一样，应该给地方政府更多花钱的自主性，尽可能增加一般性转移支付。

陈贵云委员说，政府的钱怎么还和怎么花，都是问题，有的拼命借钱不管怎么还钱，有的肥上加膘而不雪中送炭。另外，他也特别呼吁民进在为学生减负上做出贡献。

卫小春委员认为，政府预算在新的预算法实施以后，所有支出都要纳入预算，都需要公开。

蔡达峰委员提议，报告应该更适合如他一样在预算方面不太专业的人来读，建议部门预算逐步变成一种民生预算，使百姓、政协委员都能够真正地参与。让大家知道预算的算法，更好地发挥财政监督的作用。

杨建德委员也关注学生减负的问题，建议政府确定好义务教育的边界，重视外来务工人员子女的教育问题。

李和平委员呼吁把中央和地方统筹协调的作用发挥出来，并且认为教育预算不能忽视高中教育。他指出在教育治理和管理体系现代化上，管、办、评分离的改革远远没有到位。建议政府管高校只要管三件事：管领导班子，保证办学方向；管资源，包括经费；管资产，包括有形资产和无形资产。这样高校的市场主体作用才能真正确立起来。

陈自力委员说，报告里说经过努力教育经费占GDP的比例达到了4%，看得心里酸溜溜的。本来这是早就应该完成的任务，现在总理说经过努力才能完成，说明教育优先发展的理念还没有真正确立起来。这个指标是政府2000年定的任务,经过15年这个指标应该有所提高。4%的钱一方面不太多,一方面又有很多浪费。在减负的问题上,关键是教育主管部门要搞清楚我们到底要培养什么,不能老是拿高考升学率来衡量教学水平,要按照教育的本质来评估学校、评估老师、评估教育保障。

我下午1点20分出发,去新阅读研究所办公所在地朝阳师范学校附属小学。利用3月8日下午政协休会半天的时间,参加新教育研究院新阅读研究所与"书香三八"读书活动组委会合作的《中国女性基础阅读书目》研制工作专家论证会,与中国人才研究会妇女人才专业委员会原会长马延军、中华全国总工会女职工工作专家委员会主任丁大建、中国妇女报社总编辑孙钱斌、首都师范大学中国女性文化研究中心主任王红旗、北京市妇女联合会副主席周志军、中华女子学院教授于光君、北京商业干部学院王梁、北京工商大学杨旻、全国政协报记者张卫萍、新教育研究院常务副院长陈东强、新阅读研究所研究员李一慢与杨子湘、红旗出版社"书香三八"读书活动主委会王华与金玮等专家和研制人员,讨论100本女性书目。

这些年来,新阅读研究所研制的各类书目,以其专业性和公益性,已经成为国内的权威书目,深受各方信赖。这次研制的女性书目,从"成长与守护""婚恋与家庭""职场与发展""精神与生活"四个维度,为女性精选最适合她们阅读的书。从2点到5点15分,大家各抒己见,充分讨论,严格把关。大家对这个书目充满了期待,希望在今年5月的母亲节前夕,给女性朋友送出一份新教育人珍贵的礼物!

今天是三八妇女节,昨天有电视台让委员写节日祝福,问委员怎样的女性最美丽。我信手写了一句:读书的女人最美丽。

晚上,与参加会议的部分老朋友见面,与部分出版界、新闻界的朋友聊天,主题仍然是读书。真可谓:书香三八研书目,读书女性最美丽。一壶老酒叙友情,书中乾坤大天地。

晚上回到驻地,依然是读报,处理邮件和有关事务,安排近期的活动。近11点去二楼跑步25分钟。11点40分休息。

十三　立法协商呼声高

3月9日，星期一，晴

早晨5点10分起床。写两会手记，发微博。

围绕今年新教育年会的新生命教育主题，继续读书。今天读的是韦斯特等撰写的《体育基础：教学、锻炼和竞技》（第十五版）一书。这是一本重印多次的经典教科书。生命教育最基础的内容，无疑是身体的教育。

上午9点参加民进组的讨论。由于会议的文件事先没有看到，主持人姚爱兴副主席让大家先用半小时时间阅读《关于〈中华人民共和国立法法修正案（草案）〉的说明》和《〈中华人民共和国立法法〉修改前后对照表》，半小时后开始讨论。

张帆副主席第一个发言，对其中的个别表述提出了建议。最高人民法院副院长陶凯元从专业的角度谈了她对于立法法的认识。她提出，建设法治国家最重要的四个方面是立法、执法、司法、守法，其中立法是根基和源头。如果立法出问题，会给后面的执法、司法、守法带来很大问题。对于立法的重要性和基础性地位，长期以来大家没有很清醒的认识，更多把问题指向执法、司法。学法律的都知道，一部法律制定得好，会解决一系列的问题。在这次立法法修改的过程中，很多专家提出立法质量很重要，立法的质量高对后面执法、司法、守法都会带来良性互动。换句话说，在立法过程中要充分博弈，要让各方充分表达思想，最后实现科学立法、民主立法，这样制定出来的法律就会得到很好的执行和遵守。2000年制定立法法到现在14

年了，这是首次修改，这是贯彻十八届三中、四中全会精神的重要举措，也是对我国实施《立法法》多年以来发现问题的修正和弥补。

陶凯元接着点评了这次立法法修改的亮点和重点。一是实现立法和改革决策相结合，强调立法要主动适应改革发展，这是思路上的调整。二是原来没有授权的235个设区的市全部开放立法权，这需要很大的魄力。其目的是通过调动地方立法的积极性，来适应地方经济社会发展的需要。三是强调发挥人大在立法中的主导作用。四是科学立法和民主立法，强调了立法论证和立法听证。她还从自己专业的角度对司法解释的规范和监督以及授权立法问题提出了相关建议。

罗富和常务副主席幽默地接着陶凯元发言，称自己要谈几点比较"业余"的意见。他指出，立法法草案中有两三个地方提到要征求群众意见、人民团体意见，但是为什么不能加上征求政协和党派意见呢？习近平总书记在人大60周年、政协65周年和协商民主的意见出台时在中央政治局会议上的讲话有过类似表述，就是要加强立法协商，要征求政协委员、党派成员的意见。现在立法法的修改中，牵涉到那么多征求群众意见、人民团体意见、专家意见等，偏偏没有政协委员和党派成员的意见。他建议立法过程中需要增加征求政协和党派意见。他对"法"与"规"的联系与区别，以及较大的市等概念做了辨析。

罗副主席的话一石激起千层浪。我第一个附议他的意见。我提出，多党合作和政治协商是我国基本的政治制度，在立法法中应该体现。立法过程中，凡是涉及征求意见的，都应该明确包括政协和民主党派。同时我提出了四条具体意见：一是希望在第六条立法的原则，"适应经济社会发展和全面深化改革的要求"后面加上"及时制定或修订完善相关法律"。因为修法本身是立法的重要组成部分。二是第五十二条，"立法规划和年度立法计划由委员长会议通过并向社会公布"，这样的规定赋予委员长会议太大权力和责任，建议这个权力归到常委会比较合适。三是建议在第五十三条第二段前加上"全国人民代表大会可以在有关教育科研单位建立立法基地，从事立法研究与法律草案起草工作"。为什么加这句话？过去的立法基本以部门立法为主，各部委去立法。这次立法法的一个很大的亮点就是"开门立法",这是进了一大步,但如果专业性较强的法律草案要听取意见,吸引社会来参与,这又是不够的。一个好的立法应该建立在研究的基础之上,可以在中国政法大学、北京大学法学院等专业机构建立立法基地,基地的主要任务就是进行立法研究,包括编制立法规划等。我们的立法需要有一个顶层设计,如我们有义务教育法、高等教育法,但是没有高中教育法,就是说高中阶段是没有法律的。四是给予较大的市和"其他设区的市"立法权的问题。如果这样规定,有一些没有区的市就有撤县设区的冲动,因为建区以后就有立法权了。同样是中国的地级市,为什么法律地位不一样,有的有立法权,有的没有立法权,这从法律上说是没有道理的。

民进内蒙古自治区主委郑福田、民进杭州市主委赵光育、民进安徽省主委李和平、民进湖北省副主委唐瑾、中国社会科学院研究员俞金尧、民进上海市副主委胡卫、民进江西省主委汤建人、民进天津市主委张俊芳、民进云南省主委罗黎辉、民进重庆市主委陈贵云、四川省成都市武侯区副区长杨建德等委员也先后发言,支持罗副主席的建议。赵光育建议以民进组或者党派的名义提出书面意见,也可会同其他民主党派一起建议。他指出:"这不是一个小问题,是否能在立法法修正案中被提及,对民主党派今后作用的发挥将有很大的影响。"他的话音刚落,李和平抢过话筒说:"这不是在争权利,这是为政协和党派在日后立法协商中发挥作用寻求法律保障,也是民主立法和科学立法的必要过程。"

在大家你一言我一语交流的时候,罗副主席专门借了一个平板电脑,亲自查到了重要依据,他给我介绍说:"永新,你看看,习近平总书记在党的十八届四中全会决定的说明中专门有一段话,'健全立法机关和社会公众沟通机制,开展立法协商,充分发挥政协委员、民主党派、工商联、无党派人士、人民团体、社会组织在立法协商中的作用,探索建立有关国家机关、社会团体、专家学者等对立法中涉及的重大利益调整论证咨询机制'。"当我把这个重要的依据告诉各位委员时,大家都非常高兴。罗黎辉说:"太好了,这可以成为我们建议在立法法修正案中体现政协和民主党派作用的理论依据,写在书面意见中。"他还感叹地说:"我就说嘛,立法法修正怎么会与政协和党派无干！"

上午的讨论异常热烈，几乎是抢话筒发言。一晃两个小时的时间就过去了。

中午稍事休息。下午2点出发，去人民大会堂参加今年政协的首次大会发言。

下午的大会由韩启德副主席主持，到会2085人，出席率比较高。原国务院扶贫办主任范小建委员首先发言。他开门见山地说，从现在起，离全面建成小康社会还有六年。"小康不小康，关键看老乡"，特别是要看贫困的老乡。从2014年算起，我们需要用七年时间解决8000万人口的贫困问题。他建议把缩小发展差距、降低基尼系数作为重要目标，同时将扶贫开发纳入国家"十三五"规划，重点解决连片特困地区的扶贫攻坚问题。

关于扶贫问题，我一直主张调动全社会的资源，采取区域对口、企业对口等途径，网格式管理，公开透明，精准扶贫。现在政府和民间两个管道，资源没有得到充分整合利用，责任主体不够明确。

清华大学经济管理学院院长钱颖一委员的发言题目很抓人——"中国经济增速下行：如何看？如何办？"他指出，2014年中国GDP增长速度下滑到7.4%，为1990年以来最低。在分析了三条原因以后，他提出了两件不应该做的事情：第一，不应该出台大幅度刺激需求的政策。因为刺激需求只能有暂时效果，但是改变不了潜在经济增速，更会恶化经济中的扭曲。第二，不应该过度依赖央行的货币政策。货币政策要起作用，必须配套结构调整措施。同时提出了三条对策：一是留给市场和企业内生调整和发展的空间。他认为，中国经济"韧性"高，不仅政府调节能力强，而且个人和企业对市场变化的适应力比较强。当人生病时，除了吃药外，人的自我调节，包括改变生活方式的本领是很强的。经济调整也是如此。要给市场自我调节的空间，给个人和企业调整的机会。二是发挥政府在供给政策上的作用和在规划、协调以及促进基础设施建设中的作用，减少行政审批，加快财税改革和国有企业改革，为民营企业松绑，促进金融创新，鼓励创业。三是建立新型政商关系，把政府与企业的关系从"关系紧密型"转到"保持距离型"，把政府在经济中的作用从"参与型"转到"服务型"。

钱颖一委员是我们中国教育30人论坛的成员。去年底他用经济学的原理分析中国教育的问题,让大家耳目一新。这次发言,再一次让我们领略到大家风范,能够把复杂问题简单化。

"叫醒我的不是闹钟,而是梦想。"民盟中央副主席、广东省政协副主席温思美的发言开头就别具一格。他介绍说,我国大学生创业非常艰难,他们有梦想无资金,有勇气无经验,有知识无能力,导致创业率较低,2013届大学毕业生创业比例仅为2.3%;创业层次较低,2010年硕士生和博士生创业仅占所有高校毕业生创业的4.3%;创业成功率较低,大学毕业生创办企业五年内存活率仅有30%,比社会平均水平低20个百分点。这与我们的创业教育滞后、创业扶持政策和创业环境不够有很大关系。他在此基础上提出了相关建议。

接下来,朱保成等委员就"实施品牌战略,发展现代农业",梅兴保委员就"引导扶植民营资本办金融,缓解实体经济和大众创业融资难",张泓铭委员就"'双防'并重,应对中国房地产市场新常态",李谠委员就"深化改革,努力化解产能过剩矛盾",李河君委员就"抢占全球移动能源产业制高点,培育我国经济新的增长极",何维委员就"深化卫生科技体制改革,创新驱动健康服务业发展",徐晓兰委员就"大力发展众创空间,积极推动大众创业万众创新成为新常态",李彦宏委员就"设立'中国大脑'计划,推动人工智能跨越发展",李成玉委员就"加强陆海统筹,切实推进沿海滩涂的保护与开发",李稻葵委员就"坚决打掉融资难、融资贵这个中国经济转型升级的拦路虎",钱克明委员就"转方式调结构,加快'十三五'现代农业发展"等问题进行了发言。

我特别关注的是下面的两个发言。一个是中国科协副主席、国家减灾委专家委员会主任秦大河委员代表科协界委员的发言,题目是"提高全民科学素质,筑牢创新驱动发展基础"。他指出,公民科学素质是决定人们思维方式和行为方式、实现美好生活的前提,更是实施创新驱动发展战略的基础。公民科学素质直接影响一个国家的社会稳定、国计民生和生活品质。近年来我国公民具备基本科学素质的比例有了明显提高,从2005年的1.6%,上升到2010年的3.27%,预计2015年将超过5%的目标。但是,这个水平仅相当于发达国家20世纪

80年代末的水平。为此,他提出了将公民科学素质建设纳入国家有关规划和全民教育体系,加大投入,完善机制,增强科普的保障能力等具体建议。

另外一个是卫小春委员代表民进中央的发言,题目是"做好节水优先这篇大文章"。他忧心忡忡地说,水不仅关乎民生,也事关发展。如果说雾霾是国家的"心肺之患",那缺水正成为中华民族的"心腹之患"。放眼全国,工业缺水、农业缺水、城镇缺水,"水危机"已经严重影响国家的可持续发展。如果说雾霾让今天变得昏暗,缺水就是在一点一滴中扼杀明天!

卫小春举例说,虽然我国多年平均水资源总量居世界前列,但人均仅为世界平均水平的1/4,居世界第121位,是全球13个人均水资源贫乏的国家之一。全国600多个城市中有400多个属于"严重缺水"和"缺水"城市。京津冀人均水资源仅286立方米,为全国人均水平的1/8,远低于国际公认的人均500立方米的"极度缺水"标准。同时,日趋严重的污染也大大降低了水体使用功能,进一步加剧了水资源短缺。

为此,他从五个方面提出了具体建议:一是要加快完善节水相关法律体系,对于浪费水资源的行为要违法必究,执法必严。二是工业要调整耗水产品产业结构,强制要求水循环使用。三是农业要加快水权改革,大力推广节水技术,加大对农业节水设施补贴。四是城镇要深挖生活节水潜力。将供水管网新建和改造作为投资重点,水表必须到户、阶梯水价必须到位;鼓励使用节水龙头、节水洁具和节水洗衣机。五是全社会形成节水文化的氛围,设立国家"节水日",让节水优先成为全民共识。

卫小春委员的发言我特别关注。这不仅因为这是民进中央在新领域中发挥作用的一次发力,在研究、修改这篇大会发言的过程中我倾注了许多心力,更重要的是环保虽然已经成为很多人关注的问题。但更多人还是在指责他人,而忽视了环保应该从身边做起,从每个人做起,从看上去不起眼的小事做起,水问题的确与每个家庭息息相关。当听到他用"不要让地球上的最后一滴水成为我们的眼泪"这句话结束自己的演讲时,我和在场的许多委员被打动了!

晚上7点，在全国政协参加大会秘书处各组会议，研究会议的政治决议。张庆黎秘书长主持会议，副秘书长和各专门委员会主任提出了20多条修改意见。

晚上8点30分回到驻地读今天的报纸。看到今天的《人民日报》人民论坛专栏发表了我的文章《政协就在你我身边》。我在文章里写道："很长一段时间，在老百姓眼里，政协蒙有一层神秘的面纱。似乎只有两会召开时，才会撩开面纱看到政协举办的一些活动、所做的一些工作。很多人觉得政协离自己很远。其实，大部分委员就在你我身边。"而《环球时报》则发表了一篇我谈政协问题的专访《政协话语权让决策更科学》。我在采访中谈到，中国政治进程本身是渐进性的进程，政协也要在这个历史过程中不断进行机制探索和自我完善。

会议期间忙碌异常，晚上抽空回家取衣服等物品。10点多休息。

十四　八次掌声见心声

3月10日，星期二，晴

　　昨天晚上睡得早，今天也醒得特别早，凌晨3点多就醒来了，强制自己再睡，勉强挨到4点10分还是起来工作。多年来，睁眼即起已经成为我的一个习惯。人是自己习惯的奴隶，是不知不觉跟着自己的习惯走的。所以，养成良好的习惯，是教育的一个重要使命。

　　起床发微博，整理两会手记，回复美国学者关于合作研究新教育问题的邮件，不知不觉近三个小时。早晨7点出发去驻地。8点5分出发去大会堂，参加上午的第二场大会发言。会议由何厚铧副主席主持，中共中央政治局委员刘奇葆出席会议。

　　刘星委员的发言强调，要培养作家、艺术家的信仰，深入进行文化体制改革，加强正面舆论引导，悉心培养观众。

　　李东东委员的发言呼吁加快推动传统媒体和新兴媒体融合发展。傅惠民委员代表民革中央就大力推进志愿事业提出了建议。

　　吴江委员的发言认为，要真正攀登文艺的高峰需要"治境""择将"，下放不该管的审批权力，选好配强专业文艺单位的领导班子。

　　马德秀委员代表全国政协教科文卫体委员会和民进中央的发言，强调各级政府要切实把加强乡村教师队伍建设作为教育优先发展的突破口，从最薄弱的老少边穷岛地区入手，采取有效措施，尽快形成乡村教师"下得去、留得住、教得好"的良好局面。

　　杜鹰委员就民族地区的就业工作提出了建议。

　　李世明委员代表全国总工会的发言指出，安全工作已成为政府最用心、企业最闹心、领导最担心、公众最忧心的社会焦点问题。应该

"关注生命安全,筑牢安全红线"。

卞晋平委员代表九位委员联合发言指出,要"保护传统村落,留住历史记忆",当务之急是坚决制止大拆大建带来的开发性破坏。

贺军科委员代表共青团中央、全国青联发言呼吁,应加快建设社工队伍等专业力量,为困境青少年成长提供专业服务。

高鸿钧委员代表科技界委员发言建议,改进财政科技管理,确保基础研究原始创新和引领能力稳步提升。

魏传忠委员代表八位委员联合对艺术品鉴定市场的乱象提出了尖锐批评,建议构建一个以科技鉴定为基础,以经验鉴定为借鉴,以标准计量为依据,以认证认可为手段,以检验检测为依托,以信息化为平台,与国际通行规则相衔接的艺术品鉴证质量溯源体系。

秦和委员代表教育界委员发言呼吁,着力突破制约发展的制度瓶颈,为民办学校发展拓展新的空间。

郑小燕委员的发言建议从慢性病分级诊疗入手,缓解城市大医院"战时状态"。

王新陆委员代表农工党中央的发言分析了目前水污染严重与水资源紧缺两大挑战,提出了水污染防治必须依法有力实施,水资源利用亟待顶层科学设计,水生态安全需要系统全面保障的三条建议。

牛有成委员的发言以"二十四节气告诉了我们什么"为题,讲述了经济社会发展也要学会依时而动,遵循规律,讲究节奏,不能急于求成的道理。

最后发言的刘慕仁委员指出,我国已经步入城镇化发展的"快车道",要完善对被征地农民的合理、规范、多元保障机制。

应该说,所有的发言都是精心准备的。所有的发言最后都得到了礼节性的掌声。但是,在发言中间,委员们自发的掌声却不多见。我细细观察了一下,一共有八次。这八次掌声,也许可以给我们一些启示。

第一次掌声是给八一电影制片厂一级编剧刘星委员的。他在发言中说,人民有信仰,民族有希望,国家有力量。作家有信仰,作品有希望,文化有力量。他谈到,去年习主席主持召开的文艺座谈会,在作家、艺术家中反响十分强烈,但是从"高原"到"高峰"的路径只有热情是不能达到的。一次会议之后的感动是重要的,但是各级政府和各级文化官员的行动有时比作家、艺术家的感动还重要。他发问："习主席说,各级党委要把文艺工作纳入重要议事日程。哪级党委敢拍着胸脯说,我做到了?"话音一落,掌声一片。其中应该蕴含着许多委员对部分领导干部的工作作风的批评。

原国家京剧院院长吴江委员赢得了八次掌声中的四次。他的发言,批评了文艺界的一些怪现象。如他指出:少数有专业能力的编剧、导演和名演员成为紧缺人才,做了"飞行艺术家"到各地"强强联手""打造精品",哪里顾得上深入生活、学习充电、潜心创作、细致打磨?只能是戏不够,灯光布景凑,电视晚会成为基本模式,乏味雷同的歌伴舞、舞伴歌,大制作的魔幻舞台取代了有特色的艺术表演。说到这里,全场报以热烈掌声。是的,他指出的文艺的问题已经成为大家深恶痛绝的问题,严重阻碍了文艺事业的健康发展。在分析中国文艺缺乏"高峰"的现象时,他一针见血地指出:虽然缺"高峰"的原因是复杂的,但是"最重要的是文化单位常常被作为安置干部的地方。一些被安排来的干部不懂文艺的特点和规律,不学习,也不喜欢文艺工作"。这时掌声又起,是针对我们的干部选拔与任用制度的。他忧心忡忡地接着说,这些领导干部用习惯的机关行政管理的方法抓项目,搞活动,用企业管理的思维管理各种文艺创作,关注的是尽快积累政绩,提升转岗。"由这样的干部管理文艺单位,莫说'高峰',只怕日后'高原'都会变为盆地。"全场再次爆发热烈掌声。这是对文化艺术前途的担忧。

第六次掌声,是给马德秀委员的。她在发言中介绍说,全国政协教科文卫体委员会和民进中央在春节前分别组织部分委员和专家,赴老少边穷岛地区考察了多所乡村学校,与乡村教师进行座谈。在调查中发现,乡村教师收入少、地位低、职业吸引力不强、优秀教师留不住等问题,已经严重影响了乡村教育的健康发展,加剧了乡村的衰落和"空心化"。许多乡村教师的收入不及当地外出务工人员的一半。她建议,各级政府要切实把加强乡村教师队伍建设作为教育优先发展的突破口,从最薄弱的老少边穷岛地区入手,采取有效的措施,尽快形成乡村教师"下得去、留得住、教得好"的良好局面。当她说到要"让乡村教师真正看到希望,感到有奔头"时,全场给予了热烈的掌声，这是一种同情的掌声，对乡村教师待遇的同情；更是一种期待的掌声，期待国家好好关怀这些最可爱的人。

还有两次掌声，是给北京市委常委、统战部部长牛有成的。牛部长的幽默诙谐，在统战圈是出了名的，每次和他在一起，他总是有许多让人或哈哈大笑或会心一笑的"段子"。他的发言从一首节气歌开始："春雨惊春清谷天，夏满芒夏暑相连。秋处露秋寒霜降，冬雪雪冬小大寒。"他发问：相传了两千年的二十四节气为什么这么精确？为什么这么精练？他自答：因为它是大众的文化，是民族的智慧，是实践着的真理，不仅规范了我们的行为，而且启迪了我们的思想。当他举例分析说，喜鹊就地取材搭的窝八九级风也吹不掉，人用新材料做的广告牌遇上七八级风就要砸车，说人类违反自然规律必然会受到规律的惩罚，也许未来"和地球说再见的不一定是喜鹊"时，全场掌声一片。这是担忧的掌声，为人类的命运而担忧。牛委员接着发言说，经济总量不仅取决于市场能量，它依托于政府力量，更受制于生态容量。生态虽然决定不了增长速度，但能控制增长长度。因为容量决定总量，这是铁律。他认为二十四节气反映了中国文化的不屈不挠的探索精神、精益求精的科学精神和功成不必在我的奉献精神。他说："我们不知道二十四节气是谁总结的，只知它是无数人的集体智慧结晶，而这恰恰体现了我们民族的精神，功成不必在我。"委员们把上午最后一次掌声再次给了这位智慧的委员。而他最后一句没有写在发言稿上的话也让我印象深刻——"态度端正了，生态就文明了"。是啊，我们善待自然，自然才会善待我们。己所不欲勿施于人，善有善报恶有恶报，无论是物质世界还是精神世界，都是遵循这样的逻辑。

大会发言11点结束。回驻地以后电话处理民进中央的一些工作。稍事休息。中午1点30分出发去民革中央。还没有出饭店的大门，就在大厅遇见了《中国教师报》的记者白宏太。他原来预约的是下午3点以后到小组采访我，没有想到在这里我被"逮个正着"，于是，坐上我的车提前开始了采访。一路上就全民阅读、教师读书、教育公平等不断抛出问题。因为是教育媒体，问题都比较专业。我原来想在车上打个盹，只好自动放弃了。

下午2点在民革中央接受团结网的采访。与《团结报》副总编辑汪业芬交流，我称自己是《团结报》的老作者、团结网的新嘉宾。汪副总编辑说，你可是我们"团结会客室"的首期嘉宾呢！在访谈中就主持人提出的今年参会的新感受、为什么写两会手记、《我在人大这五年》的主要内容与价值、新教育最显著的特点是什么、如何推进协商民主的制度化规范化、如何加强政党协商等问题，谈了自己的意见。结束后，在回驻地的路上继续接受白宏太的采访，赶在下午的讨论前到了驻地会场。

下午3点参加民进组讨论，卫小春副主席主持，主题是协商民主。关于这个问题，去年年底我曾经在《人民日报》发表过《政党协商是协商民主的源头活水》一文，本来想在会上发表一些意见的。没想到还没有开口，就被中央电视台新闻频道记者李文杰从会场拉出去采访，就"熊孩子"问题、留守儿童与教育公平问题、教育改革的重点与难点问题等进行专访。

回到会场，知道已经有左定超、蔡达峰、张帆等委员做了精彩发言。来自江苏的朱晓进委员正在讲述他对于协商民主的理解："协商应该是一种价值观，是一种文明，是一种思维方式、管理方式，还应该是具有中国特色的行为方式和生活态度。要向世界输送我们的文明，就要把协商变成文化，变成文明，要把协商变成一种普遍的生活方式和生活态度。向世界输送我们的价值观和普遍的生活态度。"

天津市人大常委会副主任、民进天津市委主委张俊芳委员就如何做好协商民主提出了自己的建议。她认为关键是要解决观念问题。她说，中央很重视协商民主，但如何让各级官员和广大参与者都能应用好协商民主，观念上还得转。有些官员有"喜鹊思维"，喜欢谈成绩，回避问题。反过来，"乌鸦思维"可能更有益，不会等到问题已经非常严重再考虑如何处理。很多问题是积累的，有一个从量变到质变的过程，应该在问题比较小时就把它控制住。她认为协商民主应该是"啄木鸟思维"，各民主党派和中国共产党同心同德、肝胆相照，就体现在我们是"啄木鸟"的角色，我们把病树上的虫子找出来是为了让这棵大树更健壮，更根深叶茂，我们说不好是为了让执政党做得更好，这是更高层次上的同心同德、肝胆相照。对于协商民主，执政党、政府各部门各级官员、协商民主参与人，都应该从观念上有一个改变。而要做好协商民主,首先要解决好信息知情权问题,在信息极不对称的情况下,对话是很难的。这同时也给参与协商方的能力建设提出了很高要求。朱晓进委员对她的发言给予了高度评价。他总结了三种思维的不同特点与功能,并将其称为协商中的"鸟思维"。他说,"乌鸦思维",令人沮丧但让人保持谨慎;"喜鹊思维",令人欢欣鼓舞、神清气爽,也会让人忘乎所以、盲目乐观;我们应该用"啄木鸟思维",身体力行,用主人翁的态度主动发现问题,为的是社会健康发展。

正听得过瘾时,抬腕一看,已经是下午4点。赶紧离开会场去中央统战部,参加中华海外联谊会教科文卫体委员会工作会议。由于部分港澳委员参加两会,利用这个时间总结一年工作,研究新的一年的工作计划,前年海联会换届后,专门成立了经济委员会、教科文卫体委员会和青年委员会,前者由经济学家林毅夫担纲主任,后者由团中央的领导担任主任,我则负责教科文卫体委员会的工作。如何运用好这个平台,为祖国的和平统一工作,为教育文化卫生事业的发展做点贡献,一直是我思考的问题。会上,来自香港的容永祺副主任和中央民族大学的王林旭副主任等都发表了很好的意见,对2015年的活动集思广益,有许多很好的启发。

晚上7点回到驻地,撰写手记。每天记录的内容比较丰富,有些手记长达四五千字,所以花费的时间也相对多。《同舟共进》《新京报》等媒体表示对我的两会手记感兴趣,准备选择部分内容在他们的报刊发表。今天出版的《华商报》发表了首席记者秦子对我的专访《两会不能仅成明星的表演场》,反响热烈。许多朋友通过电话、短信告诉我喜欢这篇采访。其实给我看稿时我读到的题目还是《政协就在百姓身边》,现在的这个题目多少有点标题党的味道了。今天收到刚刚出炉的《中国政协》杂志,其中有一篇《努力依旧,不改初心》,记录了我去年担任政协委员的体会。

今天早晨4点多起床工作,中午又接受采访没有午休,本来准备晚上早点休息。结果,晚上9点读报;10点30分跑步,在二楼跑了40分钟,微汗;最后11点35分才休息。人可真是习惯的奴隶啊。

十五　你好，中国才会好

3月11日，星期三，晴

　　早晨5点起来工作。发微博，写两会手记，处理邮件，这是每天早晨的"老三篇"了。忙完了"老三篇"，只给洗漱、吃饭、乘车三件事留了20分钟时间。

　　上午9点出发去人民大会堂。今天是人大的休会时间，严隽琪副委员长抓住时机，邀请了部分人大代表和政协委员到她办公的大会堂商量民进中央的参政议政工作。这些专家都是学有专长、术有专攻的领导人，对宏观的社会经济问题有着各自的观察和思考。整整一上午的时间，围绕十三五期间中国的改革与发展问题，大家发表了许多好意见。我和参政议政部的同志感到收获和启示非常之大。

　　下午2点5分出发去人民大会堂。许多委员看着蓝蓝的天空好开心，纷纷拿着相机对着天空拍照。物以稀为贵，说明我们这样湛蓝的天空还不是"常态"。希望这样的蓝天尽快成为"新常态"。

　　下午3点参加第十二届全国政协第三次会议的第三次大会发言。张庆黎副主席兼秘书长主持会议。孙春兰代表中共中央参加会议，听取委员的意见。朱维群等15位政协委员作大会发言。今天会议的主题是政治建设与统战政协工作，所有的发言，我们都能够感受到"法"字贯穿其中。

　　陕西省人民检察院副检察长巩富文委员指出，"民以吏为师"，法治建设关键是要抓好领导干部这个"关键少数"。运用法治思维治国理政，已经成为当前党员干部特别是领导干部面临的一场"大考"。他指出，应该把对党的忠诚和对法的尊崇统一起来，"决不能把坚持党的领导作为个人破坏法治的借口和挡箭牌",全场委员对这句话报以热烈掌声。

北京师范大学党委书记刘川生委员代表全国政协提案委员会发言,她认为,大学生践行社会主义核心价值观,关键是我们的教育要在"接地气"和落实上下功夫,提升他们的情感认同。

香港新世界发展有限公司主席郑家纯委员分析了去年香港发生非法"占中"的原因,提出要加大对基本法的宣传、做好青年人的人心回归工程、利用国家全面深化改革的机遇发展香港经济三条建议。

上海市政协主席吴志明委员就协商民主的制度建设提出了五条建议,希望政协工作更加接地气,让群众感到人民政协离人民很近。

崔郁委员代表全国妇联发言指出,农村妇女是农业生产的主力军、美丽乡村的建设者。要善待农村妇女,保障她们的土地承包经营权和集体经济收益分配权。

中央党校教授王长江委员也是多次在政协大会发言了,每次都会提出一些新观点。他提出,现在上面权力大而责任小、下面权力小而责任大的权责失衡状况比较严重。要沿着权责对等的思路推进全面从严治党。

台盟吉林省主委王天戈委员代表台盟中央、全国台联发言建议,进一步加强海峡两岸青少年交流交往,不断增进"两岸一家亲"感情认同。

大会发言的"明星"、民建中央调研部部长蔡玲委员再次以其特有的"蔡玲体"发言赢得了多次掌声。她开头就高度评价目前的反腐败工作出现了中央高度重视、群众高度期待、贪官高度紧张的"三高"态势,分析了有些基层干部只干"三件事"——有利可图的事、自家和亲友的事、拿了人家好处的事。她建议,要重构清正、清廉、清明的政治生态,打破潜规则,树立明规矩,加快选人用人制度改革。

中国法学会党组书记陈冀平委员代表全国政协社会和法制委员会发言。他指出,司法改革是全面推进依法治国的重要环节,全面推进依法治国,需要从中国实际出发,需要遵循司法规律,坚持"去行政化"和"去地方化"并重,强化司法责任制和司法公开,积极稳妥地进行司法改革。

博鳌亚洲论坛秘书长周文重委员指出,要在推进国际秩序的完善与重构的大背景下实施"一带一路"倡议,充分发挥全国政协在推进"一带一路"倡议中的独特作用。

研祥集团董事局主席陈志列委员代表全国工商联发言呼吁,要加强法治建设,净化政治生态,建立健康、清廉、相互信任的政商关系。他既批评了过去"不给好处不办事,给了好处乱办事"的权钱交易,也批评了现在一些官员"不吃,不拿,也不干"的懒政作用,形象地说,过去是"勾肩搭背",现在是"背对着背"。希望官员要堂堂正正走进民营企业,干干净净与企业家交往。

澳门特别行政区立法会议员陈明金委员指出,澳门与台湾历史渊源深厚,现实交往密切。澳门作为实践"一国两制"的重要示范,可以也应当为促进两岸关系和平发展发挥更大作用。

全国政协经济委员会副主任彭小枫委员认为,简政放权不能简单"一放了之",更不能"为放而放",不拿简单地取消和下放的数量作为考核指标,而要以科学制定权力清单、积极有序扩大公众参与等措施,通过行政审批制度改革牵引政府转变职能,提高公信力。

中国科学院大学的盲人教授杨佳委员为本次大会发言画了一个圆满的句号。她是政协大会发言有史以来第一位盲人委员,也是现场唯一一位由工作人员引导站上发言席的委员。我曾经参加过她的事迹报告会,知道29岁不幸失明的她,凭借自己的努力和出色的表现,成为哈佛大学建校300年来第一位获MPA学位的外国盲人学生,也是中国第一位担任联合国残疾人权利委员会副主席的残疾人。

她在发言中说,虽然自己的眼睛看不见,但可以用心来感受美好的正能量。"一个人只有汲取正能量才能变得积极、自信、乐观、向上,一个社会只有凝聚正能量才能自由、平等、公正、法治,一个国家只有集聚正能量才能富强、民主、文明、和谐。转型的中国正经历着各种考验,承受着剧烈阵痛,尤其需要强大的正能量。"她提出,面对社会万象,我们不应该牢骚满腹,一味当骂客,也不应该只当看客,或者做匆匆过客,而应该努力发现正能量,点赞正能量,厚爱正能量，弘扬正能量。

杨佳最后深情地说："你怎样，中国便怎样！强大的正能量源自每一个人。让我们从自己做起，从良知出发，'勿以恶小而为之，勿以善小而不为'。只有这样，社会才会充满滔滔不竭的强大正能量！只有这样，'中国梦'才会成为美好的现实！中国怎样，你才会怎样！"话音刚落，会场掌声如潮，持续许久。

杨佳的发言让我想起2012年北京大学中文系毕业典礼上，《人民日报》评论部主任卢新宁曾经说过的一段话——

> 我唯一的害怕，是你们已经不相信了：不相信规则能战胜"潜规则"，不相信学场有别于官场，不相信学术不等于权术，不相信风骨远胜于媚骨。你们或许不相信了，因为追求级别的越来越多，追求真理的越来越少；讲待遇的越来越多，讲理想的越来越少；大官越来越多，大师越来越少。因此，在你们走向社会之际，我想说的只是，请看护好你曾经的激情和理想。在这个怀疑的时代，我们依然需要信仰。无论中国怎样，请记得：你所站立的地方，就是你的中国；你怎么样，中国便怎么样；你是什么，中国便是什么；你有光明，中国便不再黑暗。

是啊，在当下的中国，我们需要的就是这样的精神，这样的信仰。"你怎么样，中国便怎么样；你是什么，中国便是什么；你有光明，中国便不再黑暗。"一句话：你好，中国才会好！

会议结束后，紧锣密鼓地与几位民进的同志交流，研究今年大调研等工作的安排。两会一结束，我们就要全力以赴进行今年的参政议政调研工作了，现在早做准备，凡事预则立。

晚上9点读报。今天的《中国教育报》的"两会E政录"以《儿童权利：家庭教育的底线》为题，用一个整版报道了与我的提案相关的儿童权利与家庭教育问题，邀请了全国律师协会未成年人保护中心佟丽华主任和天津社会科学院关颖教授和我，就这个话题发表意见。

今天的《中华读书报》头版头条介绍了我关于把全民阅读作为国家战略并设立"国家阅读节"的提案，在图书评论专版还发表了严隽琪副委员长的长篇文章，对《我在人大这五年——一个民主党派成员见证的中国民主政治进程》一书给予了较高评价。

今天的《中国青年报》在教育科学专版发表了我关于《支持小微民办学校办学》的文章。两会期间，媒体记者还是"蛮拼的"，当然委员代表也是"蛮忙的"。当然，对任何人来说，无论对自己还是对中国，没有行动上的"拼"和"忙"，"好"就只是一句空话了。

10点30分开始跑步45分钟。11点40分休息。

十六　"两高"报告有亮点

3月12日，星期四，晴

早晨5点25分起床。发两会微博，写"春天的约会"手记。两个多小时的时间过得好快。上午8点5分出发去人民大会堂，列席十二届全国人大三次会议第三次全体会议，听取"两高"工作报告。9点会议准时开始。大会主席团常务主席、执行主席吉炳轩主持会议。最高人民法院院长周强和最高人民检察院检察长曹建明分别做"两高"的工作报告。

按照惯例，先是最高人民法院做工作报告。周强在报告中表示，要进一步"深入推进司法公开，着力构建开放、动态、透明、便民的阳光司法机制"。对他报告印象最深刻的是六个"决不"——决不让国外成为腐败分子的"避罪天堂"，决不让网络成为法外之地，决不允许任何人享有法外特权，决不允许对任何人法外开恩，决不允许对当事人诉求相互推诿，决不允许让群众为立案来回奔波。应该说，这是司法公正的庄严承诺，需要强而有力的行动兑现。

随后是曹建明的最高检工作报告。今年最高检的报告与以往相比也有一些新的特点。如积极回应人民群众高度关注的食品药品安全、生态环境保护、查办民生领域职务犯罪等，让人民群众真切感受到检察机关司法为民的鲜明态度和工作力度。报告同时更加凸显检察职能，特别介绍了去年惩治贿赂犯罪、查办渎职侵权犯罪、国际追逃追赃、减刑假释暂予监外执行专项检察等重点工作。注重运用鲜活的案例来说话，表述方式更深入浅出。报告中引用的周永康、徐才厚、蒋洁敏等"大老虎"案，北戴河供水总公司总经理马超群的"小官巨贪"案，"徐辉强奸杀人案"等，都是媒体广泛报道、老百姓耳熟能详的事情。

从代表委员们聚精会神地翻阅文本和倾听发言的神态，以及在"两高"报告过程中几次自发但没有得到全场呼应的掌声来看，应该说，大家对"两高"的工作是相对满意的。从我经历的十多次两会来看，几乎没有在"两高"报告的过程中有过掌声。

中午回驻地午餐，稍事休息。下午2点左右，全国政协大会宣传组安排美国全国广播电台驻中国记者孔安（Anthony Kuhn）先生和他的助手到北京国际饭店采访我。没有想到，他的话题竟然不是政治，而是新教育——新教育的使命与问题。他告诉我，他们电台每周有2700万人次收听，主要以上下班时间在路上收听者居多。他们最关注的问题之一就是教育。孔安的第一个问题就很"到位"。他问道：中国老百姓都非常关心孩子的分数，你们的新教育如何解决与应试教育的关系？如何在不给孩子增加负担的情况下做好新教育呢？我的回答是，新教育不把分数作为我们的主要目标，"过一种幸福完整的教育生活"是我们最重要的价值追求，也是现实教育生活的重要愿景，分数只是我们额外的奖赏。新教育重视阅读，重视学生广阔的智力背景，尊重学生的个性，为孩子的长远发展考虑，所以，新教育的孩子不惧怕考试，也会拥有好的分数。在中国，任何民间的教育改革，如果分数下来了，一定是无法走远的。

对于孔安先生关注的南方科技大学和北京丰台二中新教育实验学校的问题，我也谈了自己的看法。我认为，应该更加鼓励民间教育改革的探索。南方科技大学首届毕业生受到国际名牌大学的青睐表明，即使没有参加教育部的统一考试录取，没有教育部门颁发的统一文凭，也同样能够得到社会的承认。应该把更多的权力下放给学校和基层。

孔安对新教育实验非常感兴趣。他问：在中国，你们的探索会得到政府的支持吗？我告诉他，虽然我们是民间的教育探索，但我们其实是在为未来的中国教育探路。我们的完美教室、卓越课程等一系列研究，都得到了教育部门的高度评价。许多地方教育行政部门与我们合作共同推进新教育实验，就是最好的说明。我建议他有时间去江苏海门、河南焦作等优秀的新教育实验区考察指导，他愉快地接受了邀请。

下午3点，参加民进组讨论。蔡达峰副主席主持会议，讨论"两高"报告和两个决议。最高人民法院的陶凯元副院长和刑事审判第四庭万永海副庭长参加讨论。陶凯元同时也是我们民进组的政协委员。

陈自力委员首先发言，他认为去年"两高"工作有三个"新"：改革有新举措，工作有新亮点，取得了新进展。他提出了几点建议。一是积极稳妥推进司法改革，下大决心、花大力气解决好影响公正司法的体制机制障碍。二是坚决依法推进反腐，既要保持痛打"大老虎"的势头，也要加大猛拍"小苍蝇"的力度。特别希望关注基层涉农腐败的现象。三是继续加强人权司法保障，坚决贯彻保障人权、疑罪从无的司法原则，严格做到以法律为准绳、以事实为依据、以诚信为保障，努力使人民群众在每一个司法案件中感受到公平公正。要特别注意依法保障律师的执业权利，解决好律师尤其是基层律师会见难、阅卷难、调查取证难等问题。四是加强司法队伍建设，努力提高整支队伍的水平和素质。

左定超委员肯定了"两高"的工作报告，提出了两点建议。一是希望各级党委、政府更加重视和支持法院和检察院的工作，特别是人才和硬件，基层和西部。二是希望无罪推定司法理念作为司法原则贯穿司法工作全过程，保证冤假错案不发生、少发生。

潘碧灵委员对"两高"报告中反映的司法改革力度明显加大、反腐力度明显加大和司法公开的力度明显加大给予了高度评价，对报告中提及的环保方面的案例也给予了高度关注。他建议进一步加大在环境资源方面的执法力度。

张帆委员对报告感到满意。他认为，去年"两高"工作量大，承担了非常多的工作。报告对依法治国理念认识很清楚，也明白"两高"在这一过程中的位置和职责，而且直面问题不避讳。建议尽可能解决基层法院条件差的问题，加强高科技在两院工作中的应用。

在委员们发言的过程中，我被《辽宁日报》的记者赵静等喊了出去，就中小学教师有偿家教的问题接受采访。总体而言，我是对教师有偿家教持反对意见的。人的精力时间总是有限的，教师的业余时间也是非常有限的，需要学习的东西很多，需要研究的问题很多，需要读的书也很多。我认为需要双管齐下才能真正解决这个问题：一是从立法的层面上，规范教师的权利、责任和义务，哪些事情能够做，哪些事情不能够做。现在完全禁止有偿家教，缺乏法律依据，除非学校和地方出台相关规定，而教师也认同这些规定。二是提高教师的工资待遇，能够保障教师体面而尊严的生活。

因为下午4点30分要在全国政协礼堂列席主席会议，3点50分不得不离开会场。非常遗憾没有听到最高人民法院陶凯元副院长和万永海副庭长的讲话。不过，从大家的发言可以看出，大家对"两高"近年的工作是比较满意的。

下午4点30分主席会议准时开始。俞正声主席主持会议，讨论了《政协第十二届全国委员会第三次会议关于常务委员会工作报告的决议（草案）》《政协第十二届全国委员会提案委员会关于政协十二届三次会议提案审查情况的报告（草案）》和《政协第十二届全国委员会第三次会议政治决议（草案）》，决定提交明天的常委会审议。

晚上7点，与赵丽宏、从维熙、刘心武、张抗抗、鲁光、肖复兴、罗雪村、李辉、董宏君等见面。其中许多人是我非常崇敬的作家。每年两会，丽宏先生都要召集大家见面小聚，我也有幸经常被邀请参加，听他们的故事，感受他们的人生，品味他们的智慧与情趣。好几位作家知道我收藏签名本，还专门带来了他们的新作。鲁光先生还专门在他的画册上为我画了一幅可爱的牛。

晚上10点50分开始跑步40分钟。12点休息。

十七　帷幕刚落又启程

3月13日，星期五，晴

早晨6点起床。今天是大会最后一天，即将离开驻地。发完微博，完成一篇手记之后，抓紧时间整理会议文件。现在改变会风，文件已经较以往减少了许多，但十几天的会议，仍然有不少文件需要归类收藏。

上午是委员机动时间。但常委们的安排是8点出发去全国政协参加常委会。一路顺利，十分钟左右就到了政协。有人说，为什么不能够推迟半小时出发呢？我比较熟悉内部情况，解释是因为常委们是从各个会场赶到政协，需要统筹安排时间，还要考虑各种可能和预案，而且现在还要求尽可能不扰民，所以留一些富裕的时间，可以理解。我现在一般带着报纸和书刊，遇到早到或者堵车，就看书读报，也不浪费时间。只是对习惯晚一些起床的人来说，是不太习惯。

上午9点，参加政协第十二届全国委员会常务委员会第十次会议。俞正声主席主持会议。会议通过了《政协第十二届全国委员会第三次会议关于常务委员会工作报告的决议（草案）》《政协第十二届全国委员会提案委员会关于政协十二届三次会议提案审查情况的报告（草案）》和《政协第十二届全国委员会第三次会议政治决议（草案）》。值得一提的是，俞正声的工作报告以全票通过。这是常委会很少有过的情况。

中午1点赶往职工之家，参加中央电视台新闻频道的两会特别节目《两会驿站》。央视记者昨天晚上11点多联系我，希望我就大学改革的问题发表意见。给了我三个问题：一是大学应该培养怎样的人，二是目前大学存在的主要问题是什么,三是大学的精神是什么。到了中午又告诉我,换了三个问题:一是考试招生制度改革要给大学更多的自主权,但是如果大学乱作为,招生腐败怎么办;二是教育部通报明年全国25个省市的高考将用一张全国统一的试卷,你怎么看;三是作为"书香校园"的推动者,你认为阅读与教育是什么关系。

节目是直播连线。我1点不到就早早地来到了职工之家的连线现场。贵州大学校长郑强、清华大学经济管理学院院长钱颖一、南开大学校长龚克也参加了连线。由于前面的连线时间没有控制好,到我连线的时候,他们砍掉了第二个问题,第三个问题也基本上草草收场。

我在回答第一个问题时说,其实对于大学来说,不用担心给自主权就会腐败。南方科技大学首届学生,就没有参加教育部的统一考试,也没有教育部颁发的统一文凭,但是他们一半以上已经被世界一流大学录取为研究生,许多人直接攻读博士学位。我说,就像小孩子学走路,总是要摔跤的。如果我们担心孩子摔跤就不让他走路,那么他永远不会走路。其实,只要真正把招生的自主权给学校,并且通过公开透明有序的办法监督,应该相信我们的大学能够做好。

关于阅读的问题,对于我这个1995年就组织研制出教师和学生的阅读书目、2003年迄今年年两会提交阅读提案的人来说,实在是太熟悉不过。尤其是近些年来,对于网络时代下的全民阅读工作,我又有了一些新的观察和思考。不过时间有限,我只讲述了我关于阅读的几个主要观点:一个人的精神发育史就是他的阅读史;一个民族的精神境界取决于这个民族的阅读水平;一个没有阅读的学校永远不可能有真正的教育。阅读是教育最重要的基础。中小学是一个人打下阅读基础,形成阅读能力、阅读兴趣、阅读习惯的关键时期,而大学阶段,阅读也是最重要的内容。大学课堂,应该是建立在文本阅读基础之上的对话。

采访结束以后赶往大会堂。3点参加政协十二届三次会议闭幕大会。俞正声主席主持会议,在通过了常委会工作报告、提案工作报告和政治决议之后,俞正声做了简短的闭幕讲话。他在讲话中高度评价了这次政协会议,认为"广大政协委员紧紧围绕改革发展稳定重大问题和群众关心的实际问题,深入协商议政,积极建言献策,充分体现了政协委员为国为民、尽职尽责的不懈追求，有效发挥了人民政协作为协商民主的重要渠道和专门协商机构的重要作用，生动展现了中国特色社会主义政治制度的特色和优势"。希望委员们"认清使命，勇于担当"，更加切实地运用好政协的"话语权"和"影响力"，真正做到"言必真、策必实、行必正"，做一名"于国有利、于民有济、于己有为"的政协委员。

闭幕会议不到45分钟。会后俞正声会见了中央媒体的新闻工作人员，向所有参加大会报道的新闻工作者表示诚挚慰问和衷心感谢。

下午4点40分在全国政协礼堂三楼大厅举行秘书处总结会。张庆黎副主席兼秘书长在讲话中说，之所以在大会闭幕后第一时间召开总结会议，就是要趁热打铁，及时肯定成绩、总结经验，明确今后努力方向。他总结了会议的五个特点：活动组织有力、成效显著；协商议题主题突出、成果丰硕；工作运行科学合理、优质高效；会风会纪紧抓不放、持续良好；方方面面配合紧密、同频共振。他希望把这场总结会当成"新起点和加油站"，继续发扬大会期间的好思想、好作风，继续运用大会工作的好经验、好做法，以良好的精神状态、工作作风和业绩，谱写人民政协事业发展的新篇章。

晚上与章敬平和吴国平先生等交流新教育的相关事宜。他们都是新教育的"贵人"，长期支持新教育事业的发展。

晚上10点30分开始跑步35分钟。11点30分休息。一直到躺在床上，两会期间的忙碌与紧张而带来的疲倦到这个时候才感觉到。但两会的许多场景还是像过电影一样在眼前一一出现。接下来，民进中央关于公共文化服务体系建设的大调研又将启动，参政议政特约研究员的座谈会又要召开，为明年两会准备提案、建议、社情民意等工作也要全面展开。迷迷糊糊中想了四句话：帷幕刚落又启程，参政议政为民生。协商民主齐鼓劲，铆足干劲天酬勤。

2016 年

两会是中国人的"政治春节",是各界人士在北京的团聚,是各种政治抱负和政治情怀的展示。

两会也是中国政治生态的直接体现,是一道特别的中国政治风景。

媒体记者通过各种报道,通过文字和图像记录这道风景。而我,却通过自己手中的笔,记录这道风景。

为此,我每天要多一双观察的眼,多一个思考的脑,多两只敲击键盘的手,多一些起早贪黑的忙碌。

沉淀下的,就是这永恒的记录。

一个人的两会,也是一个时代的两会,一个时代的政治风景。

一 "政治春节"奏序曲

2月28日，星期日，晴

每年春天召开的两会，像是中国人的政治上的"春节"。总要为这个日子做许多准备。

早晨5点早早地起来。把今年准备提交的两会提案又系统梳理了一下，基本定稿了。今年政协特别要求质量第一，不要追求数量。我也是压缩了几个准备好了的提案，拟作为社情民意报送。提案，是我们政协委员为这个"春节"准备的"年货"，但是准备的时间远远比为春节备年货要长许多呢。

每年两会，大会发言是很重要的议程。为了确保大会发言的质量，政协领导特地安排了一个部分民主党派中央大会口头发言的"汇稿会"。因为上午9点是全国政协会议，"汇稿会"安排的时间很早，是上午8点20分。常务副秘书长与大会发言组的组长、副组长等参加，对各民主党派的大会发言稿一一讨论研究，希望各民主党派的发言，能够更加聚焦"十三五"，聚焦重大方针政策的落实，能够提气鼓劲，发挥正能量。

9点整，参加全国政协十二届常委会第十四次会议开幕式。每年两会前的常委会也是惯例，会议的主要议题就是为全国政协十二届四次会议做准备。会议审议通过了关于召开政协第十二届全国委员会第四次会议的决定；听取了关于政协第十二届全国委员会第四次会议议程（草案）和日程（草案）的说明、张庆黎副主席兼秘书长关于政协全国委员会常务委员会工作报告起草情况的说明、提案委员会孙淦主任关于政协全国委员会常务委员会自政协十二届三次会议以来提案工作情况的报告起草情况的说明,以及关于政协全国委员会委员履职工作规则(试行)起草情况的说明和关于人事事项的说明。

接着是各专门委员会的年度工作情况汇报。经济委员会主任周伯华、人口资源环境委员会主任贾治邦、教科文卫体委员会主任张玉台、社会和法制委员会主任孟学农、民族和宗教委员会主任朱维群、港澳台侨委员会主任杨崇汇、外事委员会主任潘云鹤、文史和学习委员会主任王太华等分别汇报了本委员会2015年度工作情况。应该说,每个委员会的工作都很用心、很努力,无论是承办"集中连片特困地区精准扶贫"等双周协商座谈会,还是开展"提升长江经济带开放型经济水平"等专题调研;无论是就"中央关注、社会热议、群众关心"的问题开展监督性调研,还是召开"研究推动全国村医培训项目落实"等专题座谈会,都取得了良好效果。政协委员参与面也逐步扩大,如教科文卫体委员会参与活动的委员占总数的95.6%。

会议结束后去政协礼堂附近的华宝斋,与湖北宜昌高新区教育局商龙泉局长一行见面。商局长一行这次是专程来北京见面聊新教育。他说,自己已经关注新教育多年,还专门购买了几百本《新教育》给校长、老师阅读,但是一直没有下决心申请成立实验区,担心做不好实验"亵渎"了新教育。今年,他见了几位乡村学校的新教育种子教师,有了信心,准备开始新教育之旅。新教育研究院的几位同人与他对接了具体工作。希望新教育在宜昌能够真正落地生根。

与商局长一起来的《教育家》的执行社长姚曦,带来了刚刚出炉的杂志清样。这期杂志的主题是《新教育:为中国教育探路》,用100多页、大半本杂志的篇幅讲述了新教育实验的探索故事,回顾了新教育实验的前世今生。姚曦在卷首语中说,新教育从改变教师做起,从当下做起,让老师在日常的教育生活中寻找生命的意义和个人的幸福。

下午3点,小组讨论审议常委会工作报告、提案工作情况报告和委员履职工作规则(试行)。我们民进界别与青年、香港、澳门一起编为第五组。罗富和副主席、何厚铧副主席和李海峰副主席参加了我们小组的讨论。高敬德、牛汝极、伍淑清、姚爱兴、卫小春、李家杰、廖泽云、卢柯、李和平、许荣茂、徐泽、陈自力、唐英年、刘长乐等先后发言。大家充分肯定了工作报告的新观点和新亮点，如"寻找一致性"的新提法，在尊重差异的基础上进一步强调凝聚共识，如要求政协委员进一步密切联系群众等。委员们一致认为，履职规则的出台十分及时也十分必要。政协委员是荣誉更是责任，应该有严格的规范和要求。

晚上回家，进一步打磨大会发言稿。短短的1400字，平时个把小时就能够完成的"小文章"，却像博士论文一样修改了多次。

这两天感冒比较严重，但满脑子都是两会的事情。做了一个两会的工作安排表，除了正常参加会议外，还要去做客人民网等媒体，接受新华社等媒体采访。是否能够扮演一个角色，多少取决于命运的安排，但认真履行好一份职责，只能是自己对自己的要求。两会的序曲已经响起了，这序曲，也是新一年工作的冲锋号呢。

二　学习充电好履职

2月29日，星期一，晴

又是早晨5点起床。发微博5则，写两会手记。进入两会时间、两会节奏啦！

早晨7点50分出发去政协，参加常委会会议。

上午9点继续参加小组讨论。因为10点要列席主席会议，我抓紧时间第一个发言，就常委会工作报告、提案工作情况报告和委员履职工作规则谈了自己的一点意见。

这一次俞正声主席代表常委会的工作报告打破了过去的传统写法，除了总结2015年常委会工作和部署2016年工作外，还专门就如何发挥人民政协的作用提出了许多观点。我印象最深的是强调广泛凝聚思想政治共识，处理好一致性与多样性关系的问题。以往比较多地强调了求同存异，而现在则更强调凝聚共识，我理解的就是通过我们的工作，不断巩固已有的共识，凝聚新的共识，尽可能达到"同多异少"。

关于提案工作情况报告，我去年参加了提案委员会走访民政部和公安部的两次活动，也对发改委、教育部等联合就小微学校的发展问题专程听取过意见。应该说，无论是政协委员还是办理单位，都很认真。我对提案答复教育部公开透明的问题提出了个人建议。

关于委员履职工作规则的试行草案，这是政协历史上首次关于委员个人履职工作的规定，对于推进人民政协工作的制度化、规范化、程序化有积极意义。我也就个别条目的修改提出了意见。

我发言以后，香港的唐英年、伍淑清、刘汉铨、李泽钜以及全国政协罗富和副主席先后发言，结合香港的实际，就加强青少年爱国主义教育问题发表了意见。

上午10点列席主席会议，听取9个小组讨论情况的汇报。

会议结束以后，12点回到民进中央机关。用工作午餐，处理文件，稍事休息。

下午1点20分，湖北亿童文教的陈先新董事长和甘行芳副总经理来访，就家庭教育问题交流看法。他们两位都是民进会员，到民进是"回娘家"。我为他们介绍了民进的有关情况和中国教育学会家庭教育专业委员会的工作。

下午1点50分出发赶往全国政协。下午3点在常委会议厅参加委员会学习讲座，听取中国气候变化事务特别代表、全国政协人口资源环境委员会副主任解振华做《维护气候安全，保障生态文明》的专题讲座。

每次常委会以后安排一个专题讲座，是本届政协的一个工作惯例。讲座往往选择委员们关注的重大问题，邀请权威人士给予讲解介绍，如曾经邀请工业和信息化部部长苗圩做《世界制造业发展趋势和我国装备制造业状况》的讲座，中国工程院院士、中国农业科学院副院长吴孔明做《转基因技术的发展与食品安全》的讲座，中国科学院院士谭铁牛做《人工智能的发展现状及展望》的讲座，国务院港澳事务办公室主任王光亚讲《"一国两制"实践历史回顾及当前香港问题》的讲座，国家海洋局海洋发展战略研究所所长、研究员高之国做《南海问题的历史和现状》的讲座，国务院法制办公室副主任甘藏春做《努力探索中国特色社会主义法治道路》的讲座，商务部部长高虎城做《贯彻落实三中全会精神，加快完善现代市场体系》的讲座，全国政协副主席、中联部部长王家瑞做《当前国际形势和重要国际问题分析》的讲座，国家发展和改革委员会副主任朱之鑫做《改善和加强宏观调控，促进我国经济持续健康发展》的讲座等。

这些讲座层次高、内容新，对于委员了解国家的大政方针和有关情况非常有益。我把每次讲座都看成是一次充电。每次讲座以后一般还有提问与回应环节，可以解答委员们的相关问题。

今天的讲座内容也非常丰富，解振华用大量案例说明全球气候变化正在深刻影响国家安全，成为我国经济社会发展面临的重大课题。他还用许多数据证明，我国在应对全球气候变化方面做了大量卓有成效的工作，取得了积极的进展，特别是2005年以来单位国内生产总值二氧化碳排放量下降了38%，探索了碳排放权交易市场建设，"十二五"的约束性指标超额完成，在气候外交方面推动达成了《巴黎协定》，为我国绿色低碳转型、增强气候适应力创造了比较有利的外部条件。

解振华的报告，让我们认识到，有效维护气候安全，是建设生态文明的重要保障，是实现我国可持续发展的重要基础，也是我国深入参与全球治理，推动建设人类命运共同体的责任担当，也让我们进一步了解五大发展理念的意义与价值。讲座以后照例是提问与回答。四位政协常委就气候难民、清洁能源等问题向解振华当面请教。

下午4点，常委会举行闭幕式，通过了政协第十二届全国委员会第四次会议议程（草案）和日程，将提交全国政协十二届四次会议审议的政协全国委员会常务委员会工作报告和全国政协十二届三次会议以来提案工作情况的报告，政协全国委员会委员履职工作规则（试行），政协十二届全国委员会第四次会议秘书长、副秘书长名单以及人事事项等。

最后俞正声主席讲话。他在讲话中提出四点要求：一是要把思想认识统一到中央对当前形势的分析判断上来，把智慧和力量汇聚到中央的决策部署上来，把会议开成团结鼓劲、统一思想、凝聚共识的大会。二是要紧紧围绕中央重大决策部署的贯彻落实正向发力，围绕重大改革举措的落实、重要政策贯彻执行情况和"十三五"时期重要约束性指标等建言献策，开展民主监督，发扬民主，畅所欲言，促进相关工作改进和加强，推动中央决策贯彻落实。三是要把握好社会主义初级阶段基本国情，避免过高过急的要求，从国情出发，从实际出发，为"十三五"时期发展献计出力。四是要切实保持良好会风文风，会议文件要精练务实，大会发言、小组讨论要言之有据、言之有理，提案要更加注重质量，宣传报道要坚持团结稳定鼓劲、正面宣传为主的方针。俞主席的讲话用了许多案例与故事，很有说服力与感染力。他强调，这次常委会就是为即将召开的政协全国委员会第四次会议做准备的,希望通过大家的努力,确保会议风清气正、务实高效、圆满成功。

晚上6点回到家。打开邮箱,十余封邮件,大部分是与两会相关的,有媒体的采访联系,有报刊的两会文章约稿,有学生和朋友发来的两会提案文稿等,一一处理,不知不觉又到了近11点才休息。这两天感冒,没有跑步,不过倒因此增加了工作时间,也是有失有得。

三 问计专家扶贫策

3月1日，星期二，雾霾

早晨3点醒了一次。再睡，5点50分起床。感冒恢复得还好，晚上也睡得香了一些。

早晨继续整理两会材料，给《人民日报》发去一篇关于如何提高国民素质和社会文明的文章。

上午8点去办公室，与罗富和常务副主席等参加早餐会，讨论两会期间和近期的工作安排。

上午9点20分湖北教育出版社的方平社长一行来访。送来了刚刚出版的十卷本《中国教育改革大系》，这是一套历时近三年，由国内知名学者共同编撰完成，全方位记录改革开放以来中国教育发展的成就与经验，反思教育的问题与困难，展望未来教育发展的著作。出版社准备月底在北京举行出版座谈会，商议了相关细节安排。

上午10点，爱学堂的汪建宏总裁来访。这位在互联网教育方面颇有想法的年轻人告诉我，他的爱学堂通过提供有趣而有效的视频课程和智能教学平台，使学校的传统教学向混合式教学转变。这也是他对我提出的未来学校概念特别感兴趣的原因所在。

上午10点半，《光明日报》记者晋浩天来采访。最近已经进入了"两会时间"，各路媒体密集出击采写新闻。我们就全民阅读与书香社会建设的问题进行了交流。他问我，为什么一直对阅读的问题情有独钟？我说，这是基于我对教育的理解，对阅读重要性的认识。中午稍事休息就赶往二十一世纪饭店，准备参加关于扶贫问题的专家咨询会议。

每年两会的提案、建议，包括平时的社情民意工作，我们都非常重视发挥专家的作用。所以，我们都尽可能利用一切可以利用的机会倾听专家的意见，请专家出主意、提意见。毕竟，专家更加专业。

其实，2月27日，我就结合《朱永新教育作品》的英文版全球首发仪式，举行了一个小型的"专家会"。那天的活动对我而言，与其说是我个人作品集的全球首发，不如说是借这个机会，对一路提携、砥砺我的老师和朋友道一声谢，更是希望抓住这个难得的机会，就"十三五"期间如何"全面提高教育质量"问题向顾明远、陶西平、周国平、杨东平、朱小蔓、石中英、项贤明等专家请教。"提高教育质量"是"十三五"规划对于教育问题的一个重要表述。为什么要把这个问题作为重要目标？如何有效提高教育质量？果然，大家就全面提高教育质量问题发表了许多非常重要的意见。

陶西平先生在座谈会上提出，之所以提出教育质量的课题，是因为在教育机会的问题解决之后，质量问题就自然凸显出来了，贫困的代际传递，关键还是农村学校教育质量不高。顾明远先生认为，公平与质量问题，本质上是一个问题。为什么要强调公平？最大的不公平其实就是质量的不公平。朱小蔓老师指出，不能够一讲质量就要强化管理，统一测评，如果不关心个人，离开个人，只是用"物化的手段、行政的思路"是不可能从根本上解决质量问题的。她建议应该回归教师工作的情感性、人文性、朴素自然的本性，平和安静。杨东平教授认为，在中国，"有学上"的问题还没有根本解决，我们在公平与质量方面都有很大的差距。上海的PISA成绩虽然世界第一，但是学生的课业负担也是世界第一，甚至是同样在第一方阵的国家与地区的一倍。周国平先生则从哲学家的角度看教育质量问题。他认为，质量的关键是让学生享受人性的温暖与光辉，实现个性的张扬与发展，是教育方式的人性化，教材要人性化，课程设置要人性化。他以自己的儿子为例，孩子竟然问他：世界上为什么要有学校？你们大人为什么不上学？应该说，专家们的意见对于我们在两会期间围绕提高教育质量问题进行建言献策，是非常有参考价值的。

下午2点，全国人大常委会副委员长、民进中央严隽琪主席亲自召开座谈会，就扶贫问题听取专家的意见。今年民进中央的大调研准备围绕扶贫问题展开，作为"十三五"期间全面建成小康社会的最重要的目标，扶贫问题已经引起世界的瞩目。那么，扶贫的关键问题是什么？难点与重点在哪里？

国务院扶贫开发领导小组专家咨询委员会委员、中国农业大学人文与发展学院原院长李小云教授第一个发言。他分析了我国改革开放以来扶贫工作的发展历程，从依靠农业发展和经济增长到依靠农村劳动力转移来减少贫困人口，现在的确已经到了攻坚的关头了。他个人正在云南勐腊县做扶贫工作，也深刻感受到各级政府对于扶贫工作的重视前所未有。他所在的贫困村村民说，过去很少见到领导，现在是经常见。县委书记和各部门的领导几乎每天都在贫困村里跑。一个新的地方政府的生态正在发育。他提出现在的难度是缺乏制度性供给，缺少到达最后一公里的机制。他主张要调动社会组织参与到扶贫工作中来。

"三农"问题专家、中国社会科学院农村发展研究所宏观室主任党国英先生就如何精准扶贫、如何识别贫困户、如何把农民的资产盘活、如何用好支农资金、如何发展农村教育防止贫困的代际传递等问题发表了看法。

中国农业大学农民问题研究所的朱启臻教授则主张，扶贫要从盯住乡村外部的资源转变为盯住内部资源的开发，要从把收入提高为主转向幸福生活为主，不能够把钱作为唯一的目标。

民进中央经济委员会的蔡继明、王旭、周德文、马荣才、周宏萍，以及民进会员、农业部科技发展中心的饶智宏处长等也就扶贫问题发表了意见。

最后，严隽琪主席在发言中感谢了专家们的精彩思想，认为扶贫的关键还是老百姓的"获得感"。

晚上回家，读完了二十一世纪出版社张秋林社长快件发来的《千古悲催帝王侯——海昏侯刘贺的前世今生》一书。本来答应他明天参加这本书的出版座谈会，因为与两会的其他日程冲突，无法参加会议，但是认真读完这本历史纪实文学作品，还是颇有收获。一方面了解到海昏侯墓被发现和发掘的真实过程，一方面也品味了西汉海昏侯刘贺的传奇人生。

晚上10点接到《中国政协》杂志徐志强主任的来电，告诉我两会的提案故事微电影已经完成上线，点击率很高。于是请滕秘书发来链接，第一次观看了这部关于阅读的提案故事微电影。微电影里考虑到画面的需要，找到一些雅致的环境拍了一些我读书的镜头，其实平时书都是拿来就读，根本没有那样的优雅从容。

晚上10点40分完成今天的两会手记。11点休息。

四　进入两会倒计时

3月2日，星期三，雾霾

　　早晨5点半醒来。写了"书香中国""一言难忘""新父母晨诵"等6条微博。准备今天上午《中国教育报》的"两会E政录"的专访提纲。

　　虽然明天全国政协十二届四次会议才正式召开，但是前几天就已经进入"两会时间"了。今天，则是进入了倒计时的"读秒"阶段。特别是媒体，两会未开媒体先到，他们总是急先锋：昨天晚上《人民教育》杂志的主编余慧娟发来短信，她知道我上午接受《中国教育报》的一个采访，希望我能够在结束以后留下来参加同一个节目的另外一个专题。今天一早，又接到《中国教育报》记者张春铭的短信，他知道我上午在这里录制节目，希望我能够就留守儿童的问题，接受一个电视采访。就这样，一个上午的行程就满满当当了。

　　上午9点，出发去中国教育报刊社。进门就马不停蹄开始工作。第一个节目是"两会E政录"访谈栏目，谈"十三五"期间如何全面提高教育质量和树立科学的质量观。教育科学版的主编杨桂青客串主持人，对话嘉宾是清华大学原副校长、十一届全国人大代表、中国教育30人论坛成员谢维和教授。我和谢维和教授是老朋友，在十一届全国人大时也同时是全国人大教科文卫体委员会的委员。对话整整进行了一个多小时。主持人评价说，谢教授的讲话理性而慢条斯理，我的发言睿智而富有激情，风格不同，但是对于教育质量的许多看法是一致的。

　　我在对话中提出，提高教育质量是一个永恒的话题，也是我们这个时代的新课题。我认为，要提高教育质量，就需要我们用科学理念引领教育发展，用创新发展理念激发教育活力，用协调发展理念优化教育结构，用绿色发展理念构建教育生态，用开放发展理念拓展教育资源，用共享发展理念推进教育公平。教育质量的提升需要全社会共同努力，需要学校教育、家庭教育和社会教育协调发展。提高教育质量还需要我们更好地关注人的全面发展，关注弱势群体，关注个性化发展，所以教育质量的问题需要法治保障，需要全社会教育水准的提升，需要有一支非常优秀的教师队伍。"十三五"期间，只有更用心地关注教育质量，我们的教育才有更美好的未来。

对话结束以后还有一个"规定动作"：让我们拿着一张手书的寄语说一句话。我说："追求高品质的教育，过一种幸福完整的教育生活。"

10点30分左右开始了第二场。仍然是"两会E政录"访谈栏目，主题是"教育如何应对二孩时代"。嘉宾变成了我一个人，主持人是一位年轻的编辑。四个蛮有意思的问题："二孩"时代的到来，是否在一定程度上能克服独生子女家庭教育的弊端？父母的陪伴对孩子成长很重要，但现在许多家庭一个孩子都忙不过来，两个孩子更是对父母精力提出了很大的挑战，对此您有没有比较好的建议？"二孩"时代，家庭教育还要注意哪些问题？对孩子而言，您认为最好的教育是什么？

对此我的主要观点是："二孩"时代的到来，不仅是每个家庭多了一个孩子，而是家庭生态的一次变革，家庭教育方式的一种调整。这对于改变过去的家庭教育围绕"小太阳"转的模式，对于消除儿童的孤独感和自我中心，对于培养儿童的社会性和集体感，对于发挥儿童自身的教育力量，都具有重要意义。

其实，无论教育怎么变化，无论家庭结构怎样变化，好的教育目标总是清晰的，那就是把孩子培养成为幸福完整的人：有人生的理想，有良好的习惯，有行为的底线，有生活的本领，有和谐的人际关系。这一切，不仅需要学校教育提升品质，也需要家庭教育来奠定根基，同时需要社会教育营造环境。总之，"二孩"时代，是重构家庭关系的时代，是重新改造教育的时代。

录制完毕以后，又被带到一楼的大厅，为留守儿童和教育培训的问题"发声"。话题从全国政协委员、九三学社杨佳的提案谈起。因为我刚刚为杨佳的传记撰写了一个《以心为眼看世界》的序言，对她的事迹比较熟悉，所以也就如数家珍地进入了正题。留守儿童问题和教育培训市场问题则是我去年两会和今年两会关注的问题，也有话可说。

采访完毕，与报刊社党委书记、社长李曜升，总编辑翟博等见面，简单吃了点盒饭后，已经快下午1点了，匆匆忙忙赶回民进中央机关。

下午2点，与参政议政部陈鸣部长去罗富和常务副主席办公室，用了近一个小时的时间，对今年民进组的提案一一再次"过堂"。罗主席认真细致的工作作风，对许多问题的深入思考，对提案工作的精益求精，对提案质量第一、不搞照顾不留情面的严格要求，让我非常感动，同时也颇感愧疚。

下午3点，全国政协副主席、科技部部长万钢一行走访民进中央，就科技创新问题听取意见。民进中央与科技部的互动交流机制已经建立多年，特别是在每年两会前，双方就共同关注的问题交换意见，把一些共识与建议带到两会上去，也是每年的常规。

长期以来，民进中央高度关注我国科技领域的改革与发展，特别是严隽琪主席、罗富和常务副主席曾多年在科技领域工作，有着深厚的感情。近年来，我们先后就"重视中小企业科技创新能力建设""完善科技成果转化产业链""发挥科技创新在传统产业转型升级中的作用""加强科技计划实施中知识产权管理""促进生产性科技服务业发展""完善重大技术装备相关政策，帮助企业降低成本""引导众创空间健康发展"等提交了相关建议与提案。

科技部创新发展司的许倞司长代表科技部简要介绍了"十二五"期间科技创新取得的成效：一是科技创新在国家发展全局中的战略地位提升到新高度；二是科技创新才以跟踪为主转向跟踪、并跑和领跑并存的新阶段；三是科技创新成为经济社会发展的新引擎，高铁总里程达1.9万公里，占世界总量60%以上，杂交水稻、转基因抗虫棉、超导磁共振等为改善民生福祉提供了技术保障；四是大众创业万众创新为经济社会发展注入新的活力；五是中国在全球创新版图中占据新的位势。同时对"十三五"期间科技创新的思路也做了交流。政策法规与监督司副司长包献华就深化科技体制改革有关进展情况做了交流。资源配置与管理司司长张晓原就信息公开、院士评审、指南编制等问题做了说明。

接着,民进的专家与科技部万钢部长一行继续面对面地交流。全国人大常委、民进中央人口资源环境委员会主任、中科院科技战略咨询研究院副院长王毅,民进中央科技医卫委员会主任、中国农业大学食品科学与营养工程学院黄卫东教授,全国人大代表、民进中央联络委员会副主任、黑龙江珍宝岛药业股份有限公司董事长方同华,民进中央科技医卫委员会委员、中国电子学会副秘书长林润华等先后就科研资金管理与绩效评估,支持中医药科研,支持区域科技合作,大数据共享与信息安全等问题发表了看法。全国政协副主席、民进中央常务副主席罗富和就培育创新文化、成果转化评审应该增加产业界的专家、增加对于大农口良方推广力度等提出建议,万钢部长一一做了回应解答。现场有点像两会的提案办理会。

最后,全国人大常委会副委员长、民进中央严隽琪主席代表会中央感谢科技部对于我们议政建言工作的支持,感谢万钢部长在两会前夕最忙碌的时刻仍然牵挂着与代表委员的沟通交流,充分肯定了近年来科技工作的成效与进步,同时也就如何关注高校青年科技人才,如何关注科学家的职业吸引力,如何加强关键零部件的国产化,如何有效地利用全球科技资源,如何增强"十三五"期间科技进步的"获得感",如何培养工匠精神,如何让全社会觉得科学家是最讲诚信的人等问题发表了意见。

座谈会气氛热烈,进行了两个半小时,仍然感觉还有许多话要说。两会前夕共议科技创新,民进作为以文化教育为主界别的参政党,在两会上仍然会就这些话题深入研讨,建言谋策。

晚上6点多回家。整理全天的两会手记。本计划晚上9点跑步,可专注于写作,不知不觉转眼就近10点了。想了想,还是洗洗脏衣服,整理好行囊,明天一早就要去驻地,上午9点又是一批记者在等着采访呢。

两会时间,是紧张而忙碌的,也是疲累而快乐的。

五 "扩音器"与"共鸣箱"

3月3日,星期四,雾霾

今天是两会的第一天。早晨4点50分醒来,把今天的工作安排在头脑中放电影般想了一遍。5点10分起床,写"两会时间"等系列微博十余则。

今天《人民日报》刊发了我的短文《当好"扩音器",做好"共鸣箱"》。我提出,做一名合格的政协委员的基本要求,就是成为民声的"扩音器",而要成为一名优秀的政协委员,还应该成为民心民意、民声民调的"共鸣箱"。

前者是指委员代表应该像一位走街串巷、腰间挂着一个小喇叭的勤劳的小商贩那样,把自己视为民声的扩音器,一方面迈开腿,走到老百姓中去,了解疾苦;一方面张开嘴,为弱势群体代言,大声疾呼,把弱者的声音放大,把智者的声音远播。这是所有委员都能做到的。

后者则是因为委员代表也不是完人,意见建议难免会带上些个人色彩。所以优秀的政协委员不能简单收录某一种声音,而应该倾听关于同一问题不同侧面的多种声音,要调研、辨析,善于从个体的、局部的、碎片化的民声中,找到同频共振的地方,积极找寻、提供智慧的可行的解决方案。这样发出的声音,才能产生最大共鸣,而政协委员的作用与价值,也由此能更好体现。

不到8点出发去北京会议中心。前年两会期间我也曾经住在这里,离大会堂远一些,但是离单位和家都近。

8点20分到达会议中心,稍事安顿,就开始了紧张的工作。把会议的相关资料快速浏览了一遍,将大会秘书处转来的有关通知梳理了一遍。

9点准时参加民进中央宣传部安排的集体采访活动。这是一场关于党派重点提案的专场采访,主题是关于非物质文化遗产传承人的保护问题。新华社的白杨、中央电视台的牛兴福、《人民日报》海外版的叶晓楠、《光明日报》的周洪双、《中国政协》杂志的王瑛、《人民政协报》的吕巍、《中国教育报》的翟帆、香港《大公报》的李晓蓉、中国新闻社的马海燕、光明网的李平沙、《北京晚报》的孙颖、《北京青年报》的董鑫、《团结报》的万李娜、《中国社会报》的孙彦川、《京华时报》的张晓鸽等十余家媒体早早地在采访室等候了。

非遗传承人保护的问题,是去年民进中央与全国政协文史委联合承担的议题,恰好列入2015年全国政协双周专题协商会议重点议题,为此民进中央发动全会的力量做了大量调查研究。在俞正声主席主持召开的会议上,我曾经作为民进中央代表做过一个题为《呵护传承人 防止"广陵散"绝》的发言。在今天的采访中,我也再次介绍了民进作为教育文化新闻出版界别的参政党,为弘扬传统文化做的工作,以及我们这次两会提案的主要内容。我提出观点:非遗保护说到底是对传承制度、传承环境和传承人的保护,其核心应该是对传承人的抢救和保护。这些年来已经做了很多工作,但非遗传承人的生存困境与发展问题依然值得重视。一是传承人严重老化,面临普遍断层、后继无人的困境。二是传承人生存发展环境不容乐观。三是传承人认定工作有待完善。要想真正做好非遗保护,一定要从保护甚至抢救传承人入手,一是构建完善的传承人认定机制,二是着力抢救性保护传承人的影像资料,三是促进职业传承与人人传承的融合。针对职业传承,设立国家级的艺术研究院,依托高端专业人士开展专业研究;相关高等院校中的艺术学科中增设非遗学科,授予文化学位,或者更进一步建立非遗艺术学院;设立非遗保护专职机构,建立懂业务的专职工作队伍,同时解决传承人和专业人才的就业问题,等等。

上午的集体采访持续了两个多小时。其间《光明日报》的记者还专门让我体验了一下他们的VR(虚拟现实眼镜),看看这些新式武器如何在两会报道中发挥作用。采访结束以后,还有几位记者希望

"开小灶"。于是又用了半个多小时,和央视7频道记者就留守儿童问题、《中国社会报》记者就慈善文化进校园问题、香港《大公报》记者就青少年的国家认同问题、《团结报》记者就政协委员在协商民主中的作用问题,进行了进一步交流。其实,媒体也是思想与建议的"扩音器"和"共鸣箱"啊。

中午午餐时,与罗富和常务副主席和民进新疆维吾尔自治区区委会主委、新疆师范大学副校长牛汝极等正好一桌,听他们讨论国家通用语言文字等问题。两会期间,委员们天南地北赶来见面,但是,无论是朋友叙旧还是偶遇闲聊,提案建议经常都成为中心议题。

餐后是惯例的读报时间。今天的《光明日报》发表了我的两会手记《阅读,关乎民族的精神境界》,《中国教育报》发表了余闯对我的专访《教育改革也要供给侧发力》。两会报道开始在各大媒体集中呈现。

不知不觉就快下午1点了。稍事休息,1点30分下楼乘车。1点45分随车队去人民大会堂。

下午3点,政协十二届四次会议准时开幕。杜青林副主席主持会议。审议通过政协第十二届全国委员会第四次会议议程后,首先听取俞正声主席做政协全国委员会常务委员会工作报告。报告总结了过去一年来在四个方面的重点工作,对新一年的主要任务进行了梳理和部署,听着报告,过去一年调研、协商等诸多工作也在心中逐一浮现。今年报告第三部分的内容特别精彩,对人民政协的作用进行了新的阐述,如何形成最大公约数,画出最大同心圆,不断巩固已有共识,凝聚新的共识,的确是值得我们去思考和实践的大问题。

接着陈晓光副主席做提案工作情况的报告,介绍一年中提交提案6012件,经审查立案5027件,转"意见和建议"828件,并案97件,撤案60件。过去的提案工作情况报告一般没有转并撤的数据,这是主席会议听取了有关意见以后专门改进的。审议通过政协第十二届全国委员会第四次会议议程,听取俞正声主席做政协全国委员会常务委员会工作报告,听取齐续春副主席做政协全国委员会常务委员会关于政协十二届三次会议以来提案工作情况的报告。

开幕会议下午4点半左右结束。下午4点40分,按照惯例参加政协十二届四次会议委员小组召集人会议。张庆黎秘书长主持会议。他介绍了大会的主要安排，要求大家协助精心组织好全体会议、分组会议，做好会议简报，引导委员提高提案质量，同时要求严格落实中央"八项规定"精神，确保会议风清气正。杜青林副主席要求大家充分认识开好会议的重要意义，深刻理解把握和贯彻落实中共中央关于人民政协工作的新思想新部署新要求，圆满完成大会的各项任务。

会议结束，已经是下午5点10分了。中午大部队有交通管制的帮助，从北京会议中心到大会堂只用了半个多小时，下午5点10分召集人会议结束以后，在没有特别管制的情况下，回会议中心，却花了近一个半小时。

两会期间"天人合一"，代表委员的情绪也多少会受到天气的影响。记得前些年开两会，有蓝天白云时，许多人会拿出手机拍蓝天白云，车里面的欢声笑语也多一些。而雾霾严重空气不好时，大家话语也少了不少。今天北京发布了霾和空气重污染黄色预警，车里也比较安静。返回宾馆的路上，我正好利用这段时间，用手机记了今天的部分日记。

下午6点40分回到宾馆，在电脑上把手机里的日记补充完整，处理邮件，紧接着和几位委员朋友见面。吴为山委员邀我欣赏了他为国学馆创作的老子、孔子、左丘明、庄子、荀子、韩愈、屈原、司马迁、朱熹、王阳明等人的造像草图和书法诗稿，我感佩他的创作激情和对传统文化的崇敬。

晚上9点继续修订《新京报》和《中国教育报》的约稿，晚上10点半告一段落。晚11点休息。

六 "教育投入不减少!"

3月4日,星期五,雾霾

早晨5点半醒来,因为昨天已经把当天手记完成发《新京报》和《中国教育报》,早晨就比较从容了。一口气发了十余条"两会时间"的微博,把这两天的有关情况做了"快播"。然后是读书时间,许倬云的《说中国——一个不断变化的复杂共同体》已经读了一半,这次准备读完。他认为中国是一个由国家、族群和文化三者组成的复杂共同体,这个共同体,因为能够容纳而成其大,因为能够调适而成其久。希望中国在全球化的过程中能够"融合各处人类,共同缔造人类共有的大同天下"。

上午9点参加民进组讨论。推选姚爱兴副主席为组长,蔡达峰、张帆、卫小春和我为副组长。传达了昨天小组召集人会议的精神,讨论通过了民进小组的提案。

上午围绕俞正声主席代表常委会的工作报告和提案工作情况报告展开。蔡达峰、张帆、郑福田、牛汝极、史贻云委员先后发言。

我也就自己参加政协的亲身体会,谈了自己对于工作报告和提案工作报告的理解与感受。

关于常委会工作报告,我赞成这个报告。它反映了这一年政协工作的成绩。作为政协副秘书长,我参与政协工作比较多,感受也比较深。俞正声主席对政协工作抓得非常紧、非常实,很多问题是他亲自提出的,比如发挥委员主体作用问题,去年达到接近70%的参与度。过去主要是常委发挥作用,委员除了参加两会,其他事不多,有人戏称为"年委员",现在各种活动尽可能吸引委员参加。感触特别深的是双周协商座谈会，频度很高，两周一次研究讨论社会经济重大问题。相当于现场办公会，题目是经常委会反复筛选、俞正声主席亲自选定的，部委领导包括一把手参加。在会上俞正声主席基本上是脱稿讲，而且都能讲到要害问题，说明他对问题的研究花了很大精力，很多问题现场要求有关部委马上办、马上解决，很直接、具体，政协工作越来越接地气，越来越实。

报告对委员的要求越来越清晰，操作性越来越强，好记好做。如"懂政协、会协商、善议政"，如"察实情、讲实话、谋实策"，等等，要求具体、明确。报告增加了第三部分，对政协工作做了全面部署。这当然和《中国共产党统一战线工作条例（试行）》出台、习近平总书记几次重要讲话有关。对于一致性和多样性问题，报告和过去讲的求同存异有微妙变化。过去对"存异"强调多一点，这次对"求同"阐述得更多一些。报告对于团结问题特别强调，团结也是建立在求同存异的基础之上。

我也就提案工作情况报告发表了意见。提案问题是委员参政履职的重要问题。委员对提案的处理经常会有一些不满意，政协也一直想改进，但确实很难。总的方向是提高质量、限制数量。现在每年6000多件提案，如果不强调限制数量，的确比较难办。每年发改委、财政部等部委的提案就有1000件以上，相当于每天都有几个提案要办理。这些提案能不能合并？如果合并由谁来合并？这次提案工作情况报告最后专门讲提案答复的公开问题，我很高兴。

全国政协和有关部委对于提案办理工作还是比较重视的。去年我随提案委走访公安部、民政部，可以感觉到他们非常重视。今年办复率超过99.5%，很不容易。据说李克强总理在国务院会议上亲自"督办"。他要求部委能办不能办一定要给委员一个交代，不能不答复，有些提案暂时不能办理委员也能理解，这也是一个实事求是的态度。

今年民进组提案是从20多件提案中反复筛选，最后降到5件。要拿出高水平提案真是不容易，也需要全会上下共同努力。民进的提案也是上下联动、集思广益的结果。各省民进组织、各专委会、中国教育政策研究院等，一年要提出300件提案给我们，我们最后在其中选出30余件作为民进中央提案。

会议中间，民进重庆市委会主委陈贵云教授把我叫出会议室，慎重地交给我一个"礼物"。他告诉我，这是民进重庆市委会副主委、重庆市渝中区教师进修学院特级教师、重庆市人民政府参事曾庆宇让他亲自带来的一个剪贴本。这位78岁的曾庆宇老师，写了密密麻麻好几页的信。她在信中告诉我，在朱永新众多"书香粉丝"中，自己"绝对是年龄最大的一个"。她还告诉我，她对教育部提出的"卓越教师"计划有不同看法，认为既然是"卓越"，就不可能大批培养；而且"卓越"的苗子也不可能事先确定，希望我们政协委员能够关心这件事情。她还谈了自己关于学习语文的"三应"理论（应需、应用和应试）。曾老师关心教育的情怀让人感佩，而她称自己是我的"老弟子""老粉丝"，更是让我无地自容。这样特殊的沉甸甸的礼物，也让我备受激励。

上午的会议结束以后，又被媒体留下来"加班"。新华社记者丁静、《瞭望》杂志社记者韩冰、《中国妇女报》记者宋利彩等先后就"多校划片"、"留守儿童教育"、教育供给侧结构改革等问题进行了交流。转眼就到了午餐时间，出会议楼，遇到了《中国教育报》的记者张春铭，她送了几张今天的《中国教育报》给我，今年的"委员手记"开篇就用了我昨天的两会日记。

中午仍然是读报时间。浏览完今天的报刊，休息35分钟。醒来继续读《说中国》。

下午3点在北京会议中心驻地参加教育界委员的联组会。每年两会期间，党和国家领导人都会参加政协委员的联组活动，倾听意见与建议，与委员共商国是。教育界有三个小组，100余人，张高丽常务副总理，全国政协韩启德、帕巴拉·格列朗杰、万钢、罗富和四位副主席参加座谈会。

全国政协教科文卫体委员会副主任、上海交大原党委书记马德秀第一个发言。她重点谈了以加强供给侧改革破解高等教育结构性难题，她分析了目前中国高等教育结构性失衡、资源错配、西弱东强等问题，建议加大对于西部地区高等教育的支持力度。华中科技大学丁烈云校长就如何完善评价机制，鼓励高校办出特色进行了发言，认为建设一流大学，既要体现教育的"自转规律"，也要体现教育的"公转规律",特别要做好为经济社会发展服务的大文章。

刚刚履新的中共中央党史研究室副主任冯俊,就优化人才资助体系,防止人才计划碎片化问题做了一个发言。他指出,现在国家各部委的人才政策政出多门、杂乱无序,各种人才计划超过20个,各省的学者计划超过26个,人才政策重叠在少数人身上,"赢者通吃"的情况比较普遍。他建议应该整合各部门的人才计划,建立部际协调机制,加强后续评价。冯俊此前担任上海浦东干部学院的常务副院长,对人才问题颇有研究,所以指出的问题一针见血。几年前我有幸与他一起赴哈佛大学肯尼迪学院学习,对他的学识颇为仰慕。

听了三位委员的发言,张高丽副总理很有同感,他说:实现"中国梦",关键是人才。现在许多政策碎片化,资金没有用在刀刃上。

接着是空军指挥学院原副院长朱和平委员发言。他明确指出,目前我们的教育没有为我国实现制造强国目标提供支撑,现行高等教育结构与装备制造业严重脱节,我国的高水平大学几乎是清一色的学术性大学,千人一面,现有职业院校教育水平的低端化,决定了我们制造业的低端化,这本身也是产能过剩的原因所在。所以,他建议尽快调整高等教育结构,鼓励部分高水平的"985"高校整体转型为应用型高校,目前让三本的高校成为应用型高校是缺乏竞争力的。他的话音刚落,张高丽副总理马上就发表意见说,我们的工业制造数量全球第一,但真正的高质量品牌非常之少。看到朱和平穿着军装,他还特地说,其实军民融合也有许多文章可做。

中国石油大学的校长张来斌第五个发言。他分析了我国全日制工程硕士专业学位研究生的教育质量问题。然后是山东英才学院的董事长、中国民办教育协会副会长杨文发言,她围绕加快修订"民办教育促进法",推动民办教育可持续发展提出了具体建议。张福成委员就加快京津冀高等教育协同创新发展提出了建议。看得出,张副总理对京津冀问题非常上心,张委员话音刚落,他就指出,京津冀一体化、长江经济带建设是国家的重要区域发展战略,京津冀一体化首先从交通、产业和生态突破,接下来在教育问题上如何深入,有许多文章可以做。

第八位发言的是南京师范大学党委书记宋永忠,他重点建议应该对接受大量外来务工人员子女就读的地区给予支持，如按比例分别承担公共教育经费，对接受外来务工人员子女的城市给予补贴等。宋永忠书记是我非常熟悉的委员，20世纪80年代后期，我们曾经共同被江苏省教委选拔到优秀青年教师巡回讲演团，在苏州大学工作期间也多次见面。本来以为他会讲高等教育的问题，没有想到他会为务工人员子女教育问题建言。他的发言也得到张副总理的回应。总理说，"十三五"期间全面建成小康社会，三个一亿人很重要，其中就有务工人员的进城安置问题。

第九位发言的是北京四中的校长刘长铭。他就改善留守儿童教育的问题发表了建议。他认为，现在农村的教育离孩子们的生活太远，孩子们对学习毫无兴趣，建议全社会都来关注农村孩子，要尽可能办"小而美"的乡村学校。

原定的九位发言人发言结束，时间差不多也是原定的1小时30分钟。主持人问总理是否结束，总理说，还是请大家畅所欲言，继续发言。所以，又有两位政协委员分别就西部地区大学的发展和高校科研经费制度改革的问题发表意见。当来自河北师范大学的王长华副校长指出高校科研经费报销的一些"怪象"时，张高丽常务副总理请在场的科技部万钢部长、教育部袁贵仁部长现场解答。

当会场的大钟指向下午5点，委员的发言告一段落。张高丽副总理与大家促膝谈心。他说，目前经济形势不太乐观，复苏非常艰难，大宗产品价格下跌，大国之间的博弈也从来没有如此复杂。但是，不管经济怎样困难，作为常务副总理，作为管钱的副总理，"我要大力支持教育"，因为，我们每个人都是通过教育成长起来的。他指出，教育决定人类的今天，也决定人类的未来，教育对于全面建成小康社会具有决定性的意义，应该把教育放在重要的战略地位。他说，自己曾经"梦寐以求的理想就是当一名老师"。所以，财政无论怎样紧张，今年还要继续加大教育的投入。"不管如何，教育经费不减少！"张副总理的这句话赢得了全场热烈的掌声。

会议结束时，也到了晚餐时间。与冯俊等在餐厅用自助餐，餐叙。谈起下午的座谈会，仍然很是振奋。

晚上根据大会发言组的要求，最后一次修改发言稿。《中国教育报》教育科学版的杨桂青主编发来《两会E政录》的整理稿，分报纸版和网络版两个版本，请我审定。用了近一个小时读完近两万字的整理稿，修订了其中的一些错误。

忙完这些，去同楼层的赵丽宏委员房间，送去了我的小书《我在政协这一年2014》，其中有不少片段是写他的故事的。他也回赠一本新出版的《月光与古玉》。每年两会，我都会得到他的签名本。我们聊读书，聊写作，聊民进的人与事，好温馨。

回来后写今天的手记，晚上10点10分写完。一天的光阴，就这样悄然而充实地流逝。洗漱完毕，快深夜11点了。

七　心声掌声为民生

3月5日，星期六，晴

　　凌晨4点突然醒来，很清醒，看了半小时书。想到今天中午要接受采访可能无法午休，等感觉有些累了，就坚持继续睡觉，终于睡到了6点半起床。发了八条微博，又把昨天的手记补充完善了一下。

　　7点20分集合，7点45分前往人民大会堂。会议之前，在人民大会堂里和昨天约好的八一体工大队队长朱玉青见面。当年她负责八一女篮的工作，我所在的苏州为了打造体育强市，也为了满足市民观赏体育比赛的需求，双方合作，苏州成了八一女篮的主场。在合作中，八一女篮取得了不错的成绩。我离开苏州到北京后，已经好几年不见。昨天她发短信告诉我，在央视新闻里见到我了，很是亲切。她是全国人大代表，相约今天开会前在人民大会堂见面。好朋友相见，自是一番欣喜和感慨，在人民大会堂合影留念。

　　上午9点，列席十二届全国人大四次会议开幕会，听取国务院总理李克强做政府工作报告。总理的报告赢得了40多次掌声，而且许多次掌声都是在总理讲民生问题时响起的。比如总理讲到"民之所望为施政所向"，讲到"要持之以恒，建设天蓝、地绿、水清的美丽中国"，讲到"发展中西部地区小城市和小城镇，容纳更多的农民工就近就业创业，让农民工赚钱顾家两不误"，讲到"使人民群众生活得更安心、更省心、更舒心"，讲到"今年财政收入增长虽然放缓，但该给群众办的实事一件也不能少"，讲到"从家庭到学校、从政府到社会，都要为孩子们的安全健康、成长成才担起责任"，等等，委员代表们都用掌声表达了自己的心声。

应该说，今年的政府工作报告提神鼓劲，凝心聚气，充满着正能量。在教育上，具体描绘出了"十三五"教育奋斗的目标，希望让群众不仅仅物质生活更殷实，精神生活应该更丰富。报告还把教育作为"十三五"期间的一个非常重要的资源。总理指出，从根本上说，发展的不竭力量蕴藏在人民群众之中，九亿多的劳动力，一亿多受过高等教育和有专业技能的人才，是我们最大的资源和优势。

对于今年教育工作的安排，政府工作报告里讲了具体的12条。第一是公共教育投入要加大对中西部地区、边远地区、贫困地区倾斜的力度。第二是要统筹城乡义务教育经费的保障机制，改善薄弱学校和寄宿制学校的办学条件。第三是要鼓励发展普惠型的幼儿园。第四是要办好特殊教育。第五是要大力发展现代职业教育，分类推进中等职业教育的免除学杂费。第六是要对于贫困家庭学生率先免除高中阶段的学杂费。第七是要落实提高乡村教师待遇的政策。第八是要加快推进远程教育，扩大优质教育资源的覆盖面。第九是要提升高校教学水平和创新能力，推动具备条件的普通高校向应用型转变。第十是要扩大重点高校面向贫困地区的农村招生的规模，落实和完善农民工随迁子女在当地就学和考试的政策。第十一是要支持和规范民办教育发展。最后讲学校和家庭、政府、社会通力合作，为孩子的安全健康成长成才负起责任，共同托起明天的希望。

总理的工作报告涉及教育的方方面面，从学前教育到高等教育，从义务教育到社会教育，涉及所有的关键教育问题。总的来说，目的是为了实现一个更高质量、更加公平的教育。

根据会议议程，大会还要审查国民经济和社会发展第十三个五年规划纲要草案、2015年国民经济和社会发展计划执行情况与2016年国民经济和社会发展计划草案的报告及2016年计划草案、2015年中央和地方预算执行情况与2016年中央和地方预算草案的报告及2016年全国预算草案。这些材料都已经分发给代表委员，所以总理报告结束以后，会议也就结束了。

下午1点有人民网访谈。为了节约时间，跟着大部队用了不到半个小时就回到酒店，匆忙吃了一点饭，12点10分出发赶往人民日报社。下午1点准时开始在人民网录播视频访谈。一个小时时间里，主持人提出了十几个问题，如政府工作报告对教育问题有什么新提法、为什么要执着地呼吁设立阅读节、如何解决留守儿童的问题、如何在农村开展艺术教育、如何在大中小学开展创新创业教育、实施"二孩"政策对教育有什么影响等，我逐一解答。

主持人关注到最近举行的《朱永新教育作品》英文版的全球首发的情况，对麦克劳希尔作为全世界最大的教育出版集团为什么用近五年时间把这套16本文集全部翻译成英文对全世界发行颇感兴趣。我说，它背后折射的并不是说我的书有多大的学术魅力，或者我在世界上有多大的教育影响，而是随着中国经济的崛起，中国被世界瞩目，在关心中国经济、社会的同时也开始关注中国的教育，恰好我的书既有关于中国教育思想发展的历史，又有当下中国教育情况的分析，还有新教育实验的个案介绍，比较全面地阐述、分析了中国的教育政策与教育问题。读者从微观层面可以看到中国的一个点，管中窥豹地看到中国的民间教育改革在做什么，从宏观层面可以看到中国当下的教育政策和未来的走向，从历史层面可以看到过去中国教育传统。

做完节目，"强国论坛"的主编贺迎春感慨地说，朱老师，你已经是连续14年参加人民网的访谈了。访谈的内容也足够出一本书啦！

下午2点多赶回北京会议中心。下午3点在驻地进行小组讨论，正好轮到我主持。下午的讨论对境外媒体开放，国务院人事处的杜勇同志也列席我们的小组会议，先后有十位委员发言。

民进贵州省主委左定超第一位发言，照例是为贵州发展鼓与呼，就支持西部地区基础设施建设等问题提了些建议。接着是湖南省的环保厅副厅长潘碧灵发言，他着重讲了生态文明建设问题，希望"十三五"期间继续做好这篇大文章。民进中央副主席、宁夏回族自治区政府副主席姚爱兴接着发言，他对报告透露出的坚定的信心、必胜的勇气和强烈的创新意识表示赞赏，建议报告中关于文化的内容更具体一些，操作性更强一些。第四位发言的委员是九江市副市长卢天锡，他希望"十三五"期间要高度关注土壤污染问题，这个问题的严重性不亚于水和大气。第五位委员是民进海南省主委、科技厅厅长史贻云，他重点围绕如何建设海洋强国提出了建议。民进中央副主席、著名文学评论家张帆接着发言，他对工作报告里只说屠呦呦获得诺贝尔奖，没提莫言获奖提出了意见，觉得这样不合适，显得重理轻文。的确我们在审议政府工作报告时也曾经提过类似意见，其实，可以把报告的文字修改为："继莫言去年获得诺贝尔文学奖之后，屠呦呦今年再一次获得诺贝尔生理学或医学奖。"来自上海的胡卫委员用许多案例说明，应该加快政府职能转变，否则无法适应创新时代的节奏。全国政协副主席、民进中央常务副主席罗富和在发言中对总理报告中强调创新文化高度赞赏，也对民进中央一直呼吁的创新文化问题终于在报告中有了体现表示欣慰。他从中国传统文化、目前的学校教育现状出发，详细阐述了创新文化建设的意义。四川省教育厅副厅长王康委员，肯定了政府工作报告直面困难的勇气和充满正能量的信心，同时对养老、吸毒低龄化等问题提出了建议。最后一位发言的委员是民进重庆主委陈贵云，这位被重庆民进会员私下里昵称为"小鲜肉"的大学教授，对参政议政依然充满热情，一口气提了九条建议，从加强对P2P、O2O的监管，到独生子女优惠政策问题，有宏观问题，也有微观问题。其中讲到许多地方在"二孩"政策出台后取消了独生子女的奖励政策，这是不应该的，因为这代人是为国家政策做出牺牲的，不应该取消奖励。只能老人老办法，新人新办法。

十位委员接连发言，中间也没有休息，而且还有不少媒体在等待着会后的采访，所以决定下午5点结束会议。

我刚刚宣布散会，老朋友曹景行先生佩戴着台湾中天电视台的胸卡就跑来要采访我，我开玩笑问他是不是换东家了，他笑着说，他现在同时在东方卫视工作。近年的两会，他几乎每年都采访我，今年也早就盯着我了，开口就抛出关于国家可能出台延迟退休政策的问题，问我怎么看。尤其是听说许多地方老师并不愿意延迟退休，问我有什么建议。我说，延迟退休不仅是经济问题，而且也是心理、精神问题。延迟退休的问题，应该以人为本，尊重每个人自己的选择，到了年龄时是退是留，尊重本人意愿应该成为延迟退休的最重要原则。因为人和人不一样，有的人是把退休的那一刻作为人生的第二次选择。

国家应该把选择权交给大家,采取更人性化更个性化的政策。

这个时候电话响了起来,《新华日报》记者郁芬说,她们的主任任松筠建议她就江苏省义务教育均衡的情况采访我。我说:我从江苏来,应知江苏事。江苏省的教育均衡应该说是走在全国前列。虽然苏南苏北之间还有差距,但那和全国其他地方比起来,情况要好得多。这些成绩的取得,都是因为江苏省委省政府这些年加大了对苏北发展的支持力度,在教育均衡发展方面做了大量工作。我提议,在江苏的高等教育布局方面,应该优先考虑苏北。

没有想到,《中国安全生产报》的记者张安妮也抛来一个问题。她问:总理报告中讲了"东方之星"号客轮翻沉和天津港特别重大火灾爆炸等事故,你如何看待安全生产问题?正好民进中央这次两会提出了安全发展的理念的提案,我把相关内容介绍了一下。我说,安全生产的前提是安全,安全发展的关键也是安全,没有安全就没有发展。记者很惊讶我的"专业",我笑答:现学现卖。其实,政协本身就是一所大学校。

采访结束后,约好与民进湖南省副主委、儿童文学作家汤素兰见面。她送给我十几本签名书,有《笨狼的故事》《阁楼精灵》《奇迹花园》等畅销书。其中《笨狼的故事》已经印刷了60余次,超过了100万册。还有《爱的童话》和《成长的故事》。她告诉我,《爱的童话》是她的自选集,也是她自己最喜欢的一部作品。而《成长的故事》则是近年撰写的散文随笔集。同时,她还送给我刚刚出样还没有上市的图画书《鱼尾狮》《好长好长的名字》《桥那边》《第一次出门》《搬来搬去》《驴家族》《红鞋子》《挤不破的房子》等。我感叹她旺盛的创作激情,她骄傲地告诉我,自己还有一些儿童文学研究的理论著作没有拿来送我呢。

雾霾终于在劲风的驱赶下退却,晚上8点开始跑步。没有想到刚刚跑了不久,就遇到了同是民进会员的歌唱家、中央音乐学院的吴碧霞教授。她是北京团的全国人大代表,没有想到正好也住在北京会议中心的同一个大院里。我给她介绍了新教育实验的艺术教育探索,她兴奋不已,叫来了正在附近的老公,他正在做艺术教育的培训工作,一起跑步一起交流,不知不觉跑了一个小时。

晚上10点，新教育研究院的两位同人送来出版不久的机关刊物《教育读写生活》，这一期的主题是《天地一教室》，是新教育的榜样教师们缔造完美教室的故事。杂志很精致，内容很给力，准备送一些给教育界的政协委员，也帮助杂志组一些稿。

中午没有休息，晚上有些疲惫。写手记到晚上10点多，11点准时休息。

八　提案背后有故事

3月6日，星期日，晴

两天周末，两会继续召开。今天继续早晨5点起床。写"两会时间"微博六则，然后再次整理打磨提案。

其实所有提案都已经改过三遍以上了，有的提案已经修订过五六遍。但是，后天是大会提案的提交截止日，就像在铃响之前不愿意交卷的学生一样，我这几天还是一直在对今年的提案进行反复打磨。

每年两会结束以后，就开始为下一年的提案做准备。虽然政协委员可以随时提交提案，但一般都还是集中在两会期间提交。因此，全年无论是读书读报，无论是考察调研，心里总有一盏聚光灯在照着问题，不断地寻找着、筛选着。这一年中先后发现二三十个问题点，成稿的提案近20篇。根据政协适当控制数量、努力提高质量的要求，我最后保留了13个建议作为今年的提案。

一般来说，结合个人专业所写的提案，在质量上更容易有保障。所以我今年的提案无论来自我长期的思考研究，还是调研中的发现，还是从专家研究成果中得到的启发，大部分围绕着教育问题展开，分别是：关于借鉴国际经验，设立国家阅读节的提案；关于推广苏州图书馆总分馆建设经验，加快社区图书馆建设的提案；关于取消各省教辅评议，还消费者自主选择的提案；关于探索互联网背景下未来学校模式的提案；关于进一步明确家庭教育领导体制的提案；关于"十三五"期间义务教育向下延伸一年的提案；关于规范公立学校职称结构，促进优秀教师流向基层和薄弱学校的提案；关于制定"在家上学"条例的提案；关于"十三五"期间大力发展特殊教育的提案；

关于试行公办学校托管的提案；关于改善农村小规模学校管理的提案；关于改善城市公共体育资源供给的提案；关于促进失地失业农民再就业的提案。

每个提案背后，都有着不同的背景和故事。以国家阅读节为例，这是我第14次提出设立该阅读节。有关部门一直没有采纳这一建议，主要原因有二：一是原则上不增加新的节日。但事实上，在设立阅读节建议没有被采纳的同时，近些年如中国"航海日"等新的节日还是在继续增加。二是因为有了世界读书日，不需要再设一个国家阅读节。可是，和中国其他节日比较，我们将每年7月11日确立为中国"航海日"，3月17日"世界海事日"同样也在中国实施；和其他国家的阅读节相比，法国、日本、美国等世界上许多国家既欢庆世界读书日，也拥有自己的国家阅读节、各种阅读日。阅读直接影响着国民素质与中国的文明崛起，阅读节是一种吻合人性需求、四两拨千斤的推动阅读巧办法，我自然不会放弃鼓与呼。

再如图书馆的主分馆制度的提案。现在农村有农家书屋，城市社区反而成为阅读的真空，没有人管。我在苏州时，图书馆曾经推出了与社区联动的做法，成效非常好。社区居民在社区就可以借阅市图书馆的图书，管理成本也大大下降。

改善城市公共体育资源供给的提案，源于我去年在内蒙古乌海市调研基础教育时的偶然发现：在许多城市很难解决的老大难问题——学校体育设施向社会开放，乌海解决得不错。关键是政府要解决学校的后顾之忧。我请参政议政部的同志在总结乌海经验的基础上提供了素材，撰写了相关提案。我一直认为，智慧在民间，高招在基层，政府要善于发现、总结和推广民间与基层的好做法。

特别要说的是关于"十三五"期间义务教育向下延伸一年的提案。现在已经有许多省出台了"十三五"期间12年教育全免费的政策，我认为是不符合中国国情的。我国人均GDP还处于世界相对低水平，到2007年我们才真正实现了免费义务教育，促进义务教育均衡发展，提高教育质量的任务还很艰巨。因此，延长一年是较为稳妥的选择。但为什么向下延伸而不是向上？因为义务教育向下延伸一年比向上延伸一年效益更高，更符合我国当前的实际情况，也符合儿童身心发展规律，具有现实可操作性，实施成本相对较低。建议在经济条件落后和义务教育发展水平较低的农村和西部地区先行试点，逐步向城市和中部、东部地区延伸，反向发展，阻止贫困和落后的代际传递。

从早晨5点多一直忙到8点40分，早饭也没有时间吃。草草吃了一根香蕉和一条黄瓜，就赶往会场了。

今天全天小组讨论政府工作报告。发言非常踊跃。

上午张帆副主席主持会议，最高人民法院副院长陶凯元委员第一个发言。她对报告印象最深的两个方面：一是对经济发展形势的判断和贯穿始终的经济发展新动能、新引擎。二是深深的为民情怀和务实作风。"简除烦苛，禁察非法，使人民群众有更平等的机会和更大的创造空间。"这句话媒体评价很高，被称为金句，据了解这句话还是总理特别要求加上去的。她特别提出，处置"僵尸企业"是经济下行形势下非常重要的问题。做好这项工作需要政府有更多的担当，也需要有更多举措，并不只是简单地从法律上走"破产"程序。如果处置不好，引发的社会问题可能比法律问题更大。

吉林大学教授杜婕委员从经济学专家的角度提出了三点建议：一是2016年重点工作中提出单位国内生产总值能耗下降3.4%，这个比例有点低，最好高一点。二是货币政策应重点在减税降费政策和财税体制改革上下功夫。三是去年政府工作报告中关于养老保险制度改革的部署，有的至今还未落实。养老问题是民生问题，百姓对此抱有很大的期望，解决好养老问题对提高社会保障能力、促进消费都有贡献，建议有关部门尽快落实。

民进河南省主委、科技厅厅长张震宇肯定工作报告"提振信心，措施翔实，可操作性强，充满为民情怀，为'十三五'和2016年提出宏观系统的解决方案"。他还就报告在几个关于科技创新的问题上提出了修改意见，同时重点对发展公共交通提出了建议。他认为，报告通篇没有提到发展公共交通问题，而这恰恰是城市病很重要的方面。中国人口密集，恰恰适合发展公共交通，而不是鼓励每个人都开一辆车。

四川成都武侯区副区长杨建德委员对给学校更大办学自主权和发

展传统产业的问题提出了两条建议。他认为,提高教育质量的重要一环是调动教师主动性、积极性、创造性。教师的积极性目前普遍不高,很重要的原因是绩效工资制度。他在武侯区进行了"工资总额动态包干,学校自主分配"的试点,取得较好成效。两年实践下来,教师对学校满意度是96%,父母的满意度是97%,学生的满意度最高,达98%,各学科成绩也在全区领先,而这些学生全是划片摇号的,60%是农民工子女。关于传统产业发展的问题,他认为,当前各级政府高度重视高新技术产业,但对传统产业关注不够。在食品、日化等行业,好多国产品牌被外资企业买走了。这些传统产业应该是除农业之外第二重要的基础产业,老百姓日常要消费、定期要更新。如果市场都被国外品牌占领了,等想要恢复的时候就很困难了。我们凡事都讲大,引大企业、建大广场;什么都讲新,就是不喜欢老企业,以至于人们现在连马桶、电饭煲都要到国外买。要树立推陈出新、固本创新的理念,制定相应的振兴计划、相应的扶持政策来发展传统企业。

民进中央副主席、民进山西省主委卫小春委员在发言中结合报告中提到的"加强文化遗产的保护利用",对山西临汾陶寺遗址的挖掘保护提出了建议。他介绍说,根据去年发布的考古成果,华夏文明历史又能向前推进300年以上,不仅发现了城垣遗址,还在一块残片上发现两个字,据考证比甲骨文还早七八百年,考古学家认为这是尧都的遗址。这个发现不仅对山西很重要,对整个中华民族文化的传承发扬也很重要。他建议发改委、科技部、文物局加大对陶寺遗址的挖掘保护力度,同时加大研究力度。如果有条件还可以建立文化遗产公园,做好利用。另外,他对报告中加强政府自身建设部分中提出的督察问责、容错纠错机制给予充分肯定,认为当前政府还没有把这个关系理得太顺,工作中更多的是问责,造成各级干部谨小慎微,一切都按上面文件办,不敢创新,影响了积极性。人非圣贤孰能无过,如果人人都怕犯错误,就会造成很多占着位置不作为的现象,也就是不敢作为。现在警告处分很常见,还有人说落个处分就算不错了。所以容错纠错一定要有具体内容。政策千好万好,最后也是要人干的。

现代出版社社长臧永清委员建议报告要加大文化建设的内容。他认为,报告提出推进文化改革发展,但实际改革的内容不多。他还提出应关注介质转型后传统媒体的生存状态。报纸在互联网冲击下是断崖式下滑，曾经很火的都市报现在没人买，因为刚发生的新闻一分钟后网上就有了。电视台广告不好拉了，因为看电视的人少了。传统媒体怎么办，这些人怎么办？其中有很多人从业经验非常丰富，转型后的问题解决不好不仅会影响行业发展前景，对于人才也是一种浪费，为此我们应该研究出新的路径。

新疆师范大学副校长、民进新疆维吾尔自治区委员会主委牛汝极委员认为，报告很实在很给力，方方面面有谋划有后手。对经济下滑的应对比较周到，听完报告让人心里很踏实。他重点提出在国家层面加大新疆双语教育力度的建议。他指出，在南疆，国家通用语言的普及度很低，内地人到南疆会有仿佛到了国外的感觉。语言教育是百年树人的工程，不仅关系地区发展、学生就业，也关系边疆稳定和长治久安。目前新疆地区的双语教育存在法规不到位、师资短缺、基础设施不健全等问题。国家要加大政策支持，比如加大内地教师到南疆支教，打破教师不懂维语就不能做好支教工作的误区，编制高水平的通用语文教材和教辅，重视小学低年级老师的培养。教育部有一个规定，留级率要控制在千分之三，也就是原则上不鼓励留级，要推进一年级工程，但该留级就留级，否则学生在更高年级学习跟不上反而挫伤学习热情。要利用信息技术，支持微课堂资源库建设，以解决南疆合格老师缺乏的问题。十年前新疆不合格教师占80%，现在虽然改善了但问题依然存在。"教师数量巨大，合格教师缺乏"一直是新疆教育发展的大问题。此外还要提高课堂教学质量。我非常赞同牛委员的意见，建议会中央参政议政部继续跟进关注。

儿童文学作家、民进湖南省委会副主委汤素兰委员认为，报告内容非常丰富，工作扎实，成绩突出，既认清了困难，攻坚克难又有实招，心系民生，提振信心。有一些政策特别及时、惠民。同时就环境治理、本科院校向应用型转型、大力发展普惠性幼儿园、几代独生子女家庭的养老等问题还需要有持续性的政策等提出了建议。

上海交通大学副校长黄震委员认为，报告体现了责任政府、服务政府、创新政府的担当和作为。他建议国家应该优化宏观科技政策，减少对学术活动的不恰当干预。他提出，目前科研项目批准后要做非常详细的预算，每一个细节都要很清楚，而且今后几年必须一丝不苟严格执行。事实上科研有很多不确定性，这样的做法完全违背科研规律。所以，他呼吁科研管理一定要符合科研规律，让科研人员心情舒畅地去做科研。创新文化建立很重要的一条是释放科研人员的积极性和动力。

同样来自高校的民进江苏省委会主委朱晓进委员对黄震的发言表示完全赞同。他提出，报告中对2015年工作的回顾没有谈到文化问题。当前许多问题的解决恰恰离不开文化的发展，如对外开放、"一带一路"建设、推进依法治国等方面，都需要文化建设跟进。促进社会和谐稳定，依法行政，治理方式创新，不仅要制定完善的法规，更重要的是全社会要形成依法行政的氛围。他重点对怎样讲好中国故事、传承传统文化谈了自己的看法。他认为，现在好多地方有为传承而传承的趋向。传承传统文化，不应该整个拿来，而是要拿出传统文化中有利于创新的因素。文化复古现象非常严重，比如着古装、行古礼我就经常抨击，还有假借传承，抵制对世界先进文化的接收，抵制和世界文明的融合之举。任何一种仪式，背后一定要有当代的价值内涵。像宪法宣誓、成人礼就很重要，让人们精神上有重要感、敬畏感。而着古装、行古礼，学生不知道为什么要做，做了以后道德上有没有提高也不知道。

前几天，朱晓进委员在人民网所做的关于推迟男生入学的访谈在社会上已经产生了热议，今天的发言中，他再次给予回应。他说，男孩晚两年接受学校教育，而进行艺术教育等各种其他教育，这样可能会更好。教育公平还有很多工作要做，要有更多投入、更多研究。

他的发言在委员中也引起了热烈讨论，张帆委员认为有点不切实际，不可能马上操作，胡卫委员则认为推迟入学违反义务教育法。政协委员的平等、自由讨论，往往是两会一道动人的风景。

民进甘肃省主委尚勋武委员是上午最后一位发言的委员。他反映说，"八项规定"后，我们期望会少文短，但是基层反映过去一年会反而多了。技术手段进步了反而会更多了，很多会议要开四遍。文不是短了而是长了。中央只要一个文件，各级都要出落实的方案，最后文件泛滥成灾。其实，到基层，文件编得越短越有利于文件的执行。

关于扶贫攻坚战的问题，他认为，现在层层签订责任书一定要摘取贫困县帽子，固然显示了脱贫的决心，但是国务院应该研究为什么这些地方不愿意摘帽子，背后有什么困难，这些问题怎么解决。需要出台科学的转移支付指标，使摘帽后当地政府的财力不至于过分弱化，民生不受影响。

上午的讨论一如既往地热烈。不知不觉两个多小时过去了。讨论结束以后，《中国纪检监察报》的记者黄月就国民素质与文明崛起的问题对我进行采访。

中午继续完善提案。休息了半个小时，下午3点继续参加小组讨论。下午的讨论由卫小春副主席主持。内蒙古师范大学副校长、民进内蒙古自治区委员会主委郑福田委员率先发言。他高度赞赏报告通篇用数据表达，给全国人民的是一本明白账，一本有信心的账。肯定报告实事求是的精神，不回避不掩饰，体现改革精神、民本思想、忧患意识，敢于担当，处处体现凝心聚力的思想。同时，对如何补短板、拉动消费、边疆地区的城镇化、基础教育解除枷锁、给民办教育公平待遇、边疆少数民族地区和谐文化的建设、网络新媒体从业人员的培训管理等问题提出了建议。

来自上海的赵丽宏委员从作家的职业敏感谈了他对政府工作报告的感受。他说：做大国总理是很难的，要把工作都说清楚、告诉老百姓非常不容易，类似的文章年年都写，要写好更不容易。他提出，反腐取得的成绩振奋人心，但也有人问收缴的赃款、"八项规定"结余的资金去了哪里，报告中只说了收缴国库，这样老百姓是不满意的。建议让这些钱和改善民生发生直接的关系，否则老百姓没有获得感。这些钱取之于民，就应该用之于民，去向也应该说清楚。比如全部用于社保，这样反腐倡廉就和老百姓有了直接的关系。对于春晚的评价，他肯定今年春晚下了功夫，也有很好的节目，但是不如前几年好看。

在赵丽宏讲话结束以后，全国政协联络局副局长曹军和陈嘉处长邀请我参加了民进会员言恭达向重庆三所特殊教育学校赠送书法的简短仪式。其中重庆盲校的文字是我撰写的"挺起胸膛朝前走，以心为眼看世界"。为了节约时间，仪式安排在隔壁会议室举行，只用了不到三分钟的时间。

接下来是民进浙江省副主委、杭州市政协副主席赵光育委员发言。他重点对发展养老产业提出建议。他提出，"十三五"期间养老任务非常艰巨，各地政府也在积极应对，民营企业也看到商机，纷纷介入。但现状是公办养老，难以进入；民办养老，又不尽如人意。养老是一个回报周期长、面对高风险人群的行业，政府对民办养老机构应该给予更多政策扶持，比如用地问题、护工培养问题。杭州有些社区办老人食堂，很受欢迎，像这样的做法，在条件合适的地区能否推广？养老是一个大民生，政府应加强引导，两条腿走路。另外，他对报告中关于"创新政府"的提法也有不同意见。他认为，依法行政是法治政府的内在要求，也是营造经济社会良好发展环境的迫切需要。报告中提到"建设人民满意的法治政府、创新政府、廉洁政府和服务型政府"。政府不像企业，政府创新比较难，只有无限能力才能创新。对政府讲创新不是很合适，不如提建设诚信政府、负责任的政府。

民进湖北省委员会副主委唐瑾委员对工作报告的写法提出了个人的意见。她认为，工作报告不同于文学作品，工作报告做到语言简洁明了、条理清晰、结构分明合理即可，文学语言尽可能不用或少用，这样有利于对报告的阅读理解。对于文化走出去问题，作为翻译专家的她，建议国家应重视翻译这一桥梁，否则文化贸易是做不成的。我们的图书走出去的效果不理想，很大一个原因就是对翻译人才、翻译家的培养不够。关于全民阅读，她认为关键还是需要丰富的图书产品，否则就没有根。全民阅读的基础是少儿阅读，少儿阅读的关键是培养阅读习惯。希望政府在推进全民阅读中要起主导作用，媒体要做好引导宣传。政府机关要读书，企业军队要读书，为人父母要读书。

清华大学教授罗永章委员就如何提高服务业的服务质量、科学研究的投入、防止因病致贫、重视因股市暴跌致贫、发展生物医药产业、发展现代职业教育、提升高校教学水平和创新能力等问题提出了建议。

中国社会科学院的俞金尧委员谈了自己对报告两个最深的印象。一是居民收入增长要高于GDP的增长，今年实现了这个承诺，而且是在经济下行压力这么大的情况下实现的，非常了不起。二是政府自身的改革也了不起。改革要改自己，要下放权力，这个不容易。本届政府在行政体制改革、政府放权方面的力度非常大。报告提出非行政许可审批永远结束，可以堪比上一届政府对两千多年来农业税的废除。他也对科研经费管理提出意见，认为现在走向了另一个极端，已经僵化了、管死了。科研人员是生产力，要把生产关系调整好，出台既灵活又有原则的管理办法，发挥科研人员的积极性。

民进江西省委会主委汤建人认为科技成果转化的政策支持非常重要，但培育创新服务业更为重要。鼓励科学家亲自到企业中去当老板，很容易两边做不好，成果的转移反而受影响。

刚刚卸任山东省政协副主席的栗甲委员，一直以他风趣幽默的发言风格赢得大家的掌声。最后一个发言的他说，岁岁年年话相似，年年岁岁意不同、事不同。一年比一年好，一届比一届好，这就是前进中的中国。虽然困难是多重的，挑战是严峻的，但是不可怕，一是有党的坚强引导，二是物质基础雄厚，有回旋余地，没有过不去的坎。回顾历年政府工作报告，明显看到现在经济下行压力加大。建议表述上将"稳中有进"改为"稳中趋缓、缓中有好"。经济活动就像人的活动，人的生理上有起落，不是所有的起都是好事，所有的落都是坏事，要搞清楚为什么起、为什么落。

今天全天小组讨论气氛热烈。大家争先恐后地发表意见，提出了许多真知灼见。大家都觉得报告提神鼓劲，凝心聚气，是2016年工作的定海神针。

下午会议结束以后，严隽琪主席召集研究有关工作。简餐以后，晚上6点陪同严隽琪主席、罗富和常务副主席会见四川省政协柯尊平主席和四川省委常委、统战部长崔保华一行。柯尊平主席表示，前年我们与四川省政协就长江上游保护问题合作召开过会议，取得了非常好的成效，希望进一步加强与民进中央的合作。

晚上7点，参加中国民主促进会第十三届中央委员会常务委员会第十四次会议。按照惯例，会议的主要议题是通过学习贯彻两会精神。严隽琪主席对今年的有关工作也做了部署。

会议结束后，民进湖南省委会谢勇主委邀请民进的艺术家会员舒勇等商量"丝路金桥"的活动。

晚上8点20分，与民进湖北省委主委周洪宇讨论有关教育政策问题。我不太赞成高中免费的建议，尽管一些中部省份已经出台了在"十三五"期间高中免费的规划，我认为这是不符合中国国情的。这是一个非常复杂的问题，需要深入研究细致论证。

晚上9点，应《南方都市报》记者吴斌之约，就"十三五"规划中提出的"学分银行"与"个人学习账号"，未来学校的变革等问题进行采访。约他和我一边跑步一边交流，既节省时间，又强制这位记者大人与我一起锻炼身体。全民阅读强健心灵，全民健身强壮身体，两者互相促进，身体好读书更高效啊。

又是满满当当的一天。

九　会风悄然变化中

3月7日，星期一，晴，大风

　　早晨5点10分起床工作。写"两会时间"等微博，继续整理两会手记。昨天晚上先发了《新京报》的"简本"1000余字，今天早晨整理的手记竟然达到7000余字。大家的发言实在太精彩了，无法割舍。留一个原生态的记录，也很有意思。

　　一般人也许看不出每年两会的变化，只是知道每年政协3月3日、人大3月5日开幕，听取政府工作报告和两院工作报告，讨论政协常委会工作报告和提案工作情况报告，反映社情民意热点问题，最后是闭幕式。好像都是"老套路"，没多少"新名堂"。但作为连续14年参加全国两会，第九次参加全国政协会议的我来说，却能够亲身感受到发生的变化。

　　会场越来越满了。这是一个明显的变化。今年的政协开幕式应到委员2214人，实到2136人，出席率高达96.5%，杜青林主席赞扬委员"参政议政热情高"。而小组讨论也是座无虚席，每个会场都是满满的。我们民进组的委员笑称会场太小，"腿都无法伸开"。

　　餐厅越来越挤了。这也是以往难得看到的风景。现在，餐厅门口有时候还排起了队。而且，餐厅经常成为第二"讨论室"，在会场上言犹未尽的话题，在这里继续展开，一谈就是半个小时以上。

　　买书的人越来越多了。应酬少，读书的时间自然就多了。仅仅在会议的十余天时间，就可以好好读几本书。昨天在电梯里听到委员之间的一段对话："新华书店来摆摊了，有不少好书呢！""我昨天在文史出版社的书摊已经买了好几本，马上再去看看。"晚餐时经过书摊，在看书的人还真不少。

争论越来越激烈了。政协委员大部分是专家学者，分析起来有理有据，对一些问题的争论经常是针锋相对。我们小组的朱晓进委员前几天在人民网访谈时提出推迟男生入学的建议，不仅引发了社会的热议，在小组讨论中也是如此。他坚持认为，男孩推迟两年接受学校教育，而进行艺术教育等各种其他教育，这样可能会更好。张帆委员认为这个有点不切实际，不可能马上操作。胡卫委员则认为推迟入学违反义务教育法。这样平等、自由的讨论，往往是两会一道动人的风景。

总之，年年岁岁来相会，岁岁年年会不同。委员满腔的爱国情和参政议政的热情，如气温一般越来越高。

今天还是全天参加小组讨论。委员们围绕"十三五"规划纲要展开讨论。

上午讨论的召集人是姚爱兴副主席。陈自力委员第一个发言。在委员小组有一个不成文的规矩，凡是当地电视台来采访，该地方的委员优先发言。陈自力认为，规划纲要草案比较好地体现了五中全会精神、五大发展理念，是成熟的草案。他提出了建议：一是完善研发经费投入的体制机制，建立国有大中型企业研发投入的考核机制，加强对基础研究的投入。二是完善去产能的政策机制，加快对国际产能的利用。

接着，左定超、潘碧灵、蔡秀军、李和平、杨建德、岳崇、卢天锡、姚爱兴委员等也对规划纲要草案提出了一些具体修改意见。陶凯元则对第十八篇"加强社会主义法制建设"提出了原则性建议。她认为，规划应该和四中全会决定相匹配。作为总领，中国特色社会主义法治道路的提法比社会主义法治国家的提法更好。四个标题四段话，但是有一个标题做了改变，"加强重点领域立法"变成了"加快重点领域立法"，"加强"的味道更好。加快建设法治政府，比决定少了一个标题，不知道是出于什么考虑。决定是保证公正司法，规划是促进司法公正，两者角度是不一样的。推进严格司法、保证人民群众参与司法都没写。有的部分完全重写，有的部分没有写，不知道是什么原因。四中全会的决定非常完整，逻辑也非常严密，规划应该根据决定展开。

我在发言中重点对第十四篇"提升全民教育和健康水平"提出了一些修改意见。我认为规划纲要把"提升人的发展能力放在突出重要位置，全面提高教育、医疗卫生水平，着力增强人民科学文化和健康素质，加快建设人力资本强国"的提法明显有问题，这种"能力至上"的表述，显然是不符合教育的方向的。能力是相对于知识而言的。规划比国家中长期教育发展纲要的提法退步了，规划应该是纲要的缩写版，提法、口径、背景应该是一致的。人的素质，或者人的基本素养才是教育最重要的任务。

另外，纲要草案提出高中逐步免学杂费，现在全国已有12个省宣布在"十三五"期间高中教育免费计划，我觉得太冒进了，不符合国情。现在我国人均GDP还比较低，马上这么做，没有必要。发达国家都没有这么做，我们为什么要抢在前面？我主张义务教育往下延一年最合适，往学前走而不是往上走，是因为学前的效率是最高的，三岁看大，七岁看老，学前阶段投入产出比最高。操作上小学向前延一年很简单，或者幼儿园就地补一年。

纲要草案对于进城务工人员子女的教育和考试问题，对于互联网时代教育面临的新问题，对于国际教育的合作与交流问题等也没有体现，应该加上。规划既是五中全会精神的落实，也应该是纲要具体实施的反映，这是一贯性的问题。教育投入的重点也应有所考虑。

最后，罗富和常务副主席也对政府工作报告和"十三五"规划草案提出了几点建议。他认为提出贫困地区重点大学招生数量不太合适，应该是确保能考上重点大学的贫困地区学生能够上得起大学。建议在"十三五"期间要像重视良种工程一样重视良法工程。因为，高产、食品安全、节能、减轻污染都要靠良法。良法工程应该和良种工程对应起来。良法没有载体可以回报给研究人员，而且需要在一线做示范，所以更需要推动。

上午讨论结束后，在会议室门口遇到了老朋友、香港文汇大公传媒集团的凯雷兄，他让我为新成立的集团留点文字。稍思片刻，我写了一句"关注也能改变社会，传播亦可创造未来"作为祝福。这是我认为媒体所具有的力量。

下午3点继续讨论"十三五"规划纲要草案,张帆副主席主持。臧永清委员对修改纲要提出四点意见:一是关于提升国民文化素质的提法,他认为发展文化当然要提升国民文化素质,但还应加上满足国民的精神文化需求。文化不光是教化,还要满足老百姓娱乐的需求。二是传承文化中有一段继承五四运动以来的革命文化传统,他认为新文化不光是革命文化,革命文化不能代表整个新文化的成绩,如钱锺书、沈从文的作品就不是革命文化。三是文化离不开内容产业,尤其要强调知识产权保护。近些年知识产权保护意识仍不够强,很多工程中仍有知识产权问题,比如农家书屋中的一些低价书。四是要强调对大工程的实施状况进行监督和测评。比如农家书屋是出版界近年来最大的一项工程,实施过程中的检查、监控和调研不可缺少。

唐瑾委员说,文化是文明的魂和根。文化、对外贸易不光是一段话,政府需要静下心来思考怎样能把文化传播出去。没有传播就没有对外贸易,没有翻译的桥梁,文化是走不出去的。对翻译人才、年轻翻译工作者的培养,涉及历史、文化、民俗、政治各个方面,并不容易做。规划中缺少对文化、对外贸易打基础的表述,也就是怎样发展繁荣国家的翻译事业。国家翻译史上的几次高潮,如唐代、"五四",都对国家的发展起到了很重要的作用。目前的教育对翻译人才的培养还远远不够。她还给委员们推荐了两本翻译过来的好书《查令十字街84号》和《岛上书店》。

俞金尧建议,"十三五"规划在促进人口均衡发展部分,应该加上"国家继续执行对独生子女家庭的优待政策",这样让人感觉政府是有信誉的,"给群众办的实事一件也不能少"不是一句空话。

胡卫对规划纲要的一些表述提出了疑问,认为职业教育这部分写得还不够。李克强总理提到要发扬"大国工匠"精神,而现状是设备一流,产品二流。高级技工人才培养方面与发达国家差距明显。高等教育的问题是如何依法落实高校办学自主权而不是扩大高校办学自主权。法律赋予的权力还没落实,何谈扩大?

黄震认为规划草案中体现的教育信息化的重要性远远不够。印度全国有几百万人在学习美国的慕课,精神文化在这个过程中潜移默化养成。信息化时代已经到来，如果不重视这一点，对年轻人的培养就会失败。

杜婕建议，建立金融市场体系重点在于建立多层次的资本市场。现在金融虚拟市场供给过大。她对注册制的问题也提出了看法，认为市场对这一改革不看好，谈虎色变，反映了投资者的焦虑。原因是市场环境不健康，法律存在漏洞，出现了很多不诚信的企业。因此注册制的推出一定要慎之又慎。关键是加强市场监管，加强证券法的完善和修订，然后再谨慎推行注册制。

王康委员认为，规划提出全面贯彻党的教育方针，但是在教育系统贯彻得不到位，建议把这一条细化。如怎样用五大理念推进教育的德智体美全面发展。现在重智育轻德育、偏废体育和艺术教育的情况很普遍。现在考试制度出现问题，作为指挥棒，考的就是文化和政治，考试结构中缺乏对德育、体育的考察。

朱晓进、唐勇力、陈贵云、赵光育、张震宇、邱立成、潘碧灵等委员也对规划纲要提出了一些修改意见。罗富和常务副主席在发言中提出，三中全会提出全面深化改革，但现在的一些措施没有体现深化改革，没有体现发挥好市场这只手的作用。这说明三中全会的判断是对的，但我们在操作市场这只手时并不熟悉。他重点对环保部分提出的重点城市煤改气工程的问题进行了分析。他认为，燃煤锅炉改造如果达标，尾气排放完全可以达到天然气的标准。政府对烧气是有补贴的，如果没有补贴，烧煤是便宜很多的。燃煤锅炉改造成本比更换天然气也要低很多。能源安全方面，天然气一半以上靠进口。对北京空气质量、湿度情况的监控显示出两者是正相关的。需要注意的是从北京煤改气开始实施，三四年前就有报道指出北京每天向空中排放15万吨水蒸气。对于"十三五"规划中提出的"煤改气"，呼吁改为燃煤锅炉清洁能源化工程，这样可能更实在。在论证不充分的情况下，很多政策不应该大刀阔斧地推动，不应该一刀切。

会议结束以后，苏州电视台和报社的记者到北京会议中心采访，作为家乡人正好向父老乡亲报告一下自己参政议政、建言谋策的工作。正好遇到俞敏洪、许华、盛小云等委员，请他们为我的建立"国家阅读节"等提案签名。

下午5点30分，接受中央人民广播电台"中国之声"时政采访部记者王楷就低龄出国、天价学区房、多校划片等问题的采访。

晚上整理两会手记。先完成《新京报》连载的千字手记，再继续丰富，把今天的情况做一个完整记录。风很大，简单跑了不到半小时。继续读《说中国》。夜11点休息。

十 一份提案一考卷

3月8日，星期二，晴

早晨5点15分起床工作。发"两会时间"等微博17则，其中8则是整理定稿的提案。对委员来说，一份提案，既是"政治春节"的"年货"，也是交给人民的一张考卷。

上午9点开始界别联组会议。出席讨论会的部委同志有文化部的党组成员、纪检组长王铁，中国保险监督管理委员会副主席梁涛，国家档案局副局长王绍忠，文化部办公厅副主任陈丁昆，中国保险监督管理委员会发展改革部副主任何肖锋，全国政协副主席罗富和、副秘书长刘佳义等也参加会议。我担任主持。

卫小春委员就加强陶寺遗址保护利用工作、张妹芝委员就文化问题、俞金尧委员就中国民族博物馆的建设问题、陈自力委员就保险问题、潘碧灵委员就深化环保责任险问题先后发言。张妹芝委员发言时，我才突然想到今天是三八妇女节，在她发言后，我向各位女委员、女记者、女工作人员和男同志的夫人致以节日祝贺，并对昨天提前出线跨入奥运的女足表示祝贺。

赵丽宏委员的发言说的是他历年来关于名人故居的提案问题。

他说，欧洲有一个传统，三百年之内的著名作家故居都完好保存。最让人印象深刻的是莎士比亚故居，签名册上有近三百年几乎所有著名作家的签名，工作人员说一百多年来有两亿人来参观过。还有雨果故居、巴尔扎克故居，以及俄罗斯的托尔斯泰故居、印度的泰戈尔故居……不管作家生前经济状况如何，故居保存都非常完好。但中国目前还没有在这方面形成传统。只有一个古代名人故居杜甫草堂有世界水平，为此他还写过一篇《杜甫和草堂》。近代只有鲁迅故居保存得非常好，但是很多重要作家的故居是不保存的。

他到政协后，就关于保护名人故居提交了七八个提案，结果有的很好，有的很糟。

1990年他提交了一个"关于梁启超故居的提案"。梁启超故居地在广东省一个富裕的乡村，却没有好的交通，没有展出实物。提案提交后当年就收到广东省政府的回复，一两年后梁启超故居就建得很像样了。

2005年巴金去世，家里各方面都保存得很好。他和巴金是忘年之交，经常去巴金家。他和冯骥才、贾平凹等提了一个提案，建议建立巴金博物馆，也受到关注和重视。但提案并不顺利，因为巴金是国家领导人，需要中共中央批准，迟迟不能落实。上海市政府非常重视，不能建博物馆，但是建了故居，前几年开放了。这是全世界保存得最完整最真实的文人故居，保存了巴金半个世纪的生活印记。不过，后来他还写过两个巴金文学馆的提案，都没有结果。

2008年他又一次提交了关于建设柯灵先生故居的提案。柯灵是民进创始人之一，著名作家、散文家。提案提出后遇到各种阻力，各部门互相推诿，根本就办不成。最后因为柯灵继承人把房子捐出来，街道接手了这件事，在提案提出八年之后，柯灵故居2016年春节终于开放了。

还有一个谭嗣同故居的提案没有结果。谭嗣同在湖南的故居，湖南省政府很重视，顺利建成了，也很成功。但是谭嗣同另一个重要故居在北京，他去过两次，非常破败。他为此写的提案引起很多湖南籍政协委员的注意。在一位湖南籍记者的建议下，他给当时的北京市长郭金龙写了一封信，由记者交给他。最后得到宣武区的回复，说会重视并列入计划。但之后就没有下文，现在还是老样子。

还有大量名人故居，要都保护起来的确很难，但是这些历史的脚印应该留下，要有这个意识。希望文化部在这些问题上加大重视。

赵丽宏是我的老朋友。他讲述的这些关于提案的故事，引起了大家的共鸣。看来，提案不仅是给委员的考卷，也是交给政府的考卷。想有满意的成绩，并不那么容易。

我也非常赞同丽宏兄的意见。多年以前我也曾呼吁过，名人故居是城市里追随伟大灵魂、与英雄对话的重要载体。因此在他发言之后，我随之建议，文化名人故居甚至可以作为"十三五"规划中重要的文化工程。中华民族历史上，名人灿若群星，分布在全国各地，建设名人故居，不仅有文化意义，还有教育意义。但是各地建设名人故居，确实遇到很多困难，包括叶圣陶故居到现在都没有建起来。名人故居应该作为国家工程，系统实施，而不是靠委员一个一个去提提案。一个民族没有英雄不行，需要唤起民族对英雄的敬仰。建议文化部系统考虑这个问题，把它作为"十三五"的文化工程。

另外，我借机再一次提出了全民阅读问题。

首先是图书馆。图书馆在很大程度上决定着读什么。现在的问题：第一是数量少，国家没有图书馆法，人均图书馆拥有量比较低，和世界水平差距大。第二是书目，书目就是决定选书谁说了算。现在各地图书馆进书都是通过招标进行，招标的结果是谁价格低谁进馆，折扣低才能进馆。但好书是不愿意打折的，所以最后进图书馆的很多是滞销书、次书。这个很荒唐，应该有国家公共指导书目。图书馆要提高效率，建立主分馆制度，市图书馆和社区图书馆连通，这方面苏州市有很好的经验，社区用很少的钱就把公共图书馆的书盘活了。其实何止社区图书馆？咖啡馆等场所也是可以和市图书馆连通的，可以进一步提高图书馆的使用效率。在乡村图书馆的建设中，特别希望农家书屋能够在各种配套措施下，切实发挥作用，能像毛细血管一样，把中国的图书盘活。

其次是全民阅读的推进。关于阅读节的提案，我提了14年。节日有提醒的功能，对于进一步强化全民阅读工作效果突出。读书并不能解决一个民族所有的问题，但是一个民族不读书是没有希望的。

全民阅读归国家新闻出版广电总局管，图书馆是文化部管。希望文化部把读书作为文化工程，从图书馆开始做实。希望各部门联合，更加有力地推进全民阅读。

其后，赵光育委员就保险行业的问题，朱晓进委员就档案建设问题，岳崇委员就文化的理论研究、"一带一路"建设中文化先行及如何对全国各地城市建设规划进行宏观指导的问题，唐瑾委员就把传统民居、村落、宗祠、名人故居等保护修复和扶贫攻坚结合建立旅游试点片区的问题，栗甲委员就传统文化传承问题，继续进行了发言。

12位委员从不同角度发言完毕，有关部委同志讲话。文化部党组成员、中央纪委驻文化部纪检组组长王铁、中国保险监督管理委员会副主席梁涛、国家档案局副局长王绍忠先后发言。他们表示一次会议来三家部委不多见，大家的讨论观点鲜明，简明扼要，视野开阔，联系实际紧密，会认真研究落实。王铁特别表示将确保件件有回音，不管有没有结果都给大家回复。

罗富和常务副主席提醒，2018年是改革开放40周年。文化建设是传统文化和时代精神的结合。改革开放40周年也是文化，13亿多人民在40年中体现出来的恰恰是我们的时代精神。民进和各行各业同人都要重视、总结、思考。

会议结束以后没有来得及吃午餐，吃了点水果就匆匆忙忙赶往新华社。下午1点做客新华网，主题仍然是谈"十三五"规划纲要的教育问题。

下午3点参加全国政协提案办理协商会，主题是积极稳妥做好去产能过程中的人员安置工作，扎实推进供给侧结构性改革。我代表民进中央就"优化教育培训供给方式"的问题做了发言。先后有17位政协委员与有关部委对话互动，诚恳交流。马飚副主席高度评价了办理会务实、直率、真诚的气氛。提案不仅牵动委员的心，也牵动着部委领导的心。同心同行，都是为了给人民交上满意的答卷。

晚上与某报社长兼总编辑等聊人生，谈时事，议人物，海阔天空，感慨万千。因为要赶专栏稿，不得不早早结束赶回驻地。发完稿件，再处理一下邮件，已过深夜10点了。以前到了这个时候还是会抓紧跑跑步，近日有朋友告诉我，说有研究认为晚上10点之后不宜运动，干脆继续处理事务，打了几个电话联系了明天的工作，再洗漱一番，还是夜11点休息。

十一　媒体也是风景线

3月9日，星期三，晴

　　早晨4点20分醒来。准备再睡一会儿，却无法入眠了。因为昨天晚上中央宣传部的同志告诉我，今天下午新华社、《光明日报》《中国青年报》《财经报》等一批媒体要就发挥教育培训在化解过剩产能人员安置中的作用和"一带一路"建设中风险防控的民进提案进行采访。自己不可能是百科全书，总得学习备课。干脆起来阅读资料，继续准备下午的采访。

　　5点40分开始发微博。除了日常"新父母晨诵"等微博之外，把最后的三个提案也发了。写两会手记。

　　今天全天参加小组讨论。围绕2015年中央和地方预算执行情况和2016年中央和地方预算草案报告讨论。以前在全国人大讨论预算报告时，许多人反映看不懂这个"国家账本"，所以小组讨论时往往无话可说。为此，全国人大预算委员会和财政部专门制作了图文并茂的政府预算解读本，帮助大家理解预算编制的原则、指导思想，"钱从哪儿来、花到哪儿去"，政府债务如何安排和管理，人大审查预算怎么展开等，读起来更加清晰明了。

　　现在尽管还是有人抱怨时间短、看不懂，但发言还是踊跃的。能够看得出预算的基本特点：一是财政虽然紧张，但是在民生投入方面还是没有含糊。重民生、保民生、惠民生的特点比较突出，中央财政对城市和农村的低保人均补助水平分别提高了5%和8%，中央的扶贫资金安排比去年增加了201亿元，增长幅度达43.4%。二是增加支出之后，还要继续"放水养鱼"，为企业减税降费5000亿元。今年将全面实施营改增，确保所有行业税负只减不增。这样的加减法，钱从哪里来？也只有两条路：一方面政府要勒紧裤腰带，继续过紧日子，三公经费零增长；另一方面就是加大赤字率了。今年的财政赤字达到3%，创历史新高，也首次触碰3%的国际警戒线。但是财政部门解释说，从我国经济发展水平、政府性债务的现状，以及资产与负债的关系来看，风险是完全可以控制的。

上午的会议由姚爱兴委员主持。

第一个发言的是国家审计署副署长石爱中委员。他在就供给侧问题谈体会时，给我们普及了经济学知识，生动地讲了什么叫供给侧改革。俞金尧、郑福田、潘碧灵、左定超、张帆、汤建人、姚爱兴、胡卫、陈贵云、尚勋武和我先后发言。

张帆委员还回到了前两天的话题，继续就政府工作报告里只提到屠呦呦、没提到莫言而谈到文化问题。他说，他赞同自然科学评价标准世界通行的观点，但认为不适合用于说明这件事。莫言在获诺贝尔奖之前获得了国内很多大奖，包括茅盾文学奖，说明国内外的评价差距不大。他认为表述不表述其实没有太大关系，但反映出将文学艺术看得相对次要可能是一种比较普遍的现象。文化不像经济建设那么直截了当，可社会上很多问题需要文化来解决，比如老人摔倒扶不扶、国人卫生习惯，等等。

我在发言中介绍了我对今年预算特点的看法。我说，全国人大专门有一个预算委，对预算的问题也越来越重视，报告也越来越清晰。政府预算和家庭账本一样，总的来说就是要把日子过好。我支持这个预算。

上午会议结束，接受天津电视台就义务教育均衡发展与学区房问题的采访。

下午的讨论由卫小春主持。

高友东委员建议在各方协商之外加上各方监督，特别是参政党的民主监督。

潘碧灵委员认为预算报告比去年有进步，包括全口径预算，对超出预算部分有监督；图文并茂，通俗易懂。并继续呼吁加大对生态环保的投入力度，认为现在做得还不够：第一总量不足，第二增速太低，第三占比太小，第四决心不大。供给侧改革一年投入200亿，而对于雾霾问题中央财政近年投入仅为50亿、100亿、107亿、112亿，雾霾没有很大改善和投入不足有很大关系。在这方面，中央财政向湖北没有一分钱投入，而实际武汉的PM2.5浓度比长三角、珠三角还高。

杜婕委员对减税降费问题和预算制定前的选择性思考问题，提了两条建议。

左定超委员建议预算报告要高度重视地方债务问题，拿出具体措施，尽快解决地方债务问题。有些地方有100多个亿要偿还，年财政收入却只有一二十个亿，债务越滚越大。

陈自力委员说，中央政府现在也缺钱，支出比财政收入还大的状况将会持续很长一段时间。钱少了，花钱的地方一点没减少，都是刚性需求。财政赤字就是拿明天的钱给今天用，要足够重视。他提出了四条解决办法的建议。

张震宇委员围绕创新问题提了三条建议。

邱立成委员建议在安排财政预算，特别是基础设施投入方面，应认真思考怎样提高公共资金的使用效率，怎样提高国有资本的使用效率，从而为社会增加更多财富。

因为根据安排需要接受媒体采访，提前半小时离会，下午4点如约与新华社、《光明日报》《中国青年报》《中国教育报》《人民政协报》、中国青年网、《财经》杂志等媒体交流。

关于"发挥教育培训在化解过剩产能人员安置中的作用"的提案，是民进中央今年重点提案之一。当前，产能严重过剩越来越成为我国经济运行中的突出矛盾和诸多问题的根源。化解产能严重过剩矛盾已经成为当前和今后一个时期推进产业结构调整的工作重点，而在此过程中必然产生大量职工的安置问题。妥善解决职工的安置与就业问题，不仅关系到化解过剩产能目标任务的顺利完成，也关系到职工的切身利益和社会稳定大局。

2016年2月，国务院出台了关于钢铁和煤炭行业化解过剩产能实现脱困发展的意见，提出将统筹对地方化解过剩产能的人员分流安置给予奖补；同时提出要通过挖掘企业内部潜力、内部退养等方式，着力做好职工安置工作，努力减少下岗工人数量。

在落实好国家关于做好职工安置的一系列政策的基础上，我们认为，既要努力为职工创造再就业的工作机会，也要充分发挥教育培训在化解过剩产能人员安置中的作用，提高职工自身能力和水平，为再就业创造更大的空间。

从目前的情况来看，大量需要再就业的职工由于职业技能有限，被限制了再就业的可能性，而他们需要通过培训掌握新技能的需求又无法得到有效满足：主流的学术型职业教育体系"门槛太高"，往往只招收应届生；部分学校为全日制学制，授课时间不够灵活，再就业的职工无法边打工养家、边接受培训；授课点距离太远，导致时间成本过高；再就业职工的择业方向尚不明确，很难通过一个专业的培训就找到适合自身的职业方向；学分制度不够灵活，难以同步拿到学历证书和职业资格证书，等等。

为此，我们建议要像美国战后对待退役军人那样，把传统的"补偿型"安置人员转变为"发展型"，深化教育供给侧改革，创新职业教育的提供方式，提升职业教育和培训的有效性，让这部分职工通过掌握新的技能，尽快再次就业。如培训方式更加灵活，贴近再就业职工的实际情况；破除入学门槛，灵活合理安排培训时间，提供晚上授课和周末授课的选择，让再就业职工能够边打工养家、边上学培训；培训地点要更加方便再就业职工；加快推进更为灵活和有弹性的学分制度，使再就业职工在获得技能的同时，通过学分累计获得学历；在培训内容方面，要加强创业教育，等等。

关于加强"走出去"战略及"一带一路"建设中风险防控的提案也是民进中央一直呼吁关注的问题，严隽琪主席曾经当面向总书记建言这一问题。在实施"走出去"战略和推进"一带一路"建设中，要更多发挥市场在资源配置中的决定性作用，强化风险防控能力，加强案例分析和经验总结。为此，民进中央提出，要改进我国对外投资数据的统计方法，真实地反映我国对外投资资金的最终目的地，以准确的数据为科学决策和风险防控提供依据。要加速推进我国对外投资的风险评估工作，构建中国对外投资国家风险评级、预警和管理体系，对大规模的对外投资项目，强制推进由第三方机构进行可行性论证。

同时，要加快《对外直接投资保险法》的立法，对中国企业在海外依法维权给予有力和有效的支持。

媒体朋友们围绕这两大主题，连珠炮般地发问。其实，每年两会，也是媒体的两会。会上会下参加两会的媒体人，总数量远远超过代表委员的总和。每次进出大会堂，媒体的长枪短炮、围追堵截，本身也是一道靓丽的风景线。在他们捕捉一个个镜头的同时，许多代表委员也把自己的镜头对准了他们。

习近平总书记在两会前走访央视、《人民日报》时说，要转作风改文风，俯下身，沉下心，察实情，说实话，动真情，努力推出有思想、有温度、有品质的作品。希望媒体工作者做党的政策和主张的传播者，时代风云的记录者，社会进步的推动者，公平正义的守望者。

我一直觉得，媒体是一双特殊的眼睛，它来发现你，也帮你发现世界。媒体是一张特殊的嘴巴，它来和你说话，也传播你的想法。

人们常说现在是个吸引眼球的时代。可我认为，媒体的关注，不仅是吸引眼球，不仅是为了得到更多人的关注，更是深入的剖析，激发起更多行动，鼓舞更多人投身于建设之中。真正的关注，本身就是一种促使人向上向善的力量。所以，一个媒体就是一个朋友。有温暖的赞扬，有善意的督促，有急切的诤言，当然也会有矛盾、有误会……所以最重要的是：我们应该和媒体朋友们一起，以言促行，以行践言，有错则改，坚持不懈地行动。

采访持续了一个多小时。因为要赶往全国政协参加大会秘书处的工作会议，抓紧时间写了手记，匆匆用了晚餐后就赶赴会场。

晚上7点30分在全国政协参加秘书处第六次工作调度会议，审议大会的政治决议（草案）等。晚上10点后回到北京会议中心，审阅几个媒体发来的文稿，忙完也快晚上11点了。

十二　善行天下须有法

3月10日，星期四，晴

5点50分起床。发微博八则。读完《慈善法（草案）》的相关资料。把昨天的两会手记补充完整。时间过得很快，一下就到了会议时间。

上午小组讨论由我主持。在发布三个会议的相关通知后，围绕《慈善法（草案）》进行了讨论。

《慈善法（草案）》是社会领域的重要法律，也是立法时间较长、比较曲折、备受关注的一部法律。从2005年民政部主导启动开始，到2009年提交草稿又因分歧较大被搁置，直到这次才算是千呼万唤始出来。

这一次慈善立法中，把公益领域纳入慈善，让我感到特别亲切。因为我发起的"新教育实验"十几年来一直是以公益的方式推动，为此还于2010年正式注册成立了新教育基金会——江苏昌明教育基金会。这些年来尽管基金会的规模并不大，但有一件事是让我很自豪的：自2012年加入基金会中心网以来，中基透明指数已经连续四年保持满分，排名第一。透明就有阳光，有了阳光自然会驱散阴影。非常期待《慈善法》能够成为爱的阳光，让更多善良的人能够更好地传播爱的温暖。

在小组讨论中，委员们也充分肯定了《慈善法》的必要性，认为该法有助于消除贫富差别，有利于规范慈善行为，对这部姗姗来迟的法律寄予很高的期望。正因为期望很高，也从各个方面提出了大量建议，希望进一步完善这部法律。

委员们纷纷提议，慈善从原则上应该倡导自愿，在规定义务时，也要尊重相关各方的权利。慈善应该和企业与个人的税收挂钩，通过进一步的配套政策，使公民投入到慈善事业中来。慈善尤其要严格审计，从行业监管、社会监管等各个方面加大力度立体监管，一旦出现问题，应该严厉地处理。慈善也要纳入教育，培养更多慈善人才，培育全社会的慈善文化。

就《慈善法（草案）》条款中的文字表述、逻辑自洽等各种细节，委员们也逐一提出了意见。

潘碧灵委员第一个发言，建议一是加上"履行企业和公民的社会责任"，美国就是通过法律制度建设，如高额的遗产税，使公民投入到慈善事业中来；二是慈善组织设立自愿和自律的指导思想；三是慈善组织一旦出现问题，应更加严厉处理。

杜婕委员建议一是定期进行审计，通过审计进行监督；二是主张慈善应该和税收优惠挂钩，至少对企业应该有税收优惠政策，相关政策应该具体化。

陶凯元委员说，《慈善法》的立法时间从2005年开始讨论，2009年民政部把草稿送到国务院，到现在也有六年半了。《慈善法（草案）》有很多亮点，如大慈善概念、立体监管模式等，同时对公募有一些特别限制，可能会导致丧失活力。

左定超委员认为草案内容全面，但不太像法，更像加强慈善工作的条例。其中没有明确的违规行为的处罚，相关部门全是民政部门，应该有司法部门出现。

赵光育委员则认为，在慈善监管上首先民政部门负有管理责任，但一旦上升为刑事案件，司法部门当然也要介入。除此之外，还要提倡行业监管和社会监管。

黄震委员认为《慈善法》的出台有利于消除贫富差别、建设和谐社会；有利于精准扶贫。《慈善法（草案）》在通过税收制度鼓励捐赠的规定上大有可为，应该写得非常明确；加强监督监管，对负责人进行个人财产公开；将慈善纳入教育，培养慈善人才。

臧永清委员结合出版社工作，提出出版社每年大量向学校和部队捐书，大部分享受不到减免税优惠，是否能直接享受政策，而不需要通过慈善组织，避免产生管理成本，同时也建议对于违反慈善法的行为，处罚力度要加大，这样才能改变当前的一些乱象。三是加强过程中的监管。否则总会有一些灰色地带出现。

汤素兰委员认为这是一个好的开始，也认为现有草案太粗了，并提出是否只有有资格从事慈善活动的组织才能进行捐赠，在党派的社会服务中，市级地方组织就没有慈善资格。我回答说，可以找开明基金会，设专项基金也可以。

岳崇委员就表述不太准确的文字提出了修改意见。陈贵云委员指出了法律条文在逻辑上存在的缺陷。

张俊芳委员认可汤素兰委员说的目前的《慈善法（草案）》粗糙，认为《慈善法》应该着力的地方是既要推动鼓励，又要有相当约束力，但起草者对这一点的考虑不够深入，担心这样出台有很多问题，等配套措施完善后一并出台会更好。

胡卫委员指出，《慈善法》出台是大环境、大背景的需要。现在社会对营利趋之若鹜，慈善都不愿去做。国外大学的慈善义卖活动，中国留学生几乎不参加，说明缺少慈善文化。培育慈善文化和慈善精神是第一个重要背景。扶贫攻坚不是政府一家的责任，需要全社会、个人共同参与。对扶贫攻坚的广泛动员是第二个重要背景。第三个重要背景是对多年来慈善法规政策的总结提炼，有了《慈善法》后，捐赠资产的通道就打通了，给教育、医疗、文化事业有序健康发展奠定了很好的基础。同时他也提出了三个问题：一是私人捐赠抵税需要明确。二是关于捐赠人、管理人、发起人之间不能有关联度，要写得清晰一些，这种关联度是基金会成立的隐患。三是原来对公募基金法人和私募基金法人的规定不一样，现在是不是混在一起了？现在的上限比例规定不太容易做到。对私募有没有限制？对他的这两个问题，我说，前者草案中有相关规定，后者没有规定就是没有限制。

王康委员说，立法非常有必要，但通过一定要审慎。需要科学界定、严格区分慈善活动和扶贫济困的关系，避免政府将慈善的钱用于其他项目，这一点非常重要。国外有一些非常成熟的做法，一些理念需要借鉴。如不愿意劳动、好吃懒做的不应该救助，慈善款项不应用于这些方面。协和医院1914年建立，建立时就反复考虑建一个还是建多个，最后决定建一个，培养一流医生再去带动其他医院。协和医院到目前仍是一流医院，这是可持续捐助的范例。

汤建人委员从慈善总则上应该"倡导量力而行、尽力而为"，到对能公募的组织应该有更严格的限制，到需要强调慈善组织尊重受益人的隐私等，详细提出了13条建议。

唐勇力委员提出三条建议：一是慈善文化是重要的道德培养，要重视教育和宣传；二是对慈善行为的监督应更细化；三是慈善应该遵循自愿原则。

陈自力委员指出，《慈善法》不仅要对慈善活动进行规范，还要在宪法法律框架内对相关人员的权利予以保障。草案前一方面提得多，后一方面体现不足。比如玉树地震后，有十几个机构捐赠，后来民政部要求统一交给玉树的民政部门，不尊重慈善机构和捐赠者的意愿。建议加上第一慈善组织有权依法自主开展慈善活动，而不是作为政府的过渡账户。第二捐赠人有权指定捐赠款物的使用范围和受益对象，有关机构和部门要尊重捐赠人的意愿。

栗甲委员说，世界上的所有发明都是人类控制自然，只有法律是人类控制自己。法律实施体现在可操作性上，过于原则化就会变成没辙，过粗就只能是立法而没有办法。当前的法治环境，使得慈善事业不是不愿意做，而是不放心，因为有诚信和道德上的缺失。《慈善法》不是"慈祥法"，光有慈祥的面孔，不解决问题不行。现在的写法很多事情说了和没说差别不大。法律监督和法律责任方面不是很严谨。应该再深入修改一下。

卢天锡委员指出两点：一是对于实物的接受范围和处置方式慈善法中应该有规定，二是要考虑开具发票的价值怎么界定，企业骗税问题怎么解决。

最后罗富和常务副主席指出，"遵循管理成本最必要原则"这一条款理解上有歧义，可以解释为管理成本是最必要的，也可以解释为最必要时才考虑管理成本，这很可能是翻译过程中出现的问题。建议法工委好好解释。

我曾经担任全国人大常委，知道立法工作的复杂性与艰巨性。我更赞同这次人大全体会议根据代表委员的意见做适当修改完善，颁布后根据实践中的经验教训再去修订。我在推进新教育实验的过程中,一直倡导一个观点:行动,就有收获。《慈善法(草案)》出台就是迈出一大步,值得肯定。我相信继续沿着这个方向走下去,一定能够越来越接近理想。会议结束的时候,我对委员们说,估计今天提出的大部分意见采纳不了。草案确实比较粗,很多问题只能等颁布后再去修订。不管怎样,以主人翁姿态来提意见,是非常重要的。这其实也是我们接近理想的过程。

下午1点45分出发去大会堂。下午3点准时参加第二次全体会议。

按照惯例,第一次大会发言主题是经济建设与生态文明建设,有15位委员先后发言。厉以宁委员第一个做了题为"从供给侧结构性改革的角度看国企改革"的发言。他认为,结构调整的主要任务是资源配置的合理化、高效化。如果不深化国有企业改革,不能充分挖掘国有资本的潜力,不能从新技术、新产业、新发明、新效率等方向使国有企业成为真正的市场主体,供给侧发力很难取得成绩。

接着是柯炳生委员做的题为"加强农业创新发展 筑牢全面小康基础"的发言。他认为,我国农业发展的主要矛盾,仍然是资源短缺与需求不断增长的矛盾,是产能不足而不是产能过剩。而农业面临的最大问题是劳动力成本刚性增加。所以,"十三五"期间关键是要切实落实好"三农"的"重中之重"地位,坚持强农惠农富农政策不减弱,同时不断强化政策创新、组织创新和科技创新,大力推进现代农业建设,转变农业生产方式。

来自浙江的民营企业家南存辉委员做了题为"坚定信心,创新发展,勇担责任"的发言。他表示,总书记阐述"亲""清"政商关系,为企业家提出了新标尺。应该坚决摒弃不良的商业行为,守住法律诚信底线,坚决不踩红线;违法的事坚决不做,亏心的事坚决不做,做一个成熟的受社会尊重的企业家。

李稻葵委员在题为"坚决打赢稳金融这场硬仗"的发言中,引用了民间流传的顺口溜"锄禾日当午,炒股好辛苦。对着K线图,上下都痛苦",讲述了一亿股民的无奈与痛苦。建议严厉打击内幕交易和不合理行为;在适当的时候将"一行三会"分业监管的模式整合为统一的大金融监管;对上市公司实行更加严格的事后监管;建立较大规模的资本市场稳定基金；迅速稳定人民币汇率的市场预期。李稻葵的发言讲出了许多委员的心里话，大家给予热烈的掌声表示支持。

陈章良委员代表农业界做了题为"关于落实好脱贫攻坚《决定》的几点建议"的发言。他分析了几个重要关系：深度贫困与相对贫困的关系，先易后难与先难后易的关系，脱贫与脱帽的关系，底线目标和总目标的关系，政府主导和群众主体的关系，并提出了相关建议。

汤维建委员代表全国政协社会和法制委员会、民革中央做了题为"让分享经济助力新常态"的发言。分享经济之所以蓬勃发展，是因为随着科技的迅猛发展，生产力和社会财富快速提升，经济过剩成为全球新问题。经济过剩，在企业层面体现为闲置库存和闲置产能，在个人层面则表现为闲置资金、物品和劳动力盈余。分享经济，恰恰是一种通过大规模盘活经济剩余而激发经济效益的经济形态。

田刚委员代表民盟中央做"借力'一带一路'建设重构消费品工业发展新格局"的发言。他认为，"一带一路"倡议的实施，加强消费品产能国际合作，加快优势产品出口，既契合"一带一路"沿线国家工业化进程需要，也有利于推动我国消费品工业转型创新，推进供给侧结构性改革。

贾康委员在题为"供给侧改革是攻坚克难引领新常态的系统工程"的发言中，从理论层面分析了供给侧改革的必要性。他认为，供给侧的劳动力、土地及自然资源、资本、科技和制度五大要素中的前三项，支撑力正在衰减。为引领新常态，必须更多依靠后两大要素——科技和制度，要调整人口政策优化劳动供给，推进土地制度改革适应统一市场，深化金融改革服务实体经济升级换代，以教育改革破解"钱学森之问"，依科研规律释放科技创新潜力，减轻企业综合成本激发微观活力，承受阵痛让市场淘汰落后、过剩产能，等等。

陈星莺委员就加强电商监管，促进电子商务健康发展做了发言。她引用了国家工商局的数据：2014年的网购正品率仅为58.7%，九个电商平台中七个有售假行为，问题率77.8%；而国家质检总局2015年监督抽查了五大类11种电子商务产品质量，发现合格率为71.3%。建议建立多部门联合监管机制，提升电商执法实效；加强互联网数据的安全监管，规范商业信息披露；强化电商产品质量监管，从源头根除假冒伪劣；引导社会多方参与监督，形成诚信交易生态。

杨凯生委员在题为"细化措施完善办法把压缩过剩产能的任务落到实处"的发言中，分析了当前压缩过剩产能与前些年相比所面临的宏观经济形势和社会环境的变化，认为当年的一些行政化政策措施现在已经无法再简单施用。建议首先算清压降过剩产能的成本账，考虑清楚哪些需通过财政渠道解决，哪些应该由其他渠道解决。只有把这些账算细了、搞准了，才能分清各类市场主体的责任，才能把有关工作任务真正落实。

袁亚非委员在题为"强化政策落实，支持民营企业健康发展"的发言中强调，目前民营企业已占全国企业总量的99%，贡献了超过60%的GDP和80%的就业。但目前，融资难、融资贵、创新能力不足、人才严重缺乏、税费负担较重等问题，极大地制约了民营企业的发展。希望支持民企的政策也要精准实，切实破解融资难、融资贵，真正让企业得实惠。

来自香港的唐英年委员就利用香港优势服务国家"十三五"规划发言，主张利用香港的金融优势，协助人民币的国际化发展；利用香港的金融平台，配合国家"一带一路"建设，继续为内地金融发展担当先锋；利用香港的服务业人才，促进内地经济转型发展。

国家电网公司董事长刘振亚委员，在发言中阐述了习近平主席在联合国发展峰会上宣布的"中国倡议探讨构建全球能源互联网，推动以清洁和绿色方式满足全球电力需求"的战略构想，认为这个构想对于推动全球能源革命，应对气候变化挑战，实现经济社会环境协调发展具有重大而深远的意义。同时对于加快各级电网建设，大规模开发清洁能源，严格控制东中部煤电，推动构建全球能源互联网等提出了具体建议。

李书福委员代表全国工商联做题为"提升中国制造业竞争力迫在眉睫"的发言。他认为，制造业是立国之本、兴国之器、强国之基。但中国制造业大而不强，重要原因是近年来制造业企业普遍遇到"三座大山"，即"市场的冰山、融资的高山、转型的火山"；发展中面临"四高四低"：人工成本高、融资成本高、税费负担高、制度性交易成本高，产品质量低、技术标准低、品牌认可度低、企业诚信度低。他呼吁,要把实施制造强国战略真正落到实处:科技创新要强发力,降低成本要动真格,品牌建设要下功夫。

最后是解振华委员代表全国政协人口资源环境委员会做的题为"推动绿色低碳发展,参与全球气候治理"的发言。他指出,中国作为最大的发展中国家、世界第二大经济体和最大碳排放国,温室气体排放总量大、占比高、增速快的趋势短期难以改变,面临很大的国际减排和出资压力。建议推进相关立法,推进气候外交与气候变化南南合作,主动承担与自身国情、发展阶段和实际能力相符的国际责任,推动建立公平合理、合作共赢的全球气候治理体制。

大会发言4点45分结束。回驻地的路上还可以看见蓝天白云。自从雾霾闯入人们的生活,蓝天就格外让人心情舒畅了。

晚上回到驻地抓紧时间写手记,晚上9点半把稿子发出,开始跑步。好几天没跑了,跑了一个小时。晚11点多睡觉。

十三　人心是最大政治

3月11日，星期五，晴

　　5点20分起床。发"两会时间"等微博八则。补充昨天的完整版手记。还没写完，7点半就上车了。

　　上午9点在人民大会堂举行全国政协第三次全体会议，共15名委员围绕社会与文化建设做大会发言。我被安排在最后一个发言，说是让我"压轴"。发言人员8点半在湖南厅集合，大会发言组就相关要求再次提醒大家，安排很周到。

　　上午的大会发言由齐续春副主席主持。中共中央政治局委员、中宣部部长刘奇葆到会听取委员发言。

　　香港恒基兆业地产有限公司副主席、中华海外联谊会副会长李家杰委员首先做了题为"发出中国声音，讲好中国故事"的大会发言。他认为，发出中国声音，讲好中国故事，关键在于找准世界需求。只有满足全球需求，中国故事才能成为国际社会认真倾听的"中国好声音"。他说中国故事有三个发力点：中国的社会发展是一个满足世界生态需求的中国故事，中国故事为世界提供一个"善治"的新版本，中国的传统文化是一个满足世界人心需求的中国故事。

　　李家杰委员介绍美国人均年消费石油22桶多，而中国只能在人均年消费石油两桶多的情况下不断降低能耗求得发展，如果全世界都追求美国人的这种高能耗生活方式，那么地球承载力必将突破极限。我很认同这个说法，这也的确是所有人都应该正视的问题，幸福感不能通过无限扩大能源消耗的物欲来满足。

　　全国妇联副主席孟晓驷委员做了题为"完善两孩政策配套措施，

保障妇女生育与就业同时兼顾"的发言。她说，2016年全面两孩政策正式实施，但是在现实中，育龄妇女的再生育行为与预期相比尚存较大距离。许多妇女并非"不想生"，而是"不敢生"和"生不起"。就业困难、经济负担、照料负担像三座小山，压在她们心头与肩头。为此她提出建议：大力发展公共托幼设施和服务，减轻家庭照料负担；出台激励措施，促进工作与家庭平衡；加大执法监管，消除就业歧视。

前两天的采访中，我也被人问到"二孩"时代的教育问题。我想，在配套举措中，应该加强对父母的家庭教育培训。比如，生一个孩子的"全家上阵式"的照料，其实不如考虑"二孩"间隔年龄，便于大孩适度照料小孩。这样不仅能减轻父母的负担，也有利于孩子在这个过程中自然开展和学习人际交往。

中国电影家协会副主席、中国电影文学学会会长王兴东委员做了题为"创新是文艺的生命，原创是竞争的力量"的大会发言。他说，原创版权在创造世界，在影响世界。美国电影以版权分账，长驱直入抢占我们的市场，影响我们的心灵。对于如何面对激烈的竞争，提高文艺原创能力，他提出：全面提高保护原创的法度，加强打击侵权的力度；提升尊重原创的温度，体现内容为王的高度；原创享有衍生产品的额度，才能克服有数量无质量的创作态度；作者扎根生活的深度，决定原创质量的精度。他呼吁：培育原创，保护原创，尊重原创，文艺才能源远流长。原创就是力量，原创就是胆量，敢同一切外来文化较量，唯有原创才能体现中国文艺家的智慧含量，才能传播中国精神的正能量。

王兴东委员的发言就像电影演员一样抑扬顿挫，很有感染力，赢得了八次掌声。在我国这还是一个刚刚被重视的问题，版权、知识产权还处于一个被逐渐认识的过程中。在遇到问题时，许多人法律意识淡薄，不懂得从法律的角度正确地定义，而是从个人习惯出发进行想当然的理解，也加重了这一局面的混乱。真正让原创更有力量，传播中国精神，还任重道远。

全国政协经济委员会副主任、民建中央副主席王永庆委员做了题为"加快科技成果转化，促进创新驱动发展战略实施"的发言。他指出，当前科技成果转化不畅、自主创新能力不足，已成为制约创新驱动发展战略实施的重要瓶颈，致使一些科技成果躺在实验室里"沉睡"，成果变"陈果"。症结主要表现在体制机制、企业自身、市场环境三个方面。为此建议：尽快出台国有科技成果无形资产管理办法；改革高等学校和科研院所科研评价体系；加强知识产权司法保护；培育有核心竞争力的创新型企业；完善创新投融资体系；提高科技成果转化服务业水平。

可能是我犯了职业病的缘故，听到这些发言，我所感慨的仍然是教育。如果没有对教育的重视，缺少坚实的教育基础，就会缺少科技人才的出现，科技创新就只是一句空话。根子还是在教育。

四川现代教育集团董事长、中华职业教育社副理事长苏华委员做了题为"增加职教高考，做到因材施考"的大会发言。他认为，目前的高考主要为普通高中毕业生服务，如果说普通高中毕业生升入本科高校的通道是阳关大道，那么中职学生的通道就是羊肠小道。职业教育任务重大但招生困难，举步维艰。为适应当下对技术技能人才的更高要求，中职学生必须从"就业为主"转变为"升学就业并行"。他建议深化职普融通，做到因材施教；增加职教高考，做到因材施考；改革招录办法，做到择材录取。职业教育改革也是我一直呼吁的问题。我不完全赞同单独搞职业教育的高考，归根结底，还是要让职业教育的单行道变立交桥，让制度活起来，人才就能活起来。

浙江省政协副主席、农工党浙江省主委姚克委员在题为"'三医联动'靠体制保障，医改难题有中国解法"的发言中，分析了医改的三个典型案例，提出要大力推广福建三明经验，破除部门利益藩篱，实现"三医联动"；推广安徽新农合经验，勇闯大病医保难关，消除因病致贫；推广上海社区卫生经验，创新家庭医生签约模式，有效管控慢性病。

教育针对心灵，医疗针对身体。医改是关乎每个人切身利益的大事，也是严重影响幸福感的要害之一。姚克委员的发言提出的改革模式，都是通过践行取得良好成效的接地气医改，听上去振奋人心。盼望如他所说的那样"以钉钉子精神抓好改革落实，盯着抓、反复抓"，真正抓出成效，把世界性医改难题的中国解法转化成我国的制度优势，如期实现全面建成小康社会之健康中国目标。

住房和城乡建设部原副部长郭允冲委员代表社会法制委员会做了题为"坚持就业优先，促进就业公平，以创业带动就业"的大会发言。他首先强调，就业是民生之本，没有稳定的就业，发展注定不可持续，百姓也注定不会幸福。建议第一要切实把政府的就业责任落到实处，第二要把基本建立起城乡一体化的就业公共服务体系作为落实"十三五"规划的刚性任务，第三要融学业、就业、职业、创业于一体，为创业提供有力的政策支持，第四要以"中国制造2025"倒逼教育体制改革，使之同经济发展与劳动就业相衔接。

国家旅游局原局长邵琪伟委员代表干以胜等六位委员做了题为"旅游业在扶贫攻坚中大有可为"的发言。他认为旅游扶贫具有独特优势：门槛低、投资少、就业容量大、见效快。旅游扶贫实践已经创造的有效方式大致可分为以下几种：开门搞经营，参与搞接待，土特产品变旅游商品，实物资产变金融资产。就旅游扶贫存在缺少规划、资金、特色、人才等问题，提出了五条具体建议。邵琪伟从云南省的旅游主管到国家旅游局的局长，说起旅游来如数家珍。

我很赞同旅游扶贫这个好思路，但归根结底恐怕还是人才的问题。旅游度假是当下一种常见的休闲方式，有着广泛的需求，但人们对旅游的要求也越来越高。有了合适的旅游人才，才能将自然风光、群众需求和各方投资相结合，做出有生命力的旅游扶贫项目，否则简单的开发可能会埋下很多后患。

国家卫生和计划生育委员会副主任、国家中医药管理局局长王国强委员代表医药卫生界做了题为"加快推进中医药科技创新，提升我国医药卫生领域科技竞争力"的发言。他从议论纷纷的屠呦呦获奖说起，指出欧美发达国家正在利用资金、人力和技术的优势，抢占中医药科研高地，加大中药新药研发，抢先发掘中药新药资源，抢先注册中医药国际专利，抢占市场先机，对我国中医药发展形成了超越和洼地倒逼效应，整体形势逼人。而目前中医药科技创新还面临科技创新主体单一，动力不足；科研创新平台分散，协同不够；科技创新投入不足，分散重复；科技创新导向偏离，目标不清等困难与问题。他建议把中医药继承创新研究提升为国家科技战略；改革中医药科技管理体制；聚焦重大需求，加大支持力度；加大中医药人才培养力度。

人力资源和社会保障部原副部长、国务院农民工工作领导小组办公室原主任杨志明委员做了题为"促进农民工市民化要破解'三难'实现'十有'"的发言。他认为，我国农民工正从新型劳动大军成长为产业工人的主体（2015年达2.77亿人），规模之大、流动之大、贡献之大、潜力之大，在世界范围前所未有。中国特色的农民工发展道路有三个显著特点：就业带动、保障地权、渐进落户。农民工市民化要克服"三难"：缺少技能，稳定就业难；改善住宿条件和大城市落户难；解决"一低一多"（参加城镇职工社会保险的比例较低，劳动争议案件较多）问题难。并提出要努力推动"十有"：进城有工作、上岗有培训、劳动有合同、报酬有保障、参保有办法、子女有教育、住宿有改善、维权有渠道、生活有文化、发展有目标，从而实现从普工到技工、从农村居民向新市民两个基本转变。

这些年我围绕农村代课教师、留守儿童等教育问题研究的过程中，对农民工群体有过一定的接触和了解。农民工不仅为中国发展做出了卓越的贡献，也将为"中国梦"的实现奠基。能否让农民工如杨志明委员所说的那样真正成为"宝贵人力资源"，是文明社会、和谐社会建设水平的一个尺度，而解决这个问题的最根本路径，还是提升他们的职业技能与教育水平。民进中央这次就教育供给侧结构改革的提案中专门就此提出了相关建议。

全国政协副秘书长蒋作君委员代表致公党中央做了题为"促进少年儿童综合素质发展，为实现第二个百年目标做好人才准备"的大会发言。他说，少年强则中国强。提高少年儿童综合素质是实现第二个百年目标的当务之重，更是"十三五"规划任务中的当务之急。针对一些突出的问题，提出五点建议：一是着力培养少年儿童的创新能力，使之成为创新型国家建设和"大众创业、万众创新"的后备军，建议国家举办各种少年儿童科技创新竞赛活动。二是着力培养少年儿童的动手能力，让"大国工匠"成为技术强国的生力军。三是着力教育少年儿童牢固树立社会主义核心价值观，培养新一代共产主义事业接班人。四是着力培养少年儿童的健康素质，造就身心健康的"栋梁之材"。五是着力从国家层面入手，解决规划、体制、机制等问题。

从我的经验来说，这些建议无疑都是很好的，甚至可以说，其中任何一项真正做好了，都会牵一发而动全身。所以，关键还是行动。有行动就有收获，有行动才有收获。

中国生物医学工程学会副理事长、超声医疗国家工程研究中心主任王智彪委员做了题为"提质增效，推动'双创'纵深发展"的发言。在官方统计科技企业孵化器的数量已从2010年末的896家增长到2014年的1600多家的背景下，他指出，"双创"热潮中还存在一些不容忽视的问题，如扶持政策落地难，风险意识缺乏，质量效益亟待提高等。为了提质增效，着力推动"双创"纵深发展，他建议打破"信息孤岛"，推进"双创"政策落地；加强风险意识教育，正确引导创新创业；多措并举，提升创新创业质量。

国家花样滑冰队总教练姚滨委员做了题为"筹办好北京2022年冬奥会，大力促进冰雪运动发展"的大会发言。他介绍了1980年以来我国参加冬奥会的情况，分析了我国冬季运动基础底子薄、后备人才少、项目发展不均衡、场地设施条件落后且数量严重不足、冰雪体育装备制造业几乎空白等问题，认为要办好冬奥会，需要更多的省市参与到冰雪运动中来，需要大力推动群众冰雪运动的开展，需要加大投入建设冰雪场地设施，需要促进我国冰雪产业大发展，需要推动京津冀协同发展冰雪运动。

耳朵里听着冬奥会，我想到的还是教育——身体教育。如何汲取上一届奥运会经验，把冬奥会的成功申办变成全民健身的热潮，变成体育的增长点，是教育应该未雨绸缪的工作。

中国残疾人福利基金会监事薄绍晔委员代表社会福利和社会保障界做了题为"精准施策，强化落实，不让残疾人在小康进程中掉队"的发言。他提供了一些让人触目惊心的数据，介绍了残疾人贫困的三个明显特征：贫困比例高、贫困程度深、脱贫难度大。认为残疾人摆脱贫困是实现全面小康、攻坚克难的重中之重，建议当务之急是让残疾人基本实现居者有其屋，尽快立项推进农村无房户的专项政策，并将残疾人无房户优先纳入。同时要落实针对残疾人的社会救助措施和就业扶持政策。针对残疾人的实际需求和具体情况，分别开展生产技术培训、生产资料配发、产品销售扶持、异地就业、贷款资金担保等帮扶措施，发挥残疾人自立自强精神，实现就业脱贫。

来不及细想，薄绍晔委员发言之后，就是我上台发言，我的发言题目是"人心就是力量"。这个发言是在我上个月为《人民日报》写的一篇稿子的基础上修改的。我注意到，习近平总书记在今年以来的多次讲话中，谈到了"人心向背、力量对比决定事业成败""人心是最大的政治"等命题。说明中国共产党主要领导人高度关注民心问题，把它作为执政的根基。那么，如何赢得人心，就是一个非常好的参政议政题目。

我在发言中，从历史的教训、中国共产党的经验以及战胜汶川大地震等重大灾难的启示三个方面讲述了自己对于"人心就是力量"这一命题的理解与思考，同时就各级党政机关、人民政协，各民主党派、工商联和无党派人士如何做好争取人心的工作提出了建议。我在发言的最后说："人民为国家之基，人心则为国家之根。根的力量，表面难以看见，却在深层发挥着关键的作用。我们坚信，无论遇到多大困难，只要有全国人民的心手相牵，就没有什么困难不可克服，没有什么风雨不可阻挡。因为——人心是一种神奇的力量，孕育着未来，催生着希望！"

上午最后一个发言，而且讲的内容虽说是心声，但内容和以前的发言都是围绕实际问题进行分析提出建议不同，这个发言稿谈的问题总的来说更"务虚"一些，心里还是很有压力的。没想到委员们听得很认真，现场很安静，许多委员纷纷翻开文件，边阅读边听，很令我感动。

中午一回驻地，就抓紧时间继续写手记，基本完成了昨天的手记。

11点半与《中国青年报》两位年轻的记者约好在餐厅见面采访。他们很用心，连珠炮似的问题一个接一个，聊了一个多小时，因为下午要赶往人民大会堂参加另一个座谈会，不得不匆匆忙忙吃点东西，卡在乘车前最后一分钟离开。

下午两点，在人民大会堂香港厅的配厅参加严隽琪主席召开的民进部分两会代表委员座谈会，就民进中央2016年农村扶贫问题大调研、去产能、深化职业教育供给侧改革等问题进行座谈。民进湖南省主委谢勇、广西区委会主委陈自力、云南省主委罗黎辉、江西财经大学副校长邓辉、贵州大学大数据信息工程学院院长谢泉、金澳科技化工有限公司董事长舒心、光华实业集团有限公司董事长许华、湖州农民学院院长沈琪芳等先后发言。大家就服务业的文化建设、农村有劳动能力但没有劳动意识的"啃老一族"的出现、领导干部对职业教育的重视程度、现代职业精神培养、去产能与不合理的审批制度、国有企业改革与去产能、切断政府与地方银行的关系、调整国资委既当裁判员又当运动员的职能、高校的退出机制与竞争机制、培养现代农民等问题提出了许多意见与建议。

晚上赵丽宏邀请了陈丹晨、从维熙夫妇、李辉夫妇、董宏君、罗雪村、吴重生等一群文化界的朋友见面叙旧。85岁的陈丹晨先生仍然步履轻盈、思维敏捷。我问他健康的"秘诀",他的回答就两个字——"不贪"。

晚9点回驻地,继续工作,处理文件,在房间和门外走道跑了20分钟。晚11点休息。

十四 "七分钟"释放正能量

3月12日,星期六,晴

早晨5点10分起床。按照惯例发"两会时间"等微博,翻阅俞金尧委员赠送的《西欧婚姻、家庭与人口史研究》一书。这是一本50余万字的学术著作,从社会史的角度研究了从中世纪晚期到近代早期欧洲人的日常私生活和最基本的社会关系及其变迁。这本书也是我们民进组两位学者与出版家"合作"的成果,前几天听他们讲述这本书出版的"内幕",颇有意思。没有现代出版社社长臧永清委员的"诱"与"逼",也许就没有俞金尧委员近两年时间废寝忘食的劳作,自然也没有这本书的问世。

上午9点参加小组讨论,结合常委会工作报告讨论政协工作以及政协2016年协商计划。主持人姚爱兴副主席首先通报了四起会风会纪典型事例,要求大家集中精力、聚精会神开好会议。

因为中国教育电视台记者希望拍摄一些委员讨论教育问题的画面,安徽省教育厅副厅长李和平委员首先就重点地方高校的转型问题发表意见。他认为,转型的目的是把众多高校引导到为经济社会发展服务、和产业联合、利用好学校的社会资源等方面来,但总的来看难度很大,关键是开放发展的理念还没有完全破题。四川省教育厅副厅长王康委员则认为,关键问题是评价指标和评价体系没有一个导向,以前评价主要看占地面积、教室数量、博导数量等。河北省张妹芝委员长期从事教育工作,现在虽然在文化厅任厅长,也一直关注文化与教育的结合问题。她认为,现在文化场馆如图书馆、美术馆、博物馆等开放程度虽然很高,但为教育服务不够。

我向委员们介绍了今年政协的协商计划产生的过程，重点介绍了民进中央今年承担的双周协商座谈会的议题特殊教育问题，希望委员们积极参与。朱晓进在发言中赞同把特殊教育纳入双周协商。他特别关注特殊教育的师资培养问题，指出了特殊教育教师的心理健康问题相对严重，敬业精神有所减弱，缺少职业成就感等问题，希望在调研中给予关注。

郑福田委员就怎样在政协平台上更有效发声的问题发表了意见。他用"来人""来台"和"上台"三个词概括。所谓"来人"，就是有关部委来人参加讨论交流，这样"发言才有着落处"。所谓"来台"，就是媒体电视台"盯在这里"，大家讲话会更有积极性。所谓"上台"，是利用政协大会发言的平台，希望全会上下联动，"大家提供材料，大会发言的含金量更足"。

罗黎辉委员"抱怨"我们小组发言"太踊跃"，他多次想发言都没有抢到机会。他提出"十三五"规划在教育方面不能够见钱见事不见人，加强中国教育对周边的影响力，要在战略布局上考虑。

胡卫委员提出，协商计划很重要，但重点不是专题协商会和双周协商会的会议本身，而是围绕这些议题进行的相应的调研和研讨。他建议以界别组的名义进行调研。

潘碧灵委员建议把农业面源污染也列入议题，通过政协调研推动落实；建议重视委员提案与发言的成果转化落实问题，同时建议会中央参政议政部和省级组织在参政议政方面加强联动。

臧永清、左定超、岳崇、张震宇、罗永章、汤素兰、俞金尧等委员也就创新政协工作、加强民主监督等问题进行了发言。

中午午餐时与民进山东省委会主委栗甲、山东英才学院董事长杨文交流民办教育促进法的有关问题。作为一所拥有近四万在校生的民办本科院校的创办人，杨文非常关心政策的走向，担心自己十多年经营的学校一下子"充公"。我告诉他，立法和修法的目的都是为了更好地促进民办教育的发展，相信政府有足够的智慧处理好这个问题，为民办教育的健康发展创造更好的法治环境。

下午1点45分出发去大会堂。下午3点参加政协第四次全体会议，今天大会发言的主题是政治建设与统战政协工作，中共中央政治局委员、中央统战部孙春兰部长参加会议，全国政协副主席李海峰主持会议，15位政协委员就有关议题做大会发言。

全国政协教科文卫体委员会副主任、河南省政协原主席王全书委员做了题为"为全面从严治党鼓与呼"的大会发言。他肯定了新一届中央领导集体治国理政最鲜明的特征、最夺目的亮点——党的群众路线教育实践活动扎实开展，"三严三实"专题教育稳步推进，铁腕反腐蹄疾步稳，用制度治党、管权、治吏打出了"组合拳"等，强调全面从严治党永远在路上，"赶考"还在继续，建议强化"看齐"意识，扭住"四风"不放，破解无担当、不作为问题，推进全面从严治党向基层延伸。

我很认可王全书委员提出的管住"小微权力"。这种"小微权力"是和人民群众联系最密切的权力，也是大家感受最为鲜明的。权力虽微，效果不小。管好这种权力，老百姓才有真正的幸福生活。

民革中央专职副主席郑建邦委员做了题为"有'九二共识'神针定海，两岸关系方能行稳致远"的发言。他从去年11月两岸领导人在新加坡的历史性会面和不久前台湾地区领导人选举落幕说起，为了维护两岸持久和平呼吁："九二共识"是维系两岸关系和平稳定的定海神针，不可回避、更不能抹杀；两岸携手，优势互补，共创经济双赢；深化两岸文化交流，共同传承、弘扬伟大的中华文明；加强两岸青年交流，吸纳广大台湾青年来祖国大陆创新创业；希望两岸有识之士以明确立场和切实行动，坚持"九二共识"、反对"台独"，把牢两岸关系和平发展的定海神针，确保两岸关系在过去八年的发展轨道上继续前进，行稳致远。

我相信，和平发展是两岸人民真实而共同的心愿。无论风云如何变幻，耐心从容地加强沟通，同时积极致力于自我的发展与强大，永远是解决一切争端的最好办法。

国务院参事、国家知识产权局原副局长李玉光委员做了题为"强化知识产权保护，大力推动品牌建设"的大会发言。他表示，品牌是具有经济价值的无形资产，凝聚着企业的创新成果，可转化为市场竞争优势，创造市场价值。加强品牌建设，就是助推创新驱动发展战略。近年来，我国品牌建设取得较快发展，2015年全球100个最具价值品牌中已有14个中国品牌入列。但是品牌侵权案件近来也出现多发易发趋势。大力促进品牌建设必须强化知识产权保护，促进创新驱动发展战略，创造更多全球知名品牌。制定和实施"十三五"规划要明确深化知识产权领域改革，加强知识产权保护。为此建议：企业要高度重视知识产权保护，加大对知识产权侵权的处罚力度，改革现有知识产权行政管理和执法体制，成立知识产权终审法院。

之前王兴东委员谈原创的大会发言，就让我想到知识产权的问题，李玉光委员的发言提议企业从品牌角度出发推动知识产权的保护，这无疑是一种巨大的推动力，十分值得期待。

全国政协副秘书长、提案委员会副主任、民盟中央专职副主席徐辉委员做了题为"天下望治如饥渴，庸政懒政不可为"的发言。他介绍2015年下半年国务院围绕重大政策举措实施落实情况，部署开展了第二次大督查，结果24个省区市共有249人因庸政懒政不作为典型问题受到党纪政纪处分，其中涉及厅局级干部41人，县处级干部139人。与第一次问责7省59名干部相比，第二次问责面更广，问责干部人数更多。他说，对庸政懒政不作为问题进行严肃问责，既是中央从严治政理念的体现，也是政府提升治理能力的必然要求，建议一要令出法随，二要选贤任能。

我想，这两条建议，其实也是做好一切工作的基础。前者为后者保驾，后者为前者落实。

全国政协社会和法制委员会副主任、中华全国总工会原副主席、书记处书记张世平委员做了题为"积极应对人口老龄化"的大会发言。人口老龄化是近年来非常受关注的社会问题，他介绍目前形势一是老龄人口爆发式增长，二是空巢、高龄老人增多，三是老人健康状况堪忧。老龄化高峰期的加速到来，将成为重大挑战和长期性、全局性、战略性问题。为此建议，将其纳入国家规划，完善相应体制机制；健全法律法规体系，加强基本制度建设；大力发展健康养老，推行健康管理服务；完善养老服务体系，增加服务供给；快速发展老龄产业，充分开掘市场潜力；积极开展理论研究，广泛凝聚社会共识。

在这些年的调研中，我发现各地的"老年大学"非常受欢迎。是啊，"老吾老以及人之老"，只是从美德而言的号召，如何确保底线则是顶层设计应该未雨绸缪的事情。

辽宁省政协副主席、台盟辽宁省主委、全国台联副会长王松委员的发言也是从两岸关系出发，题为"进一步深化两岸农业合作，助推两岸关系和平发展"。他从农业的角度建议：积极打造海峡两岸农渔产品电子商务交易平台；持续深化两岸种苗产业交流合作；携手开拓"一带一路"广阔市场；大力服务两岸青年共同创业。

中国是农业大国，两岸在各个不同维度的深入交流、合作共进，必然促进人民之间的友好团结。期待如王松委员说的"苦干有作为，功到自然成"那样，两岸通过进一步的合作，让农业更进一步成为同胞之间"心灵契合、不断实现互利共赢"的重要平台。

全国政协经济委员会副主任、澳门特别行政区立法会议员崔世昌委员做了题为"抓住机遇推动澳门经济适度多元可持续发展"的大会发言。他说，国家"十三五"规划和"一带一路"倡议，都把支持澳门发展纳入其中。这两个方面的支持为澳门提供了一个千载难逢的发展机遇，也为澳门铺展了一条解决经济发展矛盾、探索新方向、推动新发展的路径。他建议澳门充分发挥"一个中心""一个平台"的作用，积极参与"一带一路"建设。他说，澳门特别行政区政府已经开始制订第一个五年规划，描绘发展蓝图。

我相信在很多人心目中，澳门经济是和博彩业联系在一起的，听到澳门经济的多元可持续发展的计划，让人为之振奋。

中外名人文化产业集团董事长陈建国委员做了题为"电影产业快速发展更要健康发展"的大会发言。他表示，中共十八届五中全会明确提出，要实现"国民素质和社会文明程度显著提高""推动物质文明和精神文明协调发展"，近年我国电影产业快速发展，票房从2003年的10亿元猛增至去年的440亿元，国产电影占60%以上，中国成为全球第一票房大国毫无悬念。但有的电影人过于注重票房，往往只考虑俯身迎合，却忘记抬头引领，片面追求经济效益而忽视社会效益。个别作品虽获得了高票房，但缺乏思想内涵，价值扭曲，给大众带来了"精神雾霾"。要促进我国电影产业朝着既追求高票房又传播正能量，既满足观众需求又引领社会风尚的方向健康发展，需要追求高票房和高品质的统一，培育和扩大健康的电影市场，大力培育国际知名的中国电影节。

事实上，不仅是电影，我认为整个文化产业普遍存在着陈建国委员所提到的问题。经济效益和社会效益如何双丰收，接地气和向前向上引领如何相结合，这是对所有精神产品的创造者提出的问题，也是我们这个时代、我们的政府需要更加重视、进一步用心解决的难题。

全国政协副秘书长、九三学社中央常务副主席邵鸿委员做了题为"共抓大保护，善待母亲河"的发言。他说，调研显示，随着众多工程投入运行和多方面因素影响，长江流域整体生态环境已出现不容忽视的负面趋势性变化，主要表现在水量减少、形态转变、环境容量降低、水生生物种群和数量减少等方面，比如2003年后，中下游年均渔获量、四大家鱼和江豚分别比20世纪90年代减少41%、94%和75%，白鳍豚于2006年功能性灭绝。最近习总书记强调，当前和今后相当长一个时期，要把修复长江生态环境摆在压倒性位置，共抓大保护，不搞大开发，他表示高度赞同，坚决拥护。

长江保护的问题也是民进中央长期关注的问题，在长江经济带建设战略全面实施的时候，如何保护好生态环境，的确值得关注。邵鸿委员提出的长江管理部门政企分开的建议，也是切中要害。

国务院参事、北京市人民检察院副检察长甄贞委员做了题为"整治非法集资刻不容缓"的大会发言。如她所说，近年来非法集资活动的确愈演愈烈，非法集资借助互联网金融，由偶发变为多发，由案件变成了事件，由局部波及全国，上演了一幕幕惊天骗局，让多少个家庭血本无归，并引发大量的群体上访。官方披露的"e租宝"互联网金融平台非法吸收资金500余亿元，平台实际控制人赠予他人的各类礼品的价值就超过十亿元，另一端则是近90万投资人的追悔莫及。他建议，要在"打"字上讲策略。刑法是结果监控的最后手段，必须过程监控优先，行政治理先行一步。要在"防"字上做文章。投资人和政府都要防患于未然。全民理财的狂热，是非法集资最丰厚的土壤，要在"疏"字上有作为，必须从制度上疏导。

所以说，科技进步只是纯粹的工具，可以造福人，也可以祸害人。非法集资早不是新闻，但如今借互联网之势形成的局面，着实让人心惊，需要相关部门重拳出击，尽早遏制这一局面。

新疆维吾尔自治区政协主席努尔兰·阿不都满金委员做了题为"深入推进去极端化，全力维护国家安全"的发言。他说，宗教极端思想是暴力恐怖活动的思想根源，"去极端化"是当今世界反对暴力恐怖活动共同面对的重大课题。他介绍了境内外"三股势力"打着宗教旗号、肆意歪曲宗教教义所做的各种极端行为，指出宗教极端思想这个"毒瘤"不除，国家安全时刻遭受威胁，"一带一路"倡议难以顺利实施。在如何解决这一问题上，他一方面介绍了近期所采用的五种取得良好效果的办法，另一方面又提出了四点建议。

去年我到新疆调研过两次，对努尔兰·阿不都满金委员前后所说的九种做法都深表赞同。我也曾经提议过更好地解决新疆的教育问题。良好的教育本身就是自然而然"去极端化"的好工具。新疆问题不仅是新疆问题，而且是全社会甚至全人类必须共同肩负的责任。

云南省普米族歌手茸芭莘那委员做了题为"国家——五十六个民族的最大认同"的发言。这位来自大山里的普米族姑娘，她的家乡在祖国西南边陲的云南怒江，这里是全国唯一的傈僳族自治州，居住着傈僳、怒、独龙、普米等20多个民族，全州少数民族人口占总人口的92.2%，是全国民族数量最多的自治州，也是人口较少民族聚集的一个州。这里98%以上的土地为高山峡谷，平均坡度达70度。"看天一条缝，看地一道沟，出门过溜索，种地像攀岩"是当地老百姓生产、生活的写照。但是，在她的家乡，多民族、多宗教和谐并存，各民族间相互通婚，常常一个家庭成员里就有三四个民族，大一点的家庭甚至有七八个民族，有的人甚至会说多种民族语言，而且，每个家庭成员都有各自的宗教信仰。这些由多民族组成的家庭成员之间，不分彼此，你中有我，我中有你，是打断骨头连着筋的亲情关系！这恰恰是我国多民族大家庭和谐相处、共同发展的国情的真实写照。党和国家对少数民族给予了许多特殊照顾和优惠政策，从过去独龙江不通公路时为他们运送生活物资的国家马帮，到2014年4月10日，全长6.68公里的高黎贡山隧道全线贯通，过去从贡山县城到独龙江乡要走七天，如今只需要两个小时，等等。她深情地说，国家，是我们每个民族的国家、是我们每个人的国家。国家认同，不仅是我们的精神追求，更是我们创造美好未来的强大动力。

茸芭莘那委员用她真诚的情感、朴素的叙述、生动的故事，打动了我们。她所说的"民族不分大小，一律平等。全面实现小康，一个民族都不能少"，我想，这正是中国人的"中国梦"的根基之一。

最后一位发言的委员，是安徽省政协委员、安徽省残联副主席、池州市信访评议福利保障团团长何宗文委员，他做了题为"做有温度的政协委员"的大会发言。他讲述了自己27年来访贫问苦、调停纠纷、调查研究、宣讲政策，拖着残疾的腿跑了50万公里的路，完成提案、社情民意信息、大会发言数百件，主要以委员身份和市信访评议团团长职务调处各类信访案件、帮助解决群众反映的实际问题620多件的经历。他说，他的眼睛有毛病，但并不影响他看见群众困难、理清提案线索；他的腿有残疾，但为了掌握群众的心声、反映群众的呼声、解决群众的营生，他愿意"跑腿"和"拼命"。他说，为群众多"跑腿"，就知道群众困难、"痛点"在哪里；多到群众那儿走走、问问，多提供些微小帮助，就知道群众的"盼头"、焦虑在哪里。他说，他愿意继续做一个有温度的政协委员，让人民群众从我们身上，不仅感受到政协的温暖，更能感受到党和政府的温暖、社会的温暖、人与人之间的温暖！

我和大家都把热烈的有温度的掌声，献给了这位"有温度的政协委员"。这样有温度的人，是我学习的榜样！据说，邀请不是全国政协委员的基层政协委员在大会上发言，在政协史上还是第一次。

在今天的发言中，我们的民进中央副主席、福建省政协副主席张帆委员代表民进中央，在大会上做"诚信政府领跑诚信中国"的发言。他说，"十三五"时期是全面建成小康社会的决胜阶段，形成全社会的"信任共同体"是我们事业成功的重要保证。在社会诚信体系建设中，政府诚信，不仅具有示范效应，而且关乎民心得失。近年来，从行政理念到行政实践，我国政府社会管理与公共服务水平不断提升，诚信度也在不断增强。然而，"新官不理旧账、规划朝令夕改、缺乏畏权之心为民之心"等问题，在一些政府部门依然存在。就树立公信力、领跑诚信中国的问题，他建议，政府部门领导和工作人员要以身作则，建设法治政府。要深入反腐，坚持秉公用权，将反腐倡廉作为诚信社会建设的根本保障，确保政治清明和政府清廉。要整治陋习，匡正为官之道，建立干部任期责任制考核办法，按照责任制内容进行考核评价，对制定、变更、废止政府决策的权限、程序等做出严格的规定，并形成有效的约束机制。他说，以身示范，是立威立信、立国治国永恒的课题。政府代表的是公信力、执行力，言必信、行必果是基本要求，各级政府领导、工作人员应从自身做起，引导全社会的价值取向，建成我们所期待的诚信中国。

和大家一样，我也把热烈的掌声献给了我们的张帆委员。诚信是和谐社会的润滑剂，没有诚信的社会必然坑坑洼洼，诚信也是政府工作的助推剂，没有诚信的工作必然磕磕绊绊。政府的诚信行动，就是对民众诚信的切实引领，一定能让诚信早日落实在每一个人的言行之中。

政协的大会发言是每年两会中的一项重要议程。短短的七分钟发言，对演讲者是展示形象的舞台和交流思想的平台，对听众是一场思想的盛宴，一次心灵的充电。各民主党派和政协委员都非常重视，每年都有几百份发言稿参与竞争这45场的发言。每年的发言，也总有一些精彩的华章和难忘的掌声。如周新生委员的"努力让国人办事不求人"和杨佳委员的"点赞正能量、厚爱正能量、弘扬正能量"，至今犹在耳侧。应该说，大会发言的每一个"七分钟"，都在释放着正能量。今年正好是国家面临经济下行的压力，"三去一补一降"的新情况，今年的大会发言更是感觉特别提心鼓劲。

下午5点半回到宾馆。浏览《人民日报》《光明日报》等十余张报纸。今天的《中国青年报》登了一张我昨天"大步流星"走上主席台的照片，并且以《朱永新：履职足迹》为题发表了长篇报道。盛名之下其实难副，唯有继续努力，像今天何宗文说的那样，做一个"有温度的"政协委员。

晚上整理手记。晚8点50分开始跑步一小时。读马修斯的《童年哲学》。晚11点休息。

十五 "两高"工作创新高

3月13日,星期日,晴

　　早晨5点起床工作。发"两会时间"微博九则。读《童年哲学》。马修斯认为,不能认为成人处理哲学问题的能力就一定比儿童更成熟,儿童经常是清新和创意的思想者,成人却往往容易僵化呆滞缺乏创意。他认为,作为一个人,儿童"完全值得拥有人在道德和智识两方面应当享有的尊重",所以,他主张我们应该向儿童学习,"让儿童丰润我们的生命"。

　　早晨7点45分乘车去大会堂。前天晚上河北团的全国人大代表冷继英老师发来短信,自我介绍说她是吴正宪老师和邵喜珍校长的好朋友,是语文特级教师、邯郸的一位中学校长。她一直在读我的书,一直想成为新教育实验大家庭的成员,希望能够在两会期间见面。因为前几天与解放军团的朱玉青刚刚在人民大会堂《报春图》的钢琴旁见面,我就约她仍然在这里见面。8点半,她在钢琴附近准时出现,自报家门,一见如故。她迫不及待地想了解如何成为新教育实验学校,有什么书要推荐,一看就是风风火火做事的人。不一会儿邵喜珍老师也赶来见面,大家一起拍了许多照片。

　　今天是"两高日"。上午在人民大会堂听取周强关于最高人民法院工作的报告和曹建明关于最高人民检察院工作的报告,下午是讨论这两个报告。这两个报告,都生动具体,用数据和事实说话是报告鲜明的特点。9900余字的最高法报告,共用了110组数据、10个案例;11000字的最高检报告,110多个具体数据,29起典型个案。

　　如2015年最高人民法院受理案件15985件,审结14135件,比

2014年分别上升42.6%和43%，为平安中国保驾护航。在加强审判监督方面，2015年再审改判刑事案件1357件，依法纠正了陈夏影绑架案，陈满故意杀人、放火案等一批重大冤错案件。在队伍建设方面，对575名干部廉政问责，最高人民法院查处本院违纪违法干警14人，各级法院查处利用审判执行权违纪违法干警721人，其中移送司法机关处理120人，坚决清除队伍中的害群之马。在司法便民方面，减免诉讼费2.6亿元，加快诉讼服务大厅、诉讼服务网、12368诉讼服务热线"三位一体"的诉讼服务中心建设，为当事人提供线上线下、方便快捷的诉讼服务。

最高检的报告中"坚持'老虎''苍蝇'一起打、惩治预防两手抓"，也是用数据说话，如依法对令计划、苏荣等41名原省部级以上干部立案侦查，对周永康、蒋洁敏等22名原省部级以上干部提起公诉。查办"三农"领域相关职务犯罪11839人，在事关群众切身利益的征地拆迁、社会保障、教育、医疗等民生领域查办职务犯罪8699人。突出惩治利用互联网金融平台进行非法集资犯罪，起诉非法吸收公众存款、集资诈骗等涉众型经济犯罪12791人，依法办理"e租宝"非法集资案等重大案件。在环境保护方面，起诉污染环境、非法采矿、盗伐滥伐林木等破坏环境资源犯罪27101人。

有媒体在解读"两高"的内容时，拎出来15条"干货"，如健全机制防范冤错案件、举报职务犯罪将获保护和奖励、涉农腐败将成查处重点、个人极端暴力犯罪将被严惩、"执行难"两到三年将基本解决、以权压法将被坚决整治、审判执行将实现全程留痕、金融证券等领域将被"突出打击"、非法集资将被依法严惩、集中清理"被判实刑却未执行"、拉票贿选等犯罪将被严肃查办、"紧盯"破坏环境资源犯罪、"同案不同判"现象将越来越少、人情案将受到巡回法庭"阻击"、法官的从业环境将得到改善等。

最近几年，"两高"报告的好评与掌声越来越多了，反对票越来越少了。因为，大家分明看见，"两高"努力在进行实实在在的司法改革，动自己的奶酪，实现"让人民群众在每一个司法案件中感受到公平正义"的目标。那些被媒体拎出来的"干货"，都是实实在在干出来的。在回程的路上，委员们已经在开始讨论"两高"报告，一致认为"两高"工作创新高,彰显着国家民主政治的进一步发展。

下午3点多赶往全国政协,4点30分列席十二届全国政协第42次主席会议。俞正声主席主持会议,听取关于政协第十二届全国委员会第四次全体会议和分组会议情况的综合汇报,审议常委会工作报告的决议草案、提案工作情况的报告草案和政治决议草案。

5点半左右会议结束。抽空见了两位正好在北京学习和出差的学生,聊起我当年给他们讲教育学和心理学的一些细节,颇多感慨。

因为要赶《新京报》的专栏,不到晚8点就匆匆忙忙赶回驻地写稿。晚上9点跑步,出门时遇见了两个跑步回来的民办教育"大佬",中国民办教育协会的副会长胡卫和西京学院的院长任芳,他们也都是民进会员。任芳提出再陪我跑一会儿,于是跑步的过程就变成了一个关于民办高校发展的调研讨论会。

晚10点回到房间,继续读书。晚11点休息。

十六　埋首耕耘再出发

3月14日，星期一，晴

今天是政协会议的最后一天。明天人大会议也将闭幕了。忙碌的日子总是过得很快，转眼这场"春天的约会"到了尾声。早晨仍然是5点起来，发"两会时间"等微博。整理会议资料。

上午7点50分出发去全国政协，9点参加十二届政协第十五次常委会。按照惯例，审议通过关于常委会工作报告的决议（草案）、提案审查情况的报告（草案）和全会的政治决议（草案），交付下午闭幕式全体会议正式通过。

根据提案审查情况的报告，这次会议共收到提案5375件，经提案委员会审查，立案4248件，转为"意见和建议"824件，并案220件，撤案83件。总的来看，今年强调控制数量、提高质量的精神得到了落实，总量比往年少了1000件左右。政治决议肯定这次会议风清气正、务实高效、圆满成功，是一次民主、团结、求实、奋进的大会。

会议结束后赶到民革中央，做客《团结报》与凤凰网联合举办的"团结会客厅"两会特别节目，就教育问题谈了自己的一些观点。

下午3点在人民大会堂举行政协十二届四次会议的闭幕式。习近平等党和国家领导人出席会议。委员们高票通过了三个报告与决议。俞正声主席在闭幕讲话中高度肯定了委员们以高度的责任感和历史使命感参加会议，认为会议坚持民主、求实、团结、奋进，充分发挥人民政协作为协商民主重要渠道和专门协商机构的作用，是中国特色社会主义民主政治的生动实践，是全面建成小康社会的广泛动员。希望委员们在政协工作中履职尽责，在本职岗位上建功立业，在界别群众中示范引领，为推动党和国家事业发展做出新贡献。

闭幕会议结束，我们又马不停蹄地赶到政协礼堂，参加政协十二届四次会议的秘书处总结会。张庆黎副主席兼秘书长做总结讲话，高度肯定了全体工作人员认真敬业的工作作风，感谢大家付出的辛勤劳动。他指出，这次会议认真贯彻大会指导思想，会议活动组织顺利圆满；精心组织委员议政建言，聚焦主线履职成果丰硕；狠抓落早、落小、落细、落实，工作运转有力、有序、有效；驰而不息、正风肃纪，大会自始至终风清气正；程序强化"一盘棋"思想，紧密协作成为完成艰巨任务的有力保证。他动情地说，"两会"每年一次，把我们聚到一起，演绎了一曲和谐雄浑、催人奋进的大合唱。大家团结奋斗、拼搏奉献，既有紧张和劳累，也有喜悦和收获。希望大家发扬大会服务中的好思想、好作风，以更坚定的信心、更旺盛的斗志、更饱满的热情投入到各自工作中去。

回到驻地，赶紧完成今天的《新京报》专栏稿，收拾好行李。不到半个月，行李中多了数十本书，有的是买的，有的是朋友馈赠的。回到家，一鼓作气写完了今天的完整版手记，这才算完成了我今年的两会工作。

十几天的会议丰富而紧凑。对我来说，每年的"两会时间"差不多是以"分"来计量的。今年除了继续撰写两会手记之外，还在《新京报》开了专栏，时间就更紧张了。

但我习惯了以记录的方式促使自己积累和反思。生活永远大于理论，更不用说这信息时代，瞬息万变的信息不停地影响改变人们的生活，同时，丰富而繁杂的信息，让人无从把握。要想真正了解人民所需、民生所系，需要锻炼出见微知著的慧眼。所以，这样记录两会中的感受，记录自己的观察与思考，就是一种锻炼。与其说是记录，不如说是学习；向他人学习，向生活学习，以行动铭记。

每年的两会，都是一场盛大的"春天的约会"。人民大会堂，是约会的现场。人大代表和政协委员，是约会的嘉宾。发出邀约的，是我们的共和国。这是一场思想的盛宴。一个个思想，通过批评、建议、意见，通过议案、提案、信息表达，通过媒体传播，将弱者的声音放大，把智者的声音远播。共识，在这里形成。这是一次才华的展示。不同的区域、不同的党派、不同的界别，把他们一年的思与行，把他们对未来的期待，带到这里分享，宛如一个辉煌的交响乐曲。

每年的两会，总是在春天里召开。春天，是播种的季节。两会，既是播撒下希望的种子，也是进行第一次耕耘。每年的两会，都是地方与中央的两两相会，让民间的声音得以汇聚，让中央的声音得以传播；也是梦想和现实的两两相会，现实通过蓝图的修订而得以提升，梦想通过工作的部署而逐渐实现。

今年的两会，从委员的发言与故事中，从代表的热议与思虑中，我们汲取了满满的能量与经验。下一场的约会仍然在明年的3月，我们又将带去怎样的思想、提案、建议呢？我们能否做一个有温度的政协委员，做一个有思想的政协委员，做一个懂政协、会协商、善议政，守纪律、讲规矩、重品行的政协委员呢？

这一切取决于我们接下去的行动。功夫在诗外，功课在会外。我们另外三个季节里的行动，是否耐心耕耘，如何精心培育，决定了这些春天的希望的种子，会在秋天带给我们怎样的收获。

继续埋头耕耘吧。在下一个春天，让我们捧出一年中的硕果，幸福再相会！

2017 年

两会是众声和鸣,是声音的交响曲。每个政协委员的声音,都是一个声部。每个政协委员的声音,都采自民间。每个政协委员的声音,都会被关注,都会被放大,都会被传播。

在共和国最盛大的舞台上,这是最美丽的声音之一。在一年一度的"春天的约会"上,这是最精彩的共鸣。

必须用一年的时间精心去采集、用心去编创、用心去言说,才能让自己的声音在这个舞台上更美、更亮。

一　专委会功夫在诗外

2月27日，星期一，晴

每年全国两会前的政协常委会，是两会的"序曲"。正如今天杜青林副主席在主持会议时说的那样，全国政协十二届常委会第十九次会议，就是为全国政协十二届五次会议做准备的。

早晨5点起床。按照常规发完了"新父母晨诵""童书过眼录""一言难忘"等微博，读杜威《民主主义与教育》第四章。修订了两个政协提案，就到了出发去政协开会的时间。

上午9点政协常委会准时开始。

会议审议通过了关于召开政协第十二届全国委员会第五次会议的决定；听取了全国政协常务副秘书长潘立刚关于政协第十二届全国委员会第五次会议议程（草案）和日程（草案）的说明、全国政协副主席兼秘书长张庆黎关于政协全国委员会常务委员会工作报告（草案）起草情况的说明、全国政协提案委员会主任孙淦关于政协全国委员会常务委员会关于政协十二届四次会议以来提案工作情况的报告（草案）起草情况的说明和中共中央统战部常务副部长张裔炯等关于人事事项的说明。

上午开幕式的重头戏是各专门委员会的2016年年度工作汇报。经济委员会主任周伯华、人口资源环境委员会主任贾治邦、教科文卫体委员会主任张玉台、社会和法制委员会主任孟学农、民族和宗教委员会主任朱维群、港澳台侨委员会副主任杨衍银、外事委员会主任潘云鹤、文史和学习委员会主任王太华，分别汇报了所在委员会2016年度工作情况。

从报告的情况来看，精彩纷呈，亮点颇多。

如经济委员会为了准备"东北三省工业转型升级问题"的专题协商会，先后组织了近百位政协委员，围绕国企改革、民营经济、对外开放、人才战略、去产能等重点领域和行业，设置了16个专题小组，先后在东北三省的22个地市，考察了87家企业，召开了57场座谈会，向中央报送了一个主报告和22个分报告。

社会和法制委员会积极探索利用新媒体发出政协好声音，与腾讯网、正义网、法制网等新媒体合作，对社法委工作和委员参政议政成果进行宣传报道。还创办了微信公众号，及时向社会传递工作信息、展示协商议政成果，讲好委员故事。

文史与学习委员会完成了600万字的《亲历西部大开发》专题图书的编辑出版工作，既为中国改革开放史积累了鲜活的资料，也为当前精准扶贫、精准脱贫工作提供了生动的经验借鉴。它还支持办公室创建了覆盖2060名政协委员的手机报，每周推送一期，加强了政协委员学习的便捷性与时效性，在实现联络、服务委员常态化方面进行了有益的探索。

此外，人口资源环境委员会就京津冀等重点区域的大气污染问题，教科文卫体委员会就国际科技合作与大科学计划问题，民族和宗教委员会就云南边境地区宗教问题和藏传佛教寺庙管理长效机制建设问题，港澳台侨委员会就发挥海外侨胞在国家"一路一带"倡议中的作用问题，外事委员会就推进国际产能合作与加强国际传播能力建设问题等都开展了比较深入的调查研究，取得了一批成果。各个专委会兢兢业业，都交出了一份不错的"成绩单"。难怪李海峰副主席在下午的分组会议上说，2016年大家都是"蛮拼的"。

下午3点分组讨论审议常委会工作报告和提案工作情况报告。我们第五组是由民进、妇联、香港、澳门的委员组成，参加的主席也最多，董建华、罗富和、何厚铧、李海峰四位副主席参加了我们的讨论。香港即将举行的特首选举成为大家关注的焦点，四位副主席以及孟晓驷、唐英年、周安达源、吴光正、刘汉铨、谭耀宗、刘遵义等先后发言，就坚守政治底线、严格执行《基本法》、落实"一国两制"政策，以及如何发挥协商民主的优势、做好青年人的工作等问题发表了意见。

我在发言中对常委会工作报告和提案工作报告谈了自己的看法。我认为,今天这两个报告,内容丰富,言简意赅,充分反映了四次会议以来常委会工作和提案工作的成绩与特点。

看着这一份份出色的"成绩单",想起2016年我先后参加的关于特殊教育和学前教育的调研,多次参加提案办理会和双周协商座谈会,见证了常委和委员们的认真、坦诚、高效与专业,正应验了那句话:功夫在诗外。

下午会议结束以后,与新教育APP的研发专家见面,研究即将上线的新教育APP相关内容。

晚上继续修改相关提案。完成《文汇报》的两会稿约。晚上9点半跑步40分钟。晚上11点休息。

二　在政协这所大学里

2月28日，星期二，晴

　　早晨5点起床。仍然是发微博，除了常规的"新父母晨诵""童书过眼录""一言难忘"等栏目之外，还增加了"两会进行时"等。

　　我曾经打过一个比喻：全国政协、全国人大像两所大学。人大代表或者政协委员，自然就是学生。参政议政的过程，自然就是不断以调研求知、以思考解惑、以发言践行的求学历程。每年的两会，自然就是一年一度的考试。

　　如果政协是一所大学，俞正声主席就是总校长。他亲自主持每一节大课，他的每次讲话也犹如一堂大课。在今天的闭幕式上，俞主席向我们提出了要求：2017年中国共产党将召开十九大。全国政协要努力工作，为十九大胜利召开营造良好社会环境。政协委员也要加强调查研究，积极履行职能，聚精会神开好两会，向党和人民交一份满意的答卷。

　　大学自然是要上课的。分组讨论相当于小组合作探究学习。每次常委会的专题讲座，就是一节大课。今天上午是分组讨论，下午闭幕式前的这堂课是外交部部长王毅亲自上的，主题是"当前国际形势与我国周边外交"。王毅部长详细介绍了如何看待当前的国际形势，如何看待全球治理体系的变革，如何看待中美关系与周边形势等问题，并且回答了常委们提出的问题。

　　这是本届政协的第十五次学习讲座。2016年我们还听了"维护气候安全，保障生态文明""国际反恐背景下的中国反恐形势及对策""我国海洋经济发展现状及展望""全球能源转型及中国能源变革"等一系列大课,主讲人也都是各个领域的权威人士。听说,为了这一个小时的课程,老师都精心准备,有的长达几个月之久,还有的专门组织了讲师团队,收集资料,制作PPT。敬业而专业,精心而精彩,是我们听课以后留下的印象。

大学自然也是要有实验和实践课程的。政协组织的专题调查研究,以及委员为了准备提案和建议而进行的调研,就是相应的实践类课程。没有调查研究就没有发言权,拿我今年提交的提案来说,仅仅为了特殊教育和学前教育的三个提案,我们就去了北京、重庆、吉林、山西、湖北等多个省和直辖市。只有察实情,才能谏真言、出实招,参政议政才有实效。

大学自然也是要交作业的。无论是反映社情民意的信息,还是提出建议的提案,或者是会议期间的大会发言,都是"政协大学"的书面或口头作业。同时这也是回答人民的一份答卷、交给国家的一份作业。政协的"作业"虽然没有强制性的数量要求,但兢兢业业的委员,自然会认认真真地去完成。

去年两会我就提交了"人心就是力量""国民素质距离大国文明崛起有多远?""教育供给侧改革一定一举多得"三篇大会发言稿。今年也完成了"珍惜政协话语权,发出委员好声音""用职业教育阻断贫困代际传递"等发言稿。虽然没有人为我们批改试卷,但是,在政协这所大学里,每个学生自己内心明白,每份试卷我们用了多少心思、花了多少气力。承办部门、人民群众会在心里做出他们的评价。

下午的闭幕式通过了政协第十二届全国委员会第五次会议议程(草案)和日程,将提交全国政协十二届五次会议审议的政协全国委员会常务委员会工作报告和全国政协十二届四次会议以来提案工作情况的报告,政协第十二届全国委员会第五次会议秘书长、副秘书长名单等,我继续担任会议的副秘书长。

会议通过了增补尚福林、徐绍史、高虎城、梁振英为政协第十二届全国委员会委员;任命尚福林为经济委员会副主任,徐绍史为人口资源环境委员会副主任,张连珍为教科文卫体委员会副主任,徐敬业为社会和法制委员会副主任,高虎城为港澳台侨委员会副主任的决定。会议还追认了政协第十二届全国委员会第五十二次、五十四次主席会议分别做出的撤销黄红云、田伟、侯小勤政协第十二届全国委员会委员资格，免去郑立中政协第十二届全国委员会常务委员、港澳台侨委员会副主任职务，撤销其委员资格的决定。

下午的会议结束以后，直接赶到中国青年报社，参加《中国青年报》"中青在线"与北京电视台"北京时间"联合举行的直播访谈节目，与主持人陈婧就今年两会的热点话题、履职参政15年的体会、教育的热点话题等进行交流。整整一个小时的直播，十多个问题，一气呵成。

结束以后接受《中国青年报》文化生活部记者蒋肖斌的专访，就新教育实验与中国优秀传统文化、《新教育晨诵》与打造永不落幕的中国诗词大会、《致教师》与教师的职业定位等问题进行解答。中国青年报社的编委兼全媒体协调中心主任吴湘韩与我们一起边吃盒饭边讨论交流。

回到家，已经晚上8点多。赶紧撰写《新京报》的两会"政协笔记"专栏文章《在政协这所大学里》。昨天撰写的《政协委员"功夫在诗外"》今天发布后反响不错，几位常委告诉我，一早就读到了这篇文章。两会期间开专栏有点辛苦，但是让更多人透过这个小小的窗户，看到政协委员的工作，看到中国的民主政治运作的过程，也是很有意义的事情。

忙完所有的事情，已经晚上10点半了。

抓紧梳理明天的工作安排，洗漱，休息。

三　参政议政需要"集智聚力"

3月1日，星期三，晴

早晨5点起床。仍然完成常规动作，发了"苏霍姆林斯基教育箴言""童书过眼录""新父母晨诵""一言难忘"等微博，同时增加了两条特别的"两会进行时"微博，及时向大家介绍我经历的两会故事。

读比利时作家嘉贝丽·文生的《天使的奇遇》一书。她是国际"安徒生文学奖"插画家奖的得主，这是一本用简单色彩与线条的铅笔画来表达深邃哲学思想的图画书。书中的小天使塞拉菲诺不喜欢天堂里安逸的、一成不变的生活，不喜欢整天看电视，不喜欢无所事事。他喜欢画画，喜欢创造，喜欢多姿多彩。最后，他终于感动和引领了更多的天使加入绘画的行列。其实，天使就是天国的儿童，儿童则是现实中的天使。把自由和创造还给儿童，儿童才能真正成为天使。

上午9点在新世纪日航饭店参加张澜教育基金会筹备会暨第一届理事会第一次会议。张澜先生是清末秀才，也是民盟的重要创始人之一和第一届中央委员会主席。1949年以后历任中央人民政府副主席、全国人大常委会副委员长、全国政协副主席等。张澜先生也是著名的教育家，从蒙馆、书院到小学、中学、大学、留学教育，从普通教育、职业教育到特殊教育、社会教育，他都有所涉足，有所建树，曾经有"蜀中学子半门生"之誉。原民盟中央第一副主席张梅颖是他的长孙女，蒙她信任，邀请我与中国科学院大学校长丁仲礼、民盟中央副主席徐辉等担任张澜教育基金会的高级顾问，基金会的理事也有我认识的许多老朋友，如北京四中的校长刘长铭、著名作家梁晓声、新东方创始人俞敏洪、共识网总裁周志兴、费孝通的秘书张冠生等，大家对基金会的发展提出了许多建设性意见。我在发言中提出中国教育需要更多的民间力量参与，需要民间的智慧与资本的参与，也期待基金会在推进教育政策研究、支持民间教育改革与创新等方面发挥积极作用。

中午回民进中央机关处理文件等事务。

下午2点。参加民进中央2017年大调研的专题务虚会。所谓党派中央年度大调研，是中共中央委托中央统战部组织各民主党派中央，就关系国计民生的重大问题开展的考察调研活动。一年一度的大调研非常重要，是民主党派发挥参政议政、民主监督作用的重要渠道，中共中央在《关于加强政党协商的实施意见》中正式把党派大调研作为政党协商制度设计和机制保障的一部分。近期中共中央办公厅还出台了支持民主党派开展年度大调研的实施意见，使政党协商相关工作制度化、规范化。大调研的成果会以党派中央建议书的形式报送中共中央、国务院。大调研的相关成果也会在两会上以信息、提案等形式提交。在一定意义上也可以说，党派大调研也是为每年两会做准备的。

大调研的选题一般都是围绕国家的重大战略和经济社会发展的重大问题，同时结合党派的界别特点进行。民进是以教育、文化、出版为主要界别的参政党，有70%以上的会员来自教育界，教育问题一直是我们重点关注的领域。在职业教育方面，我们在不同时期从多个角度发出过有力声音、起到过重要作用。去年以来，民进中央已经为职业教育大调研做过一系列准备工作，严隽琪主席亲自带队在上海等地调研，相关副主席和专家赴广西、云南、河南、北京等地进行了调研，收集了大量资料。

经过反复协商研究，民进中央将"职业教育改革助推制造业发展"作为2017年度党派中央大调研的主题。职业教育与制造业的结合，是一项牵涉面广、跨度大的复杂工程，在国家已经出台了大量职业教育政策的情况下，找准调研和建言的切入点十分关键。按照会中央参政议政工作要"集智聚力"借外脑的原则，我们专门邀请了在理论和实践方面均有造诣的专家参加今天的会议。

在今天的座谈会上，国家教育行政学院职业教育研究所所长邢晖、山东豪迈教育总校长闫芹、教育部职业技术教育中心研究所所长杨进、清华大学经管学院副院长陈劲、苏州工业园区职业技术学院院长单强、教育部职业技术教育中心研究所研究员姜大源、浙江师范大学副校长楼世洲、北京师范大学经济与工商管理学院院长赖德胜、山东省教育厅副厅长张志勇等先后发言,提出了许多真知灼见。

大家认为,职业教育助推制造业发展的关键是校企合作,现在职业学校招生困难,职业学校没有感到服务企业的内在需要,因为职业学校要么指望政府拨款,要么指望学生缴费,对企业反而没有什么指望。而企业也没有参与教育的平台和积极性,更没有什么强制性的要求。在文凭至上、学历至上的社会,"职业教育总是别人孩子的教育",没有人愿意选择让孩子读职业学校。有关职业教育的体制机制、法律法规也有待进一步健全。大家的发言对我们进一步选择好大调研切入点,找出"职业教育改革助推制造业发展"的症结和难点,找准职业教育为制造业助力的结合点,有很重要的启发。严隽琪主席在总结发言中对职业教育的定位、如何从农民工大国转型为技工大国、如何做好大调研工作等提出了指导性意见。

晚上继续打磨政协提案,准备明天的媒体见面会。

晚上9点跑步50分钟。晚上11点休息。

四　媒体朋友是一扇扇窗口

3月2日，星期四，晴

早晨4点50分起床。每年两会临近，早晨总是睡不踏实，太多的事情需要考虑和安排。

依然写了六七条微博，记录一天的生活与思考。读了美国图画书大师利兹·博伊德的《大大的熊，小小的椅子》。这是一本幽默风趣、帮助孩子建立大与小概念的图画书。大大的熊怎么能够坐在小小的椅子上？大大的石头上有一只红色的小小的蝴蝶，大大的象在玩小小的把戏，大大的月亮边上有一颗小小的星星，小小的鱼儿在大大的海洋里畅游，大大的老鼠神态悠然地坐在迷你司机驾驶的小小的巴士上面……亲子共读，可以让孩子想象性发挥和补充，甚至也可以自己动手，创作一本关于大大与小小、圆圆与方方的图画书呢。

上午9点半去中国艺术研究院，与连辑院长见面，交流关于艺术教育研究的问题。年前与我的老乡朋友、中国艺术研究院电影电视艺术研究所所长丁亚平兄见面，聊起新教育实验的艺术教育学科阅读书目研制、新艺术教育课程研发等理想时，亚平兄表示愿意引荐艺术研究院领导，争取利用国家最高艺术研究机构的专家资源，助推我国的艺术教育事业发展。

与连辑院长的交流在他充满书香的办公室里进行。他是颇有成就的书法家，满屋子的书法作品散发着墨香。我简要介绍了新教育实验的核心理念、主要行动、课程体系等，介绍了我们正在研制的中小学学科书目和艺术教育课程。连院长结合自身的成长和工作历程，阐述了艺术之于人的重要作用和意义。他指出，艺术要获得持久的生命力，就必须走出象牙塔，走进社会、走进人民、走进民间、走进中小学，把中国优秀艺术推向我们的孩子，使他们氤氲着中国艺术的精魂。中国艺术研究院作为中国艺术的最高研究机构，不能仅仅沉潜于纯艺术、纯学术的话语，而是应该把话语转变为大众喜闻乐见的形式，向下扎根、向下延伸。他表示，愿意利用艺术研究院的学科与人才优势，与新教育研究院合作，推动艺术的大众化和社会化进程，推进艺术教育的普及和深耕。

离开艺术研究院的时候，丁亚平所长给我们送了满满一大包他的著作，从《中国电影史》到"大电影"的系列丛书，满载而归。

下午2点，民进中央举行两会集体采访的媒体见面会。两会尚未召开，各路媒体已经纷纷开足马力，十余家媒体预约了采访。我就民进的重点提案《关于大力发展中职教育　助力农村脱贫攻坚的提案》《关于壮大村级集体经济　推进农业供给侧结构性改革的提案》做具体说明，民进中央经济委员会委员、银河证券副总裁汪六七就另一个重点提案《关于完善资本市场功能　支持实体经济发展的提案》做说明。《人民日报》海外版记者高博扬，《中国政协》杂志社记者李香钻，人民网记者可黎明，《中国教育报》记者高靓，新华网记者何凡、陈俊松，中国网记者吴知音，《经济日报》记者陈莹莹，《团结报》记者万李娜，《科技日报》记者张盖伦，《财新》记者何少远，《南方都市报》记者唐孜孜、刘曼，"青年之声"记者王曼等十余家媒体的近20名记者和摄影、摄像人员参加集体采访。近一个小时的采访，不仅向媒体朋友介绍了重点提案的内容，也呈现出民进中央的集体风貌。

集体采访结束后，是我安排的个人集中访谈时间。每年两会都特别忙碌，考虑到单个采访花时间太多，就采取集中说明与分别回答的方式，利用明天大会前的间歇时间，请有意采访的媒体朋友汇聚一堂，就我个人在政协会议上准备提交的14个提案做了说明，抓紧接受采访。

记者们连珠炮般地提出一个又一个问题。

有记者故意激将：阅读节究竟有多重要？值得你15年坚持不懈地呼吁吗？我只能从阅读对于个人精神成长、对于民族的精神境界、对于文化自信等方面讲述了阅读的意义。

有记者认真挖线索：在民进中央大调研的过程中，有哪些细节让你特别感动，对形成提案有帮助吗？我想起了在湖南湘西的一个村的贫困户家里，一个初中毕业的孩子去了亲戚家学理发手艺的故事。当时我就提出，如果让孩子上职业学校，选一个能够稳定就业的专业，也许就能够一人就业、一家脱贫了。

也有记者出考题：究竟职业教育哪些高哪些低？我回答，"普职比"中普通高中太高、职业学校太低（不到六比四），就业率职业教育学生高、大学生低……

我一直认为，媒体朋友是参政议政中最重要的帮手之一。一个人的见识，再渊博也是有限的。一位媒体朋友，就是一扇新的窗口。碰撞交流，能够看到不一样的风景。

两个阶段的采访，不知不觉持续了三个多小时，直到我们宣传部的同志考虑到下面的行程，才坚持结束。

晚上8点在全国政协礼堂参加委员小组召集人会议。以往的召集人会议都是在大会开幕式结束以后在人民大会堂召开的，今年调整到大会开幕之前召开，这是多年来第一次。杜青林副主席解释说，目的就是希望打好提前量，便于召集人了解情况，把握精神，全程做好大会的各项组织工作。张庆黎副主席兼秘书长主持会议，通报了大会的主要安排和注意事项，就全体会议和分组会议的组织、简报工作和提案质量、安全保卫和会风会纪等问题提出了要求。杜青林在讲话中就充分认识开好全国政协十二届五次会议的重要性，深刻理解把握和贯彻落实以习近平同志为核心的中共中央关于人民政协工作的新思想、新部署、新要求，以及认真履行小组召集人职责做了具体说明，希望大家强化责任担当，主动履职尽责，切实把各项活动组织好、引导好、落实好，共同努力把会议开成一个民主、求实、团结、奋进的大会。

会议结束，回到驻地已经晚上近10点了。浏览了十余种今天的报纸。所有的报纸已经全面进入"两会时间"。今天出版的《瞭望东方周刊》全国两会特别报道发表了《中共如何与民进结缘》和《民进中央副主席朱永新：力求"双岗建功"》两篇文章，前者讲述了"下关事件"后周恩来看望民进领导人马叙伦、雷洁琼,毛泽东给马叙伦的两封信,周恩来夸赵朴初是"国宝"等故事;后者是对我的专访,讲述了民进参政议政的故事。

一天紧张的活动,马不停蹄。本来想运动一会儿,已经力不从心了。洗漱之后,晚上11点半赶紧休息。

五 民主监督的新发展

3月3日,星期五,晴

早晨4点45分起床。写两会手记,写"两会进行时"等微博。对今年的提案进行最后的整理修订。

读美国作家安德里亚·贝蒂与英国画家大卫·罗伯茨合作的《乔伊想当建筑师》。一个关于梦想与坚守的故事。乔伊是一个非常喜欢建筑的男孩,两岁的时候,他就用纸尿裤和胶水建起了一座比萨斜塔,用泥巴建起一座巨大的狮身人面像,用桃子和苹果搭出哥特式教堂,用黏土建了东方寺庙,用煎饼和椰子派搭建了圣路易斯拱门。可是,小学二年级时,他却偏偏碰到一位讨厌建筑的老师莱拉。老师让乔伊拆掉粉笔城堡,还发出警告——不准在学校建东西!十多天以后,莱拉带着全班同学去蓝溪河畔野餐,没有想到在踏上小岛的瞬间,他们身后的栈桥塌掉了。幸亏乔伊运用他的建筑本领,带领大家返回了学校。而莱拉老师也终于明白——对于一个二年级的孩子来说,没有什么比搭建一个梦想更重要。其实,无论对于一个二年级的孩子,还是对于任何年龄阶段的每一个人来说,搭建梦想都是最重要的。人生就是一个搭建梦想的过程。

一个早晨,整整三个小时,匆匆忙忙地就过去了。

早晨7点50出发,去人民教育出版社参加长江教育研究院的《中国教育黄皮书(2017)》暨2017年教育政策建议书发布会。每年两会前,由湖北省人大常委会副主任、民进湖北省委会主委周洪宇教授主办的这个活动总会如期在人民教育出版社举行。作为他的朋友和同道,我总是尽可能参加。今年的阵容格外强大,顾明远、谈松华、徐辉、马敏、庞丽娟、杨东平、张力、孙霄兵、翟博、韦志榕、万智、程方平、魏运华、刘立德、刘华蓉等专家学者和媒体大咖都前来参加。

按照常规，周洪宇介绍了2017年建议书的主要内容。今年的建议书以"加快教育制度创新，提升教育治理水平"为主题，分别就学制改革、教育管理体制创新、教育法律制度创新、教育督导制度创新、教育人事制度创新、教育质量评价制度创新、教育决策咨询制度创新、义务教育制度创新、继续教育制度创新和办学体制创新等问题提出了具体建议。会上还发表了《中国教育指数2016》和《2017年度十大教育关键词》。会议期间，洪宇兄送我他的新著《陶行知大传——一个文化巨人的四个世界》等，收获满满。

上午11点，赶回北京会议中心，接受《南方都市报》记者唐孜孜、刘嫚的两会专访。时间过得真快，去年《南方都市报》记者陪同我夜跑一小时采访的情形还历历在目，今年两会又已经紧锣密鼓开场了。其实昨天她们已经参加了民进中央的集中采访，意犹未尽，希望还有"独家"材料，于是约了今天继续交流。她们的采访很深入，也很专业，两整页的采访提纲，12个大大小小的问题。我一一回答。

采访结束以后，正在大厅的《中国旅游报》的记者王洋、《中国船舶报》的记者张弘弢等也借机就修学旅行、脱贫攻坚等问题进行了采访。

值得一提的是见到了一群两会的小记者，他们是《河北青年报》的一群可爱的孩子。他们的话题是如何减轻课业负担。可是当我反问他们的课业负担重不重时，他们回答还不算重。我问，究竟是学校老师给的负担重，还是父母加的压力大？他们的回答是父母加的压力更大。看来，减负还是一个系统工程。家校合作共育，才是解决教育问题的关键所在。

中午12点左右吃午餐，正好与冯骥才、靳尚谊先生同桌。冯骥才先生讲述他参加政协35次、35年的故事。他说，统计了一下，35年的政协生涯，开会的总时间加起来差不多两年。他还讲述了吴祖光等委员的往事。物是人非，感慨良多。

中午稍事休息了20分钟左右。下午1点，就被闹钟的铃声唤醒了。因为下午是政协开幕会，1点45分出发去人民大会堂。出发时交通管制，半个多小时就从城东的会议中心到了大会堂。

下午3点，全国政协十二届五次会议在雄壮的国歌声中隆重开幕。习近平、李克强等党和国家领导人出席开幕式。俞正声主席做政协常委会工作报告，马培华副主席做提案工作报告。两个报告全面回顾总结了政协2016年工作的累累成果，部署了2017年的主要工作。

今年俞主席报告最突出的亮点，就是把民主监督作为政协报告的重要板块之一，对人民政协民主监督的性质定位、监督重点、方式方法以及加强中国共产党对人民政协民主监督的领导等问题做了全面系统的阐述。

俞正声指出，政协民主监督是依据政协章程，以提出意见、批评、建议的方式进行的"协商式监督"。人民政协不是国家权力机关，开展监督不是靠强制约束力，而是靠政治影响力。这种协商式监督有鲜明的特色和优势，协商是方式和原则，监督是手段和途径，协助党和政府解决问题、改进工作、增进团结、凝心聚力是目的。

俞正声要求，人民政协民主监督要突出重点、有的放矢。要聚焦党和国家中心工作，着力对中共中央重大方针政策和重要决策部署的贯彻落实情况开展监督，强化问题导向，抓住主要矛盾和矛盾主要方面，找准存在的困难、短板和薄弱环节，不流于现象表面，紧扣关键内容，精准聚力发力，努力从大局上、根本上、长远上提出务实建议。要从大处着眼、从小处着手谋划议题，坚持抓住关乎全局的主要问题，从党政所思、群众所盼、政协所能出发，选好议题进行民主监督，为分类、分项解决相关问题提供参考；要通过扎实调查研究发现问题；要集中运用民主监督形式增强实效；要在平等讨论、相互尊重中形成合力，做到在参与中支持、在支持中服务、在服务中监督。

俞正声主席的讲话，是历届政协常委会工作报告中第一次系统阐述政协民主监督的理论。

此前，民主监督作为人民政协和民主党派的三大职能之一，但一直没有找到合适的途径。经常是把民主监督寓于参政议政之中。近年来，中国共产党又正式把民主监督作为国家赋予参政党的重要职能，如开展脱贫攻坚民主监督，就是民主党派对国家重大专项工作进行监督的新尝试。2016年，中共中央委托八个民主党派中央对部分省区脱贫攻坚开展民主监督，这是多年来民主党派首次对专项工作进行监督，第一次把民主党派的民主监督落到实处。我们受到中共中央委托，从坚持和完善我国多党合作制度的政治高度，以推动中央决策部署落实为重心，明确职责定位、到对口省份开展调研，发现问题并及时上报中央，为破解改革难题，厚植发展优势献计出力。

俞正声主席的讲话篇幅不长，但言简意赅，内容丰富。特别是协商式监督的表述，丰富和深化了中国协商民主的内涵，是中国民主政治的一个新的创造、新的发展。

俞正声主席的讲话，让我想起了那著名的"延安对"。当年民主人士黄炎培应邀到延安考察，与毛泽东谈到兴亡的"周期律"。毛泽东告诉他，中国共产党已经找到了跳出"周期律"的办法，这就是请人民来监督政府。只要人民监督政府，政府才不会懈怠，就不会人亡政息。

下午开幕式结束后回来，简单用过晚餐以后，晚上6点多与《中国新闻出版广电报》的记者赵新东和杨骁、《中国出版传媒商报》的记者龚牟和、《中国青年》杂志社的记者陈敏等，围绕全民阅读问题进行了比较深入的访谈。

中午与冯骥才先生交流有些不过瘾，晚上8点继续在他的房间交流。他讲述了80年代的许多人与事，讲述当年穿一身牛仔服去文化部，差一点被提名当文化部副部长的故事。讲述了自己这些年的心路历程与行动路径，对他的人生情怀与睿智选择感佩不已。

晚上9点跑步近一个小时。有人喜欢跑步时戴着耳机听音乐或新闻，我更习惯于在运动中思考，或深入想一些问题，或构思一些文章的内容，或反思自己工作的得与失。

晚上10点后回房间。处理邮件，写手记，与友人讨论问题，近夜12点休息。

六　创新就是创造未来

3月4日，星期六，中度雾霾

今早睡得较沉，罕见地5点50分起床。电脑出现小故障，一个长长的电话，又花了近一个小时的时间。赶紧完成每天的必修课，发微博近十条，其中大多是"两会进行时"的内容。

读《如果我是一本书》。葡萄牙著名作家何赛·雷迪亚和青年插画家安德烈·雷迪亚父子共谱的美丽诗画。正如介绍中说的那样，这是一本关于书的书、一首关于阅读的诗。这样父子共同创作的图书，由父亲和孩子共同进行亲子阅读，可能别有一番情趣吧。

上午9点参加民进组的讨论，围绕俞正声主席代表常委会做的工作报告和提案工作报告，蔡达峰、左定超、史贻云、汤建人、姚爱兴、岳崇、卢天锡、蔡秀军、潘碧灵、张震宇、臧永清、王康、罗富和、罗黎辉、郑福田、尚勋武、黄震等19位委员先后发言，对两个报告进行了深入讨论。有高度、有力度、有温度，是大家的一致印象。特别是对人民政协民主监督工作的性质定位、监督重点、方式方法，以及加强党对人民政协民主监督的领导等问题系统全面的阐述，在政协历史上是第一次。

罗富和第一副主席介绍了他多年分管参政议政工作和担任政协委员的三点体会：一是要尽可能结合本职工作参政议政，这样才有专业性。二是要弘扬党派的传统，结合自身的界别特点多发声。三是要像做科研一样做提案。罗副主席的发言引起了大家的强烈共鸣，还上了晚上的新闻联播。罗黎辉委员是从李瑞环同志担任政协主席时就担任委员的"老委员"，他说，政协的民主监督是一个老问题、一个大问题,也是一个很难的问题,所以叫"老大难"问题。解决这个问题的关键是如何赋权,解决合法性与合理性问题;如何解决实现形式,具有自己专门化的实现方式。他建议是否可以搞一个"政协民主监督座谈会"。黄震委员则建议运用大数据分析的办法加强提案的信息管理工作,对所有提案进行跟踪办理,甚至跨年度持续跟踪,等等。

与往常一样,民进组的讨论总是热烈非常,各省市的电视台与相关媒体纷纷来记录本省委员的参政议政之声,委员们自然也非常配合地遵循"媒体优先"的原则,让相关委员优先发言。我在发言中根据自己参加政协活动的体会,对2016年政协的部分活动做了介绍,对委员们关于提案工作的建议做了说明,对俞正声主席关于人民政协民主监督的论述谈了自己的体会。

中午11点半左右会议结束后,中央人民广播电台央广网的记者王晶又约我就全民阅读问题进行了采访。

中午吃完午餐以后浏览今天的近十份报刊。今天的《人民日报》海外版两会特刊"我当代表委员这一年"发表了我的文章《让贫困者通过职业教育改变命运》。《中国教育报》的代表委员手记专栏发表了我的《大国创新要具备全球视野》。《团结报》的两会观点发表了我的评论文章《自媒体大潮中更要珍惜政协话语权》。《经济日报》发表了记者陈莹莹的专访《全国政协常委、民进中央副主席朱永新:职校也能出巨匠》。《光明日报》的代表委员手记栏目发表了我的《办好中小学图书馆这一"精神食堂"》。《人民政协报》在两会的现场故事版发表了记者吕巍的专访《办好中小学的"精神食堂"——朱永新谈进一步规范中小学图书招标采购》。看到这些文章和报道,更感受到媒体放大委员声音的力量,希望大家的合力,能够促使存在的问题得到解决。

下午3点是联组讨论。中共中央总书记、国家主席、中央军委主席习近平和全国政协主席俞正声等党和国家领导人看望参加全国政协十二届五次会议的民进、农工党、九三学社界委员并参加联组会。

民进中央副主席姚爱兴委员就农村基层组织建设问题提出了五条建议。农工党中央副主席何维委员就完善全科医生培养政策,为健康中国奠定基础发表了看法。九三学社中央副主席武维华委员就以绿色生态为导向，加快农业体系改革提出了建议。来自民进的上海作家赵丽宏委员就坚定文化自信、提升中华文化的国际影响力提出了两条具体建议，包括建设中华主题乐园和设立中国的世界文学奖等。农工党中央副主席曲凤宏关注因病致贫、因病返贫问题，提出解决农村缺医生看病、没有钱治病的问题。九三学社中央印红副主席提出政策落实的关键在于提高执行力。民进内蒙古自治区委员会主委郑福田就切实推行义务教育减负提质提出建议，他用一句"只要学不死，就往死里学"的黑色幽默批评现状。最后，农工党的周健民委员和九三学社的周峰委员分别就土壤污染防治和重大工程建设需要坚守科学之道提出了具体建议。

  本来还有三位预备发言，由于时间原因没能当面向总书记陈述。其中我准备的发言题目是《用职业教育阻断贫困代际传递》，是民进中央关于职业教育问题的调研成果，以及对于发展职业教育的具体建议。

  在委员发言时，总书记一直认真倾听，记着笔记，时而轻轻点头，时而会心一笑。他在讲话中，对所有发言一一回应点评。如对郑福田委员讲的减负问题，总书记说，老生常谈还要谈，减负是一个复杂的问题，需要我们坚持不懈，像愚公移山那样，挖山不止，在教育改革中推动基础教育提升质量。在回应周健民委员讲的土壤污染时，总书记说，"天涯何处有净土"？一定要认真呵护我们的国土。

  接着，总书记就充分发挥广大知识分子的作用问题，发表了重要意见。他指出，中国知识分子有着优良的传统，有着深厚的家国情怀和强烈的社会责任感。知识分子是中国最宝贵的资源。我们每年有700万大学毕业生，接受高等教育的人数有一亿多，工程技术人才占世界的四分之一，如果把大家的积极性和聪明才智充分发挥起来，一定能够创造奇迹。他希望知识分子自觉做践行社会主义核心价值观的模范和表率，积极投身到创新发展的实践中去。总书记说，"抓创新就是抓发展，谋创新就是谋未来"，希望知识分子想国家所想，急国家所急，不断提升创新能力。总书记对我们民主党派的换届工作也提出了要求，希望能够"换出新气象，换出新干劲"，以换届为契机加强党派的自身建设。

一个小时左右的讲话，总书记侃侃而谈，高屋建瓴地描绘出未来蓝图。委员们聚精会神地聆听。如何以创新创造未来？作为以中高级知识分子为主体的民主党派政协委员，感到肩上的使命沉甸甸的。

总书记一行离开会场以后，各路媒体记者留了下来，纷纷与发言人交流。虽然我没有发言，也被大会新闻组的同志从房间里找了过去，接待中央电视台和新华社等媒体的记者。记者们有的让我还原会议场景，有的让我介绍总书记讲话的主要内容，有的让我谈论作为民主党派政协委员的感想。

晚上7点，蔡达峰常务副主席以及下午代表民进组发言的姚爱兴委员、郑福田委员和我一起，聚集在罗富和第一副主席的房间里观看新闻联播。在节目里看到大家的发言画面，看见罗副主席在民进组讨论时谈到要像做科学研究一样写提案，中央电视台的记者，用镜头记录了这一切，感到很亲切。

晚上8点开始写《新京报》的专栏文章和两会手记，一直忙到晚上11点多。今天有雾霾，只在房间里做了一些简易运动。晚上11点45分休息。

七　为民生而行

3月5日，星期日，晴

早晨5点10分起床。发"两会进行时""朱永新教育小语""新父母晨诵""童书过眼录"等微博九则。写两会手记。

读周洪宇的《陶行知大传——一个文化巨人的四个世界》。这是前天参加长江教育研究院会议时洪宇兄送我的，直接带到了驻地。他在送我的书上写了这样一句话："向共同的榜样致敬！"这本洋洋洒洒62万字的著作，从陶行知先生的生活世界、精神世界、创造世界和他的教育思想传播的"接受世界"四个维度，全面介绍了陶行知的教育思想与教育实践，是一本可读性比较强的陶行知思想传记。的确，在中国近现代史上，陶行知、晏阳初、梁漱溟等都是"知行合一"的教育家，他们把教育救国，把通过教育改造国民性作为自己的使命，沉到乡村，潜心探索，为我们这一代教育学者树立了榜样。

早晨7点25分下楼，统一乘车去人民大会堂列席十二届全国人大五次会议开幕式，听取政府工作报告。

到达大会堂后，按照惯例去东大厅，这里一般是汇聚人流的中心，人大代表、政协委员可以在这里"偶遇"老朋友。果然，在这里遇见了香港《大公报》的凯雷。他介绍西藏自治区政协副主席、扎什伦布寺管理委员会第一主任萨龙·平拉与我认识，一起合影留念。而他的记者队伍也让我"留下买路钱"，做了一个专访。

上午9点大会准时开始。张德江委员长主持会议，李克强总理做《政府工作报告》。每年的总理报告，其实也是政府向人民交的一份成绩单。在国内外诸多矛盾叠加、风险隐患交汇的严峻挑战面前，我们还是圆满完成了全年经济社会发展的主要指标，实现了"十三五"的良好开局。

报告在代表委员40余次掌声中进行。掌声热烈，因为关切民生的心，都是一样的。最热烈、最持久的一次掌声，就是总理宣布"年内全部取消手机国内长途和漫游费"的时候。总理强调，"民生是为政之要，必须时刻放在心头、扛在肩上"。要优先保障和改善民生，"该办能办的实事要竭力办好，基本民生的底线要坚决兜牢"。在2017年的九项工作中，几乎每一项工作都与民生问题息息相关。

如第一部分讲述去产能时，提出首先必须安置好职工，"确保分流职工就业有出路、生活有保障"。讲去库存时，提出要让更多住房困难家庭告别棚户区，"让广大人民群众在住有所居中创造新生活"。讲补短板时，提出贫困地区和贫困人口是全面建成小康社会最大的短板，要深入实施精准扶贫、精准脱贫，今年再减少农村贫困人口1000万以上，完成易地扶贫搬迁340万人。要求严肃查处假脱贫、"被脱贫"、数字脱贫，"确保脱贫得到群众认可、经得起历史检验"。

第二部分讲述深化重要领域和关键环节改革时，特别强调要依法保障各种所有制经济组织和公民财产权，"激励人们创业创新创富"。

在第三部分论述进一步释放国内需求潜力时，强调要加强消费者权益保护，"让群众花钱消费少烦心、多舒心"。

在第四部分论述以创新引领实体经济转型升级时，强调今年网络提速降费要迈出更大步伐，年内全部取消手机国内长途和漫游费，大幅降低中小企业互联网专线接入资费，降低国际长途电话费，推动"互联网＋"深入发展、促进数字经济加快成长，"让企业广泛受益、群众普遍受惠"。

在第五部分论述促进农业稳定发展和农民持续增收时，强调完善强农惠农政策，拓展农民就业增收渠道，赋予农民更多财产权利，提高农村饮水安全、供水保证率。

在第七部分论述加大生态环境保护治理力度时，提出要加快改善生态环境特别是空气质量，"坚决打好蓝天保卫战"。在第九部分论述全面加强政府自身建设时,强调人民政府的所有工作都要"体现人民意愿、维护人民利益、接受人民监督"。

而集中论述推进以保障和改善民生为重点的社会建设的第八部分,更是从就业、教育、医疗、养老保障、文化、体育、药品食品安全等不同侧面,列出了许多民生工作清单。

可以说,总理的政府工作报告,也是一份民生的报告。民生时刻在心头,百姓利益扛肩上,这是政府的使命。

下午3点参加民进组讨论。

讨论开始前,给大家送了一本我刚刚出版的《我在政协这一年——一个民主党派成员见证的中国民主政治进程(2015)》,40余万字全景式记录了2015年我参加政协活动的情况。

下午小组讨论的议题是"政府工作报告",由蔡达峰常务副主席主持讨论。讨论对境外媒体开放,所以凤凰卫视等一批媒体"长枪短炮"地架了不少摄像机。

来自上海的委员胡卫昨天没有机会发言,今天首先谈了自己对于政协工作的感受。他2016年参加了多次政协组织的调研和双周协商座谈会,深感政协工作之深入与细致。他认为,政府工作报告讲到了高考制度改革,但高考制度改革也不是一件简单的事情,上海、杭州做了试点,到底老百姓感受怎么样?可能不见得像宣传得那么好。好多主观愿望出发点是好的,希望通过高考改革提供比较多的选择,同时把学生负担减下来,但是,推进过程中到底实际效果如何,需要大量调研,需要到第一线听真话,这样才能使改革符合初衷。政协监督不是约束性监督,是政治监督。符合政治规律和符合教育规律、经济规律、社会发展规律之间的关系如何处理,是民主监督面临的一个很重要的问题。

张妹芝委员是河北省文化厅厅长,她的发言自然离不开文化。她认为,报告的文化部分言简意赅。每个条目虽然只有一两句话,但背后是党中央和国务院最近一两年来下发了大量的文件。例如公共文化服务,虽然只有一句话,但去年公布了《公共文化服务保障法》,为公共文化服务实施提供了法律保障,今年春节前的1月25日"两办"又下发了《关于实施中华优秀传统文化传承与发展工程的意见》。在文物保护方面，近年来政策一直非常支持，在财政支持等方方面面都给予了有力保障。2014年到2016年，中央财政对河北文化的转移支付增幅达到33.5%。对于文物的投入，"十二五"时期和2016年加在一起达36亿元之多。这些年不断地创新方式方法，比如设立了国家艺术基金，2016年为7.3亿元，确实为繁荣文艺发展发挥了重要作用，去年河北拿到55个项目，共3700多万元的资金，项目数量在全国位于第二位，资金量仅次于北京和江苏，为地方文艺发展注入了强大动力。

贵州省政协副主席、民进贵州省委会主委左定超说，今年的政府工作报告是一个好报告。报告此前广泛征求意见，他印象最深的是教育这部分最初没有学前教育，今天的报告吸收了修改意见。他对目前政府和社会资本合作的PPP（Public-Private Partnership）模式问题提出了具体建议。他认为，当前全国经济下行，投资大都是PPP项目。这确实推动基础设施建设在短期内上了一个新台阶。但运行中也发现一些问题，虽然PPP模式有利于吸引民间投资、解决政府资金不足的问题，但不少政府部门在项目评估、决策、信用等方面的风险估计不足。而且项目周期较长，存在潜在风险。建议尽快通过立法实现立信立规，打造PPP建设健康发展的基石，利益共享，风险共担，避免后遗症。他还对民主党派如何结合自身优势，在全面深化改革中发挥作用等提出了建议。

重庆市政协副主席、民进重庆市委会主委对政府工作报告中关于2016年的成绩给予点赞。他说，在困难很大、国际国内经济形势复杂的情况下，中央和国务院坚持新常态下不搞经济刺激、不搞大水漫灌的发展方式，而且经济社会发展各项指标喜人，非常值得肯定。值得点赞的第二个方面是中国的国际地位不断提升。去年我们成功举办了G20峰会，年底习主席在达沃斯论坛指出我国是国际秩序的维护者、世界和平的建设者，国际媒体对此予以高度肯定。他对政府工作报告关于农业改革的内容如何与中央关于农业供给侧结构性改革的一号文件相衔接等提出了建议。

民进成都市委会主委杨建德委员对报告中针对市场准入提出的三个"凡"（凡法律法规未明确禁入的行业和领域，都要允许各类市场主体平等进入；凡向外资开放的行业和领域，都要向民间资本开放；

凡影响市场公平竞争的不合理行为，都要坚决制止）很有感触。他说，20世纪90年代银行业改革中，引入战略性投资资本，允许国外资本参与银行股份制改革，但国内民间资本不允许，很多外资是进来了，但是赚了钱就跑了。这次报告的论述吸取了相关教训。同时，他对报告关于农村改革的问题也有自己的思考。他认为，从目前的情况来看，在城市化进程当中，农村和城市之间的要素流动是单向的，农村的人力、资金、智力都在往城市流动，这是农村现行相关产权制度导致的。比如在农村的宅基地上，农民花大量的钱修的房屋不能流动，人一进城房屋就泡汤了，没有任何价值。所以农村很多人都说，有钱就要到城里去买商品房。如果让农村的宅基地以及房屋的产权流动起来，就会有大量资金流向农村。现在有不少城里人愿意到农村去盖房，并建立相应的配套措施，但是现行的农村土地制度、产权制度使得这种需求无法有效得到释放。作为长期分管过教育的副区长，他还特别提出了要大幅提高教师待遇的建议。他说，如果这个问题不解决，教育不可能搞好。如果教师不能体面地生活，就不可能把学生教好。每天要考虑自己的收入，考虑房屋的按揭贷款，这样的老师不可能全身心去带学生。要想把教育搞好，教师队伍是核心问题。

四川省教育厅副厅长王康委员对报告的一些提法提出了建议。他认为，政府工作报告是总结和部署一年的工作，应该体现年度工作报告的规律和特点。现在有很多工作一年做不完，在报告中点了一句，但没有突出2017年要做什么，工作任务不明确、不具体，也没有可观测、可验收的指标。例如，"推进世界一流大学和一流学科建设"，这句话太大，这不是一年能建成的。2017年究竟做什么，建议能否改成正式启动这项工作。这样的问题有多处。王康还特别对高等教育的供给侧改革提出了建议。他在调研中发现，和经济发展一样，我国的高等教育也存在比较严重的"三去一降一补"的问题。第一是产能问题，失衡的专业结构，重复建设严重，老化严重，很多专业培养的人才不是社会发展需要的。相反的，国家建设所需要的很多新兴的专业高校却没有，所以我们的人力资源在建设上是跟不上的。与之相关的第二个问题是就业状况不理想，导致高校毕业生库存累积，近五年有1000多万，这和专业、学科结构有关。第三是滞后的评价体系，导致高校内部的政策杠杆偏向。去年年底他参加高校的职称评审，发现30年前（1986年）的教师评审指标体系现在还在用，所以高校的教师们看重论文、奖项的数量，而不看给社会的贡献就是必然的。第四是粗放式管理方式，导致高校很多建设成本居高不下。第五是长期惯性使高校面临很多短板。比如对新科学、新技术、新产业不够敏感，多数高校在有创新、有价值、高水平的原创基础性创新方面滞后。要解决这个问题，建议是两推进、两改革。两推进：第一在高等教育内部推进供给侧改革；第二是同类专业比较排位，把落后的专业去掉。两改革：第一是改革和优化高校专业设置的备案方式；第二是高等教育评价体系改革。

浙江省政协副主席、民进浙江省委会主委蔡秀军委员说，报告中大篇幅提到健康问题，作为医务工作者的他很受鼓舞。他认为，医疗改革很不容易，留下的都是难啃的硬骨头。人事制度改革是医疗改革的顶层设计，必须全国一盘棋。医务人员应该是社会人，才能发挥其积极性。医务人员培养周期太长，多点执业可能不是长久之计，重点应该放在推动医务人员社会化。他对总书记提出的知识分子要在创新实践中发挥更大的作用深表赞同，表示医务人员在创新方面也要有所作为。现有考核大部分关注论文、课题，标志性发明专利并未纳入考核体系。为了促进医务人员创新，建议使用更全面、更科学的考核指标。

江苏省政协副主席、民进江苏省委会主委朱晓进委员在发言中说，扶贫问题是近年来重中之重的大问题，贫困地区的贫困人口也是全面建成小康社会最大的短板。脱贫要攻坚就是因为有难处。如何真扶贫、杜绝假扶贫、数字脱贫，报告中有切实的措施。他提出要变输血为造血，阻断贫困的代际传递。

海南省政协副主席、民进海南省委会主委史贻云委员说，政府在过去一年中，工作任务全面完成，有的方面超过预期。创新的动能和水平在不断提升。报告交出了一份靓丽的成绩单，这是在党中央坚强领导下，精准施策，"干"字当头实现的。他对海洋强国战略的实施问题提出了具体建议。他提出，这一战略是十八大提出的国家战略，这几年国家在这方面做了大量工作，也取得了一些成效，但在本次报告中只有三句话，显得分量略轻。建议在政府工作层面加大推进这一战略目标实施，尽快制订、出台、实施国家深海远海战略。

人民文学出版社社长臧永清委员高度评价了近年来全民阅读工作的推进力度，以及政府对于出版业和实体书店的支持力度。同时对于中国文化走出去与发展文化产业提出了建议。

内蒙古自治区政协副主席、民进内蒙古自治区委员会主委郑福田委员就报告中提到的"工匠精神"谈了自己的看法。他认为，工匠精神这两年一直在宣传、提倡，但还需要具体措施，现有措施总觉得不够具体。每天谈工匠精神，但又落不到实处，工匠得不到好处，将要做工匠的人看不到希望，就难以得到预期的效果。

来自新疆的民进主委牛汝极委员把报告的落实归纳成三个关键词：除弊，除繁苛之弊；施策，施公平之策；开门，开创新之门。并且结合自己在南疆挂职驻村的体会提出了相关建议。

民进甘肃省委会主委尚勋武委员说，报告对2017年的工作部署，可操作性很强，能量化的都量化了，不能量化的也都有趋势性描述。关于脱贫攻坚问题，他认为，指标脱贫后，关键是县域经济能不能发展起来。现有政策是，要素向外流动，包括土地政策，造成的结果也是单向流动。为了解决这个问题，应该深入细致研究，未来出台一个能管十年到二十年的一揽子政策，包括税收、财政、人才等各个方面。例如贫困县水利建设，缺少后续资金、人才，一旦出问题，维修不仅找不到人，也没有钱。

上海交通大学副校长黄震最后一个发言。他说，听了政府工作报告，有两点特别有感触：一是关于提高博士研究生奖助学金补助标准的问题。这个问题他在2011年曾经提过一个提案。博士生是科研的主力军，这些年博士生待遇一直是高校里议论的热点话题。现有的奖助学金每月1800元，一年两万多，是城市中的低收入人群和贫困群体。博士生的很多同龄同学的收入是这个数字的五到十倍。对于这个问题，希望形成长效机制，使博士生的奖助学金和国家城镇在岗职工平均标准形成联动机制。说到这里时，吉林大学经济学院教授杜婕委员插话说，博士生收入水平是动态问题，不是静态问题。博士生导师匿名评审一篇学位论文一次才两三百元，还不如农民工收入高，需要进行改革。二是关于"打好蓝天保护战"的问题。黄震告诉我们，他今年有一个提案与此相关。现在很多汽油车的三元催化过滤器从2000年开始就没有换过，已经十六七年了，因为国家没有强制更换标准。过滤器的使用寿命，国三标准是八万公里，国四标准是十万公里或五年，到寿命后污染会成倍增加。虽然央视等媒体曾经曝光，但很多地方付200块钱，年检就能通过，形同虚设。应该通过立法对达到使用寿命的汽油车过滤器进行强制更换。

凤凰卫视记者罗羽鸣抓紧间歇时间，就职业教育与脱贫攻坚问题对我进行了专访。凤凰卫视的记者和摄影师比较专业、敬业，从场景的选择到问题的准备，都很用心。

小组讨论每次都很热烈，中间没有休息时间，一直到下午5点10分左右结束。下午会议结束后，新华社记者姜潇找到我，就知识分子如何做践行社会主义核心价值观的模范与表率问题进行专访。

晚上与俞敏洪、许华委员，以及无锡市委书记李小敏、江阴市委书记陈金虎等见面，交流教育问题。敏洪和许华委员都是江阴人，一直希望在家乡办学，报答乡亲。许华的外国语学校已经在建设之中，敏洪也想办一所有个性、高水平的小规模学校。我介绍了新教育的晨诵、午读、暮省、新生命教育等课程，大家表示了浓厚的兴趣，期待与新教育进行课程的合作。敏洪说，他作为新教育基金会的理事，也一直希望为基金会做点贡献。

晚上的第二拨朋友是中国航天第十二研究院院长薛惠峰、华严集团董事局主席徐锋、安徽出版集团董事长王民、摩根大通中国区主席兼首席执行官李一等。与他们见面，谈的主题是文化，主要就是听徐锋先生讲在澳门特别行政区大获成功的中国秀《西游记》的故事。他介绍说，这台超级室内舞台剧是他们与金沙中国联合投资三亿美元、历时八年精心打造的。在70多分钟的表演中，呈现了舞蹈、杂技、戏曲、武打、魔术等多种极富中国元素的表演形式。在尊重原著的基础上，进一步集神话、童话、正剧、喜剧、闹剧、魔幻剧等元素于一体，场景在人界、魔界、仙界、佛界之间切换，从人间天上到高山海底。舞台中央一只高15米、重七吨的佛手和剧场两翼两只巨大的魔手共同构成了一个奇幻的多维空间。节目至末尾时，巨大的佛手以佛教

"八宝"为法器，带着极光和彩虹把魔手击成粉尘，魔手又再生为菩萨手。他坚信，在不久的将来，到澳门看中国秀，会成为全球游客来澳门的一个新的理由。

不同的朋友，就是不同的世界，可以见到不同的风景。其实，教育和文化从未分家。想起了早晨读到的《陶行知大传》，先哲为了民生、知行合一，其实早已为我们做出了最好的表率。

晚上10点半回到驻地，浏览今天的《人民日报》《人民政协报》《光明日报》《中国教育报》等十余种报纸。《姑苏晚报》的滴石斋专栏发表了一篇小文《喜看古杏萌新芽》。朋友发来今天新闻联播的视频，其中有我谈知识分子家国情怀的体会。

在房间里简单运动了一会儿，晚上11点半休息。

八　委员的执着与坚持

3月6日，星期一，晴

早晨4点40分醒来。仍然是读书、写作、发微博。

读日本作家田川日出夫和画家松冈达英合作、丁虹翻译的《一座岛屿的100年：生生不息的生命故事》。这本书从1883年印度尼西亚喀拉喀托岛发生的一次巨大火山喷发开始讲起。一个月后，科学家登岛考察，发现岛屿完全被火山灰覆盖，树木焦黑，森林消失，生物灭绝。1886年，科学家再次登岛进行详细调查，发现内陆的火山灰表面已长出蓝藻类生物，海岸边出现植物种子。十年后，海岸边已形成植物群落，内陆也可见植物生长；昆虫及其他动物陆续上岛，并在此生活繁衍。1919年，整个岛屿重新被绿色覆盖。又过了60年，科学家发现的蝴蝶种类已超过30种，开花植物超过100种。1983年，岛屿生态恢复，绿色遍布，物种多样，喀拉喀托岛重回和谐与生机。只是由于岛上缺少淡水，人类仍然无法居住。一本科学图画书，浓缩了自然界漫长岁月的生态重建历程，让人们感受大自然生生不息的力量。

早晨6点"中青在线"记者陈倩与北京电视台"北京时间"的摄影记者就敲开了我的房门，进行实录。其实这个时候，我已经工作一个多小时了。

早晨7点"凤凰早班车两会报道"栏目播出记者罗羽鸣对我的访谈节目，关于职业教育与脱贫攻坚问题。

上午8点25分去餐厅。见到梁晓声老师与河北省文化厅张妹芝厅长。政协的餐厅也是一个聚会的集中地。虽然没有很多时间与朋友餐叙，但许多朋友在一年的时间中也就只有在这里打个照面。

上午9点准时参加小组讨论。我担任今天上午的轮值组长，首先就小组提案等问题做了说明。

接着就开始继续讨论政府工作报告。每个委员发言中谈到的问题，基本是委员长期关注的问题，体现着委员的执着与坚持，也体现着委员的智慧与担当。

湖南省环保厅的副厅长潘碧灵最关注的就是环境问题。他介绍说，去年出台了《土壤环境保护法》，全国开展环境督察，推行省以下监测监察垂直管理。通过这些工作，PM2.5指数下降9.1%。"两会蓝"相比过去越来越多。他还透露，政府工作报告中"打好蓝天保卫战"这几个字是总理自己加上去的，体现了高度重视。他认为，目前经济社会发展有两个突出短板，一是扶贫，二是环境资源。扶贫攻坚已成为全党全社会的中心工作，但环境资源问题还没有达到这个程度。生态文明建设已成为国家战略，但目前环境保护的地位、推进情况和国家战略还有一定差距，还需要国家和社会进一步的支持和参与。

民进湖北省委会主委唐瑾来自出版界，她策划、责编的《中国翻译词典》等图书共获得过六项国家级图书大奖。她最关心的仍然是中国文化走出去问题。她说，中国文化走出去为什么这么难，为什么对外传播有这么大瓶颈？一是中译外是最大瓶颈，处于两难境地，中华文化对外传播必须通过这个桥梁；不译，走不出去，翻译了又面临着难以被外国读者接受的问题。二是国家重视不够，中译外在速度、质量、效果方面都存在问题。三是类似问题是各国共有的问题，找到合适的译者往往是最难的。在中译外中有一些重要人物，从他们翻译的模式和经验中，我们可以思考怎么构建当代中国的翻译体系，当然这也是一个难题。为此，需要政府和出版人、翻译者、高校师生共同努力。要充分重视这项工作。对于开拓海外的中国图书市场，她也贡献了几条建议：一是成立中译外翻译委员会；二是制订中译外国家计划；三是挑选一批图书制作海外版本系列；四是挑选重要语种作为主攻方向，如英语、法语、德语，而不是遍地开花；五是寻找培养中译外人才和工作者的有效模式；六是建立国家级综合性的高等翻译学院。翻译最重要的是实践，没有实践就谈不上研究。

江西省政协副主席、民进江西省委会主委汤建人委员最关心的仍然是慈善问题。民进江西省委会发起的"1%工程"公益助学活动已经在省内外产生了很大影响，他们的口号是"1%的捐赠，100%的爱心"。去年讨论《慈善法》时，他提出的修改意见没被采纳。他坚持认为，"志愿者参与可能发生危险的志愿服务前，应该为志愿者购买人身意外伤害保险"，这个规定不应该写入《慈善法》。因为这提高了慈善组织从事志愿服务的门槛，任何活动都不能保证没有意外风险，这样很容易出现"违法"的情况。虽然写的是"可能"，实际上变成了硬性规定，这一条应该删除。

昨天已经发言的张妹芝厅长，继续就京津冀文化协同发展问题谈了一些想法。她介绍说，2014年国家对京津冀协同发展战略做出部署后，三地的文化部门建立了联席制度，随后出台了京津冀三地协同发展的战略合作框架协议，还有京津冀三地长城保护协议，三年来先后建立了包括演艺、产业发展、公共文化示范走廊、人才培养在内的九个联盟。这九个联盟三年来举办了丰富多彩的活动，形成了一大批品牌。例如，京津冀河北梆子优秀剧目展演取得了巨大的成功，在北京开幕，部委领导和三地同志都参加了，三地老中青三代艺术家同台演出，三地巡演，让戏迷大饱耳福，引起轰动。还有一系列的品牌活动正在形成。关于文化产业承接转移，三地合作也很多。国家高度重视，部委领导多次到河北推动工作。京津冀协同发展，河北受益最大，取得了非常好的效果。

民进浙江省委会副主委、杭州市政协副主席赵光育委员用了三个字评价政府工作报告：一是"精"，精练、精准、精细。如创业、创新、创富，语言精确，内容深刻。二是"实"，内容实，文风实，措施实。三是"新"，报告通篇强调创新。创新也是本届政府非常突出的一个特点。报告第一次使用二维码也是一个创新。同时，他对加快土壤防治立法、传统工业转型升级、进一步扩大国内需求释放消费潜力、电动汽车充电设施标准化、无人机生产监管等提出了建议。

来自上海的胡卫委员，长期关注和研究教育问题，在对教育扶贫、发展公平的优质教育等提出自己的看法后，重点介绍了他率领团队刚刚完成的一项研究成果。根据他们对数千名15—65岁被调查者的测试发现，中国样本在创新、动手、知其然又知其所以然的指标方面，得分比较低。他认为，这与我们的学校基本上是以知识为导向的教育有关，题海教育，千军万马过独木桥，怎么能够培养创新能力、动手能力？和国外普通教育以能力为导向，重视探索、研究，完全不一样。学校教育不改变，对整个国家创新能力的培养，就不能起到积极作用。

胡卫在发言中提出，现在的学前教育对硬件非常重视，对软件重视不够，过度追求入园率，"圈养"不见得比"散养"要好。来自云南的罗黎辉委员也是教育学家出身，他开玩笑地对胡卫委员说：那么，就把你自己的孩子和上海的学生送到我们云南的山里"散养"，把我们云南农村的孩子送到上海"圈养"吧？会场笑声一片。我解释说，其实教育有三种情况：正确的教育、错误的教育、没有教育。错误的教育不如没有教育，但是正确的教育比没有教育当然要好。胡卫说的"圈养"，其实就是说低水平的、错误的教育而已。

民进山东省委会原主委栗甲一直以发言风趣幽默著称。今天的讲话却比较"正式"。他说，每年一度的两会是中国特色中非常鲜明的一个特色，是推动中国经济社会发展的独特的治国理政的方式。原来他有一个错误的概念，认为资产阶级的假民主演得和真的一样，而社会主义的真民主确实做得不尽如人意。通过这么多年参与两会，才体会到社会主义民主越来越彰显其优越性。这么多人在讨论国是，群策群力，凝聚了全国人民的智慧和力量，可以说国家突飞猛进的发展势头和这种治国理政的方式有重要关系，两会确确实实有了其独特的作用。他对于"健康中国"问题发表了意见，认为健康就是最大的民生，一个不健康的人，生活质量不可能很好。"健康中国"，必须把中国的残疾人问题提到议事日程上来。全国有8500万残疾人，每年新增80万—120万，多年来残疾人数量居高不下，有增无减。特别是现在二胎放开，大龄孕妇急剧增加，出生缺陷率急剧增加，给残疾人个人、家庭和社会造成了极大负担。据初步测算，一个残疾人一生光政府投入就不低于70万元。残疾人的人群太大了，如何减少残疾人数量，提高全民族素质，这个问题非常重要。如何对胎儿和新生儿采取科学和现代手段，进行筛查和检测，有效控制残疾的发生率，像铲除"穷根"一样铲除"残根"，无疑是一件功德无量的大事。我们一直以来都有重治不重防的毛病，虽然"预防为主"口号一直在提，但实际做法总是滞后，建议在报告中加上这方面的内容。

民进中央副主席、福建省政协副主席、著名文学评论家张帆委员最后发言。他说，报告开头用"面临国内外诸多矛盾叠加、风险隐患交汇的严峻挑战"这一句话对形势的表述，是非常重的，以前对形势表述没有用过这么重的话。大家都能理解这句话的含义及其严重程度。但我们感受到大部分人生活没有受到太大影响，社会环境比较平稳，说明党和政府做了非常大的努力。去年政协会议上，他代表民进中央做了大会发言，讲政府诚信问题。今年的报告提出"不能新官不理旧账"，也是对去年大会有关诚信政府发言的回应，他非常受鼓舞。张帆重点对创新和减负问题谈了自己的看法。他说，习近平总书记在3月4日联组会上的讲话中希望广大知识分子要积极投身创新发展实践。其实，创新不仅包括自然科学创新，也包括社会体制机制创新。除了具体创新外，还要强调创新文化。我们要向古人学习什么？不应该是恢复繁体字。中国的文字史本身就是一个创新的过程，本身就不断包含着简化。汉代以后公文往来非常多，每个字多几个笔画，社会成本要增加多少。作为后人的理解不应该颠倒过来，应该在中华传统文化中寻找创新因子。关于教育减负问题，从他参加两会开始，就不断有委员提出教育减负问题，到现在已经有15年以上的历史了，从大家的讨论中他感觉到现在这个问题似乎还在原地踏步。他说，报告提到了建设"双一流"，其实在中国只有很少量大学可以参与"双一流"建设，既然如此，在政府工作报告中是否可以不写？因为大家都把孩子按进一流大学的方式来培养，所以负担才这么重。而且"只要学不死，就往死里学"，导致很多孩子连学习兴趣都没有了，进了大学就不想再学习了。他建议对教育减负问题，应该进行更深入的探讨。

上午的交流讨论依然十分热烈，中间依然没有休息。

上午的会议结束后，中央电视台农业频道的记者王晓璇就农业供给侧改革与乡村旅游进行了采访，本来我给自己定的规矩是只讲自己熟悉的教育文化问题，但是因为分管民进中央的参政议政工作，去年我们大调研的题目是农业的供给侧结构改革问题，也就这个问题谈了自己的一些思考。

离开会场时，在大厅见到了来自西安的一群小记者，他们也是会议的一道风景。他们问我带来了什么提案，当我讲到中小学图书馆的时候，他们抱怨根本没有时间去学校图书馆，结果变成了我采访他们。

中午老友郁钧剑送来他的新著《家在桂林》和《郁钧剑歌唱问答111例》。来而无往非礼也，回赠以我的新书《我在政协这一年》。于是，《家在桂林》自然就成为今天中午的床头读物。

钧剑是一个文学、艺术的多面手，不仅歌唱得好，书画也是专业水平，曾经专门举办过大型的书画展，文学功力也很不一般，散文与诗歌都写得非常好。他在书中写道："回报乡愁，我嫌自己太轻；回报友情，我嫌自己太薄；回报山水，我嫌自己太浅；回报养育，我嫌自己太少。回报多少才算是够？那是我用一生书写着的对桂林的爱。"

下午3点继续参加民进组讨论。张帆副主席主持讨论。

清华大学教授罗永章委员第一个发言。他总结了政府工作报告的十个闪光点。并且从学者角度提出了五条建议：一是把重大疾病预防纳入医保；二是完善多维度的科研评价体系；三是加快论证设计海底隧道，打通东北三省和江浙通道；四是加强外资企业管理，如果国内的外资企业都变成空壳，将会影响就业机会和社会稳定；五是加快出台《促进科技成果转化法》细则，建立顺畅的转化机制，使优秀科研成果不再"沉睡"。对科学院所方队进行检阅，把能转化的成果尽快转化。

来自中国社会科学院的俞金尧委员说，报告亮点很多。一是第一次发现报告上出现二维码，扫描一下主要的数据全都有了，"互联网＋政府工作报告"让人耳目一新。二是GDP实现6.7%增速非常不容易，好于大家预期。对全球经济增长贡献超过30%，我们有充分理由感到骄傲。三是把国内长途漫游费取消了。这一点好处是每个人都可以享受的，获得感比较强。四是政府一直在努力推动一些工作，每年都有新进展。比如转变政府职能、简政放权，本届政府从开始到现在一直在不懈努力，而且成效明显。五是科研经费管理改革。他自己在工作岗位上也体会到，科研经费管理更加符合科研规律，让我们感到实实在在的好处，很有获得感。他认为，现在简政放权大多集中在经济领域，其实在其他很多方面也有一个政府的手怎么收回来的问题。比如教育部下发红头文件把抗日战争时间从八年改为十四年，作为历史学者的他完全赞同，一方面符合历史事实，另一方面从逻辑上也说得通。但是观点形成几十年了，一下子这样改变，人们难免会有一些想法。政府完全可以依赖历史学家、学术机构来做。再如国内长途漫游费的取消，为什么由政府来公布这件事情。政府不公布则不取消，政府公布了才取消，这样没有体现市场经济的特点。

两位教授侃侃而谈，发言用了近50分钟的时间。主持人张帆副主席不得不提醒大家注意控制时间。来自湖南的儿童文学作家汤素兰委员一开始就说，自己只要两分钟。她开门见山地提出两条意见。一是有关部门出台指导意见时往往和政府工作报告精神背道而驰。有一些很好的政策，还要考虑好前因后果。比如教育部出台了校服新政，但是校服企业已经生产了很多校服，这些旧校服去哪里了？都去偏远山区了，就又出现了新的不公平。再比如名优产品称号本来是国家支持的，现在新政策一出台包装上就不能打了，企业之前印了很多这样的包装，就又造成了企业的浪费和负担。二是施公平之策，开便利之门，存在打通"最后一公里"的问题。比如网上选牌需要先到车管所登记，反而更加复杂了。

吉林大学经济学院教授杜婕委员表示，2016年政府做了很多实实在在的工作，太辛苦了。报告上简单的一句话，背后付出的艰辛努力是无法想象的。如外汇储备也是降中趋稳，稳中向好，报告中虽然没写，但达此程度的确很不容易。2017年，由于营改增导致税源减少，政府还拿出了很多降低资源要素成本的举措。财政收入减少了怎么办？政府的应对措施是减少政府支出5%以上，这也是很不容易做到的。她一口气提出了好几条建议：第一，"互联网＋"是个好东西，是中国弯道超越所必需的。但是电商发展的速度是始料未及的，仅商品流通领域去年就增长了20%，税收征管却没有跟上。政府关上一扇门就要打开一扇窗，以确保财政收入稳定。通过税收征管还能扼制假冒伪劣，好处太多了。第二，目前大宗商品价格上涨很快，有关部门应密切关注通货膨胀问题。第三，关于清理"僵尸企业"。中石油下面就有几万人，很多是为了招投标。现在处理一个"僵尸企业"要花6000元，有关部门要跑数趟，成本很高，因此企业没有积极性。希望有关部门出台政策解决这个问题。第四，继续推进递延所得税、养老保险和健康保险改革。这样的好政策一定要落实下去。

与杜婕教授一样，来自南开大学的邱立成委员也是经济学家。他对2016年经济与外交上的成就给予了高度评价。同时提出了两点建议：一是各级政府在写政府工作报告时，应全面、辩证地使用经济指标，比如不能只谈脱贫人口，不谈返贫人口；只谈新增企业，不谈亏损倒闭；只谈新增外资，不谈外资流出。二是政府不能制定带有歧视性的政策，进一步增加社会的不公平。另外，任何一个大国的崛起都会影响世界格局。中国的大国崛起之路怎么走，中国特色的大国外交采取什么样的策略，对中国未来的经济发展和在世界上的地位都有很大影响。希望祖国在这个十字路口能够选好、走好。

民进河南省委会主委、省科技厅厅长张震宇委员带来的建议是信息共享的问题。他说，进入信息时代，国家最大的浪费，不是决策失误、贪腐浪费，而是很多信息资源没有实现全民共享。各部门以保密为由，拒绝共享，互联互不通，形成信息孤岛，低水平重复建设严重。国家实现大数据战略最重要是信息共享，建议尽快建立信息共享管理法规。该共享的一定要共享，不该共享的，例如公民个人信息，一定要保护好。建立一批国家数据中心，把数据区分为保密性、公益性和产业性三类。保密性数据在一定条件下也可以解密。国家投资产生的数据，应纳入公益性共享机制。数据现在比石油还宝贵，实现共享，科学家、企业都可以免费使用，从而创造出更多财富。很多专家学者撰写文章都是定性分析，原因就是缺少相关数据。信息共享是非常重要的基础设施，建设越早越好、越快越好。这也是创新支撑体系非常重要的一个部分。

民进广西壮族自治区委员会主委陈自力委员准备非常充分，一口气提出了四条建议。一是认真落实金融帮扶政策，最大限度地发挥扶贫贷款的作用和效益。二是营改增后的通行费抵扣必须取得税务发票，财政票据不能作为抵扣依据。这样就有半数的高速公路收费票据无法用于抵扣，初步估算企业因此要多交30多亿元的增值税。最近网上对企业税赋有一个热议，很多企业认为只增不减，甚至有死亡税赋的说法。这里面可能有政策兑现不到位的原因。就像总理说的，一定要让市场主体有切身感受，妥善解决通行费财政票据不能作为抵扣凭证的问题，切实降低企业物流成本。三是简政之后更要精兵。十八大以来本届政府持续加大简政放权的力度，取得了阶段性成绩。权力瘦身了，人员也应该精简。不能事减了，人不减。精简机构和精简人员要并行。精简机构，要继续推行大部制改革。精简人员，要把人员和编制都减下来，但又不能搞一刀切。放权是从中央放到地方，从省级放到市县。也出现了一些放得下、接不住的情况，原因就是人手不够，条件不够。所以还是要按部门、按层级考虑，有些是减，有些是增。建议有关部门就精简人员及早开展调查研究，适时启动。四是对义务教育均衡发展的看法。集团办学并没有减少人民群众对择校的期待。适度"削峰填谷"是推进义务教育改革的必然选择。名校办分校、集团化办学某种程度上已经被房地产企业绑架，存在不但没有促进义务教育均衡发展，反而产生负面影响的现象，值得政府部门和教育主管部门反思。实行学区制，把教师从"学校人"变成"学区人"，才是义务教育均衡发展的最佳选择。

来自上海的著名专家赵丽宏委员压轴发言。他说，前天他在总书记参加的座谈会上讲了文化自信的问题，但时间8分钟，字数1400，没有充分展开，感觉意犹未尽。他说，政府工作报告很好，但是谈文化的篇幅比以前少一点，只有二三百字。以前一直有一个担心，中国像一个巨人，有两条腿，一条是经济，一条是文化，一条腿长，一条腿短，成为瘸腿巨人，这样既走不快，也走不远。

他讲述了自己为什么在总书记面前建议不要再新建迪士尼乐园的问题。他介绍说，80年代他到美国时，感觉就像进了仙境一样，很受震撼。迪士尼乐园肯定是好的，如果当时国内引进迪士尼乐园他肯定赞同。但是时间过去了二三十年，中国已经发生了巨大变化，中国在资金、想象力、文化底蕴等方面完全有能力打造自己的乐园。美国的迪士尼乐园赚的是外国人的钱，输出的是自己的文化。建不建迪士尼乐园不光是经济问题，而且是意识形态问题。孩子到了迪士尼乐园就会觉得国外的东西是最好的，要知道孩子的印象一旦形成要改变就非常难。同样的，据说北京要建环球影城，这也是好莱坞的。对于打造中国自己的乐园这件事情，中国应该花一点时间。他曾参加过这个问题的讨论，结果招来网上一片嘲笑，网友认为孙悟空比不过米老鼠，理由是中国已经建设了太多低劣、庸俗的乐园；中国建不好自己的乐园，这是我们的文化自信不够。

其实，中国的华严集团投资的实景情景剧《印象刘三姐》和《井冈山》等都大获成功，他们在澳门特别行政区的中国秀《西游记》也是与国际最著名的演艺集团竞争，打败了包括美国纽约《蜘蛛侠》团队，被金沙集团在全球选中的。他们就有梦想在中国建设《西游记》的主题乐园。孙悟空，也一定是有可能与米老鼠比比高低的。

他还讲述了自己为什么建议设立中国的具有世界影响的文学奖的问题。这个问题他过去也提过，也同样在网上受到一片吐嘈。他说，引进世界经典文学，没有一个国家比中国做得更好，中国读者是很幸运的。但与此同时，我们也应该有意识、有能力把中国的文学介绍给世界。现在在文学方面我们没有发言权，外国说是好的，才是好的。事实上，我们的文学放到世界文学之林中，比谁都不差。我们的经典文学在国外影响力没有在国内这么大。西方对我们的文学、对我们的文化了解真是非常少。向世界推介中国文学，我们基本没有做，已经做了的成效也不显著。这些年，情况开始有变化，我们开始有这个意识。莫言获得诺贝尔文学奖，确实让西方人对中国刮目相看。对我们自己作品的翻译，光靠中国人恐怕是不够的。他的一位作家朋友说，如果碰到一个好的翻译家把自己的作品翻译成外文，就像天上掉馅饼一样。如果是不好的翻译，宁可不要翻译，作品在翻译过程中被曲解以后，完全是另外一个东西。真正的翻译应该中国人和外国人结合，并且应该请外国最好的作家。俄罗斯有一位著名的汉学家，翻译屈原的《离骚》，感觉没有诗味，后来找到俄罗斯一位著名的诗人进行润色，最后才拿出了非常好的作品。

丽宏最近出版了一本很有影响的诗集，书名叫《疼痛》。也许，在经济转型的时期，文化的发展也会经历种种的疼痛吧。无论如何，我们还是应该有足够的文化自信。我们每个文化人、每个政协委员，也要像赵丽宏那样，有着自觉的文化执着与坚守。

晚上6点半参加民进出席2017年全国两会的人大代表、政协委员座谈会。蔡达峰常务副主席主持会议。严隽琪在致辞中首先代表民进中央对与会的各位代表和委员表示感谢、敬意和期盼。她说，今年已是本届代表、委员履职的最后一年。五年来，在座的各位代表、委员继承民进"爱国、民主、团结、求实"的优良传统，秉承"为执政党助力、为国家尽责、为人民服务"的责任心和使命感，卓有成效地履行人大代表、政协委员的职责，很好地展现了民进组织的形象，以及自身的风采和特色。民进履职尽责，离不开各位代表、委员积极发挥作用；民进发展前行，离不开各位代表、委员鼎力支持帮助。严主席在致辞中对开好会议、做好换届工作等方面提出了要求。

全国人大代表、江西财经大学副校长、民进江西省委会常委邓辉，全国政协委员、湖南师范大学文学院教授、民进湖南省委会副主委汤素兰，全国人大代表、贵州省六盘水市实验小学教师吴明兰，全国政协委员、东南大学信息科学与工程学院院长洪伟，全国人大代表、辽宁省盘锦市辽东湾小学校长樊红艳先后发言，畅谈了五年来的履职感受。其中吴明兰老师专门带来了教育局局长和学校校长希望我去六盘水考察讲学的期待。我当场答应，并给她留下联系方式。两会结束以后，期待六盘水之行。

晚上7点40分参加中国民主促进会第十三届中央常务委员会第十八次会议。民进中央主席严隽琪主持会议并讲话。严主席在讲话中对巩固扩大政治共识、全面提升履职能力、切实做好政治交接提出了三点要求。会议还审议通过了《民进中央关于学习贯彻第十二届全国人大第五次会议和全国政协十二届五次会议精神的通知（草案）》《中国民主促进会第十二次全国代表大会筹备委员会成员名单（草案）》。

晚上8点半，参加民进十二大筹备委员会第一次全体会议。罗富和第一副主席主持会议，严主席在讲话中要求大家认真做好换届的各项准备工作，并对今后的工作做了部署。

一个晚上，三个会议，紧张而有序。

晚上10点10分，"中青在线"与"北京时间"的摄影记者再次到房间拍摄工作画面。跟踪了一天，直播委员生活与工作，让大家看到代表委员如何开会、如何发言、如何撰写提案与建议。

晚上10点半,锻炼半个小时。

晚上11点洗漱,看报纸。今天的《中国新闻出版广电报》发表了记者赵新乐、杨骁的专访《朱永新:不仅是呼者,更应是行者》。《新京报》发表了我的政协笔记《优秀的提案来自"奔跑的双脚"》。

晚上11点20分休息。

九　如何把中国的钱用好？

3月7日，星期二，晴

　　早晨5点20分起床工作。发微博"两会进行时""新父母晨诵""朱永新教育小语（中英对照）"等。

　　今天是提案提交的截止日期，利用早晨的时间再梳理一下提案。我一直说，提案是政协委员交给人民的一份答卷，也是交给国家的一份作业。一份好提案背后，是长途跋涉的调查研究，是深入现场的仔细追问，是不厌其烦的文献检索，是彼此碰撞的思想交流。每年我都会以教育的问题为主，带十多个提案到两会，今年也不例外。每个提案后面，都有许多精彩的故事。

　　上午9点，参加民进组讨论计划报告和预算报告，姚爱兴副主席主持会议。

　　因为前两天没有发言的机会，民进安徽省委会主委、省教育厅厅长李和平委员第一个发言。他提出，政协常委会工作报告是十年来在理论上有重大创新的一个报告。三大职能中最弱的就是民主监督。虽然之前提出了这个问题，但一直没有系统阐述。这次说得非常清楚，解决了理论上的困难，很多实践的问题也得到很好解决。对党派在民主监督方面履职尽责起到很好的指导作用。政府工作报告通篇体现了政治性、坚定性、创新性和民生性。同时，他提出了五点建议。第一，教育长期以来放在社会事业中，也就是作为民生问题。但像"双一流"放在社会事业中就很不合适，应该放在创新发展的部分。创新靠人才，人才以教育为先，因此教育不仅是民生问题，而且是发展问题。安徽省政府工作报告已经改了。不从经济社会发展的角度来看待教育，不仅教育本身发展不好，其作用发挥也不会充分。第二，学前教育在报告中很弱。把学前教育放入义务教育目前显然做不到，但充分重视非常必要。从现在开始，就要建立政府主导、普惠性、公益性为主的构架，否则未来一旦纳入义务教育，改革的代价会很大。第三，普通高中不允许择校，或者说教育部不倡导择校，同时收费不允许提高，政府又不拨款，所以现在高中非常困难，没有保障机制。第四，关于"双一流"。一是"双一流"一定是少数学校的责任，但是多数学校也不能缺位。教育也应该是一个生态，多种物种共生，不同学校不同定位。"双一流"不仅是中央部委和高校的事情，行业和地方高校也应该有它的空间，不能千校一面。第五，关于政协委员履职。大家都是业余革命家，首先要把本职工作做好，结合本职工作提意见建议，顺势而为非常重要。

我接着对计划报告和预算报告中关于教育经费的安排提出了建议。我在发言中提出，教育经费2017年比2016年增加了1000多亿元，这部分钱怎么用好，怎么用出效益，值得研究。2016年教育经费占GDP的4%，实现了经费总量的进一步增加，2017年应该也能顺利达到这个目标。2016年和2017年，总的经费安排大部分是持平的，也增加了一些新的项目，比如支持"双一流"建设拿出了近200亿元，支持地方高校拿出了341亿元。

关于学前教育，2016年和2017年经费安排都是149亿元。前不久全国政协专门就学前教育召开了双周协商座谈会，我在会上提出，学前教育发展速度总体上还是快了一点。本来根据国家中长期教育改革和发展规划纲要，到2020年学前教育普及率要达到70%，但到去年已经超过了75%，第三个行动准备把学前教育的三年普及率进一步提高到85%，超出规划纲要15%。普及率超出预期，对于满足人民群众需求是一件好事情，但问题是学前教育经费主要用于建幼儿园去了，在人的投入方面就远远不够。我们在调研中发现，幼儿园教师70%以上没有教师资格证，44%以上没有大专以上学历。学前教育发展还是应该数量和质量并举。同样的钱，应该更多地用于教师的培养和提高待遇。现在幼儿园教师队伍非常不稳定，教师月收入普遍在2000多元，很多教师干一两年就走了。幼儿园编制基本上没有解决，总的来说编制内外收入相差二至三倍。教师待遇很低难以保障教育品质，也是导致体罚孩子事件的原因之一。在前面两个学前教育三年行动计划中，有园没园的问题基本解决了，接下来财政投入的重点要做好幼儿园设施的改善、教具的完善，特别是教师待遇的提高。

特殊教育也有一个如何花好钱的问题。去年民进中央同时做了特殊教育的调研，在调研中发现，特殊教育的学生才是真正的"圈养"，也就是需要特殊教育的人群专门用特殊教育的学校养起来，以小学、初中为主体。这样就带来一个很大的问题，接受特殊教育的孩子和普通的孩子、正常的社会没有接触，这两个群体互相不沟通、不理解，但到走向社会时又放在一起了。这方面，国际的潮流都是融合教育、随班就读，在学校中配备特殊教育资源。我们把大量经费投在建设特殊教育学校上，方向也是投错了。我们也应该走融合教育的路线，这是制度性的重新设计。与其现在建设很多特殊学校，之后再撤并，再走融合教育的路线，还不如一开始就定好位。

职业教育的经费预算，今年增加了一个亿。虽然增加幅度不大，但也有如何花钱的问题。现在大城市的职业教育在萎缩。例如，北京市为控制人口，中职和高职不得面向外地招生，而北京的孩子又不愿意报考职业学校，导致招生规模严重萎缩。能否让这些学校定向招收西部贫困地区建档立卡的贫困家庭的孩子，政府财政给予专项资助？

因为，一个孩子就读职业院校，不仅解决了一个人读书的问题，还解决了整个家庭脱贫的问题。

今年增加的钱主要用在高等教育上，而高等教育本来已经占财政收入比较大的板块。学前教育，国际平均水平一般占教育经费的9%左右，我们只占3.5%。高等教育占比高的原因是国家办的高校比较多。我写了一个提案，建议重点应该在还没有教育部直属大学的13个省份建设教育部直属大学，包括河南、江西、山西、青海、新疆、西藏等。现在教育资源配置相对来说还是不够合理。不是教育部直属大学，意味着拿不到国家的钱。国家应该下决心，每个省应该至少有一所以国家资金为主体的大学，以实现地区均衡发展。

总之，这两个报告解决了花多少钱的问题，但还没有完全解决好怎么花钱的问题。建议成立一个教育拨款委员会，邀请专家与人大代表、政协委员一起参与研究。否则花同样的钱，效率却不一样。

接下来，卫小春副主席讲了健康中国建设怎么能把钱花好的问题。他指出，医改以来，国家对这个问题很重视，也做了很多投入。保基本，特别是医保，在短期内达到95%覆盖，全世界没有一个国家能做到，而且是在这样一个人口众多的国家。但深化医改，很多问题光靠投入解决不了，其中有很多体制、机制方面的问题需要解决，包括资金投入机制的问题。他建议在加大对需方（医保）投入的同时，也要加大对供方的投入。之前的投入建设了大量医院、卫生院。现在分级诊疗有一个突出问题，就是基层接不住，能力太弱。根本原因是没有人，更不用说人才了。山西的乡镇卫生院，缺员率达到25%，平均四个岗位就缺一个人。有的是招不到人，有的是不想招人，因为县财政需要支出。再就是留不住人，待遇差、环境差，没有职业发展前景。要提升基层医疗服务能力，关键要解决人的问题。建议在投入基础设施的同时，把更多的资金投在人上，提高待遇、加强培训。在投入方向上，要贯彻预防为主的方针。现在的医保资金大量用于大病，但在预防上各省基本没有投入。而在预防上投入一元，可以产生八元的效益。同时，现在对于城市公立医院和县级公立医院不管大小，都分别补贴2000万和200万，这个政策当时是为了激励那些改革的医院，现在全国都已经改革了，这部分钱怎么花得更有效就应该考虑了。应更多用于公立医院改革、分级诊疗、基层培训，这样才能花得更有效率。

左定超、杜婕、张妹芝、潘碧灵、王康、罗黎辉、黄震等委员也分别就财政重点支持少数民族地区经济社会发展，支持教育、文化、生态、环保等事业，提出了意见。

怎么花钱，的确是一个大问题。虽然大会为委员们准备了《中央部门预算（草案一、二、三）》《2017年全国预算草案》《中央对地方税收返还和转移支付分地区预算（草案）》《政府预算解读》等资料，但大家只提前一个晚上才拿到，根本没有时间仔细阅读和思考。

上午会议期间，《羊城晚报》记者沈婷婷就学前教育问题对我专访。她是一位非常执着的记者，在我新浪微博上反复留言，因为两会要接受的采访任务太多，不敢轻易答应。但是她的锲而不舍感动了我，与她约了在会议间歇接受采访。

中午跑步半个小时。修订《新教育实验：为中国教育探路》书稿。这是中国人民大学出版社即将出版的"中国教育改革与创新丛书"中的一种。出版社计划作为"走出去"工程，中英文同步推出。

下午3点，参加民进组讨论。卫小春副主席主持讨论。中纪委驻全国政协纪检组组长周新建，新闻出版广电总局副局长阎晓宏、政策法制司司长余爱群、版权司司长于慈珂，文化部机关党委常务副书记李立新，国家信访局副局长张恩玺、研究室主任牟海松、研究室综合处处长马永辉等参加我们的讨论。自然，讨论的话题也就围绕这三个单位的工作展开，发言也特别踊跃。

朱晓进委员在发言中强调，文化产品必须加强文化功能的作用。现在很多文化产品没有真正考虑到文化功能实现的问题。比如说图书出版的问题。图书出版工作兼具文化工作和经济工作两者的特点，基于这两个特点，图书出版就不仅要追求经济效益，还要追求社会效益。但是目前围绕图书出版，尤其是针对青少年的出版、中小学图书馆建设出现了不少问题。如大众图书呈现跟风出版、重复出版，甚至低俗出版的倾向。还有一些图书以"网红"为卖点，以庸俗为噱头，来吸引读者的眼球，包括面向中小学生的出版物。由于目前馆配招标采购环节存在诸多弊端，使很多中小学，尤其是农村的中小学图书馆，存在重数量轻质量的问题。所以，他提出要以正确的导向不断推出图书精品，革除中小学图书招标采购环节当中的弊端，促进中小学图书馆的健康发展，研制面向中小学生的基本书目，把获得国家出版基金资助的图书定价列入审计项目，提高图书评选的公信力等具体建议。

接下来，臧永清、唐瑾、汤素兰、赵丽宏、左定超、郑福田、赵光育、杨建德、张妹芝等委员重点围绕农家书屋升级提质、提高稿费个税起征点、支持发展实体书店、打击非法出版物、改善政府采购招标、加强文化场馆建设等提出了意见与建议。

臧永清反映，农家书屋的配书问题，关键性障碍是好书因为价格太高进不去。采购方要求价格在25元以下，可是好书哪有那么多25元以下的？一部上下册的名著25元以下，怎么可能呢？这确实是需要克服的一个问题。

唐瑾就如何发挥农家书屋在文化扶贫中的作用发表了意见。她认为，文化扶贫具有扶心、扶智、扶神的作用，农家书屋是最好的载体。建议进一步关注、关心农家书屋工程，让农家书屋升级提质，在脱贫攻坚中发挥更大的作用。

汤素兰讲述了一个她亲历的真实故事。湖南有一个农民作家主动要求把农家书屋建在他家里。汤素兰发动全国的少儿出版社为他捐书，把他的家变成了一个乡村的少儿图书馆。村里去上学的孩子要经过他家门口，很多会去他那里看书、写作业。留守儿童的监护和安全是一个重要问题，如果我们的农家书屋能够同时发挥这样的作用，一定是一件功德无量的事情。她说，农家书屋刚开始时是一个自上而下的工程，国家确实投入了很多人力、物力、财力。如果我们去看单个的农家书屋，确实可能有很多地方存在各种各样的问题，但是，全国只要有一个农家书屋能发挥作用，就能改变那个地方的人，改变那个地方的孩子。从这个意义上说，农家书屋仍然是一个非常惠民的工程，是一个功不可没的工程。

汤素兰再次提出了许多委员提了许多年的稿费个税起征点的问题。她说，这么多年了稿费的个人所得税起征点还是超过800元征14%的税，超过4000元征20%的税。一个学者的一本书可能要好几年才能写完，很不容易。现在稿酬标准已经提高了，稿费个税的起征点也应该提高了。

同是作家的赵丽宏委员呼应说，这个问题多年前他就提过提案。赵丽宏委员接着讲了实体书店的生存问题。他介绍说，张抗抗给他主编的《上海文学》杂志写了一个中篇小说《把灯光调亮》。写的是在目前这种非常艰难的情况下，怎么办民营书店。我们这个社会需要书店，如果城市没有书店是不可想象的。把灯光调亮表示的是一种希望，灯光在一点点变亮。小说刊登后被好多选刊转载，包括《新华文摘》《小说月报》《小说选刊》，等等。实体书店前途怎么样，这是一个大家都非常关心的问题。现在实体书店的经营非常艰难，应该有一些政策向实体书店倾斜。网上书店对读者来说非常方便，但是有一个很大的问题，网上书店折扣很低，而实体书店不可能打六折，都是全价卖书,这种售价上的差异对实体书店很不公平。作为作者,他的书卖得很便宜,心里很不舒服,觉得是卖不出去而贱卖。是不是应该对网上书店打折的行为进行限制,否则出版社为了保证利润,书的定价会越来越高。不管是网上书店,还是实体书店,大家应该是平等的,竞争的应该是服务,而不是比谁卖的书便宜。网上还有很多盗版书,他哥哥从网上买了15本他写的书送人,让他去签名,结果全部是盗版,而且盗版得很不成样子。书是从淘宝买的。所以,赵丽宏建议政策应该向实体书店倾斜,网上书店不能打折打得太过分,否则实体书店没有生路。

教育、文化出版是民进的主界别,委员们发言自然重点围绕文化出版展开。为了让到场的国家信访局领导也能够听到真实的声音,姚爱兴副主席接过话筒把话题转到信访上来。他介绍说,这几年为了化解信访积案,宁夏回族自治区让领导干部都要包几个案子。他在一个案子的处理过程中发现,有的事情发生时是跨省的。这件事情发生在另一个省的一个县里,当事人2016年一年到北京上访189次。县里、市里对于事情的处理都很尽力,都给对方政府发过函,但从来没有得到过回复。当事人只能到那个省去,不得已再往北京跑。解决问题的关键是缺少一个联动机制,一个案子能积压这么多年,关键不在于问题没法解决,而在于没有相应的机制。国家应该出台一个综合机制,解决跨省的问题。从社会稳定、化解矛盾出发,国家一定要建立相应的机制。

王康委员说,信访是一个非常困难的工作。能否采取一些新的举措,如利用大数据手段,对信访内容归类,进行分析、研究、梳理。

卢天锡委员也对"天下第一难"的信访工作提出了几点建议:第一,要界定一下信访的范围。信访不可能什么都管,如涉诉涉法的问题就不应该由政府管。有些人放高利贷收不回钱就到政府去闹,买了房子不能按时收房也到政府去闹。第二,现在人口流动性很大,应合理划分信访人群的地域责任,既要看人属于哪里,也要看问题发生在哪里。第三,信访政策出台要慎重、全面。不能大闹大解决,小闹小解决,不闹不解决,导致不断地闹、不断地解决的局面。

栗甲委员说,中国当代的信访制度,是我国治国理政经验的总结，在化解社会矛盾、稳定社会秩序方面发挥了特殊作用。但有两个问题要引起注意。第一，冯小刚导演的电影《我不是潘金莲》，一个农村妇女为了一句话跑了十多年，一件事变成多件事，最后也没有解决。为什么这么多层组织对一个简单的问题都没法解决？说明信访问题也应该有个纠错机制。第二，缠访和闹访很难解决。职业信访人通过闹访来获得利益，如果对此没有好的解决方法，长期下去，会让信访工作是非难辨。对明知故犯、无理取闹的，一定要有一个处理措施，以还社会一个公平。

　　下午的发言非常热烈，15位委员先后发言，意犹未尽。讨论一直持续到下午5点左右，最后主持人不得不宣布结束发言，请几位参会领导讲话。

　　新闻出版广电总局阎晓宏副局长感谢民进中央多年来对新闻出版广电工作的指导、支持和帮助，并且对八位委员提出的问题一一回应。

　　一是关于农家书屋问题。他说，农家书屋是中央定的五大惠民工程之一。2007年开始建设，要求在村一级建一个农家书屋，当地提供不少于20平方米的场所，政府出资来采购六个书架和1500册图书。2012年之前项目完成时，建立了60多万家农家书屋，这在中国的历史上是从来没有过的。时间过去十年了，有两个问题：一是书还在不在？二是有没有发挥作用？在总局的系统里能查到每一个农家书屋和每一位管理员，但是时间长了，有的农民都忘了还有农家书屋，有的管理员因没待遇就不去管了。这也不是很个别的现象。十八大以后，总局一方面是在整合资源，另一方面在管理员的待遇上也想了很多办法。江西省用残疾人管农家书屋效果很好。目前一个农家书屋一年给2000元，由于地方要求整合资源，所以现在这个钱是统一使用。总局现在也在研究怎么把农家书屋这件事做好。除了国家给钱外，也有多种方式来做这件事情。比如社会上一些有志之士，有的人一生就想办一个书屋。同时，也在探索数字农家书屋的建设，已经建了三万多家。

　　二是关于全民阅读。他说，民进中央对全民阅读的推动力度是最大的。经过这些年的努力，各部门都很支持。今年的政府工作报告首次提出"大力推进全民阅读"，以往都是"倡导全民阅读"。现在开展全民阅读活动的城市有几百个,很多省是省委书记直接抓这项工作。朱永新副主席多年来一直在推动这项工作。总局正在和法制办沟通,有可能今年就正式出台《全民阅读促进条例》,出台以后会对政府在推动全民阅读方面的责任有一个定义。国际上,包括美国、日本、韩国,都有关于全民阅读方面的法律,我们国家出台这个条例是非常必要的。

三是关于图书采购招投标的问题。他介绍说,总局和教育部、文化部也联合调查了好多次。价格部门是发改委管的,除了对教材实施国家定价外,其他都是自由定价。书是出版部门出的,使用则有的是学校、有的是图书馆。对于图书定价问题,社会上争议也比较大。

四是稿酬个税起征点问题。他介绍说,总局联合作协等部门向税务总局反映过这件事。至于进展情况,他回去以后再问问总局的计划财务部门。

五是实体书店发展和电商的问题。这个问题社会反应比较强烈。税务总局已经把实体书店增值税免了,此方面的免税全国一年达50多亿元。上海市在全国带头,一年拿出1000万元补贴书店,尤其是民营实体书店,因为新华书店有教材销售。电商折扣太大,会形成不平等竞争,甚至曾经出现过有的书店从电商买书然后再来销售的情况。我们国家出台"反垄断法"时,没有制订例外条款,这个例外条款指的是新书在出版一定时间内不允许打折,否则可视为欺诈行为。这个问题他们正在和发改委价格司商议。

国家信访局张恩玺副局长也感谢民进中央和委员们对信访工作的支持,对四位委员提出的意见建议进行了反馈。针对姚爱兴委员的问题,他认为这是属于"三跨(部门、行业、系统)三分离(人户、人事、人户事)",确实不好处理,也是影响信访工作向好的方向发展的瓶颈。问题的实质是责任落实的问题,出了问题,板子应该拍给谁。现在出了问题,就记在上访人户籍所在地头上,但很多上访人的生活基础都不在那里。这也是信访工作需要改革的一个方向。目前非常典型的案子大概有上千件,需要一件一件来解决。搞联动机制很有必要,特别是省与省之间。之前有一个案子甚至涉及三个省八个部门,后来也协调解决了。针对王康委员等提出的建议,他介绍说,缠访、闹访有两种情况，一种是有一定道理的，一种是漫天要价的。后一种要依法处置。这些年这个问题比较突出，也正在研究新的办法。过去信访是个筐，什么都往里装。现在要回归信访工作本质，所以要诉访分离。这项工作从中央层面好办，能分得开，越往下走越难办，特别是到县这一级。但是这是方向，不分不行。

关于考核机制的问题，国家信访局一般不考核，因为正常上访是党和政府接触群众的渠道。但非法上访是需要通知地方的。对于过度考核的问题也是三令五申要纠正。对于缠访、闹访，关键是落实好总书记提出的"三到位一处理"，也就是"诉求合理的解决到位，诉求无理的思想教育到位，生活困难的帮扶救助到位，行为违法的依法处理"。他表示会把委员们的意见带回去，进一步研究，落实到下一步工作中去。

文化部机关党委的李立新书记也对委员提出的提高政府财政的文化补贴标准，特别是县级文化场馆还没有纳入政府补贴问题，以及公共文化项目、公共文化设施建好以后怎样才能更好发挥作用的问题做了回应。他介绍说，刚刚公布实施的《公共文化服务保障法》，从国家层面上提供了政策支撑，对各级政府的职责提出了要求、做出了规定。文化部也在积极努力，相信会在今后工作中，在各位委员呼吁下取得更好进展。

罗富和第一副主席最后做总结发言。他首先感谢文化部、国家新闻出版广电总局、信访局的领导同志亲临我们民进组听取各位委员的工作意见，而且积极地回应了委员们的一些问题。罗副主席说，随着中国特色民主政治的推进，人民政协工作得到进一步的支持，尤其是中央明确提了协商民主制度的推进以后，政府部门对政协的工作，对各党派的工作都给予了很大的支持。他也提出了两点建议。一是希望能够进一步地加强对共产党领导的多党合作和政治协商制度的境外宣传；二是希望国务院有关部门进一步重视政协委员的提案和意见。

下午4点，苏州电视台和《苏州日报》、"看苏州"融媒体等专程来北京会议中心采访，主题也是关于全民阅读问题。

晚上撰写一篇约稿。两会期间的约稿时间都比较急，只能抓紧时间。晚上11点半休息。

十　委员激烈抢话筒为农民代言

3月8日，星期三，晴

早晨5点起床。发"两会进行时"等微博。两会期间，因为要写手记和约稿文章，媒体采访时间也安排得非常满，一些原创的微博如"一言难忘"等也没有时间完成了。两会期间安排了一天休息时间，一般都是在3月8日，国际妇女节这一天。但是，对于我来说，两会期间也从来没有休息的日子。

早晨8点半出发，去中国日报社接受视频专访。9点左右开始录播。话题很多，从国学热与英语学习，到职业教育与脱贫攻坚，从新教育实验的课程研发，到全民阅读的进展与困难，一个多小时才结束。

结束后，参加与陈丹晨、鲁光、从维熙、肖复兴、张抗抗、赵丽宏、梁晓声、罗雪村、李辉、董宏君、吴重生等一批作家朋友的见面会。丽宏兄每年都要组织与北京作家朋友的见面，这些作家无论是耄耋老人还是"70后"，都是青春洋溢的。从维熙老师送我一本他的散文集《朝花夕拾》，并且在书上题签"笑对夕阳"，他说："你也是快60岁的人啦，也要笑对夕阳！"肖复兴老师送我的是被收入"中国青少年成长文学书系百年经典"的《青春奏鸣曲》。他的题签是"每个人都是一本打开的书"。这些作家的书大部分读过，现在与他们交流，读人比读书还要过瘾。因为他们每个人都是一本打开的书。

下午3点参加全国政协两会提案办理会议。每年两会期间，全国政协都要围绕一个重要的主题进行一次提案的现场办理会，邀请相关的提案党派代表、提案人、提案委员会委员、提案办理单位代表等，面对面交换意见,对提案进行集中协商办理。今年的主题是"推进农业供给侧结构性改革,广辟农民增收致富门路"。

民革中央副主席郑建邦第一个发言。他建议,要依托贫困地区自然条件,创新农用地流转机制;建设服务型集体经济组织,处理农民授权的公共事务,弱化所有权;以"股田制"为主导,建立农民增收的长效机制。

接着是我代表民进中央做关于壮大村级集体经济,助力农民增收致富的发言。我在发言中介绍说,民进中央在调研中发现,当前村级集体经济"造血"功能缺乏是一个十分突出并带有普遍性的问题。全国58.8万个行政村中,无经营性收入的村占50%,经营性收入不到五万元的占30%。贫困村多为集体经济空壳村,比如地处桂、滇、黔三省(区)接合部,境内聚居着壮、汉、苗、瑶、彝、亿佬等六个世居民族的广西西林县,是国家、自治区双定的贫困县,村级集体经济非常脆弱,大部分处于"空壳"状态。这些村无资金、无资产、无资源,有些甚至是零收入。村级集体经济薄弱,导致有些村组织运转基本靠"补",基础设施建设基本靠"要",公益事业基本靠"捐"。

我在发言中提出,对于完全没有村级集体经济的行政村,可以先给予一定的扶贫经费补贴,以保障基层组织的正常运转。而要从根本上破解贫困村问题,关键在于用好壮大村级集体经济这把强村富民的"金钥匙",它既能提升扶贫资金投入的精准性和使用的实效性,也可以破解贫困地区村级组织能力建设的内生型财力保障问题、村级组织与群众之间的"纽带"问题,并在发展过程中培育村民的责任意识和集体意识,为农民增收致富后构建新型村级治理体系奠定政治、经济、文化基础。

为此提出了四条建议:一是加强政策集成,为壮大村级集体经济营造良好制度环境。二是加强基层组织建设,为壮大村级集体经济提供强有力的组织支撑。三是要尽快出台发展壮大村级集体经济配套政策,整合现有资源、盘活资产、延伸产业链条、兴办乡村旅游等"多管齐下",并在财税、用地、金融和人才等方面给予支持。四是整合涉农信息,用大数据和农业科技为壮大村级集体经济提供技术保障。

第三位是九三学社中央副主席赖明发言。他在发言中建议,要强化农业社会化服务体系建设，为农业生产经营主体提供产前、产中和产后的全过程社会化综合配套服务，同时采取政府购买服务等方式促进生产性服务业发展，确保信息、农技、物流等生产要素有序渗透到农资流通、农产品交易等环节。

接下来是陈锡文、柯炳生、张连起三位委员发言，他们分别围绕"多措并举促进农民增收""加快农产品价格形成机制的改革，实现农业价补分离""运用好财政介入方式，助力农业供给侧结构性改革"建言。

针对六位委员的提案建议，中央农办副主任韩俊、国家发展改革委员会副主任张勇、农业部副部长余欣荣代表提案承办单位先后发言，感谢各民主党派和政协委员为农业改革发展建言献策，同时回应了大家关心的一些问题。

在互动交流阶段，我见到了史上最激烈的"抢话筒"发言的场面。"我要代表台盟中央发言！""给这边一个发言机会吧""我想提个建议""我就说两句话""我已经申请了五次啦！"委员们或者拿过话筒直接开腔，或者抬高嗓门吸引主持人注意，或者踮起脚尖把手举得老高，与我在许多小学看到孩子们争先恐后抢发言机会的场景差不多。他们，都想利用这个机会把自己的见闻与思考、建议与对策说出来，为农民兄弟姐妹代言。

杨维刚、李钺锋、杨志明、钱学明、田惠光、赵雨森、赖钟雄、刘昕、夏涛、范小建、李成贵、朱保成、白先进等委员成为幸运者。

发言中让人印象特别深刻的是人力资源与社会保障部原副部长杨志明委员关于善待"城归"的建议。"过去只听说'海归'，"杨志明说，"目前全国'城归'农民工已达约200万人，这些人在农村将发挥很强的带动作用，建议国家厚待他们，将扶持政策落实落地。"

另外，原国务院扶贫办主任范小建委员关于推广"高原牛粪捡拾车"的建议也让大家印象深刻。他介绍说，中国农业大学老师为高原牧区研发的牛粪捡拾车，不用充电、不用打气，组装简单，劳动效率却相当于当地牧民单人劳动效率的五到十倍，希望有关部门给予政策支持。

坐我边上的王天戈委员，十余次举手申请发言，也没有抢到机会，看得出他满脸的遗憾。昨天看到有媒体诙谐地说，两会上最厉害的人就是主持人，因为他们有决定谁有机会发言的权力。其实，我也感觉到今天作为主持人的提案委员会主任孙淦的无奈，他也希望有更多的委员发言啊。在快到下午5点半的时候，孙淦不得不打住，请参加会议的另外两个部门的领导讲话。

国务院扶贫办副主任欧青平说，他们对这次政协会议提交的相关提案进行了认真研究。委员们在提案中反映的要大力发展特色农业、壮大村级集体经济、开展旅游扶贫、盘活农村土地资源、实施金融扶贫等建议，在"贫困村提升工程"中都已经有所考虑。下一步扶贫办将认真研究每一个提案，充分吸收委员们的建议，进一步加以完善。

他自然也没有忘记呼应老领导的建议，称"高原牛粪捡拾车"的提案"特别有针对性"，下一步会配合有关部门做好这项技术的推广和运用工作。

国家旅游局副局长李世宏连声感叹："没想到大家发言这么踊跃。"他还连声称赞委员们的发言和提案中的许多建议"提得好、提得准、提得新"，对推进乡村旅游进而推进农业供给侧改革是一股春风，连声表示"国家旅游局会尽全力把提案办好、办实、办出效益"。

晚上6点半回到北京会议中心。整理两会手记。

晚上9点接受上海电视台第一财经电视记者的专访，就职业教育与脱贫攻坚、未来学校与中国诗词大会等话题交流。

晚上10点跑步35分钟。两会期间，时间是以分计算的，舍不得像以往那样用一个小时左右的时间锻炼。回来后依然浏览当天的报刊。今天的《新京报》"政协笔记"发表了我的两会手记《运用大数据加强提案信息管理》，同时在"观察家·代表委员议政录"专栏刊发了我的文章《用职业教育阻断贫困代际传递》。今年中国网给我开设了"两会手记"专栏，许多朋友纷纷告诉我，从微信中看见了手记，排版很新颖，读起来很轻松。我没有微信，用电脑看了朋友发来的链接，果然编辑得非常用心。

晚上11点半休息。

十一　用数字说话才有力量

3月9日，星期四，晴

　　早晨4点50分起床。两会期间，总是睡不踏实。惦记着早晨发微博，与网友分享两会的情况，惦记着及时写手记，记录每天的故事。还有大量的简报也要浏览，不想错过重要的信息。早晨有时候就像打仗一样忙碌而紧张。

　　上午9点参加民进组讨论《中华人民共和国民法总则（草案）》。常务副主席、主持人蔡达峰悄悄对我说，他担心今天会"冷场"，因为大家都不是法律方面的专家，而且文件也是昨天刚刚拿到。

　　没有想到，不仅没有冷场，讨论还非常热烈。张震宇、胡卫、杜婕、罗富和、陈贵云、唐瑾、姚爱兴、岳崇、杨建德、俞金尧、王康等十余位委员先后发言，认为《民法总则》的出台与群众生活息息相关，具有重要的现实意义，同时也对《民法总则（草案）》的部分内容提出了修改意见。认为民法涉及每个人生活的方方面面，制定时应考虑中国的实际。

　　有委员提出，《民法总则（草案）》增加了保护胎儿利益的条款，但在科技不断发展的背景下，这项条款会产生很多被利用的空间，这项法律在制定过程中应更细致，要考虑一切可能性，防止恶意利用法律漏洞的情况发生。

　　有委员就土地产权提出修改建议，希望对房屋70年产权到期后怎么办提出明确办法，同时认为目前集体产权，特别是农村集体产权的内涵不明确，导致了一些问题，比如，集体土地不能买卖，也不能开发，产权价值大打折扣，是对农民权益的损害，建议《民法总则》中丰富集体产权的内涵。

有委员建议除《民法总则（草案）》中所列举的知识产权保护类别，同时将"商业模式"列入知识产权保护中。比如当下流行的"共享单车"，作为一种商业模式，应当受到知识产权保护。

也有委员对民事主体的界定提出意见，认为在《民法总则（草案）》中并没有讲到"家庭"是什么类型的主体，但在政府制定政策中，常常以家庭作为行政措施施行的主体，比如房屋限购政策等。法律与政策之间如何衔接，需要深入研究。

还有委员关注监护与赡养的关系问题，提出《民法总则（草案）》规定了父母对子女负有监护义务，但对监护人不履行监护义务怎么处理，规定不具体、不明确；同时，成年人对父母赡养方面讲得少，不够具体，等等。

没有来得及听完所有委员的发言，我就匆匆忙忙赶往中国教育报刊社，再次参加"两会E政录"的视频专访。这次专访是临时通知的，《中国教师报》采编中心主任康丽告诉我，他们要做一期关于乡村教师的专题，民进中央长期关注乡村教师问题，为助力《乡村教师支持计划》做了大量工作，希望我能够与教育部教师教育司王定华司长做一期关于乡村教师队伍建设的节目。我自然愉快地接受了她的邀请，也借这个机会为乡村教师说一些话，为民进作为"教育党"做一些宣传。

上午11点视频直播准时开始。与定华司长的对话很顺利，我们围绕"精准发力，让乡村教师有更多获得感"的话题整整谈了一个小时。我在对话中说，乡村教师是中国教育不可或缺的一支重要力量。乡村教师强，则中国教育强。要大幅度提高乡村教师的社会地位与经济地位，创新乡村教师的补充途径与办法，助力乡村教师的专业成长。

结束后，花了十分左右的时间吃了简单工作餐，马上赶回驻地，乘车去人民大会堂，参加今天下午召开的全国政协十二届五次会议第二次全体会议。

下午3点，大会准时开始。刘晓峰副主席主持会议。国务院副总理汪洋出席今天的会议，与中共中央、国务院有关部门负责人一起到会听取发言。每年的两会，政协一般都要举行三场大会发言，分别围绕经济与生态文明建设、文化教育与社会建设、政协工作与政治建设等主题。今天是第一场大会发言。

李守镇委员就建设高素质产业工人队伍、打造更多"大国工匠"，刘继贤委员就促进军民融合发展战略，陈锡文委员就深入推进农业供给侧结构性改革、提升农业综合效益和农产品竞争力，迟福林委员就处理好政府与市场关系，郑惠强委员就振兴实体经济、打造制造强国，朱维群委员就加强国家自然保护体系的顶层设计，张泓铭委员就楼市调控需要对冲异常波动的自动调节机制同综合施策形成合力，郝明金委员就培育发展新生中小城市、推进新型城镇化建设，傅成玉委员就重视国企改革中遇到的新问题，朱保成委员就进一步深入推进农村土地"三权分置"制度，张近东委员就大力推动实体零售向智慧零售转型，许家印委员就脱贫攻坚重在精准、贵在坚持，蓝逢辉委员就营改增改革的运行效果与改进，徐晓兰委员就小小一支笔、谱写大文章等问题先后发言。

14位发言者，从不同角度为经济发展建言，为结构性改革献计。他们都有一个共同的特点：用数据说话。

如第一位发言的李守镇委员，一开口就是两组数据：一是2017年春节期间，615万中国出境游客，境外消费达1000亿元人民币，从奢侈品到电饭煲、马桶盖无所不买，人均花费是其他国家游客的3.5倍。作为全球制造业大国，千亿元购买力"外流"的背后，是我国制造业"大而不强"的尴尬。二是由于产业工人整体素质和技能水平不高，我国劳动生产率水平仅为世界平均水平的40%，相当于美国的7.4%。一个美国工人创造的财富，相当于我们13个人创造的财富。他还介绍说，如何让我国工业制造"大而又强"？弘扬"大国工匠"精神，建设高素质产业工人队伍至关重要。

另一位是中央农村工作领导小组原副组长兼办公室主任陈锡文委员。他在发言中提出，近年来，外出就业农民工数量增速明显下降，2015年、2016年分别只增长0.4%和0.3%，而2016年本地农民工就业增加了374万人，比上年提高0.7个百分点，这说明农村电商、网购和乡村旅游业的快速发展，创造了大量新的就业机会。如何把握这种新趋势，在政策上引导和鼓励农村各种新产业、新业态的发展，值得认真研究和探索。

民建中央常务副主席郝明金在发言中也引用了大量数据。他指出，相对于经济社会和城市化进程的快速发展，我国城市整体数量偏少、中小城市增长严重不足仍是城镇化最大短板。如日本城市人口1.15亿，有787个城市，在城市化率从38%提高到70%期间，城市从166个增长到652个；美国城市人口2.58亿，城市数量多达10158个，在城市化率从20%提高到50%的期间，城市由392个增长到2722个。我国城镇人口已达7.7亿，城市数量只有656个，而且在城镇化率从31.91%提高到56.1%期间，城市反而从668个降至656个。所以，如何培育发展新生中小城市，推进新型城镇化建设，也是一个重要的课题。

来自恒大集团的许家印委员则用数据介绍了他们在贵州省毕节市大方县帮扶的情况。从2015年12月开始，他们计划三年无偿投入30亿元，通过一揽子综合措施，力争到2018年底实现全县18万贫困人口全部稳定脱贫。目前已吸纳11687人到恒大集团及其战略合作企业就业，年人均收入4.2万元，实现"一人就业、全家脱贫"。同时，4600多人的扶贫队伍常驻大方，与当地干部群众展开脱贫会战，103个重点援建项目已全部开工，建设蔬菜、肉牛、中药材和经果林基地284个，引进27家农牧业上下游龙头企业，为211个专业合作社提供3.1亿元产业扶贫贷款担保，8.05万人初步脱贫。他的体会是：扶贫既要"见效快"，更要"利长远"；必须真抓实干，坚持"输血"与"造血"并举，不仅出资金，更重要的是出人才、出技术、出管理、出思路，工作到村、调查到户，措施到位、扎实推进，这样才能不断夺取脱贫攻坚战的新胜利。

最后一位发言的徐晓兰委员是从一组"尴尬"的数据说起的。2010年的时候，中国有3000多家制笔企业，年产400多亿支笔，占全球八成市场份额，相当于全球人均六支笔。但是，我们却长期处于制笔行业价值链的低端，核心技术、关键材料和加工设备都依赖进口。以圆珠笔为例，九成笔尖球珠需进口，八成墨水从日、韩进口，笔尖球座体的生产设备更是全部从瑞士、日本进口。在全国政协推动下，

2011年，科技部拨专款力攻"圆珠笔"难关。五年之后，已有三项核心技术实现从无到有的突破。笔头钢生产的关键技术、笔头生产设备和国产墨水都达到了国际先进水平。所以必须全面实现创新驱动战略，大力推动中国从"汗水型经济"走向"智慧型经济"。

事实胜于雄辩，数字最有力量。学会用数字说话，渐渐也成为委员调查研究、撰写提案、大会发言的一道靓丽风景。

晚上处理会务。协调明天晚上民进中央与湖南省主要领导的座谈会等事宜。与几位委员朋友见面聊人生，对"乐天知命""但行好事，莫问前程""来是偶然，去是必然"几句话印象颇深。

晚上继续整理手记，写约稿文章。读今天的报纸。《人民政协报》发表了我3月3日到6日四天的手记摘要。《新京报》政协笔记专栏发表我的文章《博士生补助标准该提提了》。两会的手记最初不是为发表而写的，只是想与网友分享会议的情况，没想到许多媒体也非常感兴趣，特别是中国网编辑精心制作后在移动端发布，据说点击率和转载率都很高。

不知不觉，又忙到了夜里11点多。赶紧在房间简单运动了十几分钟，晚上11点半休息。

十二 会"把脉",更要会"开药方"

3月10日,星期五,晴

早晨5点起床。上网发"两会进行时"等微博,处理邮件,写两会手记。上午9点出发去全国政协。10点半列席政协十二届全国委员会第56次主席会议,11点参加第20次常委会。

下午1点43分出发去人民大会堂。下午3点政协大会的第二次全体会议正式举行,陈晓光副主席主持会议,中央政治局委员、中宣部部长刘奇葆和中共中央、国务院有关部门的领导出席会议。

今天下午的主题是文化建设与社会建设问题。全国作协副主席高洪波委员就坚定文化自信、创作文艺精品,朱专兴委员就坚守清廉家风、铸牢家庭防腐"篱笆墙",刘长乐委员就提高国民素质重在道德引导和法治规范,刘长铭委员就加强实践性教育、全面落实立德树人根本任务,李卫委员就改革科技评估体系、提升自主创新成效,赵晓勇委员就以安居就业导向人口城镇化,陈自力委员就以金融推进养老产业供给侧结构性改革,彭钊委员就深化医学教育改革、加快全科医生培养,曹鸿鸣委员就健康中国建设与慢性病防治,龙墨委员就精准扶助贫困残疾儿童,袁慧琴委员就激活戏剧遗产、创造时代经典,周新生委员就让真情大义的春风吹遍神州大地,潘建伟委员就科技人员如何为建设科技强国建功立业,姚明委员就建设体育强国、发展体育产业等问题做了发言。

相对于经济建设与生态文明建设而言,文化建设与社会建设的发言往往容易呼吁多、抒情多,干货少、办法少。但是,在今天的发言中,我们还是看到了不少"干货",听到了不少实实在在的对策性建议。委员们不仅对社会生活的许多问题"把脉会诊",而且开出了许多"药方"。

如中国钢研科技集团有限公司的副总工程师、中国工程院院士李卫的发言,在批评了目前科研中的许多怪象以后,也提出了许多非常精彩的建议,如强化第三方专业评估机构;建立与完善分类评价体系,从原创性、成果实效性、预定目标完成度、论文专利影响度等多个维度,综合评估科研成果,并进行项目结题几年后的再评价;建立评审专家信用制,重大项目探索项目首席评审专家负责制,让每个重大评议项目都有实质上的"甲方"。对科技创新的评审负责人建立考核问责和责任倒查机制,从根本上消除项目评估中的人情票、关系票、随大流票等不公平、不负责任现象,形成不想、不敢也不必打招呼的健康科研文化。

再如民进广西壮族自治区委员会主委陈自力委员,针对当前养老产业发展存在的投资主体不活跃、融资渠道偏窄、总体规模偏小、中高端服务项目和专属金融产品不多等诸多问题,提出了引入多元主体助推养老产业做大做强做优,完善配套政策吸引金融机构支持养老产业的对策。其中关于"保养结合""旅养结合""医养结合"与"房养结合",将大型国有企业投资养老项目纳入企业整体授信,引导企业将原招待所、疗养院等转型为社会化养老机构,做好存量资源的再利用等建议,非常具体,操作性也很强。

今天下午发言最出彩的是刚刚当选为中国篮球协会主席的姚明委员。在题为《体育强国不仅仅是金牌 体育产业不仅仅是金钱》的发言中,他借鉴发达国家体育发展的经验,提出了许多非常中肯的建议,为我国的体育事业发展开出了多条"药方"。他表示,建设体育强国,金牌是必要的,但体育强国的内涵不仅仅是竞技体育金牌,也包括群众体育、体育产业、体育文化的齐头并进。

如何培育体育市场?姚明认为关键是要培养稳定、忠实的消费者,学校体育对此发挥着重要作用。他说,对体育的热爱来自于兴趣,兴趣要从小培养,需要习惯养成,学校体育课不能成为"挣分课",不能考什么就教什么。建议改变学校体育教学"重体能、轻技能"的局面,注重兴趣养成,做到基础能力和专项技能并重。要鼓励有条件的学校开展专项体育教学,让学生掌握至少一种专项技能,能够熟悉专业术语、了解裁判知识,理解文化内涵,"最终成为有兴趣、懂门道、会欣赏、能参与的忠实的体育消费者"。

如何举办体育赛事?姚明认为,关键在于形成"赛事链",要鼓励社会力量、体育社团自主办赛,构成包括校内比赛、校际比赛、业余比赛、职业比赛在内的完整赛事链,满足不同年龄、不同水平消费者的赛事体验需求。

如何突破运动场地的瓶颈?姚明建议,要改变体育场馆只为大型综合性赛事服务的设计思路,将闲置的"观赏型"场馆改造为"体验型"场馆;突破现有运行机制,引入社会资本,成立产业集团;建立规模化的电子商务平台,整合分散在不同系统中的运动场地,为百姓提供包括找场地、找队友、找对手、找教练、买装备等一整套服务解决方案;鼓励机关事业单位、学校场馆对外开放,开发公共空间,利用闲置地块,改造废旧厂房,缓解运动场地不足等现象。

此外,对于如何建立国家职业联赛体系,如何建立专业化安保体系等问题,姚明也都开出了自己的"药方"。这些"药方"都很专业,很给力。

晚上7点半,参加民进中央与湖南省举行脱贫攻坚民主监督工作协商座谈会。民进中央第一副主席罗富和主持会议。民进中央主席严隽琪、常务副主席蔡达峰、副主席刘新成、秘书长高友东,湖南省委书记杜家毫、省长许达哲、省委副书记乌兰、省委常委黄兰香、省人大常委会副主任谢勇等出席会议。一个省的主要领导同时到民进中央来,这还是头一次。杜家毫书记开玩笑说:"我们可以在这里开书记会啦!"

受会中央委托,我介绍了自2016年中共中央明确民进中央对口湖南省开展脱贫攻坚民主监督以来,就农村扶贫供给侧改革及政策落实等多个问题,深入湖南各市县调研,在做好民主监督的同时,积极做好为湖南"鼓"与"呼"的相关情况。中共湖南省委副书记、省长许达哲也介绍了湖南2016年脱贫攻坚工作情况。他表示,2017年,湖南省努力做到扶真贫、真脱贫,坚持造血式扶贫,着力补好教育、医疗和贫困村提升等三大短板,提高精准扶贫实效,实现了110万农村贫困人口脱贫等年度脱贫目标。湖南省是全国贫困人口最多的省份之一，还有49个贫困县都是革命老区县，如期脱贫的任务非常繁重，恳请民进中央继续加大对湖南脱贫攻坚的监督指导力度。

严隽琪充分肯定湖南脱贫攻坚工作取得的成绩和经验，感谢湖南对民进中央脱贫攻坚民主监督工作的支持。她指出，民主党派脱贫攻坚民主监督，充分体现了中国特色社会主义政治制度的优越性和中国共产党人的政治智慧。她说，民主党派的监督，本质上是一种合作。我们的监督，不是靠强制约束力，也不一味地追求监督的"硬度"和"刚性"，更多的是靠真知灼见、靠政治影响力、靠社会影响力。她期望2017年能够在高层协商机制、对接联络机制、重要情况通报机制等工作机制的完善上有所突破。民进中央将本着"为执政党助力、为国家尽责、为人民服务"的宗旨，为中共十九大的胜利召开和全面建成小康社会，为湖南打赢脱贫攻坚战贡献力量。

杜家毫在讲话中对民进中央长期以来给予湖南省各项工作，特别是脱贫攻坚民主监督工作的支持与帮助表示衷心感谢。他表示，湖南将进一步增强政治自觉，把民进中央的民主监督作为推进脱贫攻坚的难得机遇和强大动力，作为重大政治任务和重要政治责任，自觉主动接受民主监督和指导；进一步完善与民进中央的日常联系、情况通报、研究会商、信息直通等制度机制，开展务实有效的协商沟通，全力做好服务保障工作；深化监督成果运用，对民主监督指出的问题和意见建议，逐一分析研究、精准施策，确保整改到位。希望民进中央进一步发挥人才、智力、资源、平台等优势，为湖南改革发展特别是脱贫攻坚事业提供更多支持帮助。

会议结束后，稍事整理了近期的文件与材料，晚上10点后回到北京会议中心。翻阅刚刚从办公室送来的《时代教育（人物）》3月号，这一期的封面主题是《晨诵·诗教——新教育诵读之兴、观、群》，其中有《〈新教育晨诵〉读本为什么洛阳纸贵》《让读本与儿童一起成长》《花儿老师与"红月亮"》《兴：读出"生长"的感觉》《观：与晨诵有关的日子》《群：一次诗意的研讨》《儿童需要读那么多唐诗吗？》《现代诗选编的意义》等一组关于新教育晨诵的专题报道。新教育研究院16年的成果《新教育晨诵》出版后，受到广泛的好评，被认为代表了目前国内晨诵读本的最高水平。但我们仍然如履薄冰，希望能够继续打磨，不断完善。

晚上11点40分休息。

十三 两位藏族委员的发言为什么感动人?

3月11日,星期六,晴

早晨5点起床。整理发布"两会进行时"等多条微博。写手记。

翻阅福建教育出版社刚刚出版的新书《造就美国人——民主与我们的学校》和《知识匮乏:缩小美国儿童令人震惊的教育差距》。这两本书都属于由新教育研究院新阅读研究所组织翻译的"新阅读译丛·赫希核心知识系列"。赫希是我非常尊敬的一位教育家,他在美国发起了一场以"核心知识"为主题的教育改革运动,唤起了美国民众对于学生基本技能尤其是读写能力的重视,以及对美国学校的内在不公平现象的关注。长达五年的翻译出版周期,终于见到了成果。

上午9点参加小组讨论。每年小组讨论有一次是围绕委员关注的社会热点问题展开,民进的政协委员是教育、文化、新闻出版界别为主,所以我们选择了"职业教育与脱贫攻坚"作为话题。

张帆副主席主持上午的讨论。参加讨论的部委同志有人社部职业能力建设司司长张立新、国务院扶贫办开发指导司司长海波、教育部职业教育与成人教育司巡视员王继平、教育部发展规划司副司长刘昌亚,全国政协提案委员会驻会副主任田杰也专程前来参加会议。

我就"用职业教育阻断贫困代际传递"问题做了发言。我在发言中提出,"十三五"期间,实现全面建成小康社会的关键是几千万农村贫困人口的脱贫问题。对于贫困家庭子女来说,受到好教育,全家有希望。对于新生代农民工来说,一人工作好,一家即脱贫。好的职业教育是他们获得回报最快速、短期脱贫最可行的方法。

然而,从全国范围看,当前职业教育资源的供给和农村脱贫的需求之间严重不匹配。一方面,优质的职教资源、就业机会、新兴产业主要集中在发达地区和大城市,但由于人口控制、户籍制度和相应的招生限制政策,无法面向贫困地区招生,导致京津沪等地区的职业学校办学规模骤减,与外地院校合作办学处于停滞状态。如北京某国家级重点职业学校在校生从5000多人减少到3000人。另一方面,贫困人口和职业教育的生源主要在欠发达地区和农村,这些地方的职业学校基础薄弱、规模较小,课程内容陈旧、实训设备老化,一些学校教的是早已被市场淘汰多年的职业技术,专业吸引力差,招生困难,未能发挥职业教育在促进劳动力转移或就地就业方面的作用。

为此,我提出了加大发达地区对欠发达地区的职业教育支持力度,实施职业教育脱贫工程,全面提升集中连片贫困地区职业教育能力,以就业为导向,开展学制灵活、内容多样的职业教育与技能培训,如何增强职业教育的吸引力,鼓励企业办职业教育,在全社会弘扬"大国工匠"精神,提高技术工人的社会地位和职业待遇等建议。

接着,王康、黄震、杨建德、陈贵云、卢天锡、潘碧灵、罗黎辉、胡卫等委员先后发言。王康提出,职业教育支持脱贫攻坚也需要在精准上下功夫。他认为,目前职业教育还比较粗放,存在大水漫灌的现象,没有对脱贫攻坚中职业教育的受教育对象进行细分。现在真正支撑农村建设的是中老年群体,随着农村劳动力空心化,我们现在重视对孩子和青少年的培养,但恰恰忽略了对中老年人的培养。

作为大学校长,黄震委员仍然关注高校青年知识分子的问题。他提出,应该高度重视高校博士生的生活状态。建议就博士生待遇问题形成长效联动的保障机制,和国家城镇非私营单位在岗职工的平均收入联动。他对高校间人才无序流动的问题也提出了批评,希望教育部能够针对高校到处抢人才的现状,立一些规矩,提倡教师的契约精神。同时可以采取"转会费"制度,对学校用五年、十年甚至更长时间培养人才的付出有一个补偿机制。

卢天锡委员就职业教育中存在的"长短腿"现象做了一个形象的比喻:普高是长腿,中职是短腿;公办是长腿,民办是短腿;高职是长腿,中职是短腿。他指出,国家"地方教育附加费用于职业教育的比例不低于30%"的政策很难落实到位,民办中职教育也没有列入范围。国家规定通过政府购买服务来解决地方教育资源不足问题，基本没有落实，建议应该加大对于民办中职教育的支持力度。

来自上海的胡卫委员长期从事民办教育的研究，对于职业教育也有话要说。他指出，改革开放30多年，原来职业教育是行业、企业办，后来通过行政命令剥离出来。再后来职业院校实施升格，中职升高职，高职升本科，有点"乱折腾"。职业教育的基本属性是以就业为导向，不是以升学为导向，是面向市场，由市场来配置资源，核心是技能。他建议，职业教育一定要充分发挥行业协会的作用，发挥企业的作用。未来的职业教育不是一次性完成的，工学结合很重要，边工作边学习，学习以后再工作，不断循环往复。要想成为复合性技术人才，很重要的一点就是要践行工学结合。希望职业教育政策要稳定，总是"翻烧饼"是不行的。要回归职业教育本源，不能宽化或窄化。

大约上午10点30分左右，正在我全神贯注聆听大家发言的时候，赵丽宏委员发来短信，让我到主楼大厅接受中央电视台"读书"栏目的采访，为"世界读书日"的专题节目谈自己对阅读的理解，说电视台已经架好机位虚席以待了。我不得不赶去接受采访。没有想到一发而不可收，接着是《中国日报》的视频采访，3月8日去采访的内容，竟然由于设备故障没有全部录上，今天继续补录了一些内容。正好人民网、中央人民广播电台"中国之声"、《光明日报》等媒体的记者都在现场，于是再一次被"围追堵截"，回答了他们的不少问题。

中午休息时间，抽空去附近的爱慕美术馆参观"喜玉金石——蒋喜玉雕、蔡金兴砚雕联展"。

"喜玉金石"这个展览取名很特别，是两位艺术家名字与展品的天然组合。蒋喜制玉、蔡金兴雕刻石砚，两人都是苏作工艺大师，代表着行业的最高水平。蒋喜还是我们民进会员，见面自然更加亲切。在这里还见到了正在参加两会的苏州市市委领导曲福田、朱民、杜国玲等，还有苏州市文广局与苏州北京商会的一些老朋友。因为下午有会议，所以下午1点不到就匆匆忙忙赶回了驻地。

下午1点43分出发去人民大会堂，参加本次会议的第三场大会发言。下午的会议由陈元副主席主持，中共中央政治局委员、中央统战部部长孙春兰，以及中共中央、国务院有关部门负责人到会听取发言。

吉林委员就提高组织化程度、加强改进政协民主监督，印红委员就力戒表面看齐、把中央的战略部署和重大改革任务落到实处提出建议。黄方毅委员回忆了70多年前他的父亲黄炎培与毛泽东对话历史"周期律"的故事，希望不忘初心，不忘历史，继续前进。刘凡委员就构建完整的跨行政区划人民法院体系提出了建议。

接下来是我们民进的两位委员发言。继昨天陈自力委员的发言后，今天高友东委员就加强知识产权保护、让创新者吃下"定心丸"，蔡达峰委员就提高政务诚信、引导社会预期提出了建议。这是民进中央第二次在全国政协舞台上就政府诚信问题发声。我们一直认为，在政务活动中那些"缺乏实效的措施、说了不做的表态、哗众取宠的宣传、伪造指标的成绩、隐瞒实情的通报"等现象，不仅引发了人们对政务的猜疑，削弱了政府的执行力，也影响了社会预期的健康稳定，所以，政府应该在政务公开中体现诚意，健全诚信管理制度，完善诚信约束机制，以有效的行动提高政府的公信力和引导力。

接着，刘晓庄委员就切实把健康餐桌作为一项重大的民生战略任务抓紧抓好，江利平委员就团结两岸青年共同反对"台独"，赵阳委员就充分发挥海外侨胞在实施"一带一路"倡议中的独特作用，王冬胜委员就在更高层次上参与全球金融治理、建设性地推进全球金融改革，班禅额尔德尼·确吉杰布委员就发挥宗教在促进国家发展和人类福祉中的积极作用，廖泽云委员就澳门地区全国政协委员如何助力国家建设与澳门发展，马国超委员就从严治党等问题发言，格桑卓嘎委员则讲述了自己如何做党和珞巴族人民连心路上铺路石的故事。

整个下午14位委员的发言中，两位藏族委员的发言给我留下了最为深刻的印象，也得到了最多的掌声。中国佛教协会副会长班禅额尔德尼·确吉杰布在发言中说，佛教自从创立以来，对提升人类精神素质和道德修养起到了积极作用。但随着商品经济的发展，佛教也受到了商业化的冲击，有些僧人不守清规、不务正业、追名逐利；一些地方把寺院当作"摇钱树"，变成"家庙"，变成"商场"；更有一些假活佛、假僧人用一些似是而非的理论"宣讲佛法"，骗取钱财；有些寺院只顾着修金身、建大佛，把殿堂修得金碧辉煌，却忽视了真正的"肉身菩萨",即优秀僧才的培养;有些寺院有僧无师、有经无教,僧团队伍素质明显不足,无法完成讲经传法的任务。他建议,寺庙要减少不必要的建堂修佛,而将资金倾斜到培养人才上来。要努力完善现代佛教学经体系,着力培养一批"爱党爱国、清净修行、心念众生"的优秀人才。班禅儒雅的仪态,清晰而流畅的表达,对佛教时弊的一针见血,对寺院建设的方向把握,让与会的委员们感佩不已,报以长时间的热烈掌声。

另一位藏族委员是来自边境线墨脱的格桑卓嘎。她讲述了自己2013年第一次参加政协大会的艰辛旅程,路遇大雨的她从墨脱出发,徒步、租摩托车、坐汽车、转飞机,用了六天时间才到北京。当时人力背夫是墨脱唯一的交通工具,这里每年与世隔绝的时间长达八个月。担任了达木珞巴民族乡乡长后,她努力学习达木珞巴语,走村串户,跑遍了四个行政村,修路通网,发展乡村旅游,带领大家奔向致富路。现在,全乡家家户户盖了新房、通了自来水、用上了电,接上了互联网,人均年收入达到8000元。不到2000人的达木乡,2016年就有24名在读大学生。新农合参保率100%,交20元钱就能享受全年免费就医。僧尼和群众享受着同样的社保政策,在编僧尼免费体检全覆盖。她的故事,深深地感动了全场的政协委员,回应她的,也是经久不息的掌声。

掌声虽然不是衡量发言好坏的标准。但是,两位藏族委员的发言,的确值得我们每个人为之喝彩、给予敬重。

下午的会议至4点40分结束。因为晚上7点半要在中央电视台参加"纵情歌唱——曹芙嘉Live演唱会"现场录制,从大会堂回驻地再到央视,地处东西两头,时间很不合适。北京城市大,东西之间距离远,遇到这样的尴尬情况,我一般的对策就是去西单图书大厦看书、买书。今天也是如此。下午5点左右就从大会堂到了西单图书大厦。我一直对北京没有一家像样的教育书店耿耿于怀,西单图书大厦虽然图书品种很多,但是教育理论书籍的数量和质量都比较差,一个半小时的浏览,选了《教育的终结——大学何以放弃了对人生意义的追求》《未来的学校——变革的目标与路径》《美国21世纪学徒制——培养一流劳动力的奥秘》《翻转式学习——21世纪学习的革命》等一批书。

晚上7点前赶到央视，与苏州工艺美院的廖军院长会合。晚上7点半的录制，编导要调动情绪，拍摄观众场面，做了许多铺垫，一直拖到晚上8点才正式开始。之所以在百忙之中还抽出时间参加曹芙嘉的演出，不仅因为她是苏州大学的校友，也不仅因为她是我在苏州大学担任教务处处长时被破格录取的学生，更因为她是从一个普通家庭的小女孩成长为中国人民解放军火箭军文工团的著名歌唱家的坎坷经历感动了我。前些天她发来邀请，希望我能够参加她的演唱会，见证她的成长。同时告诉我，苏州大学艺术学院的老院长、我的老朋友廖军也要专程赶来参加。

因为有许多事情要处理，没有来得及看完演出，就提前离开了演播大厅。晚上10点回到驻地，继续完成今天的手记任务，浏览报刊。今天出版的《中国政协》2017年第5期刊发了《有思有行当委员，建言谋策敢为先》一文，讲述2016年我的政协委员履职故事。《中国教育报》刊发了康丽、崔斌斌专访王定华与我对话的报道《精准发力，让乡村教师有更多获得感》。《中国日报》英文网站发了记者的专访*Expert calls for changes to make vocational education more appealing*。

晚上11点半休息。

十四　信息化让"两高"工作更"智慧"

3月12日，星期日，晴

早晨5点5分起床。发"两会进行时"等微博，写两会手记。两会手记与平时的日记不同，因为是需要正式发布的文字，无论内容还是措辞，都需要更为用心，花的时间自然也就多一些。因为两会的安排很满，只有早晨和晚上的部分时间可以见缝插针地写，所以也格外紧张。

早晨7点43分集体乘车去人民大会堂。听"两高"报告也是每年两会期间的"必修课"。

上午8点30分左右进入大会堂。8点40分，接受香港《镜报》月刊副总编辑韩晶磊关于高校去行政化问题的专访。我认为，高校作为一个"孤岛"去行政化，是无法真正完成的，需要一个制度的顶层设计，需要真正开启高校与社会的"旋转门"。

上午9点，列席十二届全国人大五次会议第三次全体会议，听取最高人民法院院长周强关于最高人民法院工作的报告、最高人民检察院检察长曹建明关于最高人民检察院工作的报告。

全国人大常委会副委员长万鄂湘主持会议。

连续15年在两会期间听"两高"报告，总的感觉是代表委员的满意度在不断提高，"两高"工作的进步也非常明显。2016年，"两高"反腐肃贪持续发力，公正司法服务大局，各项工作都取得了新的进展。

对我来说，印象最深刻、也最感兴趣的，就是互联网时代，"两高"工作如何变化？信息化能够为"两高"工作做什么？在周强院长和曹建明检察长的报告中,我多少找到了答案。

周强在报告中说,2016年是深入推进信息化建设的攻坚之年,最高法加强智慧法院建设,搭建司法大数据管理服务等平台,以信息化重塑审判执行流程,实现在线实时管理、实时统计,更好地服务法官办案、服务群众诉讼、服务司法决策,促进提升审判质量效率。司法改革和信息化建设作为人民法院的深刻变革,已经成为人民法院工作发展的车之两轮、鸟之双翼。

如最高法本部与巡回法庭通过信息技术实现同一平台办案、同步在线管理,统一裁判尺度。上海浦东新区人民法院开发"二维码"自助立案系统,案件平均立案时间只有15分钟。福建泉州推行异地立案,当事人在全市任何一个法院或法庭都可以实地或通过网络完成立案手续,方便群众诉讼。贵州省高级人民法院推动公检法三机关数据共享,积极探索统一证据标准。自2016年7月1日起,最高法所有公开开庭案件都上网直播,各级法院直播庭审62.5万次,观看量达20.7亿人次。截至2017年2月底,中国裁判文书网公开裁判文书超过2680万份,访问量突破62亿人次,覆盖210多个国家和地区,成为全球最有影响的裁判文书网。

曹建明在报告中也介绍了最高检在强化大数据战略思维,深化"智慧检务"建设,实现四级检察机关司法办案、检务公开等"六大平台"信息化全覆盖的工作。如四级检察机关共3662个检察院全面运行电子卷宗系统,为律师查询和复制案卷15.3万件次。全面应用案件信息公开网,已发布案件程序性信息449万余条、法律文书158万余份、重要案件信息20万余条。新建案件信息公开微信平台,主动向当事人及律师推送案件进展情况,实现从单向宣告向双向互动转变。运用四级检察机关全联通的远程视频系统,上下级检察院共同接访11071次。四级检察机关实现新闻发言人全覆盖和"两微一端"全覆盖,建立了中国检察网络学院。

"让信息多跑路、让群众少跑腿",信息化让"两高"工作更有智慧,已经成为最高人民法院和最高人民检察院工作一道靓丽的风景线。"两高"的报告得到了与会人大代表、政协委员长时间的热烈掌声。

下午3点出发去全国政协。下午4点半列席第57次主席会议。下午5点半参加第20次常委会第二次全体会议，通过了政协第十二届全国委员会第五次会议增选副主席选举办法、政协第十二届全国委员会第五次会议增选副主席候选人名单、政协第十二届全国委员会第五次会议关于常务委员会工作报告的决议（草案）、政协第十二届全国委员会提案委员会关于政协十二届五次会议提案审查情况的报告（草案）、政协第十二届全国委员会第五次会议政治决议（草案）。决定将增选副主席候选人名单和有关文件草案提请明天上午举行的全国政协第十二届五次会议闭幕会审议。

晚上6点10分左右常委会结束，乘车回北京会议中心。

晚上6点半左右，在回驻地的路上，晚霞中一个大大的月亮升起，大家都说，从来没有看见过如此大的月亮，好像人造的月亮挂在天上。姚爱兴副主席和陈自力主委，禁不住拿起相机拍摄这一难得的美景。

晚上7点左右回到驻地。晚餐后与教育组的秦和委员交流。秦和也是民进会员，任民进吉林省委会副主委，吉林华侨外国语学院院长。她有着一系列"显赫"的头衔，如中国民办教育协会副会长、教育部非营利性民办高等学校联盟主席、中国翻译协会副会长等，前年两会上她曾经作为教育界委员代表做了大会发言，建议《着力制度创新 大力发展民办教育》。我去过她所任教的学院，美丽的校园，精细的管理，奔放的活力，给我留下了深刻印象，她任教的学校是第一批拥有硕士学位授予权的民办高校，正在冲刺博士学位授予权。我们就新法背景下民办教育的发展问题交流了想法。

晚上10点，写完手记，抓紧时间跑步45分钟。今天其实是本届政协会议最后一个夜晚了。虽然还有一年的履职过程，但是五年一届的全体会议，明天就要画上句号了。一边跑步，一边在头脑中"放电影"，回放五年的政协会议的许多镜头，心中感慨万千。

回到房间，差不多晚上11点了。抓紧时间洗漱，翻阅朱晓进委员赠送的《文化自觉与文学研究》一书。晓进先生是民进江苏省委会主委，也是南京师范大学的副校长、省政协副主席，他在现当代文学研究方面成果颇丰。这本书作为"政协委员文库"之一出版，是努力把政协委员的专业优势发挥到参政议政方面的尝试。中国文史出版社也约我撰写一本,正好可以借鉴。

今天的《姑苏晚报》滴石斋专栏刊发我的文章《孩子们究竟要不要看四大名著?》。中国网继续发我的提案故事和两会手记。

晚上11点35分休息。

十五　"一届政协委员，一生政协情缘"

3月13日，星期一，晴

今天是政协会议的最后一天。早晨也早早地醒来，4点50分就已经坐在了写字台前，开始写"两会进行时"等微博，整理两会手记。

今天早晨读的是德国作家与捷克画家合作的《对岸有什么？》。讲述的是一个对世界充满了好奇心的小狐狸的故事。小狐狸不断地在森林里探索着新地方。在小溪边，它很想知道，小溪对岸是什么样呢？松鼠和獾警告他，对岸是个很可怕的地方，那里有能把动物变成芦笋的巫婆，有可怕的大怪物，还有会喷火的龙。并且警告它千万不要去对岸！小狐狸看见河对面的石头上坐着一头浣熊，原来它也不敢轻易越过小溪。动物朋友也警告它，这里到处都是可恶的强盗、坏脾气的巨人和凶狠的武士！结果，小狐狸和浣熊都告诉对方，一切都是子虚乌有。于是，它们分别跨过树干桥来到了对岸，看到了不一样的风景，听到了不一样的故事。如何保护孩子的好奇心和探索精神，值得父母和老师思考。

上午8点13分准时出发去人民大会堂。9时30分，闭幕式开始。俞正声主席主持闭幕式。会议通过了政协第十二届全国委员会第五次会议关于常务委员会工作报告的决议、政协第十二届全国委员会提案委员会关于政协第十二届五次会议提案审查情况的报告、政协第十二届全国委员会第五次会议政治决议，增选了梁振英为政协第十二届全国委员会副主席。

这次政协会议会期比以往少了一天半。俞正声主席在闭幕式讲话中高度评价了这次会议，认为会议开得很圆满，是一次发扬民主、共商国是的大会，一次凝聚共识、增进团结的大会，一次意气风发、奋发有为的大会。

俞正声深情地说，"一届政协委员，一生政协情缘"，希望大家珍惜委员荣誉，锲而不舍，奋发向上，不忘初心，敬终如始，恪尽职守，不懈怠、不松劲、不停步，在时代发展大潮中和人民政协舞台上，"定格人生奋斗坐标，留下生动政协故事，以新的业绩为人民政协事业增光添彩"。

"一届政协委员，一生政协情缘。"俞主席的这句话，说出了许多委员的心声。是的，在14亿人中有机会成为全国政协委员，只有几十万分之一的概率。我深知，当上委员不容易，但当好委员更不容易，值得用一生的时间去珍惜。

今年是第十二届全国政协工作的最后一年，这次会议也是本届最后一次全体会议，但作为委员，履职其实应该是一辈子的事情。如何像俞主席讲话里要求的那样，始终心系国事、情牵民生、德润人心？如何做一个有定力、有情怀、有担当、有作为的政协委员？不仅在接下来一年的履职中要奋发有为，更需要用一生的时间去努力践行。

离开人民大会堂时，委员们有些依依不舍，纷纷在大会堂内外合影留念，但更是感到肩上的担子沉甸甸的。

作为大会的副秘书长，我们还有一项工作，就是参加上午11点在政协礼堂举行的政协第十二届五次会议秘书处总结会。潘立刚常务副秘书长主持会议，张庆黎副主席兼秘书长做总结讲话。他高度评价了秘书处全体工作人员的辛勤劳动，确保了会议的圆满成功。他用了一句"看似寻常最奇崛，成如容易却艰辛"的诗句，表达对大家工作的敬意和谢意。在两会的背后，无数工作人员，包括媒体记者、安保人员、后勤保障人员付出了多少辛劳啊！

两会结束了。建言谋策的事情仍然在继续。下午2点30分，在教育部集体乘车去中南海，在国务院第四会议室参加刘延东副总理主持召开的听取教育界人士对全国教育大会主题及有关文件的意见建议。记得在两会期间曾经参加过刘延东副总理召开的征求对国家中长期教育改革与发展规划纲要的意见建议的座谈会，时隔几年，她再次召集两会的部分政协委员，就《中国教育现代化2030》和关于教育治理现代化等相关文件发表意见。新东方董事长俞敏洪、华中科技大学校长丁烈云、华东师范大学校长陈群、中国医学科学院院长曹雪涛、北京大学常务副校长柯杨、四川现代教育集团董事长苏华、青海西宁十四中特级教师庞晓丽、北京师范大学教授刘焱、苏州工业园区职业技术学院副董事长许华等先后发言,对教育发展与改革以及《中国教育现代化2030》提出意见与建议。我就《中国教育现代化2030》与中长期教育改革规划纲要的衔接、下一轮改革的哲学基础、应对网络时代的新挑战、如何激发教育活力、如何吸引社会资金与智力资源进入教育等问题提出了建议。刘延东副总理最后希望大家继续深入调查研究,就教育发展的重要问题建真言献良策。

座谈会的发言很热烈,一直开到晚上6点20分左右才结束。

接着赶往中央电视台,录制《新闻1+1》的政协特别节目,讲述提案的故事。晚上近10点,在白岩松和董倩主持的节目中用了我关于提案问题的两段访谈。

晚上10点继续撰写两会手记。作为政协委员,每年两会,我都把自己所见所闻、所思所行记录下来,用"春天的约会"为主题,每天在我的博客上与朋友们分享。这个习惯已经保持了多年。我之所以坚持记录,这不仅是因为我保持了多年的记日记习惯,也是为了留住这些难忘的日子。因为,我知道,这不只是一个人的两会,更是一个时代的两会。沉淀下的,不仅是个人的政治生活记录,也是这个时代的政治生态的永恒的记录。"为了写得精彩,必须活得精彩,做得精彩。"这是我经常对一线老师们说的一句话,其实对于一个政协委员何尝不是如此?

虽然一年一度的两会结束了,但作为政协委员的履职,仍然还有一年的时间。我给自己定了新的目标:有思有行当委员,鞠躬尽瘁不畏难;集智聚力提建议,建言谋策敢为先。

晚上11点浏览今天的报刊。《中国日报》发了记者梅佳的专访 *Reading, Writing a Life Long Pursuit*,《中国教育报》"两会E政录"发表了记者康丽的专访对话《精准发力,让乡村教师有更多获得感》,《新京报》政协笔记专栏发表了我的两会手记《学生阅读不宜只盯着语文学科》,中国网继续发表我的两会提案故事和手记。

晚上11点20分左右洗漱休息。